The Shallows

Nicholas Carr

생각하지 않는 사람들

THE SHALLOWS

인터넷이
우리의 뇌 구조를
바꾸고 있다

생각하지 않는 사람들

니콜라스 카 지음 | 최지향 옮김

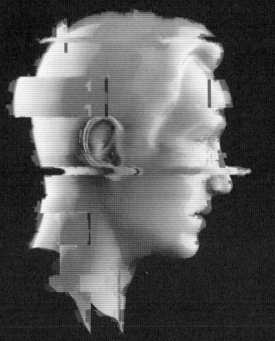

The Shallows

Nicholas Carr

청림출판

한 그루의 나무가 모여 푸른 숲을 이루듯이
청림의 책들은 삶을 풍요롭게 합니다.

개정판 서
문

Introduction to the Second Edition

《생각하지 않는 사람들》을 선택한 여러분을 환영한다. 10년 전
이 책을 쓸 당시에는 때론 너무 도취되어 있는 게 아닌가 할 정도
로 인터넷에 대한 낙관적인 전망이 지배적이었다. 우리는 온라인
세상이 선사하는 무한한 듯한 혜택을 한껏 누리고 있었다. 우리
는 실리콘밸리의 마법사들을 우러러봤고 이들이 우리에게 최선의
도움이 되는 방향으로 일하고 있다고 신뢰했다. 컴퓨터 하드웨어
와 소프트웨어는 우리의 삶을 더 나아지게 만들고 우리의 정신을
더 예리하게 만들 것이라고도 믿었다. 2010년 퓨리서치센터Pew
Research Center가 저명한 사상가 400여 명을 대상으로 설문조사를

실시한 결과 80퍼센트가 넘는 응답자가 "2020년까지 인터넷 사용은 인간의 지능을 높일 것이며, 전례 없이 많은 양의 정보에 접근이 가능해진 사람들은 더 똑똑해지고 더 나은 선택을 할 것"이라는 데 동의했다.[1]

바로 그 2020년이 도래했다. 우리는 더 똑똑해지지 않았고 더 나은 선택을 하고 있지도 않다.

이 책을 통해 나는 우리가 인터넷을 오해했던 이유를 설명해보려 한다. 사고와 판단의 질을 결정하는 데 있어서, 커뮤니케이션 매체가 제공하는 '정보의 양'은 우리 사고가 그 '정보를 받아들이는 방식'보다는 중요하지 않다. 우리 뇌의 용량은 무한하지 않다. 인식에서 이해에 이르는 통로는 좁다. 정확도를 판단하고 연관성이나 가치를 따져보고 맥락을 파악하는 등 새로운 정보를 평가하는 과정에는 인내심과 집중력이 요구되는데, 인터넷은 의도적으로 우리의 인내심과 집중력을 흐트러뜨린다. 우리가 네트워크에 연결된 컴퓨터 스크린을 들여다볼 때 보통 그러하듯 자극에 의해 뇌에 과부하가 걸리면 집중력은 산산조각이 나고, 사고는 피상적이 되고, 기억력은 나빠진다. 우리는 덜 사색적이 되고 더 충동적이 된다. 나는 인터넷이 인간 지능의 향상과는 거리가 멀고 지능을 더 저하시킨다고 생각한다.

이 책이 출간되고 10년 동안 많은 것이 변했다. 스마트폰은 우리와 떼려야 뗄 수 없는 친구가 됐다. 소셜미디어는 우리의 일상 깊숙이 파고들었다. 모든 사람이 연결됨으로 인해 일어날 수 있는 암울한 일들이 발생했다. 실리콘밸리에 대한 우리의 믿음은 무너졌고, 거대 인터넷 기업들은 그 어느 때보다도 큰 영향력을 행사하고 있다. 출간 10주년 개정증보판에서는 이 같은 변화를 살펴볼 것이다. 2010년 초판의 출간 이후 발표된 수많은 연구에 기반해 스마트폰과 소셜미디어의 확산이 가져온 인지적, 문화적 결과에 대한 고찰을 후기에 담아보았다. 이번 개정판에는 원문 대부분이 그대로 실려 있다. 주관적인 생각일 수도 있지만 이 책은 시대와 함께 잘 나이 든 것 같다. 내 생각에 이 책은 10년 전보다 오늘날 더 의미가 있다. 지금부터 다시 이 책을 펼치고 읽을 독자 여러분도 더 많은 관심을 기울여주기를 바란다.

그리고 이 광활한 고요함 속에서

나는 장밋빛 안식처를 입을 것이네

활동하는 뇌의 격자무늬 화환을 쓰고

— 존 키츠John Keats 〈프시케에게 바치는 노래Ode to Psyche〉

The Shallows

Nicholas Carr

서문

감시견과 도둑

1964년 비틀스가 미국 음반 시장을 침공했던 바로 그즈음 마셜 매클루언Marshall McLuhan은 《미디어의 이해Understanding Media: The Extensions of Man》라는 책을 출간해 무명의 학자에서 일약 스타로 발돋움했다. 모호하면서도 현학적이며 난해한 이 책은 약물과 달 착륙 그리고 우주 탐사로 특징지어지는 완벽한 1960년대의 산물이다.

《미디어의 이해》의 핵심은 예언이다. 그 예언은 선형적 사고 linear mind의 소멸이었다. 매클루언은 전화, 라디오, 영화, 텔레비전 같은 20세기의 "전자 미디어"는 우리의 생각과 감각을 지배하고 있던 문자의 독재를 완전히 무너뜨릴 것이라 선언했다. 수세기 동안 종이 인쇄물을 통한 개인적인 독서에 갇혀 고립되고 해체되어 있던 우리의 자아는, 마치 부족 마을 같은 전 지구적 공동체로 통합되면서 다시 하나가 되고 있다. 우리는 "깨달음을 얻는 창의적인 과정이 집합적이고 협동적인 형태를 통해 인류 사회 전체로 확장되는, 기술적인 의식의 시뮬레이션"을 향해 가고 있었다.[1]

《미디어의 이해》는 그 명성이 최고조였을 때조차도 실제로 읽히기보다는 사람들의 입에 자주 회자되는 쪽이었다. 오늘날 이 책은 일종의 문화적 유물로 대접받아 대학의 미디어 관련 수업에서 흔히 사용되고 있다. 학자인 동시에 사람들의 이목을 끄는 탁월한 배우였던 매클루언은 경구를 만드는 데 있어 귀재이기도 했다. 그의 책에 나오는 "미디어는 메시지다"라는 문구는 오늘날 명언처럼 전해진다. 수없이 반복적으로 언급되는 이 모호한 비유를 들을 때 우리가 잊어버리는 것은 매클루언이 단지 새로운 커뮤니케이션 기술이 지닌 변화의 힘을 인정하고 이를 치켜세우는 일만 한 것은 아니라는 점이다. 그는 그 변화의 힘이 지닌 위협 그리고 이 위협을 망각할 수 있다는 위험성에 대해서도 경고하고 있다. 그는 "전자 기술은 문 앞에 와 있다. 그리고 우리는 그 기술이 미국적인 삶의 방식을 형성해온 구텐베르크의 기술과 충돌하는 상황을 보지도, 듣지도, 말하지도 못하는 상황에 처했다"라고 적었다.[2]

매클루언은 새로운 미디어가 등장할 때마다 사람들은 자동으로 이 미디어가 전하는 정보, 즉 콘텐츠에 빠져든다고 생각했다. 사람들은 신문에 실린 뉴스, 라디오에서 흘러나오는 음악, 텔레비전에서 내보내는 쇼 또는 전화선 저편에 있는 사람들이 하는 말에 관심을 가진다. 아무리 놀라운 미디어 기술이라 하더라도 이 기술을 통해 전파되는 내용물, 즉 뉴스가 전달하는 사실이나 오락, 강의, 대화에 몰입하다 보면 기술 자체는 금세 잊히곤 한다.

미디어는 인간을 변화시킨다

흔히 미디어 효과의 장단점을 둘러싼 논쟁을 시작할 때 문제가 되는 것은 미디어가 전하는 콘텐츠다. 미디어 옹호자들은 그 효과를 찬양하고 회의론자들을 깎아내린다. 구텐베르크가 처음 책을 펴낸 시점부터 정보를 전달하는 새로운 미디어가 등장할 때마다 논쟁의 형태는 비슷했다. 옹호자들은 그럴듯한 논거를 바탕으로 신기술이 가져온 새로운 콘텐츠의 홍수를 찬양하며 문화의 '민주화'가 실현되는 신호라고 입을 모았다. 회의론자 역시 그럴듯한 논거를 가지고 콘텐츠의 가벼움을 비난하는 동시에 문화의 '단순화'에 대한 전조라고 목소리를 높였다. 한쪽에서는 풍요로운 에덴동산으로 보이는 것이 다른 쪽에서는 광활한 쓰레기장으로 보이는 셈이다.

인터넷은 이 같은 종류의 논쟁을 불러일으킨 가장 최신의 미디어다. 인터넷 옹호자와 회의론자의 충돌은 지난 20년간 수십 권의 책과 논문, 수천 개의 블로그 글과 동영상 그리고 팟캐스트에서 일어났다. 옹호자들은 정보 접근과 참여의 새로운 황금기를 칭송하고 회의론자들은 평범함과 자아도취가 지배하는 새로운 암흑기라고 개탄하며 전례 없는 양극화 양상을 보였다. 물론 콘텐츠가 지닌 의미를 고려해볼 때 이 논쟁이 중요한 것은 사실이지만 이는 개인적인 사상이나 취향에 기반하고 있던 탓에 이내 막다른 골목에 이르렀다.

논쟁은 더욱 과격해졌고 인신공격까지 서슴지 않았다. 옹호자들은 "기계 파괴주의자들!"이라고 비웃었고 회의론자들은 "속물!"이라고 조롱했다. "카산드라Cassandra•!" "폴리애나Pollyanna••!"

매클루언은 이 옹호자들과 회의론자들이 간과하고 있는 점을 발견했다. 결국 미디어 콘텐츠는 우리의 사고와 행동에 가해지는 영향력의 측면에서 볼 때 미디어 그 자체보다 덜 중요해질 것이라는 점이다. 세상과 우리 자신을 바라보는 창으로서 대중 매체는 우리가 무엇을 볼지 그리고 우리가 그것을 어떻게 바라볼지를 결정한다. 나아가 이 매체가 과도하게 사용되면 개인과 사회의 정

• 그리스 로마 신화에 등장하는 예언 능력을 지닌 트로이의 공주로 흔히 사람들이 잘 믿지 않는 불길한 예언을 하는 인물을 지칭한다. 예언의 신인 아폴론은 카산드라가 자신의 구애를 받아들이지 않자 아무도 그녀의 예언을 믿지 못하도록 했다. 카산드라는 이후 그리스군의 목마를 들여놓으면 트로이가 멸망할 것이라고 예언했지만 누구도 그녀의 말에 귀 기울이지 않았다. — 옮긴이

•• 미국 여류작가 엘리너 포터Eleanor H. Porter가 1913년 발표한 동명 소설의 주인공 이름이다. 숙모 집에 맡겨진 고아 소녀 폴리애나의 낙천적인 행동으로 마을이 행복해진다는 내용을 담고 있는데 이 이름은 지나치게 낙천적인 인물을 일컫는 보통 명사로 쓰인다. — 옮긴이

체성까지 바꾸어놓는다. 매클루언은 "기술의 영향력은 의견이나 개념 수준에서 일어나는 것이 아니다"라고 했다. 오히려 이 영향력은 "인식의 방식을 꾸준히, 아무런 저항 없이" 바꾸어놓는다는 것이다.[3] 그가 자신의 논지를 명확히 하려 과장하기는 했지만 이 말이 뜻하는 핵심만은 명료하다. 미디어가 신경 체계 그 자체에 마법을 부리거나 장난을 친다는 것이다.

미디어의 콘텐츠에 관심을 기울일 경우 미디어가 주는 더 많은 효과를 간과할 수도 있다. 우리는 콘텐츠에 너무 현혹되거나 자극 받아 우리의 머릿속에서 일어나는 일들은 인식하지 못하고 있다. 그러다 결국 기술 자체는 중요하지 않다고 판단하기에 이르렀다. 우리는 오로지 중요한 것은 '그 기술을 어떻게 사용하는가'라고 스스로에게 말한다. 이는 자만심에 빠져 이미 일종의 통제를 받고 있음을 보여준다. 기술은 단순한 도구로 우리가 선택하기 전까지는 아무 활동성을 지니지 못하며 우리가 버려두면 또다시 활동을 멈춘다고 생각하게 된다.

매클루언은 RCA와 NBC를 통해 각각 라디오와 텔레비전 사업에 도전했던 미디어 재벌 데이비드 사르노프David Sarnoff의 편향적인 선언을 인용했다. 1955년 노트르담대학교에서의 연설에서 사르노프는 그가 왕국을 세우고 부를 축적할 수 있도록 해준 매스미디어에 대한 비판을 일축했다. 그는 모든 부정적인 효과의 책임을 기술이 아닌 청취자와 시청자 탓으로 돌렸다. 그는 "우리는 기기를 만들어낸 자들의 죄를 기기 그 자체에 떠넘겨 희생양으로 삼으려는 경향이 있다. 현대 과학의 산물은 그 자체로는 선하거나 악하지 않다. 기기의 가치는 그것들이 사용되는 방식에 따라 결정된다"라고 말했다.

매클루언은 이 같은 발상을 비웃으며 "몽유병에 걸린 자의 말"이라고 쏘아붙였다.[4] 매클루언은 모든 새로운 미디어는 인간을 변화시킨다고 생각했다. 그는 "모든 미디어에 대한 우리의 습관적인 반응, 즉 그것들이 어떻게 사용되느냐가 중요하다는 식의 생각은 기계에 대해 무지하고 무감각한 태도"라고 적었다. 미디어 콘텐츠는 "정신의 감시견을 따돌리기 위해 도둑이 미끼로 던지는 고깃덩어리"에 불과하다는 것이다.[5]

매클루언조차도 인터넷이 인류 앞에 펼쳐놓은 축제의 향연을 예상하지 못했다. 한 단계 한 단계 거칠수록 지난번보다 육즙이 더욱 풍부한 고기가 던져져 한 입씩 베어 물 때마다 숨도 제대로 내쉬지 못한다. 네트워크로 연결된 컴퓨터가 아이폰, 안드로이드와 같이 작은 크기로 줄어들면서 우리는 이 축제를 언제 어디서나 누릴 수 있게 되었다. 축제는 집과 사무실, 차 안과 교실, 지갑, 우리 호주머니에서도 일어나고 있다. 끝없이 확장하는 인터넷의 영향력을 우려하는 사람들조차도 기기가 주는 즐거움을 끊으려 하지는 않는다.

영화 평론가 데이비드 톰슨David Thomson은 "미디어가 주는 확실성 앞에서 의심은 무력해질 뿐이다"라고 말한 바 있다.[6] 그는 영화에 대해 그리고 영화가 느낌과 감성을 스크린뿐 아니라 몰입하

며 순응하는 관객들에게도 투영하는 방법에 대해 이야기한다. 그
의 언급은 인터넷에서는 더 강력하게 적용된다. 컴퓨터 스크린은
엄청난 물량과 편리성으로 우리의 의심을 쓸어버린다. 이 스크린
은 하인 노릇도 충실히 하고 있어서 사실은 이것이 우리의 주인이
기도 하다는 점을 알아차리기가 힘들다.

차례
____Contents

제2부

인터넷, 생각을 넘어
뇌 구조까지 바꾸다

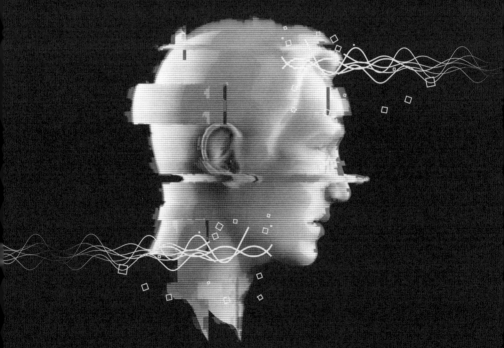

Nicholas Carr

The
Shallows

문자
혁명과
인간 사고의
확장

제1부

1장

컴퓨터와 나

"데이브, 멈춰요. 멈추라고요. 멈춰요, 데이브. 멈추라고요." 스탠리 큐브릭Stanley Kubrick 감독의 영화 〈2001 스페이스 오디세이2001: A Space Odyssey〉의 마지막 부분에 등장하는 이 기괴하면서도 가슴 아픈 명장면에서 슈퍼컴퓨터 할은 단호한 태도의 우주인 데이브 보우먼에게 애원한다. 오작동을 일으킨 기계 때문에 칠흑 같은 우주로 내몰려 죽을 뻔한 위기를 겪은 보우먼은 인공두뇌를 제어하는 컴퓨터의 기억 회로를 냉정하게 끊어버린다. 할은 "데이브, 나의 생각이 꺼져가고 있어요"라고 처량하게 말한다. "느낄 수 있어요. 느낄 수 있어요."

나 역시 느낄 수 있다. 지난 몇 년 동안 나는 누군가 또는 무엇인가가 어설픈 솜씨로 나의 뇌를 손본 것은 물론이고 신경 회로를 재배치하고 기억을 다시 프로그래밍한 것 같은 불편한 느낌에 시달렸다. 내가 아는 바에 따르면 나의 생각은 아직 꺼져가는 정도는 아니지만 분명히 변화하고 있다. 내가 생각하는 방식은 이전 같지 않다. 이런 변화는 무언가를 읽을 때 가장 강하게 느낄 수 있다.

나는 책이나 긴 기사에 쉽게 집중할 수 있는 사람이었다. 나의 사고력은 일부러 꼬아놓은 서사 구조나 논거의 변화 등을 쉽게 따라갈 수 있었고, 수 시간 동안 긴 산문 속을 헤매고 다닐 수도 있었다. 그러나 요즘 들어서는 그러기가 좀처럼 쉽지 않다. 한두 쪽만 읽어도 집중력이 흐트러지기 시작한다. 그러다 안절부절 못하고 문맥을 놓쳐버리고 곧 다른 할 일을 찾아 나서기 시작한다. 나는 다루기 어려운 뇌를 잡아끌고 다시 글에 집중하려 애쓴다. 예전처럼 독서에 집중하는 행위는 어느새 투쟁이 되어버렸다.

왜 이런 일이 벌어졌는지 알 것 같다. 10년이 넘도록 나는 온라인에서 자료나 정보를 찾기 위해 여러 사이트를 돌아다녔고, 어떤 때는 인터넷의 방대한 데이터베이스에 자료를 추가하는 데 많은 시간을 쏟았다. 작가인 나에게 웹은 하늘이 내려준 선물과도 같았다. 도서관 정기 간행물실 서고에 처박혀 며칠을 보내야 가능했던 자료 수집은 이제 불과 몇 분이면 끝난다. 구글에 검색어를 몇 번 입력하고 하이퍼링크를 따라가면 내가 찾던 숨겨진 진실이나 명쾌한 코멘트를 찾을 수 있다.

웹 덕분에 시간과 자동차 기름을 얼마나 절약했는지 모른다. 은행 업무나 쇼핑도 온라인으로 처리한다. 웹을 통해 공과금을 내고, 약속을 잡고, 비행기 표와 호텔을 예약하고, 운전면허를 갱신하고, 초대장과 축하 카드를 보낸다. 심지어 업무 시간이 아닌 개인 시간에도 나는 웹 데이터를 뒤진다. 이메일을 읽거나 쓰고, 뉴스 사이트의 헤드라인이나 블로그 글을 훑어보기도 하고, 페이스북의 업데이트 내용을 확인하고, 동영상을 보거나 음악을 내려받는다. 또는 이 링크에서 저 링크로 이리저리 배회한다.

나에게 네트워크는 만능 미디어가 되어버렸고, 나의 눈과 귀 그리고 사고를 관통하는 대부분의 정보를 전달하는 주체가 되었다. 이처럼 접근이 용이하면서도 풍부한 정보가 주는 다양한 혜택에 대해서 널리 서술되었고, 그에 합당한 찬사도 이어졌다. 〈아키올로지Archaeology〉에 기고하는 히더 프링글Heather Pringle은 "구글은 인류에게 놀랍도록 긴요한 개발품으로, 한때 전 세계에 널리 흩어져 있어 누구도 그 혜택을 받지 못했던 생각과 정보를 한데 모아 집중시켰다"라고 적었다.[1] 〈와이어드Wired〉의 클리브 톰슨Clive Thompson은 "실리콘으로 만들어진 메모리칩이 보여주는 완벽한 기억력은 인간의 사고에 엄청나게 긴요한 물건이 되었다"라고 말했다.[2]

인터넷은 단순한 정보의 유통 수단이 아니다

이러한 것들은 현실이 되었지만 그에 따른 대가도 있다. 매클루언이 언급했듯이 미디어는 단순한 정보의 유통 수단에 그치지 않는다. 미디어는 생각을 전달할 뿐 아니라 생각의 과정을 형성하기도 한다. 또한 인터넷은 나의 집중력과 사색의 시간을 빼앗고 있다. 온라인에서든 오프라인에서든 나의 마음은 인터넷의 유통 방식, 즉 숨 가쁘게 빠른 속도로 움직이는 작은 조각들의 흐름에 따라 정보를 받아들이게 될 것이다. 한때 나는 언어의 바다를 헤엄치는 스쿠버 다이버였다. 그러나 지금은 제트스키를 탄 사내처럼 겉만 핥고 있다.

어쩌면 나만 유별난 건지도 모르겠다. 그러나 꼭 그런 것만은 아닌 것 같다. 독서와 관련해 친구들에게 어려움을 토로할 때마다 많은 경우 그들도 비슷한 어려움을 겪고 있다고 털어놓는 것을 보게 된다. 웹을 더 많이 이용할수록 긴 글에 집중하기 위해 더 큰 어려움을 겪는다는 것이다. 일부는 고질적인 산만함에 시달린다고 괴로워한다. 내가 수시로 방문하는 블로그의 운영자들도 이 같은 현상에 대해 언급하곤 한다.

잡지사 출신으로 지금은 온라인 미디어 관련 블로그를 운영하고 있는 스콧 카프Scott Karp는 책 읽기를 완전히 포기했다고 고백하기도 했다. "저는 대학에서 문학을 전공했고 책벌레라 할 정도로 열심히 책을 읽는 사람이었습니다. 그런데 어찌 된 일일까요?" 그는 그 이유를 이렇게 짐작했다. "제가 대부분의 읽는 행위를 웹에서만 하는 이유는 저의 읽는 방식이 변했기 때문입니다. 그러니까 단순히 편의를 위해서가 아니라 제가 생각하는 방식 자체가 변했기 때문이라면 어떻게 되는 걸까요?"[3]

의료 영역에서의 컴퓨터 사용에 대한 블로그를 운영하는 브루스 프리드먼Bruce Friedman 역시 인터넷이 어떻게 자신의 정신적 활동 습관을 바꿔놓았는지 설명한다. "저는 종이 매체 그리고 인터넷에서조차 장문의 기사를 읽는 능력을 완전히 잃어버렸어요."[4] 미시간대학교 의과대학의 병리학자인 프리드먼은 나와의 전화 통화에서 이에 대해 더 자세히 설명했다. 그는 자신의 사고는 '스타카토staccato' 형식을 띠고 있는데, 이는 온라인에 떠도는 많은 정보에서 핵심만 재빨리 훑는 방식이라고 말한다. 또 "저는 더 이상《전쟁과 평화War and Peace》같은 책을 읽을 수가 없습니다"라고 고백한다. "그럴 능력을 잃어버렸어요. 서너 단락이 넘는 블로그 글조차도 집중하기 어려워요. 그냥 쓱 보고 말죠."

코넬대학교에서 커뮤니케이션을 전공하는 박사 과정 학생으로 학술출판모임Society for Scholarly Publishing 블로그에 글을 쓰는 필립 데이비스Philip Davis는 1990년대 당시 자신의 친구에게 웹 브라우저 사용법을 가르쳐주던 일을 떠올렸다. 당시 그는 친구가 우연히 들어간 인터넷 사이트의 문서를 읽기 위해 잠시 시간을 지체하는 것을 보고 "깜짝 놀라다 못해 짜증이 날 지경이었어요"라고 말한다. 그는 "웹 페이지를 읽으라는 게 아니라 그냥 하이퍼링크를 클릭하란 말이야!"라고 친구에게 성화를 냈다. 그런데 지금 데이비스는 자신의 블로그에 다음과 같이 적고 있다. "엄청난 양의 글을 읽어야만 하는데, 그냥 훑고만 있어요. 스크롤만 움직일 뿐이죠. 저는 세상을 너무 단순화시키고 있는 사람들을 비판했습니다. 그러나 이제는 저 자신이 길게 늘어지거나 미묘한 뉘앙스의 차이를 담고 있는 문장을 거의 참을 수 없게 되었어요."[5]

모두 탁월한 글쓰기 능력을 지닌 데다 고등 교육을 받은 카프, 프리드먼 그리고 데이비스는 읽기와 집중력의 쇠락 앞에서도 매우 낙관적인 듯했다. 결과적으로 볼 때 인터넷을 사용함으로써 얻는 이익, 즉 방대한 양의 정보에 대한 접근성, 강력한 검색과 여과 장치 그리고 소수지만 관심사를 공유한 집단과 쉽게 의견을 나눌 수 있다는 점 등이 가만히 앉아서 책이나 잡지를 훑는 능력을 상실함으로써 입은 손해를 만회한다는 것이다.

프리드먼은 내게 보낸 이메일에서 자신은 최근 그 어느 때보다도 "더욱 창조적"이라고 말했다. 그러면서 "블로그와 웹에서 '어마어마한' 양의 정보를 검토하고 훑어볼 수 있는 능력" 덕이라고 했다. 카프는 "250쪽의 책"을 읽는 것보다 온라인에서 링크로 연결되어 있는 짧은 정보를 다량으로 읽는 것이 사고 확대에 보다 효율적인 방법이라고 믿었다. 그리고 "우리는 이와 같이 네트워크로 연결된 사고 과정의 우월함을 아직도 인식하지 못하고 있는데,

아직도 그 가치를 구식의 선형적 사고방식을 기준으로 판단하기 때문"이라고 덧붙였다.[6]

데이비스는 "비록 인터넷이 저를 참을성이 부족한 독자로 만들었을지도 모르지만 많은 경우 저를 더 똑똑하게 만들었다고 생각합니다. 문서나 자료 그리고 많은 사람과 연결된다는 것은 저의 사고와 글쓰기에 그만큼 외부 자극이 더 많이 주어진다는 것을 의미하죠"라고 말한다.[7] 세 사람 모두 무언가 중요한 것을 희생했다는 점을 알지만 과거와 같은 방식으로 돌아가지는 않을 것이다.

어떤 사람들에게 책을 읽는다는 것은 마치 셔츠를 직접 만들어 입거나 짐승을 직접 도살하는 것만큼이나 구식이고 심지어는 멍청한 일로 받아들여질 것이다. 플로리다주립대학교 학생회장 출신으로 2008년 로드장학금 수상자인 조 오셔Joe O'Shea는 자신은 책을 읽지 않으며 대신 구글에 들어가 관련 정보를 신속히 찾는다고 말한다. 철학을 전공하는 오셔는 구글 북서치를 통해 1~2분 만에 필요한 정보를 골라낼 수 있는데 군이 문자로 가득한 책장을 넘길 필요를 느끼지 못하는 것이다. 그는 "가만히 앉아서 첫 장에서 마지막 장까지 책을 읽는다는 것은 말도 안 되는 일"이라며 "시간을 허비하는 셈이죠. 웹을 통해서는 필요한 모든 정보를 더 빨리 찾을 수 있습니다"라고 말한다. 그는 또한 온라인에서 "능숙한 사냥꾼"이 되는 법을 배우면 책은 불필요하다고 주장한다.[8]

오셔는 예외적이라기보다는 보편적인 인물일 것이다. 2008년 리서치 및 컨설팅 회사인 엔제너라nGenera는 인터넷 사용이 젊은 이들에게 미치는 영향에 대한 연구 결과를 발표했다. 이 회사는 '넷 세대Net Generation'라고 이름 붙인, 인터넷을 사용하면서 성장한 약 6000여 명의 청소년을 인터뷰했다. 책임 연구자는 다음과 같이 말한다. "디지털 기기에 대한 몰입은 청소년이 정보를 습득하는 방식까지 영향을 주었어요. 그들은 한 페이지를 읽을 때 왼쪽에서 오른쪽으로, 위에서 아래로 읽는 방식만을 취하지 않아요. 대신 이리저리 건너뛰며 관심 있는 정보만 훑죠."9 최근 듀크대학교의 파이베타카파Phi Beta Kappa•모임에서 캐서린 헤일스Katherine Hayles 교수는 "더 이상 학생들에게 책 한 권을 다 읽게 할 수 없어요"10라고 고백했다. 헤일스는 영문학을 가르치고 있다. 즉 그녀가 말하는 학생들이란 바로 문학 전공자들이라는 얘기다.

사람들은 다양한 방법으로 인터넷을 사용한다. 어떤 이들은 기꺼이, 심지어 중독이라 할 정도로 적극적으로 이 최신 기술을 받아들인다. 어떤 이들은 온라인 서비스를 이용하기 위해 수십 개 또는 그 이상의 계정을 보유하며 수많은 정보를 제공받는다. 포스팅을 하고, 코멘트를 달아 검색어를 붙이고, 문자를 보내고, 트윗을 한다. 또 어떤 이들은 최첨단을 쫓지는 않지만 데스크톱이나 노트북, 휴대전화 자판을 두드리며 대부분의 시간을 온라인에서 보내는 자신을 발견한다.

인터넷은 일이나 학교, 사회생활 또는 이 세 영역 모두에서

• 미국 내 성적 우수 대학 졸업자들의 모임을 뜻한다. ─옮긴이

필수적인 요소가 되었다. 어떤 이들은 이메일이나 뉴스를 확인하고 관심 있는 주제에 대해 알아보거나 쇼핑 등을 목적으로 하루에 몇 번만 인터넷에 접속하기도 한다. 물론 여전히 경제적 여유가 없거나 또는 원치 않는다는 이유로 인터넷을 전혀 사용하지 않는 이들도 있다. 그럼에도 분명한 것은 소프트웨어 프로그래머인 팀 버너스 리Tim Berners-Lee가 월드와이드웹World Wide Web 코드를 창시한 지 20년 만에 인터넷은 전 사회적으로 커뮤니케이션과 정보 획득을 위한 수단이 되었다는 것이다. 그 활용 범위는 전례가 없을 정도로 넓다. 이는 20세기 매스미디어의 기준에서 볼 때도 마찬가지다. 영향력 역시 광범위하다. 우리는 필요와 선택에 의해 정보를 모으고 처리하며 속사포처럼 빠른 인터넷만의 고유한 방식을 받아들였다.

매클루언이 예견한 대로 우리는 서로 다른 두 사고방식이 전환되는, 지적·문화적 역사에서 매우 중요한 단계에 이른 듯하다. 우리가 인터넷이 주는 풍요로움과 교환한 것은 카프가 언급한 "우리의 구식 선형적 사고방식"이다(아주 특이한 사람들이나 이 풍요로움을 거부할 것이다). 조용하고 집중적이면서도 산만하지 않은 선형적 사고는 간결하고 해체된, 때로는 보다 신속하고 축약된 정보의 흡수를 원하고 필요로 하는 식의 사고방식에 밀려났다.

한때 잡지 편집자와 언론학 교수로 일하다 지금은 온라인 광고 기업 연합을 운영하는 존 바텔John Battelle은 웹 페이지를 휘젓고 다니면서 경험한 지적 전율을 다음과 같이 묘사했다. "실시간으로 닥치는 대로 돌아다니는 동안 나는 뇌가 밝아지는 듯한 '느낌'을 받았고 더 똑똑해지고 있다는 '느낌'이 들었다."[11] 우리 대부분은 온라인을 떠돌 때 비슷한 것을 경험한다. 그 느낌은 우리를 흠뻑 취하게 만들어 인터넷이 야기하는 심오한 인지적 결과에 대해서는 생각하지 않도록 주의를 딴 곳으로 돌린다.

구텐베르크의 인쇄술이 독서를 대중적인 활동으로 만든 지난 5세기 동안 선형적·문학적 사고는 예술, 과학 그리고 사회의 중심에 있었다. 예리하고 유연한 이 같은 방식의 사고는 르네상스를 불러온 상상력이었고 계몽주의를 낳은 이성적 사고였으며 산업혁명을 이끈 창조적인 사고였다. 모더니즘을 낳은 전복적인 사고이기도 했다. 그러나 이 역시 곧 구식이 될 것이다.

뇌를 잃어버리다

할9000컴퓨터는 할 스스로의 주장에 따르면 일리노이주 어배너에 위치한 가상의 컴퓨터 공장에서 1992년 1월 12일에 탄생했다. 나는 그로부터 거의 33년 전인 1959년 1월에 또 다른 중서부 도시인 오하이오주 신시내티에서 태어났다. 나의 삶은 여느 베이비붐 세대나 X세대와 마찬가지로 2막으로 구성된 연극같이 펼쳐졌다. 유년기를 아날로그로 시작했으나 갑자기 막이 바뀌어 성인기에는 디지털 세상으로 들어선 것이다.

유년기의 이미지를 떠올리면 즉각 데이비드 린치David Lynch 가 감독한 G등급 영화의 스틸 사진처럼 평온하면서도 이질적인 느낌이 몰려온다. 부엌 벽에는 전화선이 돌돌 말린 겨자색의 육중 한 다이얼식 전화기가 걸려 있다. 아버지는 텔레비전 위의 안테나 와 씨름했지만 신시내티 레즈Reds의 야구 경기 수신에 걸림돌이 되는 지붕 위의 눈을 치울 생각은 하지 않았다. 자갈이 깔린 집 앞 진입로에는 습기를 머금은 채 돌돌 말린 조간 신문이 놓여 있었 다. 거실에는 하이파이 전축이 놓여 있고 그 주변 카페트 위에는 레코드판 몇 개와 형들이 사 모은 비틀스 음반에서 나온 먼지 방 지 덮개가 흩어져 있었다. 공동으로 쓰는 퀴퀴한 지하실로 내려가 면 책장에는 다양한 색깔의 책등에 제목과 저자 이름이 가지런히 적힌 많은 책이 꽂혀 있었다.

1977년 〈스타워즈Star Wars〉가 상영되었고 애플컴퓨터사가 탄생했으며 나는 다트머스대학교에 진학하기 위해 뉴햄프셔로 향 했다. 지원 당시에는 몰랐지만 다트머스대학교는 학생들과 교수 들이 손쉽게 사용할 수 있는 정보 처리 기기를 발명하는 데 결정 적인 역할을 하는 등, 오랫동안 학술 관련 컴퓨터 분야를 주도해온 학교였다. 이 대학의 총장이었던 존 케메니John Kemeny는 1972년 《인간과 컴퓨터Man and the Computer》라는 권위 있는 책을 쓴 존경받 는 컴퓨터 과학자였다. 그는 그로부터 약 10년 전 보편적인 단어 와 일상적인 문법을 기반으로 한 최초의 프로그램 언어인 베이직

BASIC을 개발한 과학자 중 한 사람이기도 하다.

캠퍼스 중앙에 하늘로 솟아오른 종탑이 있는 신조지왕조풍의 베이커도서관 바로 뒤에 단층 건물인 키위트컴퓨테이션센터 Kiewit Computation Center가 있었는데, 이 칙칙하면서 다소 초현대적인 느낌을 풍기는 건물에는 제너럴일렉트릭의 GE-635 중앙컴퓨터가 있었다. 이 중앙컴퓨터는 초기 형태의 네트워크라 할 수 있는 매우 획기적인 다트머스 타임셰어링time-sharing● 시스템을 운영하고 있었는데, 이를 통해 수십 명이 컴퓨터를 동시에 사용할 수 있었다. 타임셰어링은 오늘날 우리가 퍼스널컴퓨팅이라 부르는 것의 초기 형태라 할 수 있다. 케메니가 책에 쓴 것처럼 이는 "인간과 컴퓨터 사이의 진정한 공생관계"를 가능케 했다.[12]

나는 문학을 전공했고 수학과 과학 수업을 피하기 위해서라면 무슨 일이라도 했다. 그러나 키위트컴퓨테이션센터가 캠퍼스 내의 매우 전략적인 장소, 즉 내가 지내던 기숙사와 남학생 서클이 밀집해 있는 곳의 중간쯤에 위치해 있는 터라 주말 저녁이면 맥주 파티가 시작되기를 기다리며 컴퓨터 앞에서 한두 시간씩 보내곤 했다. 보통 나는 자칭 '시스프로그스sysprogs'라는 학부생 모임이 만든 초기 형태의 멀티플레이어 게임을 하면서 시간을 보냈지만 당시의 시스템 기준으로도 매우 느렸던 워드프로세싱 프로

● 하나의 시스템을 여러 사용자가 함께 사용할 수 있도록 시간을 조금씩 나누어 처리하는 방식을 말한다. ― 옮긴이

그램 사용법은 물론 몇 가지 베이직 명령어도 습득했다.

내게 있어 디지털은 시간 때우기의 수단일 뿐이었다. 키위트 컴퓨테이션센터에서 한 시간을 보냈다면 바로 옆 베이커도서관에서는 스무 시간을 넘게 공부해야 했다. 시험 준비를 위해 도서관 열람실에 갇혀 책장에 꽂힌 두꺼운 책들에서 정보를 찾고 대출계에서 대출과 반납을 관리하는 아르바이트를 했다. 좁고 긴 서고 복도를 어슬렁거리며 대부분의 시간을 도서관에서 보냈다.

수만 권의 책에 둘러싸여 있었지만 당시 나는 오늘날 '정보 과부하'라 부르는 증상 같은 불안감을 느껴본 기억이 없다. 그 수많은 책이 보여주는 과묵함 덕에, 또 이 책들은 자신들을 정확히 필요로 하는 독자가 다가와 서고 내의 고정석에서 자신들을 빼내줄 때까지 수년 또는 수십 년을 기꺼이 기다릴 것이라는 점에서 나는 마음의 평안을 느꼈다. 책들은 마치 먼지가 자욱하게 깔린 목소리로 "서두를 것 없어. 우리는 어디에도 가지 않아"라고 속삭이는 것만 같았다.

다트머스대학교를 떠난 지 5년이 지난 1986년, 컴퓨터는 본격적으로 내 삶으로 들어왔다. 나는 우리 부부가 저축한 돈의 전부라 할 수 있는 2000달러를 주고 애플의 매킨토시 초기 모델을 구입해서 아내를 크게 놀라게 했다. 맥플러스Mac Plus라는 이 모델은 10메가도 되지 않은 램에 하드드라이브는 20메가였고 흑백의 작은 모니터가 달려 있었다. 나는 이 작은 베이지색 기계를 처음 열어보았을 때의 흥분을 아직도 기억한다. 책상 위에 이 기계를 올려놓고 키보드와 마우스를 꽂고 전원을 켰다. 불이 들어오고 환영의 멜로디가 울리고 작동되기까지 걸리는 그 신비하고 지루한 시간 동안 기계는 나를 향해 환하게 웃어주었고, 나는 곧 빠져들었다.

맥플러스는 집과 회사 양쪽에서 활약했다. 나는 당시 편집자로 일했던 컨설팅 회사의 사무실까지 매일 맥플러스를 들고 다녔다. 제안서, 보고서, 프레젠테이션을 고치기 위해 마이크로소프트 워드를 사용했고 때로는 컨설턴트의 자료를 수정하기 위해 엑셀을 열기도 했다. 저녁이면 다시 맥플러스를 집으로 끌고 와 가계부와 편지를 쓰고, 컴퓨터로 할 수 있는 가장 즐거운 일인 게임을 하고(여전히 어설프지만 원시적인 형태는 벗어났던), 당시 모든 맥에 탑재되어 있던 기발한 응용프로그램인 하이퍼카드HyperCard•를 통해 단순한 정보들을 꿰맞추곤 했다.

애플의 가장 독창적인 프로그래머인 빌 앳킨슨Bill Atkinson이 개발한 하이퍼카드는 월드와이드웹과 그 모양새와 느낌이 닮은 하이퍼텍스트 시스템을 포함하고 있었다. 웹에서 페이지의 링크를 클릭하는 것처럼 하이퍼카드에서는 카드 위의 버튼을 클릭하는 형식인데, 기본적인 발상과 그 매력의 정도는 같았다.

그러다 나는 컴퓨터가 주어진 임무만 수행하는 단순한 기기 이상일 것이라고 생각하기 시작했다. 미묘한 방식이긴 하지만 분

• 월드와이드웹 이전에 가장 널리 사용된 하이퍼미디어 시스템이다. — 옮긴이

명히 사용자에게 영향력을 행사하고 있었다. 더 많이 사용할수록 일하는 방식도 그만큼 변화했다. 처음에 나는 스크린에서는 어떤 문서도 수정할 수 없을 것 같았다. 문서를 출력해 연필로 표시를 한 다음 컴퓨터에서 수정했다. 그 후에는 그 문서를 출력해 또다시 검토했다. 어떤 때는 하루에 열 번도 넘게 이 과정을 반복했다. 그러나 어느 시점부터 갑자기 나의 수정 방식이 바뀌었다. 종이 위에는 더 이상 무엇을 쓸 수도 수정할 수도 없음을 깨달았다. 나는 삭제delete키, 스크롤바 그리고 잘라내기cut, 붙여넣기paste, 되돌리기undo 명령 없이는 어찌할 바를 몰랐다. 나는 모든 문서의 작성과 수정 작업을 스크린에서 해야 했다. 워드프로세서 사용에서 스스로가 워드프로세서의 일부가 되어버린 것이다.

1990년 즈음 모뎀을 구입하면서 더 큰 변화가 일어났다. 그때까지 맥플러스는 독립적인 기계였고, 그 기능은 내가 하드드라이브에 장착하는 소프트웨어에 따라 결정되었다. 모뎀을 통해 다른 컴퓨터들과 연결하자 맥플러스는 새로운 정체성과 기능을 지니게 되었다. 이는 더 이상 최첨단 기술의 스위스제 군용 칼 같은 물건이 아니었다. 소통의 수단이면서 무엇을 찾고 조직하고, 또 정보를 공유하는 도구였다.

컴퓨서브CompuServe, 프로디지Prodigy, 심지어 애플의 단명한 이월드eWorld까지 모든 온라인 서비스를 시도해보았지만 내 마음을 사로잡은 것은 아메리카온라인America On Line, AOL이었다. 애당초 내가 사용한 AOL 서비스는 일주일에 사용 시간이 다섯 시간으로 제한되어 있었다. 그래서 AOL 계정을 가진 소수의 친구들과 이메일을 주고받고, 몇몇 게시판 글을 읽고, 신문과 잡지에 실린 기사를 검색하기 위해 한정된 그 시간을 소중하게 쪼개가며 서비스를 이용해야 했다. 사실 나는 점차 전화를 통해 모뎀이 AOL 서버에 연결되는 소리를 좋아하게 되었다. '삑' 거리다가 '땡그랑' 하는 소리에 귀를 기울이고 있다 보면 마치 로봇 커플의 달콤한 사랑싸움을 엿듣는 듯한 기분이었다.

1990년대 중반 즈음 '업그레이드 주기'에 걸려든 나는 1994년, 낡은 맥플러스를 은퇴시키고 컬러 화면에 CD롬 드라이브, 500메가의 하드드라이브에 당시로서는 기적처럼 빠른 33메가헤르츠의 속도를 자랑하는 매킨토시퍼포마550Macintosh Performa 550을 장만했다. 새로운 컴퓨터 때문에 이전에 사용했던 프로그램 대부분을 업데이트할 필요가 있었고 모든 응용프로그램을 최신 멀티미디어 형태로 구동할 수 있게 되었다. 그즈음 전체적으로 새로운 소프트웨어를 설치한 덕분에 나의 하드디스크는 용량이 꽉 차 외장형 드라이브를 추가로 구입해야 했다. 우선 집 드라이브zip drive를 추가한 후 CD 굽는 장치도 구입했다. 몇 년 사이 나는 더 큰 모니터와 속도가 더 빠른 데스크톱과 여행용 작은 컴퓨터도 추가로 구입했다. 나의 고용주는 당시 맥보다는 윈도우를 선호해 나는 회사와 집에서 두 개의 다른 시스템을 사용했다.

정보에 빠른 이들이 '모든 것의 변화'를 약속한다고 평하던, 인터넷이라 불리는 신비스러운 '네트워크들의 네트워크'에 대한 이야기를 듣기 시작한 것도 그즈음이다. 1994년 〈와이어드〉에 실린 한 기사는 내가 사랑하는 AOL을 두고 "갑자기 쓸모가 없어졌다"라고 선언했다. 신제품인 "그래픽이 가미된 브라우저"는 디지털 세계에 대해 더욱 짜릿한 경험을 약속했다. 기사는 "클릭과 함께 링크된 문서가 나타나며, 직관에 따라 링크를 마음 내키는 대로 움직여 온라인 세상을 여행할 수 있다"라고 적고 있었다.[13] 나는 이에 흥미를 느꼈고 완전히 빠져들었다. 1995년 말 즈음 나는 업무용 컴퓨터에 새로운 넷스케이프Netscape를 설치했고, 이를 무한해 보이는 월드와이드웹 화면의 탐험용으로 사용했다. 곧 집에서도 인터넷 서비스를 이용하게 되었고 이를 위해 훨씬 속도가 빠른 모뎀도 구비했다. 그리고 AOL 서비스는 해지했다.

나머지 이야기는 아마 독자들에게도 해당되고 잘 아는 이야기일 것이다. 더 빠른 칩, 더 빠른 모뎀, DVD와 DVD를 굽는 장치, 기가바이트 용량의 하드드라이브, 야후, 아마존, 이베이, MP3, 스트리밍 동영상, 초고속 인터넷, 냅스터Napster와 구글, 블랙베리와 아이팟, 무선 인터넷, 유튜브와 위키피디아, 블로그와 마이크로 블로그, 스마트폰, USB, 넷북. 누가 이에 저항할 수 있을까? 확실히 나는 아니다.

2005년 무렵 웹 2.0시대로 진입했을 때, 나 역시 이에 동참했다. 나는 소셜네트워크 사이트를 이용했고 인터넷에서 콘텐츠 생산자로 활약했다. 'roughtype.com'이라는 도메인을 등록해 블로그를 열었다. 처음 몇 년 동안은 정말 신이 났다. 21세기가 시작될 무렵 나는 주로 테크놀로지에 대한 글을 쓰는 프리랜서 작가로 활동했는데, 기사를 내거나 책을 출판하는 일은 매우 느리고 힘이 많이 드는 일이었다. 때로는 그 과정에서 당혹스러운 상황에 직면하기도 했다. 원고에 노예처럼 매달려야 하고 그 원고를 출판사로 보내야 한다. 출판 거절을 알리는 쪽지와 함께 원고가 돌아오지는 않는다 하더라도 출판을 위해서는 수많은 편집 작업과 내용의 사실 여부를 확인하기 위한 검토, 교정 과정을 거쳐야 한다. 게다가 완성본을 만나기까지는 또다시 수주에서 수개월이 걸린다. 책이 인쇄되어 나오기까지는 1년 이상을 기다려야 한다는 소리다.

블로그는 이 같은 전통적인 출판 개념을 바꿔놓았다. 자판을 두드리고는 몇 개의 링크를 걸고 '글 올리기' 버튼을 누르기만 하면 작품은 당장 세상의 빛을 보게 된다. 게다가 격식을 갖춘 글쓰기에서는 얻을 수 없던 것도 접할 수 있다. 이를테면 독자들의 즉각적인 반응 같은 것이다. 이는 댓글의 형태를 띠기도 하고, 개인 블로그를 가진 독자들이 내 글의 링크를 올리기도 한다. 그야말로 신선하면서도 자유롭다.

온라인에서 무언가를 읽는 행위 역시 새롭고 자유롭다. 하이퍼링크와 검색엔진은 나의 모니터에 무한정 많은 정보를 사진, 소리, 동영상과 함께 제공한다. 저작권자들이 무료화 정책을 펴면서 공짜 콘텐츠는 거대한 파도처럼 불어났다. 헤드라인 뉴스는 야후 홈페이지와 나의 RSS리더를 통해 24시간 내내 흘러나온다. 링크를 누르기만 하면 수십 개, 수백 개의 더 많은 콘텐츠로 이어지고 불과 몇 분 만에 새로운 메일이 도착한다. 나는 마이스페이스와 페이스북, 디그Digg, 트위터의 계정을 만들고 신문과 잡지 구독을 줄이기 시작했다. 누가 그런 것들을 필요로 하겠는가? 이슬에 젖은 인쇄물이 도착할 즈음 나는 이미 그 안에 담긴 기사들을 다 읽은 것만 같았다.

정보의 천국에 대해 의심이 들기 시작한 것은 2007년 어느 날이었다. 홀로 외롭게 서 있는 오래된 컴퓨터에 비해 인터넷은 내게 더 강력하고 광범위한 영향을 미치고 있음을 깨닫기 시작했다. 많은 시간 컴퓨터 스크린을 주시하며 보내는 것은 적절한 행동이 아니었다.

인터넷 사이트와 서비스에 익숙해지고 의존하게 되면서 나의 습관과 일상생활의 많은 부분이 변하고 있는 것도 문제였다. 나의 뇌가 기능하는 방식이 바뀐 듯했고 나는 한 가지 일에 몇 분 이상 집중하지 못하는 무능력함을 걱정하기 시작했다. 처음에는 중년에 들어서면서 머리가 무뎌져 일어나는 현상이라고 생각했다. 그러나 나의 뇌가 단순히 일시적으로 표류하는 정도가 아님을 깨달았다.

나의 뇌는 굶주려 있었다. 뇌는 인터넷이 제공하는 방식으로 정보가 제공되기를 바랐고 더 많은 정보가 주어질수록 허기를 더 느끼게 된 것이다. 나는 컴퓨터를 사용하지 않을 때조차도 이메일을 확인하고, 링크를 클릭하고, 구글에서 무언가를 검색하고 싶어

했다. 나는 누군가와 연결되고 싶었다. 마이크로소프트 워드는 내게 살과 피 같은 워드프로세서가 되었고 인터넷은 나를 초고속 데이터 처리 기기 같은 물건으로 바꾸어놓았다. 나는 마치 인간의 모습을 한 할처럼 변해가고 있었다.

나는 이전의 뇌를 잃어버린 것이다.

2장

살아 있는 통로

프리드리히 니체Friedrich Nietzsche는 자포자기한 상태였다. 병약한 유년기를 보낸 그는 20대 초반 프로이센 군대에서 기병으로 복무할 당시 낙마해 입은 부상에서도 완전히 회복되지 못했다. 1879년에는 건강이 악화되어 바젤대학교 철학 교수 자리에서 강제 사임해야 했다.

　서른넷의 젊은 나이에 그는 수많은 고통에서 벗어나 마음의 안정을 찾기 위해 유럽을 배회하기 시작했다. 가을이 되어 날씨가 서늘해지면 남쪽의 지중해 해안으로 향했고, 봄이면 스위스의 알프스산맥 부근이나 라이프치히 인근에 있는 어머니의 집으로 거처를 옮겼다. 1881년 말, 그는 이탈리아의 항구 도시 제노바에서 다락방을 하나 빌렸다. 시력이 점점 나빠져 책장에 시선을 고정하고 있는 일 자체가 매우 고되고 고통스러운 일이 되었고 때로는 머리가 쪼개지는 듯한 두통과 구토 증상이 그를 괴롭히곤 했다. 그는 어쩔 수 없이 글쓰기를 줄였고, 조만간 아예 글쓰기를 그만 두어야 하는 건 아닌지 두려워했다.

그는 불안한 마음에 덴마크제 몰링 한센Malling-Hansen 타자기를 주문했다. 이 기계는 1882년 첫째 주에 그의 집으로 배달되었다. 이 타자기는 바로 몇 해 전 코펜하겐의 왕립농아협회 회장이었던 한스 라스무스 요한 몰링 한센Hans Rasmus Johann Malling-Hansen이 개발한 것으로 묘하게 아름다운 기기였다.

화려한 장식의 금색 바늘방석처럼 생긴 이 기계에는 대문자와 소문자, 숫자와 인용부호를 표기할 수 있는 52개의 키가 가장 효율적인 타이핑을 가능케 하는 과학적 설계에 기반해 동심원을 그리며 기기의 맨 위에 돌출되어 있었다. 이 키들 바로 아래에는 종이를 지지하는 구부러진 받침이 있었다. 놀라운 전동 장치에 의해 이 받침은 키를 하나씩 누를 때마다 시곗바늘처럼 움직였다. 충분히 연습할 경우 1분에 800개의 문자를 타이핑할 수 있었는데, 이는 당시 발명된 타자기 중 가장 빠른 것이었다.[1]

타자기는 최소한 얼마 동안은 니체를 구한 셈이었다. 일단 타이핑 기술을 익히고 나니 그는 눈을 감은 채 손가락 끝만으로도 글을 쓸 수 있었다. 다시 머릿속 생각들을 종이에다 문자로 옮길

수 있게 된 것이다. 그는 몰링 한센의 발명품에 감동해 이 기기에
바치는 짧은 시를 쓰기도 했다.

> 타자기는 나와 같은 물건. 철로 만들어졌지.
>
> 하지만 여행 중에는 쉽게 손상이 되지.
>
> 많은 인내와 요령이 필요하고,
>
> 우리를 사용하기 위해서는 튼튼한 손가락도 필요하다네.

3월 베를린의 한 신문은 니체가 "그 어느 때보다 상태가 좋
으며, 타자기 덕분에 저술 활동을 재개했다"라고 보도했다.

그러나 이 기기는 그의 저술에 아주 미묘한 영향을 끼쳤다.
니체의 가까운 친구 중 한 사람으로 작가이자 작곡가인 하인리
히 쾨젤리츠Heinrich Köselitz는 니체의 글에서 변화를 감지했다. 니체
의 산문은 보다 축약되고 간결해졌다. 새로운 힘이 느껴졌다. 마
치 일종의 불가사의하면서 초자연적 힘을 통해 기계의 힘이 종이
에 찍히는 단어로 전이되는 듯했다. 쾨젤리츠는 편지에 "아마도
이 기기를 이용하면서 새로운 언어를 갖게 될 것이네"라고 쓰면서
자신의 작업에 대해서는 "음악과 언어에 대한 나의 생각들은 펜과
종이의 질에 의해 종종 좌우되지"라고 말했다.

니체는 이에 대해 "자네의 말이 옳아. 우리의 글쓰기용 도구
는 우리의 사고를 형성하는 데 한몫하지"라고 답했다.[2]

인간의 뇌가 지닌 놀라운 복잡성

니체가 제노바에서 타자기 이용법을 익히는 동안 그곳에서 북동쪽으로 500마일 떨어진 오스트리아 빈의 한 연구실에서는 지그문트 프로이트Sigmund Freud라는 젊은 의대생이 신경생리학 연구원으로 일하고 있었다. 그의 전공은 어류와 갑각류의 신경을 해부하는 것이었다. 실험을 통해 그는 뇌 역시 다른 신체 기관과 마찬가지로 개별적인 세포들로 이루어져 있다고 생각하게 되었다. 이후 그는 세포들 사이에는 그가 '접촉 장벽contact barriers'이라 이름 붙인 공간이 있다고 생각하게 되었고, 이 공간이 우리의 기억과 생각을 형성하며 사고 기능을 관장하는 핵심적인 역할을 한다는 데까지 자신의 이론을 확장시켰다.

프로이트의 이 같은 결론은 당시 주류 과학계의 견해와는 상당히 동떨어진 것이었다. 대부분의 의사와 학자들은 뇌 조직은 세포가 아니라 단일하면서도 서로 연결된 신경 섬유 조직으로 이루어져 있다고 믿었다. 뇌가 세포로 이루어져 있다는 프로이트의 견해에 동의한다 하더라도 이 세포들 사이 공간에서 무슨 일이 일어나는지에 관심을 기울이는 이는 거의 없었다.[3]

약혼을 하고 좀 더 많은 수입이 필요했던 프로이트는 연구원을 그만두고 심리분석가로서 병원을 열게 되었다. 이후 이루어진 연구들은 프로이트가 젊은 시절 세운 가설이 틀리지 않았음을 증명하게 된다. 현미경의 성능이 향상된 덕에 과학자들은 떨어져 있는 신경세포의 존재를 확인하게 되었다. 또한 그들은 이 세포들 즉 뉴런들이 우리 몸 속 다른 세포들과 유사하면서도 동시에 다르다는 사실을 발견했다. 다른 모든 세포들과 마찬가지로 뉴런들 역시 보편적 기능들을 수행하는 핵과 체세포를 지니고 있으나 촉수같이 생긴 축색돌기, 수상돌기라는 부분을 지니고 있어 전자파를 받고 보내는 역할을 한다.

뉴런이 활동할 때 파동은 체세포에서 축색돌기 끝으로 흐르는데, 이 돌기에서는 신경전달물질이 분출된다. 이 신경전달물질은 오늘날 시냅스라고 불리며 프로이트가 '접촉 장벽'이라고 명명했던 곳을 흐르다가 이웃 뉴런의 수상돌기에 들러붙는다. 그 결과 세포 안에 새로운 전자파를 발생시킨다. 이 신경전달물질이 시냅스들 사이에서 이곳저곳으로 흐르면서 뉴런들은 서로 소통하고, 복잡한 세포의 통로를 따라 전자 신호의 전달을 감독한다. 사고와 기억, 감정들은 모두 시냅스를 통한 전기화학적인 상호작용을 통해 일어난다.

20세기를 지나며 신경과학자와 심리학자들은 인간의 뇌가 지닌 놀라운 복잡성을 더욱 상세히 이해하게 되었다. 그들이 발견한 바에 따르면 인간의 두개골 안에는 약 1000억 개의 뉴런이 존재하는데, 이 뉴런들은 1밀리미터도 채 되지 않는 것부터 몇 피트에 이르는 것까지 그 길이와 모양이 다양하다.[4] 각각의 뉴런에는 많은 수상돌기가 달려 있는데, (축색돌기는 하나만 존재한다) 축색돌기와 수상돌기의 끝은 여러 갈래로 갈라져 있고 그만큼 많은 시냅스의 통로가 존재한다. 하나의 뉴런은 보통 수천 개의 시냅스와 연결되어 있고 어떤 뉴런들은 이보다 수백 배나 많은 수의 뉴런과 연결되어 있다. 아직 완전히 이해하기는 힘들지만 우리의 두개골 안에는 무수히 많은 시냅스가 존재해 뉴런들을 한데 결합시키면서 우리의 생각과 감정, 인격을 결정하는 복잡한 회로 속으로 이끈다.

지난 한 세기 동안 뇌의 물리적 작동 방식에 대한 인류의 지식이 확대되었음에도 여전히 굳건하게 남아 있는 오래된 가정이 하나 있다. 지난 수백 년 동안 대부분의 생물학자들과 신경학자들은 성인의 뇌 구조는 변하지 않는다고 믿었다. 우리의 뉴런은 뇌가 아직 말랑말랑할 때인 어린 시절에는 회로와 연결되지만 이 회로는 성인기에 이르면 고정되어버린다는 것이다.

보편적인 관점에 따르면 뇌는 콘크리트 구조물과 유사하다. 유년기에 어떤 틀에 맞춰진 모형이 만들어지면 최종적인 모양으로 재빨리 굳어버리는 식이다. 20대가 지나면 새로운 뉴런은 전혀 생성되지 않고 새로운 회로 역시 만들어지지 않는다. 물론 우리는 일생 동안 새로운 기억을 계속 저장하지만 (그리고 오래된 것들 일부는 잃어버린다) 성인기에 겪는 유일한 구조적 변화는 신체가 노화하고 신경세포가 죽으면서 일어나는 느린 속도의 쇠락에 불과하다.

성인의 뇌가 변하지 않는다는 생각이 폭넓게 그리고 뿌리깊게 박혀 있지만 몇몇 이견이 있기는 하다. 일군의 생물학자와 심리학자들은 급속히 증가하는 뇌 관련 연구를 바탕으로 성인의 뇌역시 말랑말랑하거나 유연할 수 있다고 생각했다. 그들의 주장에따르면 새로운 신경 회로는 우리 일생을 거쳐 생성되며 오래된 것들은 더 튼튼해지거나 약해지거나 또는 완전히 죽어버린다.

영국의 생물학자인 존 재커리 영J. Z. Young은 1950년 BBC에서 방영된 강연 시리즈에서 뇌의 구조는 실상 주어지는 임무에 따라 적응하며 끊임없이 변화하는 상태일 수 있다고 주장했다. 그는 "인간의 뇌 세포는 사용할수록 말 그대로 더 커지고 발전하며, 사용하지 않으면 줄어들거나 사라져버린다. 따라서 모든 행동은 신경조직에 영구적인 흔적을 남긴다고 볼 수 있다"라고 말했다.[5]

이 같은 주장을 제기한 사람이 영이 처음은 아니다. 70년 전미국의 심리학자 윌리엄 제임스William James는 뇌의 적응력에 대해비슷한 관찰을 한 바 있다. 그는 기념비적인 저서《심리학의 원리Principles of Psychology》에서 "신경조직은 매우 놀라울 정도의 가소성可塑性, plasticity•을 지니고 있다"라고 적었다. 또 그는 다른 물체들과마찬가지로 "시간이 지남에 따라 외부 또는 내부로 가해지는 힘이나 긴장은 이 구조를 처음과 다른 무언가로 변화시킨다"라고 말했다.

• 　유전자가 지닌 정보가 특정 환경에 따라 특정 방향으로 변화하는 정도를 말한다. —옮긴이

제임스는 프랑스 과학자인 레온 뒤몽Léon Dumont이 습관의 생물학적 결과에 관해 썼던 에세이에서 사용한 유추에 동의하며 이를 인용하는데, 이는 뇌가 경험에 미치는 영향을 물이 대지에 미치는 영향에 빗댄 것이다. 그는 "흐르는 물은 더 넓고 깊게 진행하면서 스스로 수로를 만들어낸다. 시간이 지나고 또다시 흐를 때는 이전에 스스로 파놓은 길을 따라간다. 이와 마찬가지로 외부 물체로부터 받은 인상들은 우리 신경 체계 속에서 적합한 길을 더 많이 만들어내고, 이 같은 '살아 있는 통로들vital paths'은 한동안 막혀 있다가도 비슷한 외부 자극을 받을 경우 되살아난다"라고 했다.[6] 프로이트 역시 통념에 반대되는 주장을 했다. 그는 1895년에 쓴 '과학적 심리학을 위한 프로젝트Project for a Scientific Psychology'(미출간)에서 뇌와 뉴런 사이의 접촉 장벽은 개개인의 경험에 따라 바뀔 수 있다고 주장했다.[7]

이 같은 추측은 대부분의 뇌과학자와 의사들 사이에서 때때로 경멸 섞인 반응을 일으킬 정도로 인정받지 못했다. 기성 과학자와 의사들은 여전히 뇌의 가소성은 유년기 이후 사라진다고 확신했고, '살아 있는 통로'는 한번 형성되면 넓어지거나 좁아지지 않으며 경로가 바뀌는 경우는 더더욱 없다고 믿었다. 1913년, 스페인의 저명한 신경해부학자이자 노벨상 수상자인 산티아고 라몬 이 카할Santiago Ramón y Cajal은 매우 단정적으로 "성인 뇌의 중심에는 신경 통로가 고정되어 있고 막혀 있으며, 변할 수 없는 모양을 하고 있다. 모든 것은 사라질 것이고 무엇도 다시 생겨나지 않는다"

라고 선언했다.[8] 그 자신도 젊은 시절에는 이 교조적인 견해에 의심을 표하며, 1894년에 "한계가 있긴 하겠지만 생각의 기관은 말랑말랑하고, 잘 계산된 정신적 운동에 따라 완전해질 수 있다"라고 적었다.[9] 그러나 결국 그는 학계의 보편적인 주장을 받아들이고, 나아가 이 주장의 가장 능력 있고 권위 있는 지지자가 되었다.

성인의 뇌가 변하지 않는 물리적 조직이라는 생각은 뇌를 기계적인 장치로 보는 산업혁명 시기에 탄생해 지지를 얻었다. 신경조직은 증기기관이나 전기 동력계와 마찬가지로 여러 부분으로 구성되어 있으며, 이것들은 몸 전체의 기능이 성공적으로 작동하도록 각자 특정한 목적을 지니고 있다는 것이다. 이 부분들은 겉모양이나 기능 면에서 변할 수 없다. 변할 경우 즉시 걷잡을 수 없는 기계의 고장으로 이어질 것이기 때문이다. 뇌의 다른 부분들, 심지어 각각의 회로 역시 감각을 받아들이고 근육을 움직이고 기억과 생각을 형성하는 등 세세하게 정해진 기능을 수행하고 있다. 게다가 어린 시절에 정해진 이 각각의 역할은 변할 수 없다. 어린이는 뇌에 있어서 윌리엄 워즈워스William Wordsworth가 쓴 대로 진정한 인간의 아버지인 것이다.

뇌에 대한 기능적인 사고는 르네 데카르트René Descartes가 1641년 《성찰록Meditaions》에서 주창한 그 유명한 이원론을 반영하는 동시에 반박하기도 한다. 데카르트는 뇌와 사고(정신)는 두 개의 별개 영역, 즉 하나는 물질적이며 하나는 정신적인 영역에 존재한다고 생각한다. 물리적 존재로서 뇌는 여타 신체 부분과 마찬가지로 시계, 펌프같이 완전히 기계적인 도구로서 부속 기관의 움직임에 따라 운동한다. 그러나 데카르트는 뇌의 움직임은 의식 있는 사고의 작동을 설명하지 못한다고 주장한다. 자아의 핵심으로서 사고는 우주 밖 물질의 법칙 너머에 존재한다. 뇌는 사고와 상호 영향을 주고받을 수 있지만(데카르트에 따르면 뇌 송과선의 신비로운 작용에 의해) 둘은 완전히 별개로 존재한다. 과학적으로나 사회적으로 급속한 발전과 변동이 일어났던 시기에 데카르트의 이원론은 위안으로 다가왔다. 현실은 과학의 영역이라 할 수 있는 물질적인 측면도 담고 있는 동시에 신학의 영역인 정신적 측면도 포함하고 있다. 그리고 이 두 영역은 절대 만나지 않을 것이다.

이성이 계몽주의의 새로운 종교로 떠받들어지며, 관찰과 경험의 영역에서 벗어난 '사고'라는 무형의 영역은 그 중요성을 인정받지 못했다. 과학자들은 뇌를 하나의 기계로 보는 데카르트의 개념은 받아들였지만 이원론의 절반을 구성하는 주체가 사고라는 점을 인정하지 않았다. 생각, 기억 그리고 감정은 영적 세계의 산물이라기보다는 뇌의 물리적 작용을 통한 논리적이고 사전에 결정된 생산물로 인식되었다. 의식은 단지 이 물리적 작용의 부산물에 불과했다. 한 권위 있는 신경생리학자는 "사고라는 단어는 사라져버렸다"라고 선언했다.[10]

기계에 대한 비유는 20세기 중반 '생각하는 기계'라고 불리는 디지털 컴퓨터가 등장할 즈음에 더욱 확대, 강화되었다. 바로 이때부터 과학자와 철학자들은 우리 뇌의 회로와 심지어 행동까지도 컴퓨터 칩의 실리콘 기판에 새겨진 작은 회로들처럼 내장된 것으로 빗대어 말하기 시작했다.

성인의 뇌가 변하지 않는다는 생각은 일종의 '도그마dogma'로 자리 잡힌 탓에 정신과 의사 노먼 도이지Norman Doidge는 이에 대해 "신경학의 허무주의"라고 말하기도 했다. 도이지는 이 도그마가 "뇌와 관련한 대부분의 문제에 대한 처방은 효과가 없거나 불필요하다는 생각"을 만들어냈기 때문에 이같이 표현했다고 한다. 정신적 질환이나 뇌 손상을 입은 이들은 치료에 대한 어떤 희망도 가질 수 없게 된 셈이다. 또한 도이지는 이 같은 생각이 "우리 문화에 파고들어 인간 본성에 대한 우리의 전반적인 사고를 저해하고 있으며, 뇌가 변할 수 없기 때문에 뇌에서 만들어지는 인간 본성 역시 고정되어 있고 변할 수 없는 것으로 여겨진다"라고 말한다.[11] 재생은커녕 썩어 소멸할 뿐이다. 우리 역시 딱딱하게 굳은 우리의 뇌 세포 덩어리 또는 최소한 이미 받아들인 지식의 단단한 더미에 파묻혀 있는 셈이다.

우리의 뇌는 변할 수 있는가

1968년, 나는 교외에 위치한 집 주변의 수풀에서 뛰어놀던 평범한 아홉 살짜리 어린아이였다. 텔레비전에서는 마셜 매클루언과 노먼 메일러Norman Mailer가 황금 시간대에 출현해 "가속화되는 최첨단 기술 시대의 인간"이 가져올 지적·윤리적 시사점에 대해 토론하고 있었다.[12] 〈2001 스페이스 오디세이〉가 처음 극장에서 상영되었을 때, 많은 영화 팬은 혼란스러워하거나 어리둥절했고, 불편한 심기를 드러냈다. 그리고 매디슨에 있는 위스콘신대학교의 한 조용한 연구실에서는 마이클 머제니치Michael Merzenich가 원숭이의 두개골에 구멍을 내고 있었다.

당시 스물여섯 살이었던 머제니치는 막 존스홉킨스대학교에서 선구적인 신경과학자인 버넌 마운트캐슬Vernon Mountcastle의 지도하에 생리학으로 박사 학위를 받은 학생이었다. 그는 뇌 지도에 대한 박사 학위 취득 후 연구를 위해 위스콘신대학교로 건너왔다. 오랫동안 인간 신체의 모든 부분은 뇌 속에 주름진 외부막인 대뇌피질의 특정 부분과 연결되어 있다고 알려져 있었다. 피부의 특정 신경세포가 접촉이나 꼬집기 등을 통해 자극을 받으면 이들 세포는 척추를 통해 피질 내에 있는 특정 뉴런에 전자파를 보내 이 접촉이나 꼬집기를 의식 가능한 감각으로 전환한다.

1930년대, 캐나다의 신경외과 의사인 와일더 펜필드Wilder Penfield는 인간 뇌에 대한 최초의 감각 지도를 완성하기 위해 전기 프로브probe•를 동원했다. 그러나 펜필드가 사용한 프로브는 너무 잔혹한 도구였고, 그가 완성한 지도는 당시로서는 매우 획기적이

• 의사들이 인체 내부 검사를 위해 사용하는 길고 가는 도구를 뜻한다. — 옮긴이

긴 했지만 정확도가 떨어졌다. 머제니치는 새로운 형태의 프로브였던 머리카락 굵기의 미세전극을 사용하여 뇌 구조에 대한 새로운 정보를 제공하는 보다 정교한 지도를 만들고자 했다.

우선 머제니치는 원숭이 두개골의 한 부분을 제거했다. 그러자 뇌의 일부가 드러났고, 그는 이 미세전극을 원숭이의 한쪽 손의 감각과 연결된 피질의 특정 부분에 집어넣었다. 그는 전극 말단 인근에 있는 뉴런이 활성화될 때까지 원숭이의 손 위치를 이리저리 바꾸기 시작했다. 그는 며칠에 걸쳐 이 미세전극 삽입을 수천 번 반복한 끝에 원숭이의 뇌가 손의 느낌을 어떻게 처리하는지를 각각의 신경세포 수준에서 상세하게 보여주는 '마이크로 지도'를 완성했다. 그는 다섯 마리의 원숭이를 더 동원해 이 고통스러운 실험을 반복했다.

머제니치는 실험의 다음 단계로 넘어가 외과용 칼로 원숭이의 손에 상처를 내 감각신경을 절단했다. 그는 주변부 신경조직이 상처를 입었을 때 뇌가 어떻게 반응하고 또 이를 어떻게 치료하게 하는지 알아내고자 했다. 그가 발견한 사실은 실로 놀라웠다. 원숭이 손의 신경은 예상대로 마구잡이로 자라났으며 뇌 역시 혼란에 빠졌다.

예를 들어 머제니치가 원숭이 손가락의 아래쪽 관절을 건들자 원숭이의 뇌는 이것이 손가락 끝에서 보낸 감각인 줄로 알았다. 신호는 꼬였고 뇌 지도는 뒤죽박죽되었다. 그러나 몇 달 후 머제니치가 동일한 감각 실험을 실시하면서 이 같은 정신적 혼란은 완전히 사라졌다. 원숭이의 뇌가 상황 파악 후 보내는 신호는 실제 손에서 발생하는 일과 일치했다. 머제니치는 뇌가 스스로 재정비했음을 알아차렸다. 손의 신경에서 발생한 재배치와 일치하도록 동물의 신경 통로 역시 새로운 지도를 만들어낸 것이다.

처음에 그는 자신이 본 것을 믿을 수 없었다. 다른 모든 신경과학자들처럼 그도 성인의 뇌 구조는 고정되어 있다고 배웠다. 그러나 그는 실험실에서 여섯 마리의 원숭이들이 빠르게 집중적으로 세포 재건을 수행하는 것을 목격했다. 머제니치는 후에 회상하기를 "놀라운 발견이었지만 무어라 설명할 수가 없었다"라고 말했다. "지금에 와서 생각해보면 이때 신경가소성의 증거를 목격한 것이다. 그러나 당시에는 그 사실을 알아차리지 못했다. 나는 내가 보는 것이 무엇인지 알지 못했다. 게다가 주류 신경과학계에서는 누구도 가소성이 이 정도 규모로 발생하고 있다는 사실을 믿지 않았을 것이다."[13]

머제니치는 학술 저널에 이 실험 결과를 발표했지만[14] 누구도 관심을 기울이지 않았다. 그러나 그는 자신이 무언가를 이루어냈음을 깨달았다. 이후 30년에 걸쳐 더 많은 원숭이를 대상으로 실험한 결과, 다 큰 영장류의 뇌에 광범위한 가소성이 존재함을 증명했다. 1983년, 한 논문에서 머제니치는 단호하게 "이들 결과는 감각 체계를 일련의 내장된 기계 구성으로 보는 시각과 완전히 상반된다"라고 선언했다.[15]

처음에는 외면당했지만 머제니치의 꼼꼼한 연구는 마침내

신경학계에서 진지한 관심을 받기 시작했다. 결국 그의 연구는 인간의 뇌 작동에 대한 기존의 연구를 완전히 뒤집어버렸다. 연구자들은 윌리엄 제임스와 지그문트 프로이트의 연구를 더듬어가면서까지 가소성의 증거를 찾아냈고, 머제니치를 뒤따르는 연구 결과를 발표했다. 오랫동안 외면당했던 그의 연구는 이제 매우 진지하게 받아들여지고 있다.

뇌과학이 발전하면서 가소성을 보여주는 증거는 더욱 확실해지고 있다. 섬세한 신형 뇌 스캐닝 기기와 미세전극, 그 밖의 여러 다른 종류의 프로브를 사용해 신경과학자들은 실험용 동물뿐 아니라 인간을 대상으로 더 많은 실험을 실시하고 있다. 이 모든 결과는 머제니치가 발견한 결과를 뒷받침해줄 뿐 아니라 더 많은 사실을 알려주고 있다. 뇌의 가소성은 접촉에 의한 감각을 좌우하는 체성體性 감각의 피질에만 국한된 것이 아니라 보편적이었다. 결국 우리의 모든 뇌 회로는 감각, 시각, 청각, 동작, 사고, 학습, 인식 또는 기억 등 어느 것에 관여하든 변할 수밖에 없다. 널리 받아들여지던 기존의 지식은 버림받았다.

뇌의 가소성

조지메이슨대학교에서 크래스노고등연구소Krasnow Institute for

Advanced Study를 이끄는 신경과학과 교수 제임스 올즈James Olds의 말처럼 성인의 뇌는 단순히 변하는 정도가 아니라 매우 잘 변한다.[16] 또는 머제니치가 말했듯이 대대적으로 변한다.[17] 뇌가 변하는 정도를 뜻하는 가소성은 나이가 들수록 감소해 뇌는 그간 해왔던 방식에 익숙해지지만, 이 가소성이 완전히 사라지는 것은 아니다. 뉴런은 언제나 낡은 것들과 연결을 끊고 새로운 것을 취하며, 항상 새로운 신경세포가 만들어진다. 올즈의 관찰에 따르면 "뇌는 그때그때 상황을 봐가며 과거 방식을 바꿔 스스로를 새롭게 정비하는 능력을 가지고 있다."

아직 뇌가 어떤 식으로 스스로를 재정비하는지에 대해서는 상세히 알지 못하지만 시간이 지날수록 명확해지고 있는 것은 프로이트가 말한 대로 시냅스의 풍부한 화학 물질 안에 그 비밀이 담겨 있다는 점이다. 뉴런 사이의 미세한 공간에서 일어나는 작용은 극도로 복잡하지만 간단히 말하면 신경 통로에 경험을 입력하고 또 기록하는 다양한 화학 반응이라고 할 수 있다. 정신적이든 육체적이든 간에 어떤 일을 하거나 어떤 감각을 경험할 때마다 뇌 속에 있는 일련의 뉴런들은 활동을 시작한다. 이 뉴런들이 가까이 있을 경우에는 아미노산 글루타민산염 같은 시냅스의 신경전달물질을 교환하면서 결합한다.[18] 같은 경험이 반복될 경우 뉴런 사이의 시냅스 간 결합은 보다 농축된 신경전달물질의 배출 같은 생리학적 변화나, 기존 수상돌기와 축색돌기에 존재하는 새로운 시냅스 끝부분에 새로운 뉴런의 생성을 이끌어내는 등의 해부학적 변화를 통해 더욱 강력해지고 많아진다.

시냅스들의 연결은 또다시 생리학적·해부학적 변경의 결과로 특정 경험에 반응하면서 약화된다. 우리가 살면서 배우는 내용은 우리 머릿속에서 끊임없이 변화하는 세포 간 연결 부위에 담겨 있다. 연결된 뉴런의 끈은 우리 사고에 있어 진정 살아 있는 통로를 형성한다. 오늘날 과학자들은 '헵의 원칙Hebb's rule'으로 알려진 다음과 같은 정의로 신경가소성이 보여주는 중요한 역동성을 정리한다. "동시에 활성화하는 신경세포는 한 다발로 묶인다."

시냅스의 연결이 어떤 식으로 변하는지를 보여주는 가장 단순하면서도 명료한 예는 생물학자 에릭 캔델Eric Kandel이 1970년대 초반 '군소Aplysia'라는 거대한 바다 달팽이를 이용해 실시했던 일련의 실험들에서 찾을 수 있다(바다 생물은 단순한 신경조직과 큰 신경세포를 지니고 있기 때문에 신경 실험에 특히 적합하다).

노벨상 수상자인 캔델은 군소의 아가미를 건드릴 경우 비록 그 강도는 아주 미약하지만 아가미가 즉각적이면서 반사적으로 움찔하는 것을 발견했다. 그러나 이 동물에게 아무런 해를 끼치지 않으면서 반복적으로 아가미를 건드릴 경우 이 움찔하는 반응은 서서히 감소했다. 이 달팽이는 접촉에 익숙해져 이를 무시하도록 학습된 것이다. 이 달팽이들의 신경조직을 관찰한 결과 캔델은 "학습에 의한 행동 변화는 외부 자극을 느끼는 감각 뉴런과 아가미를 움직이게 하는 동작 뉴런 사이에 있는 시냅스의 연결이 점진적으로 약화됨과 동시에 일어난다"라는 사실을 밝혀냈다. 평상시에는 달팽이의 감각 뉴런 중 약 90퍼센트가 동작 뉴런과 연결되어 있다. 그러나 아가미를 마흔 번 건드리자 오직 10퍼센트의 감각세포만이 동작세포와의 연결을 유지하고 있었다. 캔델은 이 연구가 "시냅스는 상대적으로 적은 양의 훈련만으로도 많은 수가 광범위하고도 지속적인 변화를 경험한다"라는 것을 단적으로 보여준다고 적었다.[19]

시냅스의 가소성은 수세기 동안 경쟁해온 사고방식에 대한 두 가지 철학 사조인 경험주의와 이성주의의 조화까지 이끌어냈다. 존 로크John Locke와 같은 경험주의자들은 우리가 태어날 때는 '타불라 라사tabula rasa'(라틴어로 백지라는 뜻), 즉 백지 상태라고 말한다. 우리가 알고 있는 것은 모두 살아가면서 경험을 통해 배운 결과다. 이를 더 익숙한 용어로 표현하면 우리는 양육의 결과물이지 천성의 결과물은 아니라는 것이다. 임마누엘 칸트Immanuel Kant 같은 이성론자들에 따르면 우리는 내장된 정신적 본보기를 지니고 태어나며, 이는 이 세상을 어떻게 인식하고 이해할지를 결정한다. 우리의 모든 경험은 이처럼 선천적인 원형이라는 여과기를 통과한다. 천성이 우위를 차지하는 것이다.

이 군소 실험은 캔델이 말한 대로 "양쪽의 시각이 각자의 가치를 지니며, 사실 이 둘은 상호 보완적"이라는 것을 밝혀냈다. 우리의 유전자는 뉴런들 사이의 연결, 즉 어떤 뉴런이 다른 뉴런과 언제 시냅스 간 연결을 형성하는지에 관해 상당 부분을 정한다. 유전적으로 정해진 이 같은 연결들은 칸트가 말하는 선천적 원형인 뇌의 기본적 구조와 통한다. 그러나 우리의 경험은 이 같은 연결의 힘, 곧 '장기적 효력'을 규제하며 로크가 말한 대로 사고의 재형성과 '새로운 형태의 행동에 대한 표현'을 가능케 한다.[20] 경험주의자와 이성주의자들의 상반되는 철학은 시냅스에서 공통분모를 찾는다. 뉴욕대학교의 신경과학자인 조지프 르두Joseph LeDoux는 《시냅스와 자아Synaptic Self》라는 책에서 천성과 양육은 사실상 같은 이야기라고 말한다. 양쪽 모두는 궁극적으로 뇌의 시냅스 조직 형성을 통해 정신적·행동적인 영향을 받는다.[21]

뇌는 우리가 한때 생각한 것처럼 기계 같은 형태가 아니다. 여러 부위가 각기 다른 정신적 기능과 연결되어 있지만 세포 구성 조직은 영구적이지 않으며, 엄격하게 정해진 역할을 수행하는 것도 아니다. 세포는 유연하다. 경험과 환경, 필요에 의해 변한다. 가장 주목할 만한 큰 변화들은 신경조직의 손상 결과로 일어난다. 여러 실험 결과가 이 같은 측면을 보여준다. 예를 들어 어떤 사람이 실명할 경우 시각적 자극을 처리하던 뇌의 부분, 즉 시각 피질이 그냥 멈추는 것은 아니다. 이 부분은 즉각 청각 처리를 위한 회로로 채워진다. 또한 이 사람이 점자를 배울 경우, 시각 피질은 촉각을 통해 전달되는 정보를 처리하는 새로운 임무를 띠게 된다.[22]

매사추세츠공과대학교 맥거번뇌연구소의 낸시 캔위셔Nancy Kanwisher는 "뉴런들은 새로운 입력을 원하는 것 같다. 시각적 입력이 사라지면 뉴런은 차선의 입력 대상에 반응하기 시작한다"라고 설명한다.[23] 뉴런의 준비된 적응력 덕분에 청각 감각과 촉각은 시력을 잃은 것에 대한 피해를 완화하기 위해 더욱 예민해진다. 비슷한 적응 방식은 농아가 된 이들의 뇌에서도 일어난다. 그들의 청각 상실을 보완하기 위해 다른 감각들이 강화되는데, 이를테면 지엽적인 시각 정보를 수행하던 뇌 영역이 확장되어 한때 청력에 의지했던 부분까지 볼 수 있게 되는 식이다.

사고로 팔이나 다리를 잃은 사람을 대상으로 한 검사 역시 뇌가 얼마나 집중적으로 스스로를 재정비할 수 있는지를 보여준다. 사고 당사자들의 뇌 속에서 잃어버린 사지의 감각을 접수하던 부분들은 신속하게 다른 신체 부분이 느끼는 감각을 접수하는 회로로 교체된다. 교통사고에서 왼팔을 잃은 10대 소년을 대상으로 한 연구에서 캘리포니아대학교 샌디에이고캠퍼스 뇌인지연구소의 소장인 신경학자 라마찬드란V. S. Ramachandran이 소년의 눈을 감게 한 후 얼굴 이곳저곳을 만졌을 때 소년은 라마찬드란의 손길이 닿는 부분을 잃어버린 자신의 팔로 생각했다. 라마찬드란이 소년의 코 아래 부분을 살짝 스치면서 "어디를 건드렸다고 생각하니?"라고 묻자 소년은 "왼손 새끼손가락이오. 간지러워요"라고 답했다. 소년의 뇌 지도는 재조직 과정을 거치고 있었고 뉴런들은 다시금 새로운 쓰임새를 부여받고 있었다.[24] 이 같은 실험 결과, 절단 수술을 받아 '사라진 팔'이 느낀 감각은 뇌 속에서 일어난 신경 변화의 결과라고 할 수 있다.

뇌는 우리가 사고하는 대로 바뀐다

뇌의 적응력에 대해 더 깊이 이해하게 됨에 따라 이전에는 불치병으로 여겨지던 질환도 치료 가능성이 높아졌다.[25] 도이지는 2007년에 출간한 책《기적을 부르는 뇌The Brain That Changes Itself》에서 마이클 번스타인Michael Bernstein이라는 남성의 이야기를 전한다. 그는 쉰네 살 때 입은 심각한 뇌졸중으로 몸의 왼쪽 움직임을 조절하는 오른쪽 뇌의 절반이 손상을 입었다. 전통적인 물리치료 결과 그의 움직임은 다소 나아졌지만 왼손은 여전히 제대로 사용할 수 없었고 걸을 때는 지팡이를 사용해야 했다. 최근까지만 해도 이런 부상은 더 이상의 치료가 불가능한 이야기로 묻혔을 것이다. 그러나 번스타인은 선구적인 신경가소성 학자인 에드워드 토브 Edward Taub가 이끄는 앨라배마대학교의 실험 치료 프로그램에 등록하면서 달라졌다.

번스타인은 일주일에 6일씩 하루 최대 8시간 동안 반복적으로 왼쪽 손과 발을 이용해 일상적인 업무를 수행했다. 어느 날에는 유리창을 닦았고, 그 다음 날에는 알파벳 글자를 적는 식이었다. 이 같은 반복 행동을 한 까닭은 뉴런과 시냅스들이 새로운 회로를 형성하게끔 자극하기 위해서였다. 그의 뇌 속 손상된 부분이 과거에 담당했던 기능을 다시 수행할 수 있도록 하기 위해서 말

이다. 몇 주 만에 그는 손과 발을 거의 자유자재로 사용할 수 있게
되었고 그 결과 지팡이를 버리고 일상생활로 돌아갈 수 있었다.
토브의 다른 환자들 역시 비슷하게 놀라운 회복을 경험했다.

　신경가소성을 보여주는 초기의 증거는 마이클 머제니치가
원숭이 손의 신경을 자른 것처럼 시력이나 청력의 상실, 인간의
사지 절단 등 부상에 대한 뇌의 반응을 통해 제시되었다. 그 결과
과학자들은 성인 뇌의 유연성이 극단적인 상황에만 국한된 것이
아닌가 하는 의문을 갖게 되었다. 과학자들은 가소성이 기본적으
로 뇌나 감각기관에 가해진 상처에서 촉발된 치유 메커니즘일 수
있다고 가정했다. 이후 더 많은 실험 결과가 이 가정이 틀렸음을
입증했다.

　집중적이고 지속적인 가소성은 건강하고 정상적으로 기능하
는 신경 시스템에서도 목격되었는데, 그 결과 신경과학자들은 뇌
가 언제나 유동적이며 환경과 행동의 작은 변화에도 적응력이 뛰
어나다는 결론을 내렸다. 미국 국립보건원National Institutes of Health의
신경의학부 과장인 마크 핼렛Mark Hallett은 "신경가소성이 발생할
뿐 아니라 지속적으로 이루어지고 있음을 알아냈다"라고 말한다.
그는 "이를 통해 우리는 변화하는 조건에 적응하거나 새로운 사실
을 배우거나 또는 새로운 기술을 개발해낸다"라고 덧붙인다.[26]

　하버드대학교 의과대학의 유명한 신경학자인 알바로 파스
쿠알 레온Alvaro Pascual-Leone은 "가소성은 일생을 거쳐 신경조직에
서 일상적으로 진행되는 상태"라고 말한다. 우리의 뇌는 경험과 행

동에 반응해 끊임없이 변하고 개별 감각의 입력, 동작, 연관성, 보상 신호, 행동 계획, 인식의 변화 등에 따라 회로를 재조직한다. 파스쿠알 레온은 신경가소성은 진화의 가장 중요한 산물이며, 이 같은 특성은 신경 시스템이 "타고난 게놈의 한계를 벗어나 환경의 압력, 생리적 변화, 경험 등에 적응하도록 한다"라고 주장한다.[27]

우리 뇌 조직이 천재적이라 할 수 있는 이유는 그것이 많은 것을 내장하고 있기 때문이 아니라 도리어 그렇지 않기 때문이다. 철학자인 데이비드 불러David Buller는 진화심리학을 비판한 책《적응하는 사고Adapting Minds》에서 자연 도태 과정은 "미리 만들어진 적응으로 이루어진 뇌를 설계한 것이 아니며 도리어 개개인의 일생을 통해 또는 며칠에 걸쳐, 요구를 담당하는 특별한 구조를 형성하면서 주변의 환경적 요구에 적응할 수 있도록 설계되었다"라고 적었다.[28] 진화는 말 그대로 우리에게 여러 번 사고를 반복함으로써 변화할 수 있는 뇌를 안겨주었다.

이제 우리는 우리의 사고, 인식, 행동 방식은 전적으로 유전자에 의해 결정되는 것이 아님을 알았다. 이는 우리의 유년 시절 경험을 통해 결정되는 것도 아니다. 우리는 삶의 방식에 따라 유전자를 바꾸는데, 니체는 우리가 사용하는 도구를 통해 변화한다고 인식했다. 에드워드 토브는 앨라배마에서 재활 클리닉을 열기 몇 년 전, 오른손잡이 바이올린 연주자 그룹을 대상으로 유명한 실험을 실시했다. 그는 신경 활동을 관찰하는 기계를 이용해 연주자들이 악기 줄을 누를 때 왼손에서 오는 신호를 처리하는 감각피질 부분을 관찰했다. 또한 그는 악기를 연주해본 적이 없는 오른손잡이 중 실험 참가자를 선발해 동일한 피질 부분을 관찰했다.

토브는 바이올린 연주자들의 해당 뇌 부분이 비음악가 그룹과 비교해 현저하게 넓다는 점을 발견했다. 반면 피실험자의 오른손에서 오는 감각을 처리하는 피질 부분의 넓이도 관찰했지만 음악가와 비음악가 사이에 별 차이를 발견하지 못했다. 바이올린을 연주하는 행위가 뇌 속에 의미 있는 물리적 변화를 가져온 것이다. 성인이 되어 악기를 처음 잡아본 이들을 대상으로 한 실험에서도 동일한 결과가 나타났다.

과학자들이 영장류와 그 외 동물들을 대상으로 간단한 도구를 사용하도록 훈련시켜보면 기술에 의해 뇌가 얼마나 중대한 영향을 받을 수 있는지가 밝혀진다. 예를 들어 원숭이는 갈퀴와 집게를 이용해 어떻게 손에 닿지 않는 음식물을 집을 수 있는지에 대해 배웠다. 훈련이 진행되는 동안 연구자들이 이 동물들의 신경 활동을 관찰한 결과, 도구를 잡은 손의 통제와 관련한 동작과 시각 영역에서 주목할 만한 성장을 확인했다. 그러나 과학자들이 발견한 더 놀라운 사실은 갈퀴와 집게가 동물들의 손에 대한 뇌 지도와 실제로 통합되었다는 점이다. 동물의 뇌 속에서는 이 도구들이 신체의 일부가 된 것이다. 집게를 가지고 실험을 실시했던 연구자들에 따르면 원숭이의 뇌는 현재 이 집게들이 손가락인 것처럼 작동하기 시작했다.[29]

우리 뇌의 배선을 바꿀 수 있는 것은 반복적인 신체 행동만

이 아니다. 정신적 활동 역시 신경 회로를 더 광범위하게 바꿔놓을 수 있다. 1990년대 후반 일련의 영국 연구자들은 2년에서 42년 사이의 경력을 지닌 런던 택시 운전사 열여섯 명의 뇌를 스캔했다. 스캔 결과를 대조 집단과 비교했을 때 택시 운전사들은 뒤쪽 해마, 즉 환경에 대한 개개인의 공간적 표현을 저장하고 조작하는 기능을 담당하는 부분이 평범한 사람에 비해 훨씬 넓다는 사실을 발견했다. 근무 연수가 많을수록 해마 뒤쪽의 공간 역시 넓었다.

또한 연구자들은 운전사들의 해마 앞부분의 넓이가 보통 사람들보다 더 좁다는 것을 발견했는데, 이는 명백히 뒤쪽 공간을 확보하기 위한 결과였다. 이어진 추가 실험은 해마 앞부분이 줄어든 결과, 다른 기억 업무의 수행에 필요한 자질이 감소함을 보여주었다. 연구자들은 런던의 복잡한 도로를 돌아다니기 위해 필요했던 지속적인 공간 처리는 "해마 내 회백질의 상대적 재분배와 연관되어 있다"라고 설명했다.[30]

파스쿠알 레온이 국립보건원에서 연구원으로 일할 당시 실시한 또 다른 실험은 우리의 사고 형식이 우리 뇌의 모양에 어떤 방식으로 영향을 미치는지에 대한 놀라운 증거를 제시하고 있다. 파스쿠알 레온은 피아노를 연주해본 경험이 없는 사람들을 모아 단순한 음의 멜로디를 연주하는 법을 가르쳤다. 그런 다음 실험 참가자들을 두 개의 그룹으로 나누어 한 그룹은 이후 5일 동안 키보드로 멜로디를 연습하도록 했다. 또 다른 그룹은 같은 기간 동안 건반을 건드리지 않고 멜로디를 연주하는 상상만 하도록 했다.

경두개자기자극법Transcranial Magnetic Stimulation, TMS을 통해 파스쿠알 레온은 실험 이전, 도중, 이후에 모든 참가자의 뇌 활동을 기록했다. 그는 피아노를 치는 상상만 했던 사람들도 실제 건반을 친 사람들과 정확히 같은 종류의 뇌 변화를 보인다는 것을 알아냈다.[31] 실험자들의 뇌는 순수한 상상, 즉 생각만으로 이루어진 행동에 대한 반응을 통해서도 변화했다. 데카르트의 이분법은 틀렸을지도 모른다. 그러나 생각이 물리적 영향력을 행사할 수도 있다거나, 적어도 우리 뇌에서 물리적 반응을 이끌어낼 수 있다고 본 그의 생각은 옳은 것으로 보인다. 우리는 신경학적으로 우리가 사고하는 그대로 변하고 있다.

가장 바쁜 자의 생존

마이클 그린버그Michael Greenberg는 2008년 〈뉴욕리뷰오브북스New York Review of Books〉에 실은 에세이에서 신경가소성은 시와 같다고 했다. 그는 우리의 신경 시스템이 "잔가지와 전달물질 그리고 기발하게 뻗어나간 공간을 통해 무엇이든 처리하는 능력을 지녔는데, 이는 사고 그 자체의 예측 불가능함을 그대로 보여주는 듯하다"라며 이는 "우리의 경험이 달라짐에 따라 변화하는 일시적인 공간"이라고 했다.[32]

우리의 정신적 장치가 경험에 즉각적으로 적응할 수 있다는 것 그리고 낡은 뇌도 새로운 기술을 배울 수 있다는 점에 대해 고마워할 이유는 많다. 뇌의 적응력은 뇌에 입은 부상이나 뇌 관련 질병으로 고통받는 이에게 새로운 치료법이나 희망을 안겨준 것에 그치지 않는다. 이는 우리 모두에게 정신적 적응력과 지적 유연성을 제공했고, 그 덕에 우리는 새로운 상황에 적응하고 새로운 기술을 배우면서 전반적으로 영역을 넓혀 나간다.

그러나 이것이 언제나 희소식은 아니다. 신경가소성이 자유로운 사고와 자유의지의 허점이라 할 수 있는 '유전자 결정론'으로부터 벗어날 여지를 주기는 하지만 이는 동시에 우리 행동에 또 다른 결정론을 안겨준다. 뇌의 특정 회로가 육체적 또는 정신적 행동의 반복을 통해 강해질수록 회로는 해당 행동을 습관으로 받아들이기 시작한다. 도이지가 관찰한 신경가소성의 역설은 이 가소성이 우리에게 허용하는 정신적 유연성이 결국은 우리를 '고착화된 행동' 속에 가둘 수 있다는 것이다.[33]

뉴런들을 연결시키는 화학적으로 활성화된 시냅스들은 실상 이 뉴런들이 형성한 회로를 계속 작동시키고 싶어 하도록 우리를 조종한다. 도이지는 일단 우리가 뇌 속에 새로운 회로를 만들어낼 경우 오랫동안 이 회로를 활동하도록 한다고 말한다.[34] 이것이 바로 뇌가 그 기능을 미세하게 조정하는 방식이다. 일상적인 행동은 훨씬 더 빠르고 효과적으로 수행되는 반면 사용되지 않는 회로들은 가지치기 당하는 식이다.

다시 말하자면 유연하다는 것이 곧 탄력적이라는 의미는 아니다. 우리의 신경 회로가 고무줄처럼 이전 단계로 되돌아가지는 않는다는 얘기다. 이 신경들은 변화된 상태를 유지하며, 새로운 형태가 더 낫다는 보장도 없다. 나쁜 습관은 좋은 습관만큼이나 빠르게 우리의 뉴런을 파고든다. 파스쿠알 레온은 "유연한 변화가 꼭 주어진 문제에 대한 행동적인 개선을 의미하지는 않는다"라고 말한다. 가소성은 발전과 학습의 구조임은 물론이고 병적 증상들의 원인이 될 수도 있다.[35]

신경가소성이 우울증에서 강박증, 이명에 이르는 정신적 질병과 관련이 있다는 점은 놀랄 일이 아니다. 환자가 자신의 증상에 더 집중할수록 이 같은 증상은 더 깊이 신경 회로에 각인된다. 최악의 경우에 사고는 본질적으로 스스로 통증을 느끼도록 훈련시킨다. 많은 중독 증상 역시 뇌에 있는 유연한 통로들이 강해지면서 더 악화된다. 중독성 약물은 아주 적은 양으로도 시냅스 속 신경전달물질의 흐름을 극적으로 변화시키고, 이는 뇌 회로와 기능에 오랫동안 지속되는 변화를 가져온다. 어떤 경우에는 아드레날린의 사촌격이라 할 수 있는, 기분을 좋게 만드는 도파민 같은 특정 신경전달물질의 형성이 특정 유전자를 살리거나 죽이는 결과를 낳으면서 결국 약을 더욱 갈망하게 만든다. 이는 특히 살아 있는 통로에는 치명적이다.

신경가소성에 따른 반갑지 않은 적응의 가능성은 매일 우리 사고의 일반적인 기능으로서 존재한다. 실험들은 우리 뇌가 육체적·정신적 훈련을 통해 새롭거나 더욱 강한 회로를 만드는 것과 마찬가지로, 이들 회로에 관심을 두지 않을 경우 약화되거나 와해될 수 있음을 보여준다.

도이지는 "정신적인 기술 연마를 멈출 경우, 우리는 단지 그것을 잊어버리는 데 그치지 않고 이 기술을 담당하는 뇌 지도 내 공간을 우리가 훈련하는 다른 기술에 자리를 내어준다"라고 말한다.[36] 캘리포니아대학교 로스앤젤레스캠퍼스 의과대학의 정신과 교수인 제프리 슈워츠Jeffrey Schwartz는 이 과정을 "가장 바쁜 자의 생존"이라고 명했다.[37]

우리가 희생하는 정신적 기술들은 우리가 새로 얻는 기술과 비교해보면 더욱, 어쩌면 훨씬 더 가치 있을 수도 있다. 뉴런과 시냅스는 우리 사고의 질에 대해서는 전혀 관심이 없다. 뇌의 유연성이라는 특성 속에 지적 쇠퇴의 가능성이 이미 내재된 셈이다.

부단한 노력을 통해 뉴런 신호의 방향을 바꾸고 잃어버린 기술을 다시 익히는 것이 불가능하다는 소리는 아니다. 위에 기술한 바가 의미하는 것은 뒤몽이 이해한 대로 우리 뇌 속의 살아 있는 통로는 저항력이 지극히 약하다는 것이다. 이는 우리 대부분이 많은 시간을 쏟아부어야 하는 통로이며, 더 깊이 내려갈수록 되돌아오기 더욱 어려운 통로이다.

뇌가 생각하는
뇌

The Shallows

아리스토텔레스는 뇌의 기능은 몸이 과열되는 것을 막는 데 있다고 믿었다. 그는 해부학과 생리학에 관한 논문인 〈동물의 기관The Parts of Animals〉에서 뇌는 "지구와 물의 혼합물로서 열을 누그러뜨리고 심장을 끓게 한다"라고 적었다. 혈액은 가슴의 "불타는" 부분에서 솟아올라 머리에 이르는데, 뇌는 그 온도를 "적당한" 수준으로 끌어내린다. 냉각된 혈액은 다시 신체의 나머지 부분으로 흐른다.

아리스토텔레스가 제시한 이 과정은 소나기가 발생하는 것과 비슷하다. 열을 받아 뜨거워진 증기가 지상에서 높은 상공으로 올라가면 이 증기는 상공의 차가운 공기와 마주치게 된다. 그러면 냉각되어 물로 변해 다시 비의 형태로 지구상에 떨어지게 된다는 것이다. 인간이 몸에 비해 가장 큰 뇌를 지닌 이유에 대해서는 "다른 어떤 동물보다도 많은 양의 뜨거운 혈액이 심장과 폐를 돌고 있기 때문"이라고 했다. 아리스토텔레스는 히포크라테스 등 다른 이들이 추측한 것처럼 뇌가 "감각기관"일 수는 없다고 생각했음이 분명하다. 그는 이에 대해 "만졌을 때 아무 느낌도 없기 때문"이라고 설명한다. 그 무감각 때문에 아리스토텔레스는 "뇌는 동물의 혈액이나 배설물과 유사하다"라고 적었다.[1]

오늘날에는 아리스토텔레스의 이 같은 오류를 비웃기 쉽다. 그러나 이 위대한 철학자가 어쩌다 이토록 잘못된 생각을 하게 되었는지도 쉽게 이해할 수 있다. 뇌는 두개골이라는 뼈로 만들어진 포장에 꽁꽁 싸여 있어 그 존재를 알릴 만한 어떤 감각도 우리에게 전달되지 않는다. 심장 박동이나 폐가 늘어나는 것, 위가 꼬이는 것은 느낄 수 있지만 뇌는 움직임이나 감각, 신경 말단이 없어서 우리에게 감지할 수 없는 영역으로 남아 있다. 의식의 원천은 의식의 범위를 초월해 존재한다.

고대에서 계몽주의 시대에 이르기까지 의사와 철학자들은 시신과 죽은 동물의 두개골에서 얻은 회색 조직 덩어리를 관찰하고 해부함으로써 뇌의 기능을 유추했다. 그들이 그 기능을 이해하는 데는 평소 인간 본성과 더불어, 보다 일반적으로는 우주의 진리에 대한 자신들의 평소 추측이 반영되어 있었다. 로버트 마튼슨Robert Martensen이 《뇌가 형태를 갖추다The Brain Takes Shape》라는 책에서 묘사한 대로 뇌의 외견을 그들이 선호하는 형이상학적 비유에 끼워 맞춰 기관의 물리적 부분을 "자신들만의 용어로, 원하는 대로 묘사"한 것이다.[2]

아리스토텔레스 시대로부터 약 2000년 후 데카르트는 뇌의 기능을 설명하기 위해 또 다른 액체를 비유 대상으로 삼았다. 그에게 있어 뇌는 정원의 분수 같은 기능을 하는 정교한 수압 기계의 일부분이었다. 심장이 혈액을 뇌로 뿜어 올리면 이 혈액은 송과선에서 압력과 열을 통해 동물적 정기로 변환되어 신경 파이프를 통해 순환한다. 뇌의 틈과 구멍들은 신체의 나머지 부분을 관통하는 동물의 정기 흐름을 제어하는 통로로 작용한다.[3] 뇌의 기능에 대한 데카르트의 설명은 그 자신의 기계적 세계관과 일맥상통하는데, 이에 대해 마튼슨은 독립 시스템 내에서 "모든 신체 영역은 시각적, 기하학적 영역에 따라 역동적으로 움직인다"라고 적었다.[4]

현대식 현미경, 스캐너, 감지기 등은 뇌 기능에 대한 그럴듯한 과거의 개념들이 범한 오류의 대부분을 바로잡아주었다. 그러나 우리 신체의 일부이긴 하지만 우리와 동떨어져 있는 것처럼 느껴지는 뇌에 대한 낯선 느낌은 여전히 미묘한 방식으로 우리의 사고에 영향을 미치고 있다. 우리는 뇌가 훌륭한 고립 상태에 있다고 생각하고 그 본질적인 기능은 일상의 사소한 변화에도 휘둘리지 않는다고 생각한다. 뇌가 정교한 경험의 감각 장치임을 알고 있지만, 한편으로 우리는 뇌가 경험의 영향을 받지 않는 기관이기를 원한다. 뇌가 감각의 일환으로 저장하고, 기억으로 저장하는 인상들은 그 구조에 물리적인 각인을 남기지 않는다고 믿고 싶은 것이다. 그 반대로 생각할 경우, 우리의 완전함에 의문이 제기될 수 있기 때문이다.

이는 내가 인터넷 사용이 뇌가 정보를 처리하는 방식을 바꿀 수도 있다고 염려하기 시작했을 때 느낀 바와 같다. 나는 처음에는 이 같은 생각을 거부했다. 단순한 도구에 불과한 컴퓨터가 내 머릿속에서 일어나는 일을 깊이, 지속적으로 변화시킬 수 있다는 생각은 터무니없다고 느껴졌다. 그러나 나의 생각이 틀렸다. 신경과학자들이 발견한 것처럼 뇌와 뇌를 통해 가능한 사고의 변화는 끊임없이 진행 중이다. 이는 개개인뿐 아니라 하나의 종으로서 인류 전체에도 적용되는 진실이다.

3장

문자, 새로운 사고의 도구

한 어린아이가 상자에서 크레용을 꺼내 도화지 한 구석에 노란색 동그라미를 그린다. 해를 그린 것이다. 이 여자아이는 또 다른 크레용을 들어 도화지 가운데 구불구불한 선을 그린다. 지평선이다. 이 지평선을 가로질러 갈색 크레용으로는 삐뚤삐뚤한 선 두 개를 엇갈리게 그어 산을 표현한다. 산 옆으로 한쪽이 기울어진 직사각형을 그리고 그 위에는 붉은색으로 삼각형을 그리는데, 이것은 여자아이의 집이다.

아이는 성장해 학교에 입학하고 수업 시간에 조국이 어떤 형태로 생겼는지 기억을 더듬어 그려본다. 그림 속에서 주를 나누고 이 주들 중 하나를 골라 자신이 사는 마을을 표시하기 위해 별을 그린다. 아이는 자라 측량사가 된다. 그녀는 섬세한 기구들을 사서 땅의 경계와 등고선을 측정하는 데 사용한다. 이 정보를 가지고 땅의 정확한 생김새를 그려 다른 이들이 사용할 수 있도록 청사진을 제시한다.

한 개인의 지적 성숙은 주변에 대한 그림이나 지도를 그리는 방식을 통해 추적해볼 수 있다. 우리는 주변 땅의 모양에 대해 원시적으로, 보이는 그대로 그리는 것에서 시작해 지형을 정확하고 축약적으로 표현할 수 있게 된다. 즉 우리는 보는 것을 그리는 데서 아는 것을 그리는 것으로 발전한다. 국회도서관에서 지도 제작 전문가로 일하는 빈센트 벌가Vincent Virga는 지도 제작 기술의 발달 단계는 21세기 스위스의 심리학자인 장 피아제Jean Piaget가 설명한 유아기 인지발달 과정과 비슷한 단계를 거치는 것으로 관찰했다.

우리는 이기적이고, 세계를 순수하게 감각적으로 받아들이는 유아기의 단계에서 시작해 경험에 대한 더욱 추상적이고 객관적인 분석이 가능한 청년의 단계로 발전한다. 벌가는 어린아이의 지도 그리기 능력이 어떻게 발전하는가를 다음과 같이 묘사하고 있다. "처음에는 인식과 표현 방식이 일치하지 않는다. 아주 단순한 지형적 관계만 표현되고 원근감이나 거리는 나타나지 않는다. 이후 지적 '사실주의'가 발전해 관계의 비율에 대한 개념에 따라 모든 것을 묘사한다. 결국 시각적 '현실주의'가 등장하고 이를 이루기 위해 과학적 계산을 이용한다."[1]

이와 같은 지적 성숙 과정을 거치면서 우리는 지도 제작의 역사를 그대로 실연해 보인다. 땅바닥에 나무 막대기로 그리거나 돌에 새긴 인류 최초의 지도는 젖먹이들의 낙서만큼이나 엉망이다. 그러다 이 그림들이 종종 가시 영역을 뛰어넘는 공간까지도 실제 비율을 반영해 표현되면서 더욱 사실적이 되었다. 시간이 흐를수록 사실주의는 정확도와 추상성 모두에서 과학적이 되었다. 지도 제작자는 위치를 찾는 나침반이나 각도를 재는 각도기 같은 정교한 도구들을 사용하고 수학 공식 등도 동원하게 된다. 결국 더 큰 지적 발전을 이루어 땅이나 하늘의 영역을 상세하게 표현하기 위한 수단뿐 아니라 생각을 표현하기 위한, 즉 작전 계획이나 전염병의 전파 예측, 인구 증가 전망 등을 위해 지도를 사용하게 된다. 벌가는 "공간 내 경험을 추상적 공간으로 변환시키는 지적 과정은 사고방식에 있어 일종의 혁명이다"라고 썼다.[2]

지도 제작의 역사적 발전은 단순히 인류의 발전만 보여주는 것은 아니다. 지도는 기록된 지식의 발전을 이끌고 가속화했다. 지도는 정보를 저장하고 전파하는 수단일 뿐 아니라 보고 생각하는 특정한 방식을 구체화하는 매개체다. 지도 제작이 발전할수록 지도 제작자가 세상을 인식하고 이해하는 독특한 방식까지 함께 전파되었다. 사람들이 지도를 더 자주, 가까이 사용할수록 사고는 지도의 언어로 현실을 이해하게 되었다.

지도의 영향은 영토의 경계나 길을 찾는 등과 같은 실용적인 쓰임새를 뛰어넘었다. 지도 역사가인 아서 로빈슨Arthur Robinson 은 "현실에 대한 축소되고 대안적인 공간을 사용하는 것은 그 자체로 인상적인 행동이다"라고 적었다. 그러나 더욱 인상적인 것은 지도가 어떻게 이 사회에서 "추상적인 생각의 진화를 발전시켰는 가"라고 말한다. 로빈슨은 "사실의 축소와 유추적인 공간의 형성 이라는 조합은 진정 매우 고차원적인 사고의 성과"라며 "지도로 제작되지 않았다면 알려지지 않았을 구조를 사람들이 발견할 수 있도록 한다"라고 적었다.[3] 지도 기술은 인간에게 새로우면서 더욱 이해력이 높은 사고를 가능케 했고, 인간의 주변 환경과 존재에 대해 보이지 않는 힘을 더 잘 이해하게 했다.

지도가 공간에 한 일, 즉 자연적 현상을 해당 현상에 대한 인 공적이고 지적인 개념으로 바꾼 것은 또 다른 기술인 기계식 시계 가 시간에 한 일과 같다. 인류 역사상 인간은 시간을 연속적이며 순환하는 흐름으로 받아들였다. 시간이 지켜지는 한 이는 시간의 자연적 변화를 중시하는 기계를 통해 이루어진다. 그림자가 주변 을 도는 해시계, 모래가 아래로 쏟아지는 모래시계, 물이 흐르는 물시계 같은 기계 말이다. 시간을 정확히 잴 필요도, 하루를 작은 조각으로 나눌 특별한 이유도 없다. 대부분의 사람들에게 태양이 나 달, 별의 움직임은 시계로서 충분히 역할했다. 프랑스 중세 사 학자인 자크 르 고프Jacques Le Goff의 표현에 따르면 그 당시 인간의 삶은 "농사의 주기, 서두르지 않는 태도, 정확함에 대한 무관심, 생산성에 대한 무심함 등에 의해 지배되었다."[4]

이 같은 방식은 중세 후반기에 들어서면서 바뀌었다. 시간에 대한 더욱 정확한 측정을 요구한 최초의 사람들은 엄격히 정해진 계획에 따라 기도 생활을 하는 교회 수도사들이었다. 6세기 베네딕토 성인은 자신을 따르는 수도자들에게 정확한 시간에 맞춰 하루 일곱 번 기도할 것을 명했다. 600년이 흐른 후 시토 수도회는 정확함을 강조해 하루가 온전히 엄격한 행동으로 채워지게 하고 나태함이나 그 어떤 시간 낭비도 신에 대한 모욕으로 여겼다. 이에 따라 수도사들은 시간을 지킬 수 있는 기술 개발을 선도했다. 최초의 기계식 시계를 조립한 곳은 수도원이었는데, 이 시계는 추의 흔들림을 통해 움직였다. 사람들이 하루를 잘 분배해 생활할 수 있도록 시간을 처음으로 알린 것도 교회 종탑이었다.

정확하게 시간을 지키고자 하는 욕망은 수도원을 통해 퍼져 나갔다. 물질적인 풍요를 누리며 최신의 훌륭한 기기를 선호하던 유럽 왕가들은 시계를 갈망하게 되었고 그 수리와 제조에 투자하기 시작했다. 사람들이 시골에서 도시로 모여들고 논밭보다는 시장, 공장, 회사 등에서 일하기 시작하면서 사람들의 생활은 종소리에 따라 더욱 세분화되었다. 데이비드 랜즈David Landes가 시간 엄수에 대한 역사를 담은 책《시간의 혁명Revolution in Time》에서 묘사한 대로 "좋은 일의 시작과 식사 시간, 일의 종료, 성문을 닫는 시간, 시장이 열리는 시간, 시장을 닫는 시간, 회의, 위급 상황, 주민 회의, 음료 제공, 거리 청소, 통금 등을 각각의 마을과 시에서 다양한 소리를 통해 알렸다."[5]

노동, 수송, 예배, 심지어 여가 시간을 보다 엄격하고 일괄적으로 관리하고자 하는 인간의 욕구는 시계 기술의 급격한 발달을 낳는 동력이 되었다. 마을과 교구에서 각자 나름의 시계를 따라 생활하는 것으로는 더 이상 충분치 않았다. 이제 시간은 모든 곳에서 동일하게 지켜져야 했다. 그렇지 않을 경우 상업과 산업은 혼란에 빠질 것이기 때문이다. 시간의 단위는 초, 분, 시로 통일되었고 시계의 구조는 이 단위를 더욱 정확하게 잴 수 있도록 조율되었다.

14세기 무렵 흔하게 사용되던 기계식 시계는 새로운 도시 사회의 복잡한 업무를 조정하는 보편적인 도구가 되었다. 각 도시는 시청, 교회, 궁전의 탑에 가장 정교한 시계를 설치하기 위해 경쟁했다. 역사학자 린 화이트Lynn White가 관찰한 바에 따르면 "중심가에서 시간을 알리는 소리가 울려 퍼짐과 동시에 행성들이 궤도를 돌고, 천사들이 트럼펫을 불고, 닭들이 울고 사도와 왕 그리고 예언자들이 앞뒤로 행진하지 않을 경우, 유럽 내 어떤 지역도 얼굴을 들지 못했다."[6]

시계는 단순히 더욱 정확하고 화려해졌을 뿐 아니라 더 작아지고 저렴해졌다. 소형화 기술의 발달로 집 안에 놓거나 또는 들고 다닐 수 있는 저렴한 시계가 탄생했다. 공공 시계의 확산은 사람들이 일하고, 쇼핑하고, 여가 활동을 하는 그리고 더욱 통제된 사회의 일원으로 행동하는 방식을 변화시켰다. 벽시계, 회중시계, 손목시계 등 시간을 재는 개인 도구의 확산은 더욱 직접적인 변화들을 가져왔다. 랜즈에 따르면 개인 시계는 "더욱 보기 좋고 듣기 쉬운 동반자이자 감시기구"이다. 그 주인들에게 끊임없이 "사용한 시간, 지나간 시간, 허비한 시간, 잃어버린 시간"을 환기시켜주며, 이는 "개인의 성취와 생산성에 대한 재촉의 수단이자 열쇠"가 되었다. 정확히 측정된 시간의 "개인화"는 "서구 문화의 가장 두드러지는 요소인 개인주의의 주된 동력이었다."[7]

기계화된 시계는 스스로에 대한 우리의 시각도 바꾸어놓았다. 그리고 지도와 마찬가지로 시계는 우리가 생각하는 방식도 변화시켰다. 시계가 동일한 기간 단위의 조합으로 시간을 재정의하자 우리의 사고는 구분과 측정이라는 체계적인 정신적 작업을 중요시하게 되었다. 여러 물건과 현상 속에서 전체를 구성하는 조각을 보기 시작했고, 나아가 이 조각들이 무엇으로 이루어졌는지도 보기 시작했다. 우리의 사고는 아리스토텔레스의 방식이 그랬던 것처럼 물질적 세계 속에서 눈에 보이는 표면 뒤에 숨겨진 추상적인 경향을 파악할 것을 강조하게 되었다.

시계는 우리가 중세에서 벗어나 르네상스, 또 계몽주의로 나아가는 데 있어 핵심적인 역할을 했다. 기술이 인간에게 미치는 결과에 대한 생각을 담은 1934년 작 《과학기술과 문명Technics and Civilization》에서 루이스 멈퍼드Lewis Mumford는 시계가 어떤 식으로 수학적으로 측정 가능한 사건들이 연속적으로 일어나는 독자적인 세계가 존재함을 믿도록 도왔는지에 대해 묘사한다. 그는 "나뉘어진 시간의 추상적인 틀은 행동과 사고 양쪽 모두가 참고로 삼는 기준"이 되었다고 적었다.[8] 시간을 기록하는 기계의 탄생을 끌어내고, 또 이 기기의 일상적 사용처를 정했던 실용적 관심과는 별도로 시계의 체계적인 움직임은 과학적 사고와 과학적 인간의 탄생을 도왔다.

기술은 혁명적 사고방식을 만든다

모든 기술은 인간 의지의 표현이다. 도구를 통해 우리는 힘을 키우고 자연, 시간, 거리는 물론 타인 등 주변 환경을 통제하기를 원한다. 기술은 크게 네 종류로 나눌 수 있는데, 이는 우리의 자연적 능력을 보완하거나 극대화시키는 방식에 따른다. 쟁기, 바늘, 전투기 등을 아우르는 한 무리는 우리의 체력, 민첩성 또는 복원력을 키워준다. 두 번째 무리는 현미경, 확대경, 가이거 계수기 등으로 우리 감각을 더욱 민감하게 만든다. 저수지, 피임약, 유전자 변형 옥수수 등의 기술을 아우르는 세 번째 무리는 우리가 필요나 욕망에 더 충실할 수 있도록 자연의 모습을 바꿔놓는다.

지도와 시계는 네 번째 무리에 포함된다. 의미가 약간 다르지만 사회인류학자인 잭 구디Jack Goody와 사회학자 대니얼 벨Daniel Bell이 사용한 '지적 기술'이라는 단어를 빌리면 그 특징을 가장 잘 표현할 수 있다. 이는 정신적 능력을 확장시키거나 또는 지원하는 데 사용되는 모든 도구들, 즉 정보를 찾고 분류하기 위해, 아이디어를 생각해내고 더욱 확실히 하기 위해, 노하우와 지식을 나누기 위해, 측정하고 계산하기 위해, 우리 기억력을 확장시키기 위해 사용하는 기술들을 망라한다.

타자기는 지적 기술이다. 주판과 계산자, 육분의六分儀와 지구본, 책과 신문, 학교와 도서관, 컴퓨터와 인터넷 등도 마찬가지다. 쟁기가 농부의 생산량에 대한 기대수준을 바꾸고 현미경이 과학자에게 정신적 탐험이라는 새로운 세계를 연 것처럼 어떤 종류의 도구건 우리의 사고와 시각에 영향을 미치지만, 우리가 무엇을 그리고 또 어떻게 생각하는지에 가장 크게 가장 지속적으로 영향을 미치는 것은 바로 지적 기술이다. 이 기술들은 가장 친밀한 도구이자 스스로를 표현하면서 사적, 공적 정체성을 형성하고 타인과의 관계를 만들기 위해 사용된다.

니체가 타자기에 끼워진 종이 위에 단어를 칠 때 깨달은 것은 우리가 쓰고, 읽고, 정보를 조작하기 위해 사용하는 도구는 우리 사고가 그 기계에 영향을 주는 것처럼 우리 사고에도 모종의 작용을 한다는 사실이다. 이것은 지적·문화적 역사에 있어 핵심이 되는 주제였다. 지도와 기계식 시계에 대한 이야기가 보여주듯 지적 기술이 보편적으로 사용될 경우 새로운 사고의 방식을 만들어내거나 소수의 엘리트 그룹에만 국한되어 있던 사고방식을 대중에게 확산시킨다. 달리 말해 모든 지적 기술은 지적 윤리, 인간의 사고가 어떤 식으로 작용하고 작용해야 하는지에 대한 생각을 구현하고 있다. 지도와 시계는 비슷한 윤리를 공유하고 있다. 양쪽 다 측정과 추상적 개념, 인식과 정의하는 방식, 명백한 감각 그 너머에서 일어나는 과정 등을 새롭게 강조하고 있다.

발명가들은 기술에 대한 지적 윤리는 거의 생각하지 않는다. 발명가들은 특정 문제나 골치 아픈 과학적 기술적 딜레마를 푸는 데만 지나치게 집중해 자신들이 한 일이 가져올 거시적인 영향은 보지 못한다. 이 기술을 사용하는 자들 역시 그 윤리에 대해서는 잊고 있다. 그들 역시 도구를 사용함으로써 얻는 실용적 이익에만 관심이 있다. 우리의 조상들은 개념적 사고의 능력을 향상시키거나 세상의 숨겨진 구조를 알리려는 목적으로 지도를 개발하고 사용하지 않았다. 시계를 제조한 이들도 이 기계가 과학적 사고를 더욱 촉진시킬 것이라고 생각하지 않았다. 이것들은 기술의 부산물일 뿐이다. 그러나 무슨 부산물이란 말인가! 궁극적으로 우리에게 가장 심오한 영향을 준 것은 개발자의 지적 윤리다. 지적 윤리는 매개물이나 수단이 사용자들의 사고나 문화에 심어놓는 메시지다.

수세기 동안 역사학자들과 철학자들은 문명의 형성에 있어 기술이 어떤 역할을 하는지 추적하고 토론해왔다. 일부는 사회학자 소스타인 베블런Thorstein Veblen이 말한 '기술적 결정주의'를 옹호했다. 이들의 주장에 따르면 기술적 진보는 인간의 통제 밖에 있는 자주적인 힘으로, 인류 역사 전반에 걸쳐 핵심적 영향을 미친다는 것이다. 카를 마르크스Karl Marx는 이 견해에 대해 "풍차는 사회에 봉건영주를 안겨주었고 증기 풍차는 자본주의를 안겨주었다"라는 말로 자신의 의견을 피력했다.[9] 랄프 왈도 에머슨Ralph Waldo Emerson은 이를 더 재치있게 "사물들은 안장에 앉아 있다. 그리고 사람을 타고 간다"라고 표현했다.[10]

이 결정론적 시각에 대한 가장 극단적인 표현은 매클루언이 《미디어의 이해》중 '기계 애호가'라는 장에서 쓴, 인간은 "기계 사회의 생식기"에 불과하다라는 표현이다.[11] 우리의 핵심적인 역할은 더 정밀한 도구를 생산하기 위해 벌꿀이 식물을 수정시키듯이 기계를 수정시키는 것으로, 이는 기술이 스스로를 복제할 능력을 개발할 때까지 이어진다. 복제 지점에 이르면 우리는 쓸모없는 존재가 되는 것이다.

이 스펙트럼의 끝에는 도구주의자들이 존재한다. 이들은 데이비드 사르노프와 같은 이가 그랬던 것처럼 기술의 힘을 과소평가했으며, 도구는 중립적 물건으로 사용자들이 인식하는 소망에 완전히 복종하는 것이라고 믿었다. 도구란 인간의 목적을 획득하기 위해 사용하는 수단이며 스스로의 목적은 없다는 것이다. 특히 우리가 사실이기를 바라고 있다는 점에서 기술에 대한 가장 보편적인 견해는 이러한 도구주의다. 대부분의 사람들이 '우리는 어느 정도 도구의 지배를 받는다'라고 생각하면 그리 유쾌하지는 않을 것이다. 언론 비평가인 제임스 케리James Carey는 "기술은 기술이다"라고 선언하며, 이는 "소통과 우주로의 여행을 위한 수단일 뿐 아무것도 아니다"라고 했다.[12]

결정주의자와 도구주의자 간의 토론이 우리의 이해를 도울 것이다. 양쪽의 논거는 확실하다. 특정 시점에서 특정 기술을 볼 경우 도구주의자들이 주장하는 대로 도구는 확실히 우리의 통제 하에 있는 것으로 보인다. 매일 우리는 각기 어떤 도구를 어떻게 쓸지에 대해 생각하고 결정한다. 사회 역시 기술들을 어떻게 효율적으로 사용할지에 대해 신중하게 결정한다. 사무라이 문화를 보존하려는 일본인들도 두 세기 동안 화기의 사용을 효과적으로 금지했다. 북미 아미시Amish•같은 종교 공동체도 자동차와 다른 현대 기술을 차단한 채 살아가고 있다. 모든 국가들은 특정 기기의 사용을 법으로나 그 외 다른 형식으로 금지하고 있다.

그러나 보다 거시적인 역사·사회적 시각에서 바라보면 결정주의자들의 주장이 더 신뢰를 얻고 있다. 개인과 지역사회가 어떤 도구를 쓸지에 대한 결정을 내린다 해도 이것이 생물의 한 종으로서 기술 변화의 속도나 방향에 대한 특별한 통제권을 가지고 있음을 의미하지는 않는다. 이 같은 생각은 우리가 지도와 시계를 사용하는 것을 '선택'했다고는(마치 사용하지 않는 것을 선택할 수도 있었던 것처럼) 믿을 수 없게 한다. 게다가 기술이 등장했을 때는 전혀 예상치 못했던 수많은 부작용을 우리가 '선택'했다고 받아들이기는 더욱 어렵다. 정치학자 랭던 위너Langdon Winner는 "근대 사

• 미국 내 보수적 프로테스탄트교회 교파로 문명을 거부하고 18세기 생활방식을 유지하며 생활하는 집단을 말한다. ― 옮긴이

회에서의 경험이 우리에게 보여주는 것이 있다면 그것은 바로 기술은 단순히 인간 활동의 보조적 역할만 하는 것이 아니라 그 행동과 의미를 재구성하는 강력한 힘이 된다는 것이다"라고 말한 바 있다.[13]

우리는 좀처럼 이 사실을 깨닫지 못하지만 우리는 일상에서 대부분 우리가 태어나기 훨씬 이전에 등장한 기술이 이미 닦아놓은 길을 따르고 있다. 기술이 자율적으로 발전한다는 것은 과장된 표현이다. 도구를 선택하고 사용하는 것은 경제적, 정치적 그리고 인구학적 변수의 영향을 받는다. 그러나 그 발전이 항상 도구 개발자나 사용자들의 의도, 소망과 일치하지는 않는다. 또 자신만의 논리를 가지고 발전한다고 말하는 것은 과장이 아니다. 때때로 도구는 우리가 명령하는 일만 수행한다. 그러나 어떤 때는 우리가 도구의 요구에 따라 적응하기도 한다.

결정주의자들과 도구주의자들 간의 충돌은 결코 해결되지 않을 것이다. 결국 이 갈등은 각기 자연과 인간의 운명에 대해 극단적으로 다른 시각을 담고 있다고 할 수 있다. 이 논쟁은 이성에 대한 문제인 동시에 신념의 문제이기도 하다. 그러나 결정주의자와 도구주의자 양쪽이 의견 일치를 볼 수 있는 부분이 한 가지 있긴 하다. 기술적 발전이 때로 역사의 전환점이 되기도 한다는 것이다. 사냥과 농사를 위한 새로운 도구들은 인구 증가, 정착 그리고 노동 형태의 변화를 가져왔다. 새로운 이동 수단은 무역과 산업의 확장과 재편을 낳았다. 새로운 무기는 국가 간 세력 균형을 바꾸어놓았다. 의학, 금속공학, 자석 등 다양한 영역에서 존재해온 새로운 전환점들은 무한히 다양한 측면에서 인간의 삶을 바꿔놓았고 오늘날에도 그 변화는 계속되고 있다. 많은 부분 문명은 인간이 사용한 기술의 결과 현재의 모습을 띠게 되었다.

지금까지는 기술의 영향, 특히 지적 기술이 인간의 뇌 기능에 어떤 영향을 미치는지를 가늠하기 어려웠다. 우리는 예술품, 과학적 발견, 문서로 남겨진 표시 등 사고의 산물들을 육안으로 보지만 그 생각 자체를 보지는 못한다. 화석화된 신체는 넘쳐나지만 화석으로 남겨진 생각은 없다. 에머슨은 1841년 "나는 기꺼이 지식의 역사를 경건한 마음으로 펼쳐 보이겠지만 어떤 인간이 그 투명한 진실의 과정과 경계를 표시할 수 있을 것인가?"라고 말했다.[14]

오늘날 결국 기술과 사고 간 상호작용에 대한 이해를 방해하던 안개가 걷히기 시작했다. 신경가소성에 대한 최근의 발견은 지식의 핵심을 더 잘 들여다볼 수 있게 하고, 그 과정과 한계를 더 쉽게 파악하도록 했다. 이들 발견은 인간이 신경조직을 지지하거나 확장하기 위해 사용하는 도구들(이 모든 기기들은 역사적으로 우리가 정보를 찾고 저장하고 해석하는 방법, 관심을 조절하고 감각을 투영하는 방법, 기억하고 또 잊는 방식에 영향을 미쳤다)이 인류의 물적 구조와 작용 방식을 형성했음을 알려준다. 기술의 사용은 어떤 신경 회로는 강하게 만들고 어떤 것들은 약화시켰다. 또 특정한 정신적 특성을 강화시키며 어떤 것들은 소멸시키기도 했다. 신경가소성은 정보가 담긴 미디어와 여타 지적 기술이 문명의 발전에 어떤 영향을 미치고 또 생물학적으로 인류 지식 역사의 길을 찾는데 어떤 도움을 주는지를 이해하는데 있어 사라졌던 연결고리를 제공한다.

지난 4만 년 동안 우리는 인간 뇌의 기본적인 형태가 크게 변화했음을 알고 있다.[15] 인간의 시간 개념에서 측정했을 때 유전학적인 진화는 극히 느린 속도로 진행되고 있다. 그러나 우리가 알기로는 이 몇 만 년 동안 인류의 생각과 행동 역시 인식의 범위 이상으로 변화했다. 허버트 조지 웰스Herbert George Wells는 1938년 발간한 책《세계 두뇌World Brain》에서 "인간은 사회적 삶이나 습관이 완전히 바뀌었고 회귀와 반전을 경험했지만 유전적 특징은 석기 시대부터 거의 변하지 않은 것 같다"라고 말했다.[16]

신경가소성에 대한 새로운 지식은 이 수수께끼에 해답을 제시한다. 우리의 유전자에 의해 정해진 지적·행위적 가드레일 사이의 도로는 넓고, 운전대를 잡고 있는 사람은 우리 자신이다. 우리가 매분 그리고 매일, 의식적으로든 무의식적으로든, 무엇을 그리고 어떻게 행하느냐에 따라 우리는 시냅스 내 화학물질의 흐름을 변화시키고 또 뇌를 바꾸어놓는다. 우리가 확립한 전례와 우리가 제공하는 교육, 사용하는 미디어를 통해 우리가 지닌 생각의 습관을 다음 세대에 물려줄 때 우리는 뇌 구조의 변경 사항들 역시 물려주는 것이다.

회백질의 작용에 대해서는 아직 알아내지 못했지만 이제 우리는 지적 기술의 사용이 뇌 회로를 형성하고 재형성할 뿐 아니라 그럴 수밖에 없었다는 사실까지도 알고 있다. 반복된 경험은 종류에 관계없이 시냅스에 영향을 준다. 특히 주목할 만한 것은 신경 체계를 확장하거나 보조해주는 도구의 반복된 사용으로 인한 변화다. 물리적인 수준에서는 기록할 수 없는 것이라 해도, 아주 먼 옛날 발생한 사고의 변화가 현재 일종의 대용물로 사용되기도 한다. 예를 들어 맹인이 점자를 배우는 모습에서 우리는 뇌에서 일어나는 정신적 재생과 퇴화의 과정에 대한 직접적인 증거를 목격하게 된다. 결국 점자는 기술이며 정보 활동의 매개체다.

런던 택시기사의 예에서도 알 수 있듯이 우리가 주변 상황을 파악하는 데 있어 기억보다 지도에 더 의존할수록 해마와 공간 파악, 기억을 담당하는 뇌 부분이 해부학적·기능적으로 확연한 변화를 경험한다는 점을 사실로 받아들일 수 있다. 공간의 생김새를 담당하는 회로는 쪼그라들고 복잡하고 추상적인 시각 정보를 파악하는 데 사용되는 부분은 확장하거나 강해진다. 또한 우리는 지도 이용으로 촉발된 뇌의 변화가 다른 경우에도 발생함을 알 수 있는데, 이는 지도의 확산을 계기로 어떻게 추상적 사고방식이 발전했는지를 설명하는 데 도움이 된다.

우리가 새로운 지적 기술에 대해 정신적·사회적으로 적응하는 과정은 자연의 움직임을 설명하고 묘사하기 위해 동원되는 비유법에도 반영되어 있고, 이를 통해 더 강화된다. 일단 지도가 보편화되자 사람들은 모든 자연적, 사회적 관계를 지도적 관점에서 그려내기 시작한다. 이는 실제 혹은 가상의 공간 속에 고정되거나 포함되어 있는 조합의 형태를 띤다.

우리는 삶과 사회활동에서 나아가 생각까지도 지도화하기 시작했다. 기계식 시계의 영향 아래에서 사람들은 자신들의 뇌와 신체 그리고 사실상 우주 전체를 시계처럼 움직이는 대상으로 생각하기 시작했다. 촘촘하게 교차된 기계 톱니 속에서 물리학의 법칙에 따른 움직임과 더불어, 길고 추적 가능한 원인과 결과의 고리를 형성하는 가운데 우리는 모든 일의 작동 원리뿐 아니라, 그들 간의 관계를 설명하는 기계적 비유를 찾아낸다. 신은 위대한 시계 제조공이 된 것이다. 그의 창조물은 더 이상 신비롭지 않다. 이는 풀어낼 수 있는 퍼즐이다. 데카르트는 1646년 "봄이 되면 여지없이 제비가 날아올 것이다. 그들은 마치 시계처럼 움직인다"라고 썼다.[17]

문자가 우리의 사고에 미치는 영향

지도와 시계는 자연현상을 묘사하는 새로운 은유를 제시함으로써 간접적으로 언어를 바꾸었다. 다른 지식 기술들 역시 말 그대로 우리가 말하고 듣고 읽고 쓰는 방식을 바꾸어놓음으로써 더욱 직접적이고 근본적으로 언어를 바꾸어놓았다. 이 기술들은 우리가 쓰는 단어를 늘이거나 짧게 만들고, 관용어나 단어의 순서를 고쳐

놓기도 하고 문법을 간단하게 또는 더 복잡하게 만든다. 언어는 인간과 마찬가지로 의식적 생각, 특히 고차원적 형태를 한 사고의 틀이기 때문에 언어를 재구성하는 이 기술은 우리의 지적 생활에 가장 강력한 영향력을 행사하게 된다. 고전학자인 월터 옹Walter J. Ong은 이를 두고 "기술은 단순한 외부적 보조물이 아니라 의식에 대한 내부적 변화인데, 특히 단어에 영향을 줄 때 가장 그렇다"라고 했다.[18] 언어의 역사는 사고의 역사이기도 하다.

언어는 그 자체로는 기술이 아니며, 이는 우리 종의 특성이다. 우리의 뇌와 신체는 말을 하고 들을 수 있도록 진화했다. 어린아이는 새끼 새가 나는 법을 배우듯 특별한 가르침 없이도 말하는 것을 배운다. 읽기와 쓰기가 우리의 정체성과 문화에서 가장 중요한 요소가 되면서 우리는 쉽게 이 같은 기술을 타고난 것으로 여긴다. 그러나 그렇지 않다. 읽기와 쓰기는 자연스러운 행동이 아니며 의도적인 알파벳의 개발과 다른 많은 기술로 인해 가능해졌다. 우리의 사고는 이 상징적인 문자를 이해 가능한 언어로 변환하는 법을 배워야 했다. 읽기와 쓰기는 가르침과 연습, 계획적인 뇌의 성형을 필요로 한다.

이 같은 성형 과정에 대한 증거는 많은 신경학 연구에서 발견할 수 있다. 글을 익힌 이의 뇌는 문맹자의 뇌와 여러 측면에서 차별화됨이 실험을 통해 밝혀졌다. 뇌가 언어를 이해하고 시각 신호를 처리하는 방식, 논리적으로 생각하고 기억을 형성하는 방식 등에서 차이를 보인 것이다. 멕시코의 심리학자인 페기 오스트로

스키 솔리스Feggy Ostrosky-Solis는 "읽는 방식을 배우는 것은 성인의 신경정신적 시스템을 강력하게 형성한다"라고 말했다.[19]

한자처럼 표의문자를 사용하는 이들의 읽기를 위한 뇌 회로는 표음문자를 사용하는 이들과 다른 방식으로 형성됨이 뇌 스캔을 통해 밝혀졌다. 터프츠대학교의 발달심리학자인 매리언 울프 Maryanne Wolf는 읽기의 신경과학에 대해 쓴 《책 읽는 뇌Proust and the Squid》에서 "모든 독서는 계획을 하고, 단어의 소리와 의미를 분석하기 위해 전두엽과 측두엽을 사용하지만 표의문자 체계의 경우는 매우 특이한 부분, 특히 기억력 강화를 위해 사용하는 부분을 활성화한다"라고 말했다.[20]

뇌 활동의 차이는 다른 문자를 사용하는 이들에게서도 발견되었다. 예를 들어 영어 사용자는 이탈리아어 사용자보다 시각적 형태 파악과 관련된 뇌 부분을 더 많이 사용하는 것으로 나타났다. 영어 단어는 철자와 발음이 매우 다른 경우가 있는 반면 이탈리아어 단어는 소리 나는 그대로인 경향이 있다는 점에서 이 같은 차이가 생겨난 것으로 보인다.[21]

읽기와 쓰기의 초기 형태는 수천 년 전으로 거슬러 올라간다. 기원전 8000년, 사람들은 가축과 기타 물품의 수를 기록하기 위해 흙에 단순한 자국을 새겨 넣었다. 이같이 기초적인 표시를 해석하기 위해서도 사람들의 뇌는 시각 담당 피질을 뇌 속 인근 감각 담당 영역과 연결시키며, 집중적인 새 신경 통로를 발달시켜야 했다. 이 통로의 신경 활동은 의미 없는 낙서를 볼 때보다 의미 있는 상징들을 볼 때 두 배 또는 세 배로 증가함을 현대의 연구들은 보여주고 있다. 울프는 "우리 조상들이 표시를 읽을 수 있었던 것은 뇌가 뇌 속의 시각 영역을 더 복잡한 시각적, 개념적 처리를 담당하는 인접 영역들과 연결시킬 수 있었기 때문"이라고 말한다.[22] 자녀들에게 표시들을 사용하는 법을 가르칠 때 남겨주는 이 같은 연결들은 읽기를 위한 기본 토대를 형성시켜준다.

쓰기 기술은 기원전 4000년 말경 중요한 발전기를 맞았다. 지금의 이라크 지역인 티그리스-유프라테스 강 사이에 살던 수메르인들이 '설형문자'라고 불리는 쐐기 모양의 기호를 가지고 글쓰기를 시작한 것이 이 무렵이며, 서쪽으로 수백 마일 떨어진 곳에서는 이집트인이 사물과 생각을 표시하는 추상적인 상형문자를 개발하고 있었다. 설형문자와 상형문자 체계는 상징적 음절로 만들어진 많은 글자를 포함하는 동시에 사물뿐 아니라 소리의 의미까지 담았기 때문에 단순한 숫자 표시보다 뇌에 더 많은 부하가 걸렸다. 독자들은 문자의 의미를 해석하기 전에 이것들이 어떤 식으로 사용되었는지 파악해야 했으므로 우선 해당 문자를 분석하는 작업이 필요했다.

울프에 따르면 수메르인과 이집트인들은 뇌 속 시각과 감각에 관련한 부분뿐 아니라 듣고 공간을 해석하고 결정을 내리는 부분을 연결하면서 피질을 말 그대로 '십자로 가로지르는' 신경 회로로 발전시켜야 했다.[23] 이 같은 상징적 음절 체계가 수백만 개의 글자로 확대되면서 이 문자를 기억하고 해석하는 일은 정신적으로 매우 고된 일이 되었고, 이 때문에 이를 사용하는 계층은 시간과 지력을 지닌 지적 엘리트 집단에 국한되었을 것으로 추측된다. 쓰기 기술이 수메르인이나 이집트인의 모델 이상으로 발전하기 위해서는, 또 소수가 아니라 많은 이가 사용하는 도구가 되기 위해서는 훨씬 더 단순해질 필요가 있었다.

이는 아주 최근 그리스인들이 최초의 완벽한 표음식 알파벳을 발명해낸 기원전 750년 무렵에나 가능해졌다. 그리스 알파벳의 전신이 된 여러 문자 중 몇 세기 이전에 발명된 페니키아인의 문자 체계가 꼽히긴 하지만 언어학자들은 일반적으로 그리스 알파벳이 자음뿐 아니라 모음까지 표현한 최초의 문자라는 데 의견을 같이한다. 그리스인들은 구어에서 사용되는 모든 소리와 음소를 분석한 결과 단 스물네 개의 알파벳으로 모든 말을 표현할 수 있게 되었고, 알파벳을 쓰고 읽기 위한 포괄적이면서 효과적인 체계로까지 발전시켰다. 울프에 따르면 문자의 경제는 기호에 대한 빠른 인식에 필요한 시간과 집중력을 감소시켰고, 그 결과 인식과 기억을 위해 필요한 힘도 그만큼 줄어들었다. 최근의 뇌 연구들에 따르면 표어문자나 그림 기호를 이해하는 것보다 음성 문자로 이루어진 단어를 읽을 때 뇌의 활성화 부분이 더 적다는 점이 밝혀졌다.[24]

그리스 알파벳은 오늘날 우리가 사용하는, 로마자를 포함해 이후 등장한 서구 알파벳의 모델이 되었으며 그 등장으로 지적 역사에 있어 가장 영향력 있는 혁명이 시작되었다. 이를 통해 지식이 주로 대화를 통해 교환되던 구어 문화에서 문자 문화로 이동했으며 쓰기가 생각을 표현하는 주된 매개체가 되었다. 이 변화로 인해 궁극적으로 지구상 모든 이들의 생활과 뇌가 바뀌었으므로 이는 혁명이라 할 수 있었다. 그러나 적어도 처음부터 모두가 이 변화를 반긴 것은 아니다.

글쓰기가 그리스 내에서는 아직 생소하고 또 논쟁의 대상이었던 기원전 4세기 무렵 플라톤은 사랑과 아름다움 그리고 수사학에 대한 대화를 담은 《파이드로스Phaedrus》를 썼다. 이 글에서 주인공인 아테네 시민은 위대한 연설가인 소크라테스와 시골 길을 걷는다. 이곳에서 친구 관계인 두 사람은 강가에 있는 나무 밑에 앉아 길고 지리멸렬한 대화를 시작한다. 그들은 연설 작성의 장점, 욕망의 본질, 광기의 종류, 불멸하는 영혼의 여행 등에 대해 토론하고 난 후 문자로 화제를 돌렸다. 소크라테스는 "글쓰기의 적절함과 부적절함에 대한 의문이 남는군"이라고 말했다.[25] 파이드로스가 이에 동의하자 소크라테스는 알파벳을 비롯한 많은 발명품을 만드는 등 뛰어난 재능을 지닌 이집트 신 테우스와 이집트 왕인 타무스의 만남에 관한 이야기를 시작했다.

테우스는 타무스에게 글쓰기의 미학에 대해 설명하고, 이집트인이 그 축복을 함께 나눌 수 있도록 허락해야 한다고 주장한다. 그는 글쓰기는 "이집트 사람들을 더욱 현명하게 만들고 기억력을 향상시킬 것"이며, 그 이유는 "문자가 기억력과 지혜를 조합하는 법을 제공하기 때문"이라고 말했다. 그러나 타무스는 이에 동의하지 않는다. 그는 개발자 자신은 개발품의 가치에 대해 신뢰할 만한 평가를 내릴 수 있는 자가 아님을 환기시킨다. "인간은 예술로 가득 차 있는데, 어떤 이는 예술을 창조하고 어떤 이는 사람들이 이용하는 예술이 주는 해악과 이익을 평가하도록 되어 있습니다. 당신은 당신 스스로 만든 글쓰기에 관해서는 진실과 정반대되는 효과를 선언하고 있군요."

타무스는 이어서 말하기를, 이집트인들이 글쓰기를 배운다면 "이집트인들의 영혼에 망각이라는 것이 심어질 것입니다. 글로 써진 것에 의존하고 스스로 가진 것에서 기억을 되살리지 않고 외부적인 기록을 사용함으로 인해 기억 활동을 멈출 것입니다"라고 했다. 글로 써진 단어는 "기억을 위한 것이 아니라 기억을 상기시키기 위한 재료이며, 제자들에게 제공하는 것은 진정한 지혜가 아니라 껍데기일 뿐"이라고도 말했다. 또 지식을 위해 읽기에 의존하는 이들은 "많이 아는 것 같지만 대부분의 경우 아무것도 모른다"라고도 말했다. 그들은 "지혜로 충만하게 되는 것이 아니라 지혜에 대한 허영으로 가득 차게 된다"라고도 했다.

분명히 소크라테스는 타무스의 견해에 수긍하고 있다. 그는 파이드로스에게 말하기를 "단순한 사람만이 글로 써진 것이 지식과 대상에 대한 기록 중 최고라고 생각할 것"이라고 했다. '잉크액'으로 적힌 단어보다 더 나은 것은 입을 통해 나오는 "학습자의 영혼에 새겨진 지적인 말"이라고 했다. 소크라테스는 "망각하는 옛날과 달리 기억이 가능하다"라며 글로써 자신의 생각을 잡아내는 데 따른 실용적인 이익은 인정하지만 알파벳이라는 기술에 의존하는 것은 인간의 사고를 부정적으로 바꿀 것이라고 주장한다. 외부 기호가 내부의 기억력을 대체하면서 글쓰기는 우리를 피상적인 사고의 소유자로 만들며, 우리가 진정한 행복과 지혜로 향할 수 있는 지적인 깊이를 획득하는 데 방해가 될 것이라고 말한다.

연설가인 소크라테스와 달리 작가였던 플라톤은 읽기가 기억을 대체하고 내면의 깊이를 잃게 할 수 있다는 소크라테스의 우려에 어느 정도 공감했을 것이라는 짐작이 가능하다. 그러나 그가 말에 비해 글이 지니는 장점을 잘 알고 있었다는 점도 확실하다.《파이드로스》와 비슷한 시기에 써진 것으로 알려진《국가론 The Republic》의 마지막 부분에는 그 유명하고 의미심장한 문단이 나온다. 즉 플라톤은 소크라테스가 '시'를 공격하게 하고, 자신의 완벽한 국가에서 시인을 추방할 것이라 선언한 것이다.

오늘날 우리는 시를 문학의 일부로, 글쓰기의 한 형태로 여기지만 플라톤이 살던 시대에는 그렇지 않았다. 시는 쓰기보다는 읊는 대상이자 읽기보다는 듣는 것으로서 고대 구어식 표현을 대표하는 동시에 보편적인 그리스 문화뿐 아니라 그리스 교육 제도의 핵심으로 여전히 남아 있다. 시와 문학은 지적인 생활에 있어 상반되는 이상을 표현한다. 소크라테스의 목소리를 통해 전달되는 플라톤의 이 말은 시에 반하는 주장이 아니었다. 시인 호머뿐 아니라 소크라테스 자신이 지켜온 것이기도 한 구전의 전통에 대한, 또한 이 방식이 반영되고 권장하는 사고방식에 대한 반대였다. 영국

학자 에릭 해블록Eric Havelock은《플라톤 서설Preface to Plato》에서 "사고의 구어적 단계"는 플라톤의 "주적이었다"라고 적었다.[26]

플라톤의 시에 대한 비판이 암시하는 바는 해블록, 옹 그리고 여러 고전학자들이 제시한 대로 글쓰기라는 새로운 기술과 이기술이 독자들에게 권장한 사고방식, 즉 논리적이고 단호하며 독립적인 방식에 대한 옹호였다. 플라톤은 알파벳을 통해 문명이 얻을 수 있는 지적 혜택을 목격했는데, 이 혜택은 이미 플라톤 자신의 글에서 명백히 나타나고 있었다. 옹은 "철학적으로 논리적인 플라톤의 사고는 글쓰기가 정신 작용에 미치기 시작한 영향력 덕분에 가능했다"라고 적었다.[27]

《파이드로스》와 《국가론》에 나타난 글쓰기의 가치에 대한 미묘하게 상반되는 시각을 통해 우리는 말하기에서 쓰기 문화로의 전환 과정에서 발생한 갈등의 증거를 찾아볼 수 있다. 이는 플라톤과 소크라테스 모두가 각기 다른 방식으로 인식한 결과이며, 도구, 즉 알파벳의 발명에서 기인한 변화였다. 또한 이 도구가 우리의 언어와 사고에 중요한 결과를 가져오리라는 것이다.

완전한 구어 문화에서 사고는 인간 기억력의 지배를 받는다. 지식은 기억해내야 하는 무엇이며, 기억해내는 대상은 머릿속에 품고 있는 것 내에서 가능하다.[28] 인간이 문자 없이 살았던 수천 년 동안 언어는 개인의 기억 영역에서 복잡한 정보를 저장하도록 하고, 말을 통해 이 정보를 다른 사람들과 교환하기 쉽도록 진화했다. 옹은 필요에 의해 "진지한 생각은 기억 체계와 밀접한 연관이 있다"라고 적었다.**29** 발음과 단어의 조합들은 매우 리드미컬해지고 귀에 쏙쏙 들어오게 되었으며, 정보는 기억의 편의를 위해 오늘날 '상투어'라고 칭하는 평범한 관용구로 표현하게 되었다. 플라톤이 정의한 대로 지식은 '시'에 편입되었고, '시인학자'라는 특화된 계층은 지식의 저장과 검색 그리고 전파를 위한 인간 도구이자 피와 살 같은 지식 기술이 되었다. 법, 기록, 거래, 결정, 전통 등 오늘날 문서화되는 모든 것이 구어 문화에서는, 해블록이 말한 대로라면 "정형화된 시로 만들어져 노래로 불리거나 큰 소리로 연호되어" 널리 퍼져야 했다.**30**

먼 조상들의 구어 세계는 오늘날의 우리가 더 이상 알 수 없는 감정적, 직관적 깊이를 지녔을 것이다. 매클루언은 문자 사용 이전의 사람들은 이 세상에 대해 특히 강렬한 "감각적인 몰입"을 누렸을 것이라고 믿었다. 그는 읽는 법을 배울 때 우리는 "문맹인이나 문맹 사회가 경험했을 감정적인 몰입이나 감정으로부터의 상당한 단절"로 괴로워한다고 말한다.**31** 그러나 우리 조상들의 구어 문화는 지적으로 보았을 때 여러 면에서 오늘날보다 더 피상적이었다. 글로 써진 말은 개인의 기억력이라는 속박에서 지식을 자유롭게 했고 기억과 암송을 위한 리드미컬하고 형식적인 구조에서 언어를 해방시켰다. 이는 사고를 생각과 표현의 새로운 개척자로 이끌었다. 매클루언은 "서구 사회의 성과물은 확실한데 이는 글을 읽고 쓰는 놀라운 능력에 대한 증거다"라고 썼다.**32**

1982년 옹은 저명한 연구인 《구술문화와 문자문화Orality and

Literacy》에서 비슷한 견해를 개진한다. "구술문화는 높은 수준의 예술적·인간적 가치를 지닌 강력하고 아름다운 구두 공연을 생산했는데, 이는 쓰기가 우리의 정신을 장악한 후에는 아예 가능하지 않은 일"이라고 관찰했다. 그러나 글을 읽고 쓰는 능력은 "과학을 포함한 역사와 철학, 모든 종류의 예술이나 문학에 대한 해석적 이해 그리고 특히 언어 그 자체(말로 하는 연설을 포함)를 설명하는 데 절대적으로 필요하다"라고 말했다.[33] 글쓰기 능력은 "매우 중요하며 인간 잠재력의 보다 완벽하고 내적인 실현을 위해 진정 핵심적인 것"이라고 옹은 결론 내렸다. "글쓰기는 의식을 고쳐시킨다"라는 이야기다.[34]

플라톤이 살았던 시기와 이후 수세기 동안 고쳐된 의식은 엘리트의 전유물이었다. 알파벳이 가져다주는 인지적 혜택이 대중들에게 확산되기까지는 글로 써진 작품들의 인쇄, 제작, 유통과 관련한 또 다른 일련의 지적 기술들이 발명되어야만 했다.

4장

사고가 깊어지는 단계

사람들이 처음 무언가를 쓰기 시작했을 때는 무른 돌이나 나무 부스러기, 나무껍질 조각, 뼛조각, 부서진 그릇 조각 등 땅에 우연히 떨어져 있는 아무 대상에나 긁어서 표시했다. 이처럼 잠깐 쓰고 버리는 것들은 문자 기록에 있어 초기 형태의 매개물이었다. 이러한 것들은 값싸고 흔하다는 장점이 있는 반면, 작고 모양이 일정하지 않으며 쉽게 부서지고 손상되며 잃어버리기도 쉽다는 단점이 있었다. 또한 무엇을 새기거나 표시하는 데는 적합했지만 달리 쓸모는 없었다. 심오한 생각이나 장황한 주장을 조약돌이나 질그릇 조각에 적을 사람은 없을 것이다.

수메르인들은 글쓰기를 위한 특별한 매개물을 처음으로 사용한 사람들이다. 이들은 메소포타미아의 풍부한 진흙으로 만든 넓적한 판 위에 쐐기문자를 새겼다. 그들은 진흙을 이겨 얇은 벽돌을 만들고 그 위에 날카로운 갈대로 문자를 새기고는 햇볕 아래 혹은 가마 안에 놓고 말렸다. 통치 기록, 사업상의 서신, 거래 영수증, 법적인 합의 등은 단단한 판에 새겨졌고 역사나 종교 이야기, 당시에 일어났던 일과 같이 긴 내용과 문학적인 기록도 남겼다. 긴 글을 남기기 위해 수메르인들은 진흙판에 번호를 새겨 '쪽번호'를 남겼는데, 이는 현대적 형태를 지닌 서적의 등장을 예고한 것이다. 진흙판은 수세기 동안 글쓰기에 사용되는 대중적인 도구였지만 준비, 운반, 보관 등이 어려웠기 때문에 전문 필경사가 쓰는 공식 문서에만 사용되곤 했다. 글쓰기와 읽기는 여전히 신비한 능력으로 여겨졌다.

기원전 2500년 무렵 이집트인들은 나일 강 삼각지대 전역에서 자라는 파피루스 나무로 두루마리를 만들기 시작했다. 이들은 나무에서 벗겨낸 섬유들을 십자로 교차시킨 다음 수액이 빠져나오도록 물에 적셨다. 이때 수액이 섬유를 서로 접착시키면서 얇은 판이 만들어지는데 이를 다시 두드리면 글쓰기에 적합한 부드럽고 하얀 표면이 탄생하며 오늘날 우리가 사용하는 종이와 별반 다를 바 없어진다.

많게는 스무 장에 이르는 종이의 끝과 끝을 이어 붙여 긴 두루마리로 만들었으며 이 두루마리들에는 그 이전에 등장했던 진흙 판과 마찬가지로 번호가 매겨졌다. 잘 접히고 휴대하기 쉬우면서 보관도 쉬운 이 두루마리는 무거운 진흙판과 비교했을 때 엄청난 장점을 지니고 있었다. 그리스와 로마인들은 처음에는 이 두루마리를 도입해 기록용으로 사용했지만 나중에는 양이나 염소의 가죽으로 만들어진 양피지가 파피루스를 대신하게 되었다.

두루마리는 값이 비쌌다. 파피루스는 이집트에서 가져와야 했고 가죽을 양피지로 만드는 일은 특별한 기술과 엄청난 시간이 드는 작업이었다. 글쓰기가 더 보편화되면서 학생들이 메모를 하고 작문을 할 수 있을 만한 더 값싼 대체재에 대한 요구도 커져갔다. 이 같은 필요에 따라 새로운 글쓰기 도구인 밀랍판의 개발 붐이 일었다. 이는 나무로 만든 단순한 틀에 밀랍을 채운 형태였다. 왁스 위에 새로운 형태의 펜으로 글씨를 적었는데, 이 펜의 한쪽은 글을 쓰기 위한 날카로운 촉으로 이루어졌고 반대편은 뭉툭하게 되어 있어 왁스를 문질러 글자를 지울 수 있었다. 글자를 쉽게 지울 수 있어 학생이나 작가들은 여러 번 반복해서 이 판을 사용할 수 있게 되었고, 그 덕에 두루마리보다 더 경제적이기도 했다. 섬세한 도구는 아니었으나 이 밀랍판은 글쓰기와 읽기를 전문적이고 공식적인 작업에서 보다 자유롭고 일상적인 작업으로 만드는 데 큰 역할을 했다. 물론 이는 글을 읽고 쓸 줄 아는 시민에 국한된 이야기다.

이 밀랍판은 다른 이유에서도 중요했다. 긴 글을 저장하고 배포할 경제적인 방법이 필요했던 고대인들은 가죽이나 천 조각으로 여러 개의 판을 한데 묶었다. 꽤 인기였던 이 같은 형태의 판은 예수 등장 직후 이름 모를 로마 장인들이 만든 여러 장의 양피지를 직사각형 형태의 단단한 가죽 사이에 끼운 뒤 꿴 형태를 한 최초의 책의 모델이 되었다.

한데 묶인 책 형태의 고문서가 두루마리를 대체하기까지는 수세기가 더 걸렸지만 이 기술이 가져다준 혜택은 초창기 이용자들에게도 매우 명확했을 것이다. 필경사들의 입장에서는 문서의 양면에 글을 쓸 수 있어 한쪽에만 글을 쓰는 두루마리에 비해 파피루스나 양피지가 훨씬 적게 들었고 제작 비용 역시 상당 수준 감소했다. 두께도 훨씬 얇아져 옮기거나 숨기기가 더 편해졌다. 이는 이내 초기 성경과 더불어 논쟁을 불러일으킬 만한 다른 서적들의 출판 형식으로 채택되었다. 책은 읽기도 편해졌다. 긴 두루마리 형식 문서의 경우 특정 구절을 찾는 일이 매우 번거로웠으나 이제는 번호를 따라 앞뒤로 책장을 넘겨 쉽게 찾을 수 있었다.

서적과 관련한 기술이 날로 발전하고 있긴 했지만 구술 세계의 유산은 여전히 책 속의 문자가 써지고 읽혀지는 방식에 영향을 미쳤다. 묵독은 고대에는 알려지지 않은 형태였다. 이전에 존재했던 판이나 두루마리와 마찬가지로 새로운 형태의 문서는 독자가 한 명이건 여러 명이건 관계없이 큰 소리로 낭독되었다. 아우구스티누스 성인은 《고백록》에서 380년 무렵 밀라노의 암브로스 주교가 조용히 책을 읽는 것을 보고 느꼈던 놀라움에 대해 다음과 같이 묘사하고 있다. "그가 독서를 할 때 눈은 책장 위를 훑고 있었고 그의 심장은 그 의미를 탐색하고 있지만 소리를 내지 않았고 혀도 움직이지 않았다.” 이어 그는 “종종 우리가 그를 만나러 갈 때 우리는 그가 이처럼 침묵 가운데 책을 읽는 것을 보았고 그는 절대 소리 내어 읽지 않았다”라고 적었다. 이 같은 특이한 행동에 당황해 아우구스티누스는 암브로스가 “쉽게 목이 쉬기 때문에 목소리를 아끼려 한 것”인지 궁금해했다.[1]

오늘날에는 상상하기 어렵겠지만 초기 기록에서는 단어 사이의 띄어쓰기가 이루어지지 않았다. 필경사들이 쓴 책에서는 모든 줄, 모든 장에 걸쳐 단어가 연이어 기록되었다. 오늘날 이 같은 형태는 ‘스크립투라 콘티누아 Scriptura Continua’라고 불리는데 단어 사이의 띄어쓰기가 없는 것은 언어의 기원이 말에 있음을 반영한다. 우리가 말을 할 때는 단어마다 끊어 발음하기 위해 멈추지 않으며 여러 음절들도 우리의 입술을 통해서는 끊어지지 않고 흘러나온다. 초창기 기록자들은 단어마다 띄어쓰기를 해야 한다는 생각은 결코 하지 않았을 것이다. 단순히 그들이 들은 대로 받아 적었을 것이다(오늘날 막 글을 쓰기 시작한 아이들 역시 단어를 이어 쓴다. 초창기 필경사들처럼 들은 대로 쓰는 것이다).

필경사들은 문장 내 단어의 순서에도 큰 관심을 기울이지 않았다. 말로 이루어지는 언어에서 의미는 주로 억양이나 화자가 음절들 중 어디에 강세를 주느냐 등을 통해 전달되었고, 이렇듯 구술의 전통은 글쓰기 방식에 영향을 미쳤다. 중세시대 초기까지 책에 써진 글을 해석함에 있어 독자들은 단어의 순서를 의미 파악의

기준으로 사용할 수 없었다. 그 기준은 아직 발명되기 전이었다.[2]

필사본 서적에 대한 역사를 담은 책《단어들 사이의 공간 Space between Words》에서 폴 생거Paul Saenger는 단어 사이의 공간이 없다는 것은 어순이 없다는 것과 더불어 고대 독자들에게는 "추가적인 인지적 부담"을 안겨주었다고 설명한다.[3] 자주 읽기를 멈추고, 종종 다시 문장이 시작하는 지점으로 돌아가야 했기 때문에 독자들의 눈 움직임은 문서의 줄을 따라 천천히 그리고 자꾸 끊어질 수밖에 없었다. 그 와중에 독자들의 사고는 한 단어가 어디서 끝나고 어디서 시작하는지 그리고 각각의 단어는 문장에서 어떤 의미를 지니고 있는지 파악하기 위해 고군분투해야 했다. 읽기는 퍼즐 맞추기와 같았다. 문제 해결, 의사결정 등과 관련된 전두엽을 포함한 뇌의 피질 전체가 신경 활동으로 활발하게 돌아갔을 것이다.

천천히 인지적으로 집중적인 분석을 해야 했기에 독서는 매우 수고스러운 일이었다. 또한 이는 암브로스 같은 예외적 경우를 제외하고는 누구도 조용히 책을 읽지 못하는 이유가 되기도 했다. 음절을 소리 내어 읽는 것은 글을 해석하는 데 있어 필수적이었다. 오늘날 우리로서는 참을 수 없을 듯한 이 같은 제약은 여전히 구전에 기반을 둔 문화에서는 그리 문제가 되지 않았다. 생거는 "달콤한 운율과 문서를 소리 내어 읽을 때의 악센트를 즐겼기 때문에 당시의 독자들은 책을 애써 빨리 읽으려는 현대의 독자들과 달리 그리스어나 라틴어에서 단어의 띄어쓰기 부재를 효과적인 독서에 있어 장애물로 여기지 않았다"라고 적고 있다.[4] 게다가 그리스인과 로마인들은 대부분 읽고 쓸 줄 알았기 때문에 노예들에게 책 읽기를 시킬 수 있어 더 없이 행복했다.

깊이 읽기의 시작

로마 제국이 멸망할 무렵까지도 글로 적힌 언어는 구술 전통을 부수고 독자들의 고유한 필요를 충족시키는 데 성공하지 못했다. 중세시대에 들어서면서 글을 읽고 쓸 줄 아는 사람들, 즉 수도사, 학생, 상인, 귀족 등이 지속적으로 늘어났고 책에 대한 접근도 확대되었다. 새로운 책은 대부분 기술에 관한 것으로 여가용이나 학문적인 내용이 아닌 실용적인 용도의 책이었다. 사람들은 책을 점점 빨리 그리고 혼자서 읽고 싶어 하기 시작했다. 독서는 공연이 아닌 개인적인 교육이나 성장의 도구가 되어가고 있었다. 이 같은 변화는 알파벳의 발명 이후 글쓰기에 있어 가장 중요한 변화였다.

기원후 1000년이 지나면서 작가들은 자신들의 작품에 어순 법칙을 도입하기 시작해 예측 가능하고 표준화된 통사 체계를 만들어갔다. 동시에 필경사들은 문장 중간에 띄어쓰기 공간을 두면서 단어 사이를 구분하기 시작했는데, 이는 아일랜드와 영국에서 시작되어 유럽 전역으로 퍼져나갔다. 13세기 무렵 스크립투라 콘티누아는 각 지역의 언어로 쓰인 문서뿐 아니라 라틴어로 쓰인 문서 대부분에서 사라졌다. 구두점 역시 보편화되면서 독자들은 더욱 편해졌다. 글쓰기는 처음으로 듣기뿐 아니라 보기 위한 것이 되었다.

이 같은 변화의 중요성은 아무리 과장해 설명해도 부족할 것이다. 단어 순서에 관한 기준의 등장은 언어 구조에 혁명을 불러왔는데, 생거는 이를 두고 "운율과 리듬이 살아 있는 웅변에 대한 고대의 탐구에 정확히 반하는 것"이라고 적었다.[5] 단어 사이에 떼어쓰기 공간을 두는 것은 문자를 해석하는 데 드는 인지적인 부담을 덜어주었고 사람들로 하여금 빨리, 조용히 그리고 더 깊이 이해하며 읽을 수 있도록 했다. 여기에 익숙해지기 위해서는 학습이 필요했다. 젊은 독자들에 대한 최근의 연구가 밝혀냈듯 이를 위해서는 뇌 회로의 복잡한 변화가 요구된다.

뛰어난 독서가의 뇌는 문서의 빠른 해석을 가능하게 하는 특정 부분이 발달한다고 매리언 울프는 설명한다. 이 부분은 "중요한 시각적, 음운론적 그리고 의미론적 정보를 고르고 또 빛의 속도로 이 정보들을 검색할 수 있도록" 만들어졌다. 예를 들어 시각피질의 뉴런 배열은 "수직 집단"을 이루는데, 이는 몇 초 만에 "글자의 시각 이미지, 글자의 형태 그리고 단어들"을 알아보기 위함이다.[6] 뇌가 글을 해석하는 데 더 능수능란해지면서 과거에는 문제를 해결하는 데 매우 까다로운 과정이었던 것이 기본적이며 자동적으로 행하는 과정이 되었고, 뇌는 남는 힘을 의미 해석에 사용할 수 있게 되었다. 오늘날 '깊이 읽기'라고 부르는 방식도 가능해졌다. 생거는 단어 사이를 띄우는 것이 "독서의 신경생리학적 과정을 바꾸면서 독자들의 지적 능력을 바꾸어놓았다"라고 적었다. 이는 "지적 능력이 평범한 독자들도 더 빨리 읽고, 점차 더 어려운 글도 이해할 수 있게 되었다"라는 것이다.[7]

독자들은 단지 독서에 능숙해졌을 뿐 아니라 집중력도 더 좋아졌다. 오늘날의 표현을 빌리자면 두꺼운 책을 차분히 읽기 위해서는 책 속으로 빠져들어 무아지경의 상태로 오랜 시간 집중하는 능력이 요구되었다. 이 같은 정신적 능력을 쌓는 것이 쉬운 일은 아니었다. 우리의 친척뻘인 동물들의 뇌와 마찬가지로 자연 상태의 인간의 뇌는 산만하다. 우리는 주변에 무슨 일이 일어나고 있는지 최대한 알기 위해 시선을 계속 다른 곳으로 옮기고, 그 결과 관심이 한 대상에서 다른 대상으로 옮겨가는 성향이 있다. 신경과학자들은 우리 뇌에서 초기적 형태의 "아래에서 위를 향하는 방식"을 발견했는데, 2004년 〈커런트바이올로지Current Biology〉에 실린 한 논문은 이를 두고 "감각은 받아들일 재료가 있을 때 잠재적으로 눈에 띄는 중요한 시각물에 재빨리, 스스로도 모르는 새에 관심을 옮긴다"라고 적었다.[8]

가장 큰 관심을 끄는 것은 우리 주변에서 일어나는 변화의 조짐이다. 하워드휴즈의학연구소의 마야 파인스Maya Pines는 "우리의 감각은 변화에 잘 대응하도록 되어 있다"라고 설명한다. "정지되거나 또는 변하지 않는 대상은 풍경의 일부가 되어 거의 보이지 않는다는 것이다. 그러나 주변의 무언가가 변할 때 이것은 우리에게 위험 또는 기회가 될 수 있기 때문에 잘 감지해야 한다."[9] 우리의 관심이 신속하고 반사적으로 변하는 것은 생존을 위해 필수적이다. 이는 포획자가 갑자기 습격하거나 우리가 주변에 있는 식량을 못 보고 지나치는 것 같은 위기 상황을 최소화한다. 역사상 정상적인 사고방식은 이처럼 선형적이었다.

책을 읽는다는 것은 자연스럽지 않은 사고의 과정을 연습해야 함을 의미했고 하나의 정적인 대상에 대한 지속적이고 방해받지 않는 집중을 요하는 일이었다. 독자들은 엘리엇T. S. Eliot이 〈4개의 4중주Four Quartets〉에서 말한 "변하는 세상 속 정적인 지점"이라고 부르는 곳에 이르러야 했다. 독자들은 뇌로 하여금 모든 주변 상황을 무시하고 하나의 감각 신호에서 다른 것으로 관심이 옮겨가려는 욕구를 물리치도록 해야 했다. 또한 본능적인 산만함에 대항하기 위해 더 강력한 "위에서 아래로의 통제" 방식을 적용하면서 필요한 신경 연결망을 구축하거나 강화해야 했다.[10] 런던대학교 킹스칼리지의 심리학 연구원인 본 벨Vaughan Bell은 "비교적 방해받지 않고 하나의 일에 집중할 수 있는 능력은 우리의 정신 발전 역사에 있어 불가사의하면서도 이례적인 일"이라고 적었다.[11]

물론 많은 사람은 책이나 심지어 알파벳이 등장하기 훨씬 이전부터 지속적인 집중력을 키워왔다. 사냥꾼, 장인, 수도사 등은 모두 관심을 통제하고 집중할 수 있도록 뇌를 훈련시켜야 했다. 책을 읽는 데 있어 매우 특이한 점은 깊은 집중이 매우 활발하고 효율적인 문자 해석 활동 그리고 의미를 파악하는 활동과 협력한다는 것이다. 인쇄된 책을 읽는 행위는 독자들이 저자의 글에서 지식을 얻기 때문만이 아니라 책 속의 글들이 독자의 사고 영역에서 동요를 일으키기 때문에 유익하다. 오랜 시간, 집중해서 읽는 독서가 열어준 조용한 공간에서 사람들은 연관성을 생각하고 자신만의 유추와 논리를 끌어내고 고유한 생각을 키운다. 깊이 읽을수록 더 깊이 생각한다.

초창기의 조용한 독자들도 독서에 몰두할 때 일어나는 의식의 놀라운 변화를 깨달았다. 중세 주교인 시리아의 아이작_{Issac}은 혼자 독서를 할 때마다 "꿈을 꾸는 것처럼 나의 감각과 생각이 집중되는 경지에 들어간다. 그러면 이 침묵의 긴 시간과 함께 기억의 폭풍은 마음속에서 잠잠해지고, 멈추지 않는 깊은 사고로부터 즐거움의 물결이 전해지고, 갑자기 예상치 않은 기쁨이 가슴에서 일어난다"라고 적었다.[12]

책을 읽는 것은 깊이 생각하는 행위이지 마음을 비우는 행위가 아니었다. 오히려 마음을 채우고 보충하는 행위였다. 독자들은 글과 생각, 내부적인 감각 흐름에 더 깊이 빠져들기 위해 주변에 산재한 자극에 관심을 주지 않았다. 이는 깊이 읽기가 지닌 독특한 정신적 과정이었고 지금도 그렇다. 우리 정신의 역사에서 이 "불가사의하면서도 이례적인 일"을 가능케 한 것은 책이라는 기술이었다. 독자들의 뇌는 단순히 글을 읽을 줄 아는 뇌 이상이었다. 이는 문학적인 뇌였다.

글로 쓴 언어의 변화는 독자뿐 아니라 작가들도 해방시켰다. 스크립투라 콘티누아는 단순히 글의 해석을 방해하는 걸림돌을 넘어 작가들에게는 시련이었다. 이 힘들고 단조로운 일에서 벗어나기 위해 작가들은 전문 필경사에게 작품을 구술했다. 띄어쓰기의 도입으로 글쓰기가 더 쉬워지자 작가들은 곧바로 홀로 펜을 잡고 종이에 단어들을 적기 시작했다. 그들의 작품은 이내 더욱 개인적이고 모험적으로 변했다. 그들은 색다르고 회의적이며 심지어 이단적이고 선동적인 생각을 담으면서 지식과 문화의 경계를 넓혀갔다. 베네딕토 수도회의 기베르 드 노장Guibert de Nogent은 자신의 방에서 홀로 일하며 정통에서 벗어난 성서 해석을 하고 자신이 꾼 꿈에 대한 생생한 기록은 물론 에로틱한 시까지 쓸 수 있게 되었다. 이는 필경사들에게 구술을 하던 당시로서는 불가능한 일이었다. 노년에 그가 시력을 잃고 다시 구술로 돌아가야 했을 때는 "손과 눈 없이 목소리로만" 쓰는 것에 불만을 나타냈다.[13]

저자들은 자신들의 작품을 집중적으로 수정하고 편집하기 시작했는데 이는 구술 시절에는 거의 행해지지 않던 일이었다. 이 변화 역시 글쓰기의 양식과 내용을 변화시켰다. 생거는 처음으로 작가가 "자신의 원고를 전체적으로 볼 수 있었고 내용 대조를 통해 글의 응집력을 높이고, 중세 초기 구술 문학에서 흔히 발견됐던 불필요한 내용 중복을 없앨 수 있었다"라고 설명한다.[14] 저자들이 자신들의 생각과 논리를 정제하기 위해 자의적으로 노력할수록 책에 담긴 주장은 더욱 복잡하고 도전적으로 변한 것은 물론이고 더 길고 명확해졌다.

14세기 후반 무렵 글로 쓰인 작품들은 종종 단락과 장으로 나뉘게 되었고 때로는 날로 정교해지는 구조에 대한 독자들의 이해를 돕기 위해 목차를 싣기도 했다.[15] 물론 과거에도 플라톤의 대화록들이 우아하게 선보였듯 감각적이고 자의식 강한 산문과 시 문장가들도 있었다. 그러나 새로운 글쓰기 방식은 문학 작품 특히 고유한 토착 언어로 쓰인 작품들을 크게 증가시켰다.

책과 관련한 기술의 진보는 읽기와 쓰기에 대한 개인적인 경험도 바꾸어놓았다. 사회적인 변화도 가져왔다. 조용하게 책을 읽는 행동을 둘러싸고 미묘하지만 눈에 띄는 방식으로 더 큰 문화가 형성되기 시작했다. 대학들이 개인적인 독서를 교실에서 이루어지는 강의의 필수적인 보충 학습으로 여기면서 교육과 학문의 성격이 변했다. 도서관은 대학 생활에서, 더 보편적으로는 도시의 삶에 있어 핵심적인 역할을 수행하기 시작했다.

도서관 건축 역시 진화했다. 책을 소리 내어 읽을 수 있도록 만들어진 개인 회랑과 개인 열람실은 학생, 교수 그리고 다른 이용자들이 긴 책상에 함께 앉아 혼자 조용히 읽을 수 있는 커다란 공동 열람실로 교체되었다. 사전, 용어사전, 색인 등과 같은 참고 도서는 독서를 위해 중요한 보조 역할을 하게 되었다. 필요한 경우 중요한 서적들은 도서관 책상에 묶어 고정시켰다. 책에 대한 늘어나는 수요를 맞추기 위해 출판업이 태동하기 시작했다. 오랫동안 수도원의 필사실에서 진행되는 종교적 행위였던 책 생산은 전문 필경사들이 주인의 지시에 따라 돈을 받고 일하는 세속적인 작업장으로 그 중심이 옮겨가기 시작했다. 중고 서적 시장도 활성화되었다. 역사상 처음으로 책에 가격이 매겨졌다.[16]

수세기 동안 글 쓰는 기술은 구술 문화의 지적 윤리를 반영하고 강화시켜왔다. 판, 두루마리 그리고 초기 형태의 필사본을 쓰고 읽는 것은 집단의 발전과 지식의 전파를 강조해왔다. 개인적인 창의성은 단체의 필요에 종속되어 있었다. 글쓰기는 창작의 도구보다는 기록의 도구로 남아 있었다. 이제 글쓰기는 새로운 지적 윤리 즉 책의 윤리를 가지고 또다시 전파되기 시작했다. 지식의 발전은 독자들 각자가 자신만의 사고와 개인적인 아이디어, 다른 사상가들의 글로부터 전해오는 지식을 종합하여 창작하는, 점차 개인적인 일이 되었다. 개인주의는 더욱 강해졌다. 소설가이자 역사가인 제임스 캐럴James Carroll은 "조용히 독서하는 행동은 지식을 얻은 자가 지식에 대한 책임을 진다는 자의식의 표시이자 수단"이라고 적었다.[17] 조용하고 고독한 연구는 지적 성취를 위한 필수조건이 되었다. 생각의 독창성과 표현의 창의성은 모범적 형태의 사고였다. 웅변가 소크라테스와 작가 플라톤 간의 다툼은 결국 플라톤의 승리로 끝이 났다.

그러나 이 승리는 불완전한 것이었다. 손으로 써진 필사본은 값이 매우 비싸고 귀했기 때문에 책에 대한 지적 윤리와 깊이 읽는 독자들의 사고는 특혜를 입은 비교적 소수 시민들에 국한되었다. 언어의 매개인 알파벳은 글쓰기 표현 수단인 책이라는 이상적인 매체를 찾아냈다. 그러나 책은 그 이상적인 매체 즉 더 싸고 빨리, 더 많은 양을 생산하고 유통시킬 수 있는 기술을 찾아내지 못했다.

구텐베르크, 세상을 바꾸다

1445년 무렵 요하네스 구텐베르크Johannes Gutenberg라는 독일의 금세공인이 몇 년 동안 살던 스트라스부르를 떠나 라인 강을 따라서 자신이 태어난 곳인 마인츠로 돌아갔다. 그에게는 비밀, 그것도 아주 큰 비밀이 하나 있었다. 10년 이상 그는 몇 가지 발명을 은밀하게 진행하고 있었는데, 그는 이 발명품들을 결합할 경우 새로운 형태를 띤 출판업의 기초를 다질 수 있다고 굳게 믿었다. 그는 교회에서 이루어지는 필경을 최신 인쇄 기계로 대체해 책과 다른 문서의 생산을 자동화할 기회를 발견했다.

구텐베르크는 부유한 이웃인 요한 푸스트Johann Fust로부터 두 번의 큰 대출을 받아 마인츠에 가게를 내고 기구와 재료를 구입해 일을 시작했다. 그는 금속 기술을 활용하여 녹인 합금으로 높이는 같고 폭은 다양한 알파벳 활자를 주조할 수 있는 활판을 만들었다. 이동이 가능한 이 활자들은 인쇄를 위해 문서 한 페이지 형태로 손쉽게 배열될 수 있었고, 작업이 끝나면 다른 페이지를 위해 해체해 다시 배열할 수 있었다.[18] 또한 구텐베르크는 포도를 으깨는 데 사용했던 와인 제조용 나무 압축기를 개조해 인쇄 시 양피지나 종이 위에 글자가 번지는 현상을 막는 도구로 사용했다. 인쇄 체계에서 중요한 역할을 한 또 하나의 발명품은 금속활자에 잘 들러붙는 유성 잉크였다.

활판 인쇄기를 만들어낸 후 구텐베르크는 이를 가톨릭교회를 위한 문서를 인쇄하는 데 사용했다. 수입은 좋았으나 이는 구텐베르크가 새로운 기계를 통해 하고자 했던 일은 아니었다. 그의 야심은 훨씬 컸다. 푸스트의 지원으로 그는 첫 번째 본격적인 작업을 준비하기 시작했다. 이는 두 권짜리 거대한 성서 인쇄로 후에 그의 이름을 따 제목이 붙여졌다. 1200쪽에 이르고 각각의 장이 2단 42줄의 글로 이루어진 이 구텐베르크 성경은 독일 내 최고 필경사의 글씨체를 본 떠 어렵게 고안된 고딕 활자체로 인쇄되었다. 3년 이상 걸려 완성된 성경은 구텐베르크의 승리라 할 수 있다.

그러나 이것은 동시에 그가 실패한 원인이 되기도 했다. 1455년, 단 200권을 인쇄한 후 돈이 다 떨어져버린 것이다. 대출 이자를 갚을 수 없게 되면서 그는 인쇄 기계를 빼앗길 상황에 처했고, 결국 푸스트에게 기계를 넘기고 인쇄업에서 손을 떼게 된다. 상인으로 성공해 부를 축적한 푸스트는 구텐베르크가 기계에 능했던 만큼이나 인쇄 사업에서 능력을 발휘했다. 구텐베르크 밑에서 일하던 필경사 출신의 재주 많은 직원 페터 쉐퍼Peter Schöffer를 영입한 푸스트는 영업망을 구축하고 다양한 책을 출판해 독일과 프랑스에서 폭넓게 판매하면서 큰 이익을 보았다.[19]

구텐베르크가 그에 대한 보상을 받진 못했지만 그가 만든 인쇄 기계는 역사상 가장 중요한 발명품이 되었다. 중세시대의 기준으로는 놀라운 속도 덕분에 프랜시스 베이컨Francis Bacon은 1620년 자신의 책《신기관Novum Organum》에서 이 금속활자 인쇄가 "전 세계 사물의 모양과 양상을 바꿔놓았으며 어떤 왕조나 종파, 어떤 별도 인간에게 이보다 더 큰 힘과 영향력을 발휘하지 못했다"라고 했다.[20] (베이컨이 금속활자 인쇄만큼이나 영향력이 있다고 평한 발명품은 화약과 나침반이었다.) 수작업을 산업 영역으로 가져오면서 구텐베르크는 인쇄와 출판의 경제를 바꾸어놓았다. 많은 완벽한 책이 노동자 몇 명의 힘으로 빨리, 대량으로 생산될 수 있었다. 책은 비싸고 귀한 제품에서 저렴하고 흔한 물건이 되었다.

1483년 산자코포디리폴리수녀회Convent of San Jacopo di Ripoli가 운영하는 피렌체의 인쇄소에서는 플라톤의《대화록》을 새롭게 번역한 책 1025권을 인쇄하는 비용으로 3플로린을 받았다. 필경사가 한 권을 완성하고 받는 돈은 약 1플로린이었다.[21] 비싼 양피지 대신 중국에서 들어온 발명품인 종이 사용이 확산됨에 따라 책 생산 비용의 가파른 하락은 더욱 가속화되었다. 책 가격의 하락으로 수요가 늘어나면서 이는 공급의 급격한 확대로 이어졌다. 새로운 책들이 유럽 시장에 홍수처럼 밀려들었다. 한 집계에 따르면 구텐베르크의 발명 후 50년 동안 생산된 책의 양은 그 이전 1000년 동안 필경사들이 만든 책과 맞먹는 수준이었다.[22]

한때는 귀한 존재였던 책의 급격한 확산은 당시 사람들에게 충격으로 다가와 엘리자베스 아이젠슈타인Elizabeth Eisenstein은 《변화의 요인으로서의 출판The Printing Press as an Agent of Change》에서 "초자연적인 발명품이라는 말이 나올 정도로 매우 놀랄 만한 일"이라고 표현했다.[23] 소문에 따르면 요한 푸스트는 초창기 출장 때 수많은 책을 가지고 파리를 방문하자 악마와 통하고 있다는 의심을 받고 경찰에 의해 마을에서 쫓겨나기도 했다.[24]

사람들이 값싼 활자 인쇄의 결과물을 앞다투어 구입하고 읽게 되면서 사탄의 영향력에 대한 두려움은 금세 사라졌다. 1501년 이탈리아의 인쇄업자인 알두스 마누티우스Aldus Manutius가 전통적인 2절판이나 4절판에 비해 현저히 작아 호주머니에도 들어갈 만한 8절판 형태를 소개하자 책값은 더욱 저렴해졌다. 휴대하기도 편해진 책은 개인적인 물건이 되었다.

시계의 소형화가 모든 이들이 시간을 지키게 만들었듯이 책의 소형화는 독서의 일상화를 가져왔다. 조용한 방에 앉아 책을 읽는 일은 더 이상 학자나 수도사들만의 이야기가 아니었다. 중산층도 여러 권의 책으로 채워진 서재를 만들 수 있게 되었고, 그 결과 폭넓은 독서뿐 아니라 여러 작품에 대한 비교도 가능해졌다. 프랑수아 라블레François Rabelais가 1534년에 발표한 인기작 《가르강튀아Gargantua》의 주인공은 "세상 전체가 지식을 지닌 사람, 잘 교육받은 선생님들 그리고 거대한 서재로 채워져 있다"라며 "플라톤 시대에도 키케로의 시대에도 파피니아누스의 시대에도 이렇게 공부하기가 편한 적은 없었던 것 같다"라고 말했다.[25]

선순환이 일어나기 시작했다. 책을 구하기가 이전보다 쉬워지자 글을 읽고 쓰고자 하는 대중들의 욕망에는 불이 붙었고 책에 대한 수요는 더욱 증가했다. 인쇄업은 호황을 맞았다. 15세기 말 무렵, 유럽 내 인쇄소가 있는 마을은 250개나 되었고 인쇄되어 출간된 책은 1200만 권이나 되었다. 16세기 구텐베르크의 기술은 유럽에서 아시아로, 또 중동으로 퍼져나갔고 1539년 스페인인이 멕시코에 인쇄소를 차리면서 미 대륙까지 뻗어나갔다. 17세기의 시작과 함께 활자 인쇄는 어디서나 이루어졌고 책뿐 아니라 신문, 과학 학술지 그리고 많은 종류의 간행물을 생산해냈다. 베이컨, 데카르트는 말할 것도 없이 셰익스피어, 세르반테스, 몰리에르, 밀턴 등과 같은 거장의 작품이 서점의 책꽂이와 일반 독자들의 서재에 등장하면서 인쇄 문학이 처음으로 크게 꽃피었다.

출판 대상은 현대 작품만이 아니었다. 인쇄업자들은 저렴한 서적에 대한 대중의 요구를 충족시키기 위해 고전들을 대량으로 생산해냈는데, 이 중에는 그리스 라틴어 원문판과 번역판도 있었다. 대다수 인쇄업자의 목적은 쉽게 돈을 버는 데 있었겠지만 오래된 책의 확산은 막 움트던 책 중심의 문화에 지적인 깊이와 역사적 연속성을 부여했다. 아이젠슈타인이 썼듯이 "한물간 출판물을 복제해" 주머니를 채웠겠지만 그 과정에서 인쇄업자는 독자들에게 "필경사가 제공한 것보다 더 풍부하고 다양한 독서 목록"을 제공했다.[26]

고급 문화는 저급 문화를 동반한다. 저속한 소설, 어설픈 이

론, 저급한 언론, 프로파간다 등은 물론 포르노까지 시장에 쏟아
졌고 모든 사회에서 이를 반기는 수요자들과 만났다. 1660년 영
국에서 사제들과 정치인들은 처음으로 공식적인 서적 검열을 실
시하고는 "인쇄술의 발달이 기독교 사회에 미치는 이익에 비해
해악이 더 큰 것은 아닌지"에 대해 고민하기 시작했다.[27] 스페인
극작가 로페 데 베가Lope de Vega는 1612년에 쓴 것으로 알려진 희
극 〈푸엔테오베후나Fuenteovejuna〉에서 많은 귀족이 느끼는 바를 다
음과 같이 표현했다.

> 책이 너무 많아 엄청난 혼란 가운데 있다!
> 사방이 출판의 바다로 가득 차 있고
> 바다의 대부분은 거품으로 덮여 있다.[28]

그러나 그 거품 자체도 중요했다. 거품은 출판 서적이 가져
온 지적 변화의 기세를 꺾은 것이 아니라 도리어 그 변화를 확대
시켰다. 책이 대중문화 영역으로 빠르게 편입되는 것을 도왔고 독
서가 주요한 여가활동으로 자리매김하도록 했다. 그러면서 조잡
하고 보잘것없는 작품들도 깊이 집중해서 읽도록 하는 독서 윤
리의 확산을 도왔다. 아이젠슈타인은 "순수하게 정신적으로 집중
할 때 수반되던 고요하고 고독하면서 사색적인 태도가 '외설적인
시', '이탈리아의 재미있는 책들', '잉크와 종이의 타락한 이야기'
같은 선정적인 이야기를 탐독할 때도 수반되었다"라고 했다.[29] 어

떤 이가 역사 로망 소설에 빠져들었든 또는 〈시편〉에 빠져들었든 간에 시냅스에 미치는 영향은 큰 테두리에서 보았을 때 동일했다.

물론 모든 이들이 책을 읽은 것은 아니다. 가난하고, 글을 모르고, 고립된, 호기심 없는 많은 이는 구텐베르크 혁명에 간접적으로도 참여하지 않았다. 열심히 책을 읽는 사람들 중에서도 구술을 통해 정보를 습득하는 오래된 방식이 여전히 대중적인 인기를 얻고 있었다. 사람들은 아직도 수다를 떨거나 논쟁을 즐기고 강연이나 연설, 토론, 설교 등에 참가했다.[30] 이 같은 측면에 관심을 기울일 만하지만(새로운 기술을 도입하고 사용하는 일이 완벽하게 보편화되지는 못한다) 그렇다고 해도 활자를 통한 인쇄가 서구 문화와 서구 사상의 역사에 핵심적인 사건이었다는 사실에는 변함이 없다.

존 재커리 영은 "중세적 뇌에 있어 말의 진실성은 감각적 경험을 종교적 상징에 끼워 맞추는 데 달려 있다"라고 적었다. 인쇄는 이를 바꾸어놓았다. "책이 보편화하면서, 전달되는 정보의 내용과 정확도가 증가하면서 사람들은 다른 사람들의 경험을 더욱 직접적으로 체험할 수 있게 되었다"라고 적었다.[31] 책은 독자들로 하여금 자신들의 생각과 경험을 상징이나 성직자의 말 속에 담긴 종교적인 계율뿐 아니라 다른 사람의 생각과 경험과도 비교할 수 있게 했다.[32]

사회적·문화적 결과는 심오하면서도 광범위했으며, 그 범위는 종교적·정치적 변화부터 진실을 정의하고 존재를 이해하는 중요한 과학적 수단으로서의 지위까지 이르렀다. 하버드대학교의 역사학자인 로버트 단턴Robert Darnton이 말했듯 새로운 "문자 공화국"이 등장하면서 목격할 수 있었던 것은 적어도 이론적으로는 "시민권의 두 가지 자질인 쓰기와 읽기"를 모두 수행할 수 있게 되었다는 점이다.[33] 수도원과 상아탑에 갇혀 있던 문학적 사고는 이제 보편화되었다. 베이컨이 깨달았듯이 세상은 다시 만들어졌다.

책장을 넘어선 새로운 세상의 도래

읽기에는 여러 종류가 있다. 데이비드 레비David Levy는 현재 진행되고 있는 인쇄물에서 전자 문서로의 이동에 대해 쓴 책인《스크롤링 포워드Scrolling Forward》에서 글을 읽을 줄 아는 사람들은 "대부분 의식하지 않고 하루 종일 읽는다"라고 적었다. 우리는 도로 표지판, 메뉴, 신문의 제목, 장보기 목록 그리고 가게에 있는 상품의 라벨을 본다. 그는 "이 같은 형태의 읽기는 피상적으로 잠시 지속되는 경향이 있다"라고 말한다. 이는 조약돌이나 도자기 조각을 긁어 만든 표시를 해석하던 우리의 먼 조상의 읽기 방식과 같은 것이다. 그러나 레비는 이어서 "우리는 더 집중하면서 더 오랜 기간 동안 읽을 때도, 더 오랜 시간 동안 읽고 있는 대상에 몰입해 있을 때도" 있다며 "우리 중 일부는 진정 이런 방식으로 책을 읽지 않으면서도 스스로를 책 읽는 사람으로 여긴다"라고 말한다.[34]

〈집은 조용하고 세상은 고요하다The House Was Quiet and the World Was Calm〉라는 아름다운 시에서 윌리스 스티븐스Wallace Stevens는 레비가 말하는 읽기의 종류에 대해 매우 인상적이고 감동적인 묘사를 했다.

집은 조용하고 세상은 고요하다
읽는 자는 책이 되고 여름밤은

책의 의식 있는 존재와 같다
집은 조용하고 세상은 고요하다

한 권의 책도 없는 것처럼 단어들은 말이 되어 나오고
읽는 자가 책장 위에 몸을 기울이는 때만 제외하고는

기대고 싶고, 가장 되고 싶은 것은
진실한 책을 지닌 학자, 또 그에게
여름밤이 완벽한 생각과 같은 사람
집이 조용한 것은 그래야 하기 때문이다

조용함은 의미의 일부이고, 정신의 일부
책장을 향한 완벽한 접근

　　스티븐스의 시는 단지 깊이 읽기를 묘사하고 있는 정도가 아니라 깊이 읽기를 촉구하고 있다. 시에 대한 이해는 시가 묘사하는 사고를 요구한다. 깊이 읽는 독자의 집중력이 간직한 "조용함"과 "고요함"은 시의 "의미의 일부"가 되고, 이는 생각과 표현의 "완벽함"이 책장에 이르는 길을 형성한다. 완전히 몰입된 지적 상태를 의미하는 은유적인 "여름밤" 속에서 작가와 독자는 하나를 이루어 함께 "책이라는 의식 있는 존재"를 창조하고 공유한다.

　　깊이 읽기의 신경학적 영향에 대한 최근 연구는 스티븐스의 시에 과학적인 포장을 더한다. 워싱턴대학교의 역동적인식연구소가 실시했으며 2009년 〈사이콜로지컬사이언스Psychological Science〉에 실린 흥미로운 연구에서 연구원들은 소설을 읽을 때 사람들의 뇌에서 어떤 일이 일어나는지 파악하기 위해 뇌를 스캔했다.

　　그리고 나서 "독자들은 이야기에서 각각의 새로운 상황과 마주칠 때마다 정신적인 자극을 받는다. 글에서 행동과 감각에 관한 상세한 부분을 파악해 과거 경험에서 얻는 개인적 지식과 결합한다"라고 밝혔다. 활성화하는 뇌의 부분은 종종 "사람들이 실제 생활에서 행하고, 상상하고, 관찰하는 행동과 관련한 부분과 일치한다"라고도 밝혔다. 이 논문의 수석 연구자인 니콜 스피어Nicole Speer는 깊이 읽기는 "결코 피동적인 행위가 아니다"라고 말한다.[35] 이는 곧 독자가 책이 되는 것이다.

　　작가와 독자 사이의 결합은 언제나 긴밀한 공생관계에 있는데 이는 상호 간 지적, 예술적 비료를 주는 행위다. 작가의 말은 독자의 사고에 촉매제로 작용해 새로운 시각, 연상, 인식과 때로는 깨달음의 순간을 불러온다. 또한 집중적이고 비판적인 독자의 존재는 작가의 작품에 자극을 제공한다. 저자가 새로운 형태의 표현을 시도하는 데 있어 자신감을 심어주고, 어렵고 고통스럽기만 한 생각의 과정에 불을 지피기도 하며, 알려지지 않은 그리고 때로는 위험한 영역까지 도전하도록 한다. "모든 위대한 이들은 당당하게 썼고 설명하려 애쓰지 않았다"라고 에머슨은 적고 있다. "그들은 결국 지적인 독자가 등장해 자신들에게 감사할 것을 알고 있었다"라는 것이다.[36]

글을 읽고 쓰는 우리의 풍부한 전통은 책이라는 용광로 속에서 독자와 작가 사이에 일어나는 친밀한 교류 없이는 상상할 수 없다. 구텐베르크의 인쇄술 발명 이후 더욱 섬세해지고 까다로워진 독자들의 시선을 끌기 위해 작가들이 경쟁하고, 자신의 생각과 감정을 더 명료하고 우아하고 독창적으로 표현하기 위해 노력하면서 언어의 영역은 급속히 확장되었다. 영어 단어는 당초 수천 개에 이르는 수준에서 책이 확산되면서 수백만 개로 늘어났다.[37]

대부분의 새로운 단어는 그전에는 존재하지 않았던 추상적 개념을 요약해냈다. 작가들은 새로운 통사와 어휘에 도전했고 새로운 생각과 상상의 길을 열었다. 독자들은 열심히 이 길을 따라 여행했고, 유려하고 정교하고 기발한 산문과 시를 읽는 데 익숙해졌다. 독자들이 표현하고 해석할 수 있는 아이디어들은 여러 문서 페이지를 통해 논지를 전개할수록 더욱 복잡하고 미묘해졌다. 언어가 확장될수록 의식도 깊어졌다.

이 깊어짐의 범위는 책장을 초월했다. 책을 읽고 쓰는 것이 삶과 자연에 대한 인간의 경험을 확대하고 개선한다는 것은 과장된 말이 아니다. 아이젠슈타인은 "단순한 단어들로 맛과 감각과 냄새 그리고 소리를 모방해낼 수 있는 새로운 종류의 문학적 예술가들이 보여주는 놀라운 기술은 독자와 주고받는 고취된 의식과 감각적 경험에 대한 면밀한 관찰을 필요로 한다"라고 적었다. 화가나 작곡가와 마찬가지로 작가들은 "외부 자극을 차단하기보다는 오히려 풍부하게 해주는 방식으로, 인간의 다양한 경험에 대한 공감을 축소하기보다는 확장시키는 방식으로 의식을 변화시킨다"라는 것이다.[38]

책 속의 단어들은 추상적으로 생각할 수 있는 인간의 능력만 강화한 것이 아니라 책 밖에 있는 물리적 세상에 대한 경험을 풍부하게 했다.

신경가소성에 대한 연구에서 얻은 가장 중요한 교훈 중 하나는 특정한 목적을 위해 형성하는 정신적 능력, 즉 신경 회로가 다른 목적으로도 사용될 수 있다는 것이다. 우리의 조상들은 책에 담긴 이야기나 주장을 파악하는 훈련을 통해 보다 사색적이고 상상력이 풍부한 성향을 갖게 되었다. 매리언 울프는 "독서가 가능하도록 스스로를 재배치하는 법을 이미 배운 뇌는 새로운 생각을 더 잘 받아들인다"라며 "읽고 쓰는 것을 통해 촉진된, 점차 더 섬세해지는 지적 능력이 지적 활동의 목록에 추가되었다"라고 했다.[39] 깊이 있는 독서를 위한 그 고요함은 스티븐스가 이해한 대로 사고의 일부가 되었다.

인쇄기가 발전한 이후로 다른 많은 기술과 더불어 사회적·인구학적 흐름도 중요한 역할을 한 만큼 책이 인간 의식의 변화를 가져온 유일한 요인이라고 말할 수는 없지만 책은 변화의 가장 중심에 있었다. 책이 지식과 통찰력을 교환하는 주된 수단이 되면서 그 지적 윤리는 문화의 기반이 되었다.

책은 워즈워스의 《서곡Prelude》이나 에머슨의 에세이들에서 찾아볼 수 있는 미묘한 어감을 살린 지식이나 오스틴, 플로베르, 헨리 제임스Henry James의 소설에서 찾아볼 수 있는 사회적·인간적 관계에 대한 세심한 이해를 가능케 했다. 제임스 조이스James Joyce나 윌리엄 버로스William Burroughs 같은 작가들이 시도한 21세기의 비선형적 서술 방식 역시 이들 예술가들이 집중적이고 인내심 있는 독자들의 존재를 예상하지 않았다면 불가능했을 것이다. 책으로 옮겨 적어졌을 때 의식의 흐름은 읽고 쓸 수 있는 선형적인 것이 된다.

문학의 윤리는 우리가 보통 문학이라 여기는 것에서만 표현되는 것이 아니다. 에드워드 기번Edward Gibbon의 《로마제국 쇠망사 The History of the Decline and Fall of the Roman Empire》 같은 작품에서 나타나듯 역사가의 윤리가 되기도 했다. 또한 데카르트, 로크, 칸트, 니체 등의 사고를 형성하며 철학자의 윤리가 되었다. 그리고 중요한 것은 과학자의 윤리가 되었다는 것이다.

19세기의 가장 영향력 있는 글은 다윈의 《종의 기원On the Origin of Species》이라고 할 수 있다. 20세기의 읽고 쓸 줄 아는 이들의 윤리는 아인슈타인의 《상대성 이론Relativity》, 케인스John M. Keynes의 《고용, 이자 및 화폐의 일반이론The General Theory of Employment, Interest, and Money》, 토머스 쿤Thomas Kuhn의 《과학 혁명의 구조Structure of Scientific Revolutions》와 레이첼 카슨Rachel Carson의 《침묵의 봄Silent Spring》 같은 다양한 책을 관통하고 있다. 이 기념비적인 지적 성과물은 긴 글을 인쇄물 형태로 효율적으로 재생산하는 데서 촉발된 읽기와 쓰기 그리고 인식과 사고의 변화 없이는 세상에 나올 수 없었다.

중세 후기 선조들과 마찬가지로 우리는 다른 두 개의 기술이 존재하는 세계 중심에 서 있다. 550년이 지나 인쇄기와 그 생산물은 우리 지적 생활의 중심에서 변두리로 내몰리고 있다. 이 변화는 20세기 중반 라디오, 영화, 오디오, 텔레비전 등 초기 전기 전자 미디어가 제공하는 값싸고 복제가 가능하며 무한한 오락물에 우리의 시간과 관심을 빼앗기면서 시작되었다.

그러나 이 기술은 늘 글로 써진 문자를 전송할 수 없다는 점에서 한계를 지니고 있었다. 이들은 책의 지위를 흔들어놓을 수는 있었지만 완전히 대체할 수는 없었다. 문화의 주류는 여전히 인쇄물을 통해 이어졌다.

이제 그 주류가 빨리 그리고 확실하게 새로운 통로로 이동하고 있다. 전자 혁명은 데스크톱, 노트북, 휴대용 기기 등 컴퓨터가 우리의 지속적인 동반자가 되고, 인터넷이 글을 포함한 모든 종류의 정보를 저장, 처리하고 공유하는 수단이 되면서 정점에 달하고 있다. 새로운 세상은 물론 알파벳이라는 익숙한 표시로 포장된, 읽고 쓰는 세상으로 남아 있을 것이다.

우리는 이제 잃어버린 구술 세상으로도, 시계가 존재하지 않았던 때로도 돌아갈 수 없다.[40] 월터 옹은 "쓰기와 인쇄, 컴퓨터는 모든 단어를 기계화하는 방식"이라고 했는데, 일단 기술화할 경우 다시 기술화 이전으로 돌아갈 수 없다는 것이다.[41] 그러나 스크린의 세계는 우리가 이미 이해한 대로 책장의 세계와는 아주 다른 곳이다. 새로운 지적 윤리가 힘을 얻고 있다. 우리 뇌의 통로는 다시 한 번 새로운 길을 찾고 있다.

리 디포리스트와
그의 놀라운 오디온

The Shallows

근대의 미디어는 하나의 근원에서 탄생했다. 비록 오늘날 거의 잊혀지긴 했지만 내연 기관이나 백열등처럼 사회 형성에 결정적인 역할을 했다. 이 발명품은 바로 '오디온'이다. 오디온은 최초의 전자식 음성 증폭기로 이를 발명한 사람은 리 디포리스트Lee De Forest다.

　미국의 매우 천재적인 발명가들의 기준으로 보았을 때도 디포리스트는 괴짜였다. 고등학교 시절 학급에서 '가장 못생긴' 학생으로 뽑히기도 했던 그는 성격도 고약하고, 다른 사람들에게 쉽사리 무시당했다. 그는 자존심이 엄청 셌던 만큼이나 과도한 열등감에 사로잡혀 있었다.[1] 결혼을 하지 못하거나 아내와 이혼할 때, 동료와 멀어졌을 때 또는 사업이 망한 시기는 주로 그가 사기나 특허권 침해로 고소를 당해 법정에 서서 스스로를 변호하거나 또는 수많은 적 중 한 명을 상대로 소송을 제기하던 때와 시기가 겹쳤다.

교사의 아들로 태어난 디포리스트는 앨라배마에서 자랐다. 1896년 예일대학교에서 공학박사 학위를 취득한 후 그는 10년 동안 명예와 부를 가져다줄 돌파구를 애타게 찾아 헤매며 최신 라디오와 전신 기술과 씨름했다. 그리고 마침내 1906년에 때가 왔다. 그는 자신이 무슨 일을 하는지도 정확히 모른 채 한쪽 극(필라멘트)에서 다른 쪽(필라멘트)으로 전류를 보내는, 두 개의 기둥으로 만들어진 진공관을 손에 넣었고, 여기에 또 다른 전극을 삽입해 2극진공관을 3극진공관으로 바꾸었다. 그는 세 번째 극(그리드)에 적은 양의 전기를 흘려보낼 때 필라멘트와 플레이트 간 전류의 힘이 증폭된다는 사실을 알아냈다. 그는 특허 신청서에서 이 기기는 "약한 전류를 증폭하기 위해" 사용할 수 있다고 설명했다.[2]

겉보기에는 평범했던 디포리스트의 발명품이 이내 세상을 변화시킬 수도 있음이 드러났다. 이 기기는 전자 신호를 증폭시키는 데 사용할 수 있어 라디오 전파로 송수신되는 소리를 증폭시킬 수 있었다. 그때까지 라디오는 신호가 너무 빨리 잦아들었기 때문에 이용이 제한적이었다. 오디온이 신호를 증폭시키면서 장거리 무선 통신이 가능해졌고 이는 라디오 방송의 초석이 되었다. 또한 오디온은 새로운 전화 체계의 중요한 요소가 되었는데, 한 나라 또는 지구 정반대에 사는 사람들 간에도 서로의 말소리를 들을 수 있었다.

당시 디포리스트 자신은 인식하지 못했지만 그로 인해 전자의 시대가 열렸다. 간단히 말해 전류는 전자의 흐름이라 할 수 있으며 오디온은 이 같은 흐름의 강약을 정확히 제어할 수 있도록 하는 최초의 기기였다. 20세기가 진행됨과 함께 3극진공관은 근대 커뮤니케이션과 오락 그리고 미디어 산업의 중심이 되었다. 3극진공관은 라디오 송수신기, 하이파이 오디오 세트, 공공 연설 시스템, 기타 앰프 등에서 찾아볼 수 있다. 이 관들은 많은 초기 디지털 컴퓨터에서 정보 처리와 정보 저장 기구로 활약했다. 최초의 본체는 수만 개의 관으로 이루어졌다. 1950년 무렵 진공관이 더 작고 저렴하고 더 품질이 좋은 고체의 트랜지스터로 교체되면서 전자 기기의 대중적인 이용이 폭발적으로 늘어났다. 축소된 3극트랜지스터의 형태로 리 디포리스트의 발명품은 정보 시대에 기여하고 있다.

결국 디포리스트는 자신이 그 탄생에 기여한 세상의 모습에 기뻐해야 할지 실망해야 할지 마음을 정하지 못했다. 1952년 〈파퓰러메커닉스Popular Mechanics〉에 쓴 '전자 시대의 새벽'이라는 글에서 그는 자신의 발명품 오디온을 "오늘날 세상을 품는 거대한 오크 나무를 탄생시킨 도토리"라고 언급하며 자랑했다. 동시에 그는 상업 방송의 "도덕적 타락"을 한탄했다. "국가 정신 수준에 대한 우울한 시각은 오늘날 라디오 프로그램 대다수가 행한 바보 같은 설문조사에서 생겨난 것"이라고 썼다.

미래의 전자 기기에 대해 예상하며 그는 더 우울해졌다. 그는 "전자 심리학자"들이 결국 "생각과 뇌파"를 관찰하고 분석할 수 있게 되면서 "기쁨과 슬픔이 분명하고 수량화된 기준으로 측정될 수 있을 것"이라고 했다. 결국 그는 다음과 같은 말로 끝을 맺었다. "교수는 22세기 학생들의 주저하는 뇌에 지식을 주입할 수 있을 것이다. 이로써 얼마든지 정치적으로 끔찍한 일이 벌어질 수 있는 것이다. 이 같은 일이 우리 세대가 아닌 후대에 일어날 것이라는 점에 감사하자."[3]

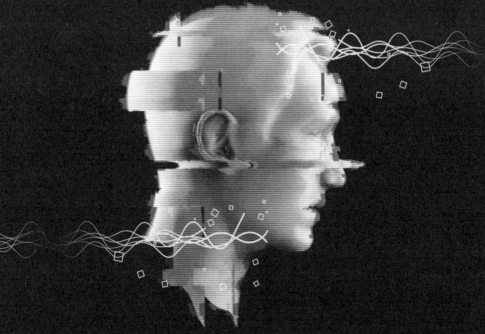

Nicholas Carr

The
Shallows

인터넷,
생각을 넘어
뇌 구조까지
바꾸다

제2부

5장

가장 보편적인 특징을 지닌 매체

최초의 디지털 컴퓨터가 대량생산에 돌입할 즈음인 1954년 봄, 영국의 뛰어난 수학자인 앨런 튜링Alan Turing은 청산가리를 넣은 사과를 먹고 스스로 목숨을 끊었다(이 과일 한 알은 엄청난 대가를 치르고 지식의 나무에서 딴 선악과와 같다고 할 수 있다). 한 전기 작가는 튜링이 짧은 생애를 통해 "이 세상 사람이 아닌 듯 순수한"[1] 삶을 보여주었다고 표현하기도 했다. 튜링은 제2차 세계대전 당시 나치가 군사 명령 등 민감한 메시지를 전달하는 데 사용한 정교한 타자기인 이니그마Enigma의 암호를 해독하는 데 결정적인 역할을 한 인물이다. 이니그마의 해독은 전쟁의 방향을 바꾸고 연합군의 승리를 이끌어내는 데 기여한 영웅적인 업적이었지만 몇 년 후 튜링이 다른 남자와 성관계를 가졌다는 이유로 체포되는 수모를 막아주지는 못했다.

오늘날 앨런 튜링은 현대적 컴퓨터의 청사진 역할을 한 동시에 전조가 된 상상의 계산 기기를 창안한 인물로 흔히 기억된다. 1936년 〈계산 가능한 수와 결정 문제의 응용에 대하여On Computable Numbers, with an Application to the Entscheidungsproblem〉라는 제목의 논문에서 훗날 '튜링 기계'라고 불리게 된 물건을 소개했을 때 그는 이제 막 캠브리지대학교의 연구원으로 고용된 스물네 살의 청년이었다. 튜링이 이 논문을 쓴 목적은 논리나 수학에 완벽한 체계 따위는 없으며 참이나 거짓으로 증명될 수 없어 "계산할 수 없는" 상태로 남아 있는 진술이 언제나 존재함을 보여주려는 것이었다. 이를 증명하기 위해 그는 암호화된 지시를 따를 수 있는 동시에 신호를 읽고 쓰고 지울 수 있는 단순한 형태의 디지털 계산기를 만들어냈다. 그는 다른 정보 처리 기기가 행하는 어떤 기능이든 수행할 수 있도록 이 같은 컴퓨터를 설계할 수 있다고 설명했다. 즉 이것은 보편적인 기계였다.[2]

이후에 쓴 〈컴퓨터와 지능Computing Machinery and Intelligence〉이라는 논문에서 튜링은 프로그래밍이 가능한 컴퓨터의 존재가 "속도는 별개의 문제로 칠 때 엄청난 결과를 가져올 것이므로 굳이 여러 종류의 새로운 기계가 다양한 정보 처리를 수행토록 할 필요가 없다. 각각의 상황에 맞춰 프로그래밍할 수 있는 하나의 디지털 컴퓨터로 모든 일을 수행할 수 있다"라고 했다. 그는 또한 이 말이 의미하는 바는 "모든 디지털 컴퓨터들이 어떤 의미에서 보면 동등하다"라는 점이라고 결론 내렸다.[3] 튜링이 프로그래밍 가능한 컴퓨터의 작동에 대해 상상한 최초의 인물은 아니었다. 한 세기도 더 전에 또 다른 영국 출신의 수학자인 찰스 배비지Charles Babbage는 가장 보편적 성격의 기계가 될 분석 기계에 대한 계획을 세운 바 있다.[4] 그러나 디지털 컴퓨터의 무한한 적용 가능성을 처음으로 간파한 인물은 튜링인 듯하다.

튜링이 상상하지 못했던 것은 그가 사망한 지 불과 몇 십 년 후 이 보편적인 기계가 우리 모두의 보편적인 기기로 자리 잡을 것이라는 점이었다. 글자, 숫자, 소리, 이미지, 동영상 등 전통적인 미디어가 전파하는 여러 종류의 정보가 모두 디지털 코드로 변환될 수 있기 때문에 모두 컴퓨터로 처리될 수 있다. 베토벤의 9번 교향곡부터 포르노까지 모든 정보는 수많은 0과 1의 조합으로 축약되어 컴퓨터로 처리되고 전송되고 보여지고 연주된다. 오늘날 우리는 인터넷을 통해 이 기계가 던지는 특별한 시사점이 무엇인지에 대해 튜링이 인식한 바를 직접 목격하고 있다. 서로 연결된 수백만 개의 컴퓨터와 데이터뱅크로 구성된 인터넷은 튜링이 상상했던 헤아릴 수 없는 힘을 지닌 기계인 동시에 다른 지적 기술 대부분을 완전히 포괄하는 형태다. 이는 타자기이자 인쇄 기기, 지도, 시계, 계산기, 전화기이자 우체국이며 도서관이면서 라디오이자 텔레비전이다. 심지어 인터넷은 다른 컴퓨터의 기능까지도 대신해 소프트웨어 프로그램을 가정용 컴퓨터 내에 탑재한 형태로 사용하는 대신 점차 인터넷을 통한 사용이 늘어나고 있는데, 실리콘밸리에서는 이를 두고 '클라우드 컴퓨팅Cloud Computing'이라고 부른다.

튜링이 생각한 보편적 기계의 한계는 바로 속도다. 아주 초기 형태의 디지털 컴퓨터라 해도 이론적으로는 모든 종류의 정보 처리 작업을 수행할 수 있었으나 사진을 렌더링하는 것과 같은 복잡한 작업을 실행하려면 시간이 너무 오래 걸리는 동시에 비용도 상당했을 것이다. 암실의 약품 상자 앞에 서서 작업하는 사람이 더 빨리, 더 경제적으로 같은 일을 해낼 수 있었을 것이다. 그러나 컴퓨터 속도의 한계는 그저 일시적인 장애물인 것으로 드러났다. 1940년대 최초의 외형이 조립된 이후 컴퓨터와 정보 네트워크의 속도는 놀라운 속도로 증가했고, 반면 정보를 처리하고 전송하는 비용은 그와 비슷한 속도로 급격히 하락했다.

지난 30년 동안 컴퓨터 칩 하나가 초당 처리하는 명령의 양은 3년마다 두 배씩 증가했고, 이 명령들을 처리하는 데 드는 비용 역시 매년 거의 절반씩 하락했다. 전반적으로 볼 때 일반적인 컴퓨터 업무에 드는 비용은 1960년과 비교해 99.9퍼센트 하락했다.[5] 월드와이드웹이 발명된 이후에는 매년 인터넷 트래픽이 평균 두 배씩 증가함과 동시에 네트워크의 초당 비트 수 역시 비슷하게 빠른 속도로 증가했다.[6] 튜링이 살던 시대에는 상상할 수 없었던 컴퓨터 애플리케이션 역시 지금은 일상적인 것이 되었다.

웹은 저속 촬영된 영화를 영사할 때처럼 빠른 속도로 현대 미디어의 역사 전체를 재현하면서 발전했다. 수백 년의 역사가 불과 몇십 년으로 압축된 것이다. 인터넷이 복제한 최초의 정보 처리 기기는 구텐베르크의 인쇄기였다. 문자는 소프트웨어 코드로의 변환과 네트워크상의 공유가 매우 간단했다. 저장을 위해 많은 메모리가 들지도 않고, 송출을 위해 많은 대역폭이 들지도 않고, 또 스크린에 구현하기 위해 많은 처리 능력을 요구하지도 않는다. 그래서 초기 웹 사이트들은 보통 완전히 문자 기호로만 구성되었다.

우리가 온라인에서 보는 대상을 묘사하기 위해 사용한 용어인 '페이지'도 인쇄물과의 연관성을 강조하고 있다. 잡지나 신문 출판인들은 역사상 처음으로 다량의 문서 역시 라디오나 텔레비전 프로그램과 마찬가지로 널리 방송될 수 있음을 깨달았고, 기사나 발췌문 같은 여러 종류의 글을 사이트에 올리며 온라인 매체를 개설하고 사업을 벌였던 선두 대열에 동참했다. 문자 전송이 용이해짐에 따라 이메일의 도입이 뒤따랐고 역시나 광범위하고 놀라운 속도로 보급되면서 종이에 쓰는 편지는 사라졌다.

저장 비용과 초고속 인터넷 사용료가 하락하면서 웹 페이지에 사진과 그림을 삽입시키는 일이 가능해졌다. 처음에는 문자와 마찬가지로 흑백 이미지를 사용했으며 화소가 낮아 흐릿하게 보였다. 마치 수백 년 전 발행된 신문에 인쇄되어 있는 옛날 사진처럼 보였다. 그러나 인터넷은 컬러 사진을 담아낼 수 있을 정도로 그 기능이 개선되었고 이미지의 크기와 질 역시 엄청나게 향상되었다. 19세기 말 무렵 인기를 끌었던, 책장에 그려진 그림을 넘기면서 보는 플립북Flip Book의 어설픈 동작을 따라한 단순한 형태의 애니메이션이 이내 온라인에서 상영되기 시작했다.

이후 인터넷은 라디오, 축음기, 테이프 플레이어와 같은 전통적인 소리 처리 장비를 대체하기 시작했다. 온라인에서 처음 흘러나온 것은 인간의 목소리였으나 곧 음악의 한 토막, 그리고 금세 노래 전체 또 교향악까지 사이트를 통해 고성능 사운드에 실려 흘러나오게 되었다. 소리를 흘러 내보낼 수 있게 된 것은 MP3파일을 만드는 데 사용한 것과 같은 소프트웨어 알고리즘이 발달한 덕분이다. 이 알고리즘은 음악 등 녹음된 소리에서 인간의 가청 범위를 넘어선 부분을 삭제한다. 이 알고리즘은 음질의 손상은 최소화하면서 소리 파일을 작게 압축시킬 수 있도록 한다. 전화 통화 역시 전통적인 전화선을 넘어 인터넷의 광섬유 케이블을 통해 이루어지기 시작했다.

인터넷이 영화와 텔레비전 기술까지 포괄하게 되면서 드디어 비디오까지 온라인에 등장했다. 동영상의 전송과 디스플레이는 컴퓨터와 네트워크에 과부하를 안겨주기 때문에 최초의 온라인 비디오는 브라우저 내 작은 창을 통해 선보였다. 종종 화면이 끊기고 멈춰 대개 소리와 영상이 일치하지 않았다. 그러나 이번에도 금세 문제가 개선되었다. 몇 년 만에 온라인에서 정교한 3차원 게임을 할 수 있게 되었고 넷플릭스Netflix, 애플Apple 같은 회사들은 네트워크를 통해 고화질 영화와 텔레비전 쇼를 소비자 가정

내 스크린으로 전송했다. 오랫동안 기대를 모았던 '동영상 전화'는 웹캠이 컴퓨터와 인터넷 텔레비전에 폭넓게 장착되고, 스카이프 Skype 같은 대중적인 인터넷 전화가 동영상 전송을 시작하면서 마침내 현실이 되었다.

인터넷 사용 증가의 영향

인터넷에 의해 명백하고 의미 있는 방식으로 잠식되어가고 있는 대부분의 매스미디어와 인터넷은 다른 성격을 띠는데, 이는 인터넷이 지닌 쌍방향성 때문이다. 우리는 네트워크를 통해 메시지를 받는 동시에 보낼 수도 있다. 이 점은 그 무엇보다 시스템을 유용하게 해준다. 온라인에서 정보를 교환하고 올리는 동시에 내려받을 수 있는 능력은 인터넷을 사업과 거래의 통로로 바꾸어놓았다. 클릭 몇 번으로 사람들은 가상 카탈로그를 검색하고, 주문을 하고, 배송을 조회하고, 업체의 데이터베이스를 통해 정보를 업데이트한다.

그러나 인터넷은 단순히 우리와 사업만 연결시켜주는 것이 아니라 우리 서로를 연결시킨다. 이는 상업적인 매개물인 동시에 개인적인 방송 수단이기도 하다. 수백 만 명의 사용자들은 비평하고 편집하고 다른 이의 창작물을 수정할 뿐 아니라 인터넷을 사용해 블로그나 비디오, 노래, 팟캐스트 등의 형태를 통해 자신만의 디지털 창작물을 배포한다. 자발적 참여자의 기술에 기반한 방대한 백과사전인 위키피디아Wikipedia, 아마추어들이 생산한 방대한 유튜브, 거대한 사진 저장소인 플리커Flickr, 급격히 성장하고 있는 블로그 허핑턴포스트Huffington Post의 자료실 같은 유명 미디어 서비스들은 인터넷이 없던 시절에는 상상조차 할 수 없던 것들이었다. 이 미디어들의 양방향성은 이곳을 세상의 약속 장소로 만들어 사람들은 트위터 그리고 기타 다른 소셜(때로는 안티소셜) 네트워크에서 이야기하고, 가십을 나누고, 논쟁하고, 자랑하고, 연애를 걸기 위해 모여든다.

더 빨라진 인터넷 속도 덕분에 인터넷에 접속해 있는 동안 더 많은 일을 처리할 수 있게 되었음에도 불구하고, 인터넷의 확산과 함께 이 미디어에 쏟아 붓는 시간은 도리어 늘어났다. 2009년 무렵 북미 성인들은 일주일에 평균 12시간을 온라인에서 보냈는데, 이는 2005년의 평균과 비교해 두 배나 늘어난 것이다.[7] 온라인에 접속 가능한 성인들로 범위를 좁혀 살펴보았을 때 온라인 이용 시간은 확실히 더 증가해 일주일에 17시간에 이른다.

청년들의 경우 그 수치는 훨씬 높아 20대의 경우 일주일에 19시간 이상을 온라인에서 보낸다.[8] 2세에서 11세 사이의 미국 어린이들은 2009년 일주일에 11시간 정도를 온라인에서 보냈는데, 이는 2004년과 비교해 60퍼센트나 증가한 것이다.[9] 전형적인 유럽 성인의 경우는 2009년 일주일에 약 8시간을 온라인에서 보내, 2005년 이래 30퍼센트 증가한 수치를 보였다.[10] 2008년 18세에서 55세 사이의 성인 2만 7500명을 대상으로 실시한 국제적인 여론조사 결과 사람들은 여가 시간의 30퍼센트를 온라인에서 보내는 것으로 드러났으며, 특히 중국인은 업무 이외의 시간 중 44시간을 온라인에서 보내는 가장 활발한 인터넷 이용자인 것으로 조사되었다.[11]

이 수치는 역시나 비슷하게 빠른 속도로 사용이 늘어나고 있는 휴대전화나 다른 휴대용 컴퓨터를 이용한 문자 교환에 소비하는 시간은 제외한 것이다. 특히 젊은 세대 사이에서 문자는 컴퓨터를 이용하는 가장 흔한 활동 중 하나다. 2009년 초를 기준으로 미국 내 평범한 휴대전화 이용자는 한 달에 약 400건의 문자 메시지를 주고받고 있는데, 이는 2006년과 비교해볼 때 4배 이상 증가한 것이다. 미국의 평범한 10대는 한 달에 무려 2272건이라는 믿을 수 없는 양의 문자 메시지를 주고받고 있다.[12]

전 세계적으로 매년 2조 건 이상의 문자 메시지가 교환되는데, 이는 음성 통화 횟수를 훨씬 상회하는 수치다.[13] 마이크로소프트에서 일하는 사회과학자 다나 보이드Danah Boyd는 어디에서나 가능한 메시지 시스템과 기기 덕에 우리는 "정말로 접속을 끊을 필요가 전혀 없다"라고 말한다.[14]

우리가 인터넷에서 보내는 시간은 원래는 텔레비전을 보는 데 소요되던 시간에서 비롯되었다고 흔히 짐작한다. 그러나 조사 결과는 정반대다. 미디어 활동에 관한 대부분의 연구는 인터넷 사용이 증가함에도 불구하고 텔레비전 시청 시간은 예전과 같은 수준에 머물거나 혹은 증가했음을 보여준다. 닐슨컴퍼니Nielsen Company가 지속적으로 실시하고 있는 미디어 사용 조사는 미국인의 텔레비전 시청 시간이 인터넷 시대에도 계속 증가했음을 보여준다. 텔레비전 앞에서 보내는 시간은 2008년에서 2009년 사이 또다시 2퍼센트나 증가해 한 달에 153시간에 이르렀는데, 이는 닐슨이 데이터를 모으기 시작한 1950년대 이후 최고치다(게다가 이는 사람들이 컴퓨터를 통해 텔레비전을 시청하는 시간은 제외한 수치다).[15] 유럽인들 역시 텔레비전 시청에 예전만큼의 시간을 쏟고 있다. 보통의 유럽인은 2009년 기준 일주일에 12시간 이상 텔레비전을 시청했는데, 이는 2004년과 비교해 거의 1시간 정도 증가한 것이다.[16]

주피터리서치Jupiter Research가 2006년 실시한 연구는 텔레비전 시청과 웹서핑 사이에 엄청난 공통 부분이 있음을 밝혀냈는데, 열혈 텔레비전 시청자(일주일에 35시간 이상을 시청하는)의 42퍼센트는 가장 집중적으로 인터넷을 사용하는 이들(일주일에 30시간 이상을 온라인에서 보내는)이었다.[17] 다시 말해 인터넷 앞에서 보내는 시간이 증가했다는 것은 스크린 앞에서 보내는 시간 역시 증가했다는 얘기다. 볼스테이트대학교의 미디어디자인센터가 2009년 실시한 연구에 따르면, 대부분의 미국인은 나이에 관계없이 적어도 8시간 30분의 시간을 텔레비전이나 컴퓨터 모니터 또는 휴대전화의 스크린을 보면서 보낸다. 종종 이들은 동시에 두

개, 심지어 세 개의 기기를 사용하기도 한다.[18]

인터넷 사용의 증가와 함께 줄어들고 있는 것은 우리가 인쇄된 출판물을 읽는 데 투자하는 시간이다. 특히 신문과 잡지를 읽는 시간은 물론 책을 읽는 시간 역시 줄어들고 있다. 개인 미디어의 네 가지 종류 가운데 인쇄물은 텔레비전, 컴퓨터, 라디오의 뒤를 이어 사용량이 가장 적은 것으로 기록되었다. 미국 노동통계청에 따르면 2008년 14세 이상의 보통 미국인이 인쇄물을 읽는 데 투자하는 시간은 일주일에 143분으로 줄어들었다. 이는 2004년과 비교해 11퍼센트나 하락한 것이다. 인터넷을 가장 많이 이용하는 25세에서 34세 사이의 청년들이 인쇄물을 읽는 데 투자하는 시간은 2008년 일주일에 단 49분이었다. 이는 2004년과 비교해 29퍼센트나 급락한 것이다.[19]

2008년 〈애드위크Adweek〉는 소규모이지만 흥미로운 연구를 실시했다. 각각 이발사, 화학자, 초등학교 교장, 부동산 중개인으로 일하는 전형적인 미국인 네 명을 상대로 이들의 하루 중 미디어 사용 행태를 관찰한 것이다. 이 잡지는 관찰 대상자들이 아주 다른 행동방식을 보이긴 했지만 공통점을 보인다고 적었다. "네 명 중 누구도 관찰 시간 동안 인쇄 형태의 미디어를 열지 않았다"라는 것이다.[20] 인터넷과 전화기에도 존재하는 문자 덕분에 우리는 20년 전과 비교해 분명 더 많은 글을 읽고 있긴 하지만 종이에 인쇄된 글을 읽는 데는 훨씬 적은 시간을 할애하고 있다.

이전에 개인용 컴퓨터가 그러했듯이 인터넷 역시 여러 가지

방면에서 그 유용성이 증명되었고 우리는 인터넷의 이 모든 확장된 영역을 반겨왔다. 집, 직장, 학교 등 우리 주변 어디에서나 일어나는 미디어 혁명에 대해 우리는 질문은커녕 잠시 멈춰 생각해보는 일도 없다. 인터넷이 등장하기 전까지 미디어의 역사는 분열의 역사였다. 서로 다른 기술들이 다른 방식으로 발전하며 특별한 목적을 지닌 도구의 확산을 이끌었다.

책과 신문은 문자와 이미지를 보여줄 수 있었지만 소리나 동영상을 다룰 수는 없었다. 영화와 텔레비전과 같은 시각 미디어는 양이 적을 경우를 제외하면 문자를 보여주기에 적합하지 않았다. 라디오, 전화, 축음기, 테이프 플레이어는 소리를 송출하는 것으로 기능이 한정되어 있었다. 숫자를 더하기 위해서는 계산기를 썼다. 사실을 확인하기 위해서는 사전이나 세계연감을 참조해야 했다. 생산물은 각각의 소비재로 조각나 있었다. 한 회사가 글을 팔고 싶다면 종이에 글을 인쇄했고, 영화를 팔고 싶다면 필름으로 찍어냈다. 노래를 팔고자 할 때는 비닐 레코드판이나 자기 테이프에 찍어냈다. 텔레비전 쇼나 광고를 보려면 커다란 안테나를 통해 공중에 전파를 쏘아 올리거나 검은색의 두꺼운 동축 케이블을 통해 전송해야 했다.

일단 정보가 디지털화되자 미디어 간의 경계는 사라졌다. 우리는 특수 목적의 기기를 만능 기기로 교체했다. 디지털 방식의 생산과 유통은 거의 언제나 예전 방식보다 경제적인 면에서 우월했기 때문에(전자 생산물을 만들고 인터넷을 통해 전송하는 비용은 물리적인 물건을 제조하고, 창고에 보관하고, 배에 실어 점포로 배송하는 비용과 비교하면 매우 적게 든다) 이 같은 변화는 자본주의의 거부할 수 없는 논리에 따라 매우 빠른 속도로 진행되었다. 오늘날 거의 모든 미디어 회사들은 인터넷을 통해 디지털 형태의 생산물을 제공하고 있으며, 미디어 상품에 대한 소비의 증가는 온라인 내에서 전반적으로 발생하고 있다.

그렇다고 전통적인 미디어가 소멸했다는 것은 아니다. 우리는 여전히 책을 사고 잡지를 구독한다. 여전히 극장에 가고 라디오를 듣는다. 우리 중 일부는 여전히 CD로 음악을, DVD로 영화를 구입한다. 때로는 신문을 집어든다. 구식 기술이 새로운 것으로 대체될 때 구식 기술은 종종 오랫동안, 어떤 경우는 영원토록 사용되곤 한다. 활자의 발명 후 수십 년이 지난 후에도 많은 책은 여전히 필경사들에 의해 쓰이거나 목활자를 통해 인쇄되었고 여전히 오늘날까지도 미적인 면에서 매우 훌륭한 서적들이 이 같은 방식들을 통해 제작되고 있다.

지금도 비닐 레코드판으로 음악을 듣고 필름 카메라로 사진을 찍고 전화번호부에서 전화번호를 찾는 사람들이 일부 있기는 하다. 그러나 이 같은 낡은 기술들은 경제적·문화적 힘을 잃었다.

이들은 진보의 막다른 골목에 다다른 셈이다. 생산과 소비를 지배하고 사람들의 행동을 주도하고 인식을 형성하는 것은 새로운 기술이다. 이는 지식과 문화의 미래가 책이나 신문 또는 텔레비전 쇼나 라디오 프로그램, 레코드판이나 CD에 있지 않기 때문이다. 그 미래는 우리의 보편적 미디어를 통해 광속으로 쏟아지는 디지털 파일에 있다.

인터넷에 잠식당한 미디어들

매클루언은 《미디어의 이해》에서 "새로운 미디어는 낡은 것에 추가되는 것이 아니며 또한 오래된 것을 평화롭게 내버려두지도 않는다. 새로운 미디어는 낡은 미디어들이 새로운 형태나 위치를 찾을 때까지 압박을 멈추지 않는다"라고 적었다.[21] 그의 관찰은 오늘날 특히 진실로 다가온다. 전통적인 미디어, 심지어 전자 미디어까지도 온라인을 통한 유통을 시도하면서 수정과 전환을 꾀한다. 인터넷은 미디어를 흡수할 때 이 미디어를 자신만의 이미지로 재창조한다. 인터넷은 이 미디어의 물리적인 형태를 해체시킬 뿐 아니라 미디어의 콘텐츠를 하이퍼링크를 통해 주입하고 콘텐츠를 검색 가능한 조각으로 분해한다. 또한 이 콘텐츠를 자신이 흡수한 다른 모든 미디어의 콘텐츠로 둘러싼다. 콘텐츠의 형태에 대한 이 모든 변화는 우리가 해당 콘텐츠를 사용하고 경험하고, 심지어 이해하는 방식까지도 바꾸어놓는다.

컴퓨터 스크린을 통해 보는 온라인 문서 페이지는 인쇄된 문서 페이지와 비슷해 보인다. 그러나 웹 문서를 스크롤하거나 클릭하는 것은 책이나 잡지 페이지를 넘길 때와는 다른 신체적인 동작과 감각적 자극을 수반한다. 연구 결과에 따르면 독서라는 인지적 행동은 시각뿐 아니라 촉각을 동원한다. 이는 시각적일 뿐 아니라 촉각적이다. 노르웨이의 문학 교수인 앤 만젠Anne Mangen은 "모든 독서는 멀티 감각적"이라고 했다. 글로 적힌 저작물이라는 "유형의 물질에 대한 감각적 운동 경험과 문자 콘텐츠에 대한 인지 과정" 사이에는 "중요한 연관성"이 있다는 것이다.[22] 종이에서 스크린으로의 변화는 단순히 글이 담긴 문서를 살펴보는 방식만 변화시킨 것은 아니다. 이 변화는 이 문서에 집중하는 정도와 빠져드는 깊이의 정도에 영향을 미친다.

하이퍼링크 역시 미디어에 대한 우리의 경험을 변화시켰다. 어떤 측면에서 보면 링크는 오랫동안 문서의 보편적인 구성 요소였던 암시, 인용, 주석 등의 변주라 할 수 있다. 그러나 우리가 링크를 이용할 때 받는 영향은 이와 완전히 다르다. 링크는 단순히 관련 보조 자료의 위치만 가리키는 것이 아니라 우리를 이 자료들이 있는 곳으로 몰고 간다. 링크들은 우리가 이들 자료 중 어느 하나에 지속적인 관심을 가지게 한다기보다는 일련의 문서 사이에서 들어갔다 나가기를 반복하게 한다. 하이퍼링크는 우리의 관심을 끌도록 디자인되었다. 검색 도구로서 그들의 가치는 그들이 발생시키는 산만함과 불가분의 관계에 있다.

온라인 저작물들의 검색 가능성은 목차, 색인, 용어 색인 같은 오래된 검색 보조 수단의 변형을 보여준다. 그러나 역시 그 영향력은 다르다. 그 어느 때보다도 쉽고 빠른 검색을 가능케 한 링크 덕분에 인쇄 미디어에 비해 디지털 문서 사이를 건너뛰어 다니기가 더욱 간편해졌다. 문서에 대한 집중력은 더욱 약해지고 일시적인 것이 되었다. 검색 또한 온라인 저작물의 분절화를 초래했다. 검색엔진은 종종 우리가 그때그때 찾는 내용과 깊이 연관 있는 문서의 일부분이나 문장의 몇몇 단어를 보여주며 우리의 관심을 끌지만 이 저작물을 전체적으로 파악할 만한 근거는 거의 제공하지 않는다. 웹에서 검색할 때는 숲을 보지 못한다. 심지어 나무조차도 보지 못한다. 잔가지와 나뭇잎만 볼 뿐이다. 구글과 마이크로소프트 같은 회사가 비디오와 오디오 콘텐츠를 위한 검색엔진을 만들어내면서 이미 더 많은 생산물은 글로 써진 저작물의 특징이라 할 수 있는 분절화를 경험하고 있다.

다른 종류의 정보를 하나의 스크린에 모으면서 멀티미디어 인터넷은 콘텐츠를 더욱 분절시키고 우리의 집중을 방해한다. 하나의 웹 페이지는 몇 개의 문자 덩어리, 비디오 또는 오디오 스트리밍, 검색을 위한 도구들, 다양한 광고들 그리고 각자의 창을 통해 구동되는 '위젯widget'이라 불리는 몇몇 작은 소프트웨어 응용 프로그램 등을 망라한다. 우리 모두는 이 자극들의 불협화음이 얼마나 큰 산만함을 만들어내는지 알고 있다. 우리는 늘 이에 대한 농담을 나눈다.

신문사 사이트에서 최신 뉴스의 제목을 둘러보고 있을 때 새로운 이메일이 도착했다는 메시지가 울린다. 몇 초가 지나면

RSS리더는 우리가 좋아하는 블로거 중 한 명이 새로운 글을 올렸음을 알려준다. 그로부터 또 몇 분 뒤 우리의 휴대전화에서는 문자 메시지가 도착했다는 벨소리가 울린다. 동시에 스크린에는 페이스북이나 트위터에 새 글이 올라왔음을 알리는 불이 들어온다. 네트워크를 통해 흐르고 있는 이 모든 정보에 더해 컴퓨터에 깔린 다른 소프트웨어에도 즉시 접근할 수 있는데, 이들 역시 우리의 마음을 사로잡기 위해 경쟁하고 있다. 우리는 컴퓨터를 켤 때마다 블로거이자 과학소설을 쓰는 코리 닥터로우Cory Doctorow가 말한 방해 기술의 생태계에 빠져든다.[23]

쌍방향성, 하이퍼링크 연결, 검색 가능성, 멀티미디어 등 인터넷이 지닌 이 모든 특징들은 엄청난 혜택을 안겨준다. 온라인에서 접근 가능한 전례 없이 많은 양의 정보와 함께 위에서 언급한 온라인의 특성들이 바로 우리가 그토록 인터넷을 많이 사용하는 이유들이다. 우리는 일어나거나 다른 기기를 켜거나 또는 잡지나 디스크 더미를 뒤지지 않으면서도 읽기와 듣기, 보기 사이를 옮겨 다닐 수 있다. 우리는 수많은 불필요한 정보를 골라낼 필요도 없이 필요한 정보를 즉시 찾고 또 이 정보로 이동하기를 원한다. 또 친구, 가족, 동료들과 연락하기를 원한다. 우리는 무언가와 연결되어 있다는 느낌을 갖고 싶어 하고 단절된 느낌을 원하지 않는다. 인터넷은 우리 자신의 의지에 반하면서까지 지적인 습관을 바꾸어놓지는 않는다. 그러나 변화는 거부할 수 없다.

인터넷이 그 어느 때보다 우리 생활 속에 밀접하게 자리 잡으면서 인터넷 사용은 자연히 증가할 것이고 동시에 우리에게 미치는 영향력도 강해질 것이다. 이전에 시계와 책이 그러했듯이 기술 발달과 함께 컴퓨터는 더 작아지고 저렴해질 것이다. 저렴한 노트북은 우리가 사무실이나 집에서 멀리 떨어져 있을 때도 인터넷 사용을 가능케 했다. 그러나 노트북 자체는 매우 성가신 기기이며 언제나 인터넷과의 연결이 쉽지는 않았다.

작은 넷북과 더 작은 스마트폰이 등장하면서 이 문제는 해결되었다. 애플의 아이폰이나 모토롤라의 드로이드Droid, 구글의 넥서스원Nexus One 같은 포켓 크기의 강력한 컴퓨터들은 인터넷 접속 기능을 내장하고 있다. 자동차 계기판, 텔레비전과 비행기의 좌석 등 모든 기기들이 인터넷과 통합되면서 이 같은 작은 기기들은 웹과 우리의 일상생활 간의 더 밀접한 결합을 약속했고, 기존의 보편적인 기기는 훨씬 더 보편적인 것이 되었다.

인터넷의 확장과 동시에 다른 미디어는 위축되었다. 생산과 분배의 경제가 바뀌면서 뉴스, 정보, 연예 사업, 특히 전통적으로 물리적인 상품 형태로 팔리던 물건이 벌어들이는 수익이 감소했다. 음악 CD의 판매는 지난 10년간 꾸준히 줄어들어 2008년 한 해에만 20퍼센트가 하락했다.[24] 할리우드 영화사의 주된 수입원이었던 영화 DVD의 판매 역시 현재 하락세로 접어들어 2008년에는 6퍼센트가 줄어들었고, 2009년 6월까지 또다시 14퍼센트가 떨어졌다.[25] 축하카드와 엽서 판매 역시 하락했다.[26] 미국 우정공사를 통해 발송되는 우편물의 양은 2009년 사상 최대 속도로 급격히 줄어들었다.[27] 대학들은 책자 형태의 논문과 학술지의 발행은 중단한 채 오직 전자문서 형태의 유통으로 전환하고 있다.[28]

캘리포니아주의 주지사였던 아놀드 슈워제네거Arnold Schwarzenegger의 말에 의하면 공립학교들은 "한물간 무겁고 비싼 교과서" 대신 온라인 참고서적의 사용을 권장하고 있다.[29] 어디를 보든 정보의 포장과 유통에 있어 날로 커져가는 인터넷 헤게모니의 증거를 목격할 수 있다.

그러나 인터넷의 영향력 앞에서 신문만큼이나 그 위상이 휘청거린 업계도 없을 것이다. 독자와 광고주들이 인터넷을 선택하면서 신문은 특히 재정적으로 혹독한 시련기를 맞고 있다. 미국인의 신문 구독률 하락은 수십 년 전 라디오와 텔레비전이 사람들의 여가 시간을 잠식하면서 시작되긴 했지만 이 같은 경향을 더욱 악화시킨 것은 인터넷이다. 2008년에서 2009년 사이 신문 발행 부수는 7퍼센트 이상 하락했고 그 와중에 신문의 웹 사이트 방문자는 10퍼센트 이상 상승했다.[30] 미국 내 오랜 역사를 지닌 신문 중 하나인 〈크리스천사이언스모니터Christian Science Monitor〉는 2009년 초, 수십 년 동안 이어온 종이 신문 인쇄를 중단한다고 발표했다. 인터넷을 뉴스를 전하는 주된 통로로 삼겠다는 것이다. 이 같은 변화에 대해 발행인인 조너선 웰스Jonathan Wells는 다른 신문들이 직면한 미래의 전조라고 말했다. 그는 "업계의 변화, 즉 뉴스에 대한 개념과 업계를 떠받치고 있는 경제의 변화가 가장 먼저 〈크리스천사이언스모니터〉를 덮친 셈"이라고 설명했다.[31]

곧 그의 말이 옳았음이 증명되었다. 몇 년 사이 콜로라도주의 가장 오래된 신문인 〈록키마운틴뉴스Rocky Mountain News〉가 문을 닫고 〈시애틀포스트인텔리젠서Seattle Post-Intelligencer〉는 종이 신문을 포기하고 대부분의 직원을 해고했으며 〈워싱턴포스트Washington Post〉는 미국 내 모든 지국의 문을 닫고 100명 이상의 기자를 해고시켰다. 〈로스앤젤레스타임스Los Angeles Times〉, 〈시카고트리뷴Chicago Tribune〉, 〈필라델피아인콰이어러Philadelphia Inquirer〉, 〈미니애폴리스스타트리뷴Minneapolis Star Tribune〉을 포함한 30개 이상의 미국 신문들이 파산했다. 영국에서 〈가디언The Guardian〉과 〈인디펜던트The Independent〉를 발행하는 가디언 뉴스앤미디어의 팀 브룩스Tim Brooks 이사는 향후 회사의 모든 투자는 주로 웹 사이트를 통해 전달되는 멀티미디어 디지털 생산품에 집중될 것이라고 발표했다. 그는 업계의 한 회의에서 "오직 글자만 판매하던 시절은 지났다"라고 말했다.[32]

미디어 소비 형태의 변화들

사람들의 사고가 웹 콘텐츠의 정신없는 조각들에 맞춰지면서 미디어 회사들은 독자들의 새로운 기대에 적응해야 했다. 많은 프로듀서는 집중력이 짧아진 온라인 소비자들의 성향에 맞춰 생산물을 쪼개고, 이 생산물의 프로필을 검색엔진에 올리고 있다. 텔레비전 쇼와 영화 조각들은 유튜브, 훌루Hulu 같은 동영상 서비스 등을 통해 유통되고 있다. 라디오 프로그램의 일부는 팟캐스트나 스트리밍 방식으로 제공된다. 잡지와 신문에 실린 각각의 기사는 별도로 구독이 가능하다. 책 내용은 아마존이나 구글 북서치 등의 서비스를 통해 펼쳐보기가 가능하다. 음악 앨범들도 쪼개져서 아이튠즈iTunes를 통해 판매되거나 스포티파이Spotify를 통해 흘러나온다. 노래 자체도 조각으로 나눠져 반복되는 부분이나 클라이맥스는 휴대전화 벨소리로 포장되거나 비디오 게임에 삽입된다.

경제학자들이 콘텐츠의 '개별판매unbundling'라고 부르는 현상에 대해서는 언급할 요소가 많다. 이 방식은 사람들에게 더 많은 선택권을 제공하고 원치 않는 구매를 피할 수 있도록 한다. 그러나 이 역시 웹 때문에 발생한 미디어 소비의 변화 양상을 보여주는 동시에 이를 강화하고 있다. 경제학자 타일러 코웬Tyler Cowen이 말했듯이 "(정보에 대한) 접근이 쉬울 경우 우리는 짧고 달콤하고, 혼합된 것들을 좋아하는 경향이 있다."[33]

인터넷의 영향은 컴퓨터 스크린의 한 모퉁이에서 끝나지 않는다. 미디어 회사들은 전통적인 생산물, 심지어 물리적인 생산물도 다시 개조해 사람들이 온라인에서 경험하는 것과 유사하도록 만든다. 웹의 초기 단계에서는 온라인 출판물의 디자인이 종이로 인쇄된 저작물에서 영감을 받았다면(마치 구텐베르크 성경의 디자인이 필사본에서부터 영감을 받았듯이), 오늘날 영감의 방향은 그

반대인 경향이 있다. 많은 잡지가 웹 사이트의 느낌과 모양을 따라 하거나 최소한 비슷하게 보이도록 편집하고 있다. 잡지들은 기사의 길이를 줄이고, 따로 내용을 요약해주는 글상자를 도입했고, 보기 쉬운 안내문과 사진 설명으로 페이지들을 빼곡히 채우고 있다. 헌터 톰슨Hunter S. Thompson 같은 이가 쓴 장문의 실험적인 기사로 이름을 날렸던 〈롤링스톤Rolling Stone〉은 요즘 들어서 그런 글 대신 독자들에게 수많은 짧은 기사와 리뷰들을 제공하고 있다. 발행인인 잰 웨너Jann Wenner는 "〈롤링스톤〉이 7000개의 단어로 이루어진 긴 이야기를 실었을 때는 인터넷이 없었던 시절"이라고 설명한다. 〈컬럼비아저널리즘리뷰Columbia Journalism Review〉의 마이클 쉐러Michael Scherer에 따르면 대부분의 인기 잡지들은 "컬러와 큰 제목, 그래픽, 사진 그리고 기사 가운데 큰 글씨체로 자리한 인용문 등으로 채워지게" 되었다. "한때 잡지의 주된 특징이었던 흑백의 문자는 모두 추방당했다"라는 것이다.[34]

신문의 디자인 역시 변하고 있다. 〈월스트리트저널Wall Street Journal〉, 〈로스앤젤레스타임스〉 같은 기반이 탄탄한 신문까지 포함해 많은 신문은 지난 몇 년 동안 기사의 길이를 자르고, 콘텐츠를 훑어보기 편하도록 요약 기사와 그래픽을 늘렸다. 〈타임스Times〉의 한 편집자는 이 같은 형식의 변화는 신문 업계가 "인터넷 시대, 제목 시대"에 적응하기 위함이라고 말했다.[35] 2008년 3월 〈뉴욕타임스New York Times〉는 신문의 세 페이지를 한 문단 길이의 요약 기사와 단신들로 채우겠다는 계획을 발표했다. 이 신문의 디자인 담당 국장인 톰 보드킨Tom Bodkin은 이 손쉬운 방법으로 정신없는 독자들은 그날의 뉴스를 재빨리 맛볼 수 있고, 페이지를 넘기며 기사를 읽는 식의 덜 효율적인 방법을 취하지 않아도 될 것이라고 말했다.[36]

이 같은 모방 전략이 인쇄물에서 온라인 저작물로 썰물처럼 빠져나가는 독자들을 붙잡는 데 특히 성공적이라 할 수는 없다. 이 방식을 도입하고도 1년 동안 구독자가 계속해서 하락하자 〈뉴욕타임스〉는 조용히 이 같은 디자인 변경안의 대부분을 중단했고 요약 기사 역시 한 페이지 정도로 제한했다. 신문은 더 단순해졌고 어수선한 디자인과 긴 기사도 줄었다. 몇몇 잡지들은 웹과 같은 방식으로 웹과 경쟁하는 것에는 승산이 없음을 파악하고 전략을 바꾼 것이다.

그들은 더 단순하고 덜 어수선한 디자인과 더 긴 기사로 돌아갔다. 〈뉴스위크Newsweek〉는 2009년 에세이와 전문 사진을 강조하고 더 두껍고 비싼 종이를 사용하는 방식으로 지면을 개선했다. 웹의 관습을 거스르는 대신 발행인이 치른 대가는 독자의 추가 감소였다. 〈뉴스위크〉가 새로운 디자인을 공개했을 때 광고주와 계약 시 기준으로 삼는 잡지의 발행 부수를 260만 부에서 150만 부로 낮추었다.[37]

인쇄 업계와 마찬가지로 대부분의 텔레비전 쇼와 영화 역시 더더욱 인터넷과 닮아 보이기 위해 노력했다. 텔레비전 방송국은 프로그램 중 화면에 자막과 정보를 담은 그래픽과 팝업 광고를 삽입했다. NBC의 〈지미 펄론 쇼〉와 같이 인터넷 시대가 시작된 이후의 쇼는 유튜브를 통해 유통될 수 있는 짧은 코너들로의 분할을 강조하는 등 인터넷 이용자를 텔레비전 시청자로 끌어오기 위해 눈에 띄는 노력을 기울였다. 케이블과 위성 방송사들은 시청자들이 리모컨을 마치 오디오 트랙을 바꾸는 데 쓰는 마우스처럼 사용하게 함으로써 여러 프로그램을 동시에 시청할 수 있도록 했다. 소니와 삼성 같은 선두 텔레비전 제조사들이 인터넷 프로그래밍과 전통적인 방송이 완벽하게 통합될 수 있도록 텔레비전 세트를 재디자인하면서 웹 콘텐츠는 텔레비전을 통해 직접 제공되기 시작했다.

영화 제작사들은 자신들이 판매하는 디스크에 소셜네트워킹 성격을 가미시키기도 한다. 디즈니 〈백설공주Snow White〉의 블루레이 버전의 경우 시청자들은 이 일곱 난쟁이가 일터를 향해 행진하는 모습을 보면서 인터넷을 통해 채팅을 할 수 있다. 〈와치맨Watchman〉의 디스크는 자동적으로 페이스북 계정과 연결되어 시청자들이 "친구들"과 함께 "생생한 감상평"을 나눌 수 있도록 했다.[38] 유니버설스튜디오 홈엔터테인먼트의 크레이그 콘블로Craig Kornblau는 영화 시청을 "쌍방향 경험"으로 변화시키려는 목적을 실현하기 위해 이와 같은 영화를 최대한 많이 선보일 계획이라고 말했다.[39]

인터넷은 실제 공연을 녹음하고 경험하는 방식을 바꾸어놓았다. 성능 좋은 휴대형 컴퓨터를 극장 등의 장소에 들고 들어갈 경우 우리는 웹에서 가능한 모든 소통과 소셜네트워킹이 가능한 도구를 들고 들어가는 셈이다. 콘서트를 보러 온 이들이 휴대전화를 통해 공연 장면을 찍어 친구들에게 보내주는 행위는 이미 오래 전에 보편화되었다. 이제 인터넷에 푹 빠진 신세대를 끌어들이기 위한 방법으로 이동식 컴퓨터들이 의도적으로 공연의 일부로 편입되고 있다.

2009년 베토벤의 '전원교향곡'이 버지니아 주의 울프트랩 공연예술센터에서 공연되었을 당시 내셔널 심포니 오케스트라는 지휘자 에밀 드 쿠Emil de Cou가 작성한 트위터 메시지를 전송함으로써 베토벤의 음악에 대해 설명했다.[40] 뉴욕 필하모닉과 인디애나폴리스 심포니 오케스트라는 청중들이 휴대전화 문자 메시지를 통해 그날 저녁 공연의 앙코르 곡을 투표하도록 독려하고 있다. 최근 뉴욕 필하모닉 공연에 참석한 이는 "그냥 앉아서 음악을 듣는 것보다 덜 수동적이었다"라고 말했다.[41]

점점 많은 미국 내 교회가 교구민들에게 예배 때 노트북과 스마트폰을 휴대해 트위터와 다른 마이크로블로그 서비스를 통해 영적인 대화를 교환하도록 권장하고 있다.[42] 구글의 전 최고경영자인 에릭 슈미트Eric Schmidt는 소셜네트워킹 서비스가 공연 및 다른 행사와 결합하는 현상은 인터넷 기업들에게 있어 매우 흥미롭고 새로운 사업 기회라고 전망한다. 그는 "트위터의 가장 극단적인 이용 사례는 모든 이들이 공연을 보고 있으며 또 공연이 진행되는 도중 이 공연에 대해 이야기하느라 바쁜" 상황에서 찾아볼 수 있다고 했다.[43] 현실 세계에서의 우리의 경험조차 네트워크로 연결된 컴퓨터를 통해 이루어지고 있는 것이다.

인터넷이 미디어에 대한 우리의 기대를 어떻게 바꾸어놓았는지를 보여주는 놀라운 장면은 특히 도서관에서 확인할 수 있다. 우리는 도서관을 미디어 기술 중 하나로 여기지 않는 경향이 있지만 도서관은 분명 미디어 기술이다. 공공 도서관은 사실 발명 역사상 가장 중요하고 영향력 있는 정보 미디어로서 묵독과 활판 인쇄의 등장 이후 확산되었다. 정보에 대한 지역사회의 태도와 선호도는 도서관의 디자인과 서비스 형태를 구체적으로 결정한다. 최근까지도 공공 도서관은 사람들이 가지런히 정돈된 책들이 놓인 책꽂이 사이를 헤매고 다니거나 자리에 앉아 조용히 독서를 하는 학문적 고요함의 오아시스였다.

오늘날 도서관 풍경은 매우 다르다. 인터넷 접속은 도서관의 가장 인기 높은 서비스로 급속히 자리 잡고 있다. 미국 도서관연합이 실시한 최근의 조사에 따르면 미국 공공 도서관 중 99퍼센트가 인터넷 접속을 제공하고 있다. 한 도서관은 평균 11대의 공용 컴퓨터를 보유하고 있다. 도서관의 75퍼센트 이상은 방문자들을 위해 무선 인터넷 서비스를 제공하고 있다.[44] 현대의 도서관에서 가장 두드러지는 소리는 책장 넘기는 소리가 아닌 자판을 두드리는 소리다.

그 유명한 뉴욕 공공 도서관이 가장 최근에 신설한 지점인 브롱크스도서관센터의 건축 양식은 변화하고 있는 도서관의 역할을 보여주는 증거라 할 수 있다. 세 명의 컨설턴트들은 〈전략과 비즈니스Strategy & Business〉라는 학술지에 이 건물의 생김새를 묘사하고 있다. "도서관 내 네 개의 주요 공간에서 서고는 구석에 배치했고, 중앙의 거대한 공간 대부분은 초고속 인터넷 서비스를 제공하는 컴퓨터가 놓인 테이블에 할애되고 있다. 컴퓨터를 사용하는 젊은 층은 반드시 학문적인 목적으로 이 컴퓨터들을 사용하고 있는 것은 아니다. 구글에서 드라마 〈한나 몬타나Hannah Montana〉와 관련한 사진을 검색하는 이가 있는가 하면, 어떤 이는 자신의 페이스북을 업데이트시키고 있으며, 또 다른 곳의 어린이들은 〈더 파이트 포 글로톤The Fight for Glorton〉과 같은 온라인 게임을 하고 있다. 사서들은 질문에 답하고, 온라인 게임 대회를 준비한다. 그들 중 누구도 방문자에게 조용히 하라고 말하지 않는다."[45]

이 컨설턴트들은 이 브롱크스 지점을 사용자들의 필요를 충족시켜주는, 디지털과 관련한 새로운 계획을 시도함으로써 진취적인 도서관들이 어떻게 자신들의 존재 의미를 지켜나가는지를 보여주는 예로 제시한다. 또한 도서관의 모습은 미디어의 새로운 지형도에 대한 강렬한 상징을 보여주고 있다. 도서관의 중심에 인터넷과 연결된 모니터들이 놓여 있고 인쇄물의 영역은 구석으로 밀려난 장면이 바로 그것이다.

6장

전자책의 등장, 책의 종말?

그렇다면 책 그 자체는 어떻게 되는 것인가? 모든 대중 매체 중에서 아마도 인터넷의 영향을 가장 잘 버텨낸 것이 책일 것이다. 읽기 대상이 인쇄된 종이에서 스크린으로 넘어가면서 책 출판인들은 약간의 수익 감소는 겪었을 테지만, 책의 형태 자체는 그리 크게 변하지 않았다. 두 장의 두꺼운 표지 사이에 가지런히 묶인 일련의 인쇄된 페이지들은 500년 넘게 대중적인 위치를 지켜오며 놀랍도록 견고하고 유용한 기술로 인정받아왔다.

디지털 시대로의 전환에 있어 유독 책의 전환 속도만 느렸던 이유를 파악하기란 쉽지 않다. 컴퓨터 모니터와 텔레비전 스크린은 서로 크게 다르지 않고, 소리가 스피커에서 나와 귀로 전달되는 방식은 소리가 컴퓨터나 라디오를 통해 송출될 때와 거의 같은 방식이다. 그러나 읽는 도구로서의 책은 컴퓨터에 비해 몇 가지 강점을 지니고 있다. 먼저 모래가 묻는 것을 걱정하지 않고 해변에 들고 갈 수 있다. 졸다가 바닥에 떨어뜨릴 걱정도 없이 잠자기 전 침대로 들고 갈 수 있다. 커피를 쏟을 수도 있고 깔고 앉아도 무방하다. 테이블 위에 읽던 페이지 그대로 두어도 관계없고, 며칠 뒤에 다시 집어 든다 해도 당신이 마지막으로 남겨둔 그 상태로 있다. 콘센트에 꽂아야 하거나 배터리가 나갈 걱정을 할 필요도 없다.

책은 더 나은 읽기의 경험을 제공하기도 한다. 또한 종이에 검은색 잉크로 찍힌 문자들은 깜빡이는 스크린 위에 여러 개의 픽셀로 만들어진 문자보다 읽기 편하다. 온라인에서는 잠시만 읽어도 눈에 피로를 느끼지만 책으로는 수십 장 또는 수백 장을 읽어도 끄떡없다. 책장을 이리저리 넘기는 일도 간편하고, 소프트웨어 프로그래머들의 말을 빌리자면 더 직관적이다. 가상 페이지와 비교해 진짜 책장은 더욱 빠르고 유연하게 넘길 수 있다. 또한 책 모서리에 메모를 할 수도 있고 감명 깊게 읽은 부분에 밑줄을 칠 수도 있다. 책 앞면에 저자의 사인을 받을 수도 있다. 책을 다 읽으면 책꽂이에 꽂아 빈 공간을 채울 수도 있고 친구에게 빌려줄 수도 있다.

수년 동안 전자책에 대한 다소 과장된 반응이 존재해왔음에도 대부분의 사람들은 전자책에 큰 흥미를 보이지 않고 있다. 구식 책을 사고 읽는 것이 손쉽고 또 즐겁다는 점을 고려할 때 특정한 목적을 위한 '디지털 리더기'에 수백 달러를 투자하는 것은 명청한 일인 것처럼 여겨졌다. 그러나 미래에도 책이 디지털 미디어 혁명에서 빗겨나 있지는 않을 것이다. 출판사와 유통업자들도 디지털 생산과 유통에 따른 경제적 이득을 다른 미디어 회사들이 그랬던 것만큼이나 거부할 수 없을 것이다. 그 이득이란 잉크와 종이를 대량으로 구매하지 않아도 되고, 인쇄 비용이 들거나 트럭에 무거운 책들을 실어 보낼 필요도 없고, 재고 문제도 없다는 것이다. 비용 절감은 곧 가격 하락으로 이어진다. 전자책이 인쇄된 책의 절반 가격에 판매되는 상황이 드문 일은 아닌데, 이는 일정 부분 전자책 리더기 생산업자들에게 주어지는 보조금 때문이기도 하다. 이 엄청난 할인 혜택은 사람들이 종이에서 픽셀로 옮겨 가도록 하는 강력한 유인책으로 작용한다.

디지털 리더기의 기능은 최근 몇 년 동안 놀라울 정도로 향상되었다. 전통적인 책의 장점은 예전만큼 명백하지 않다. 비즈플렉스Vizplex와 같은 물질로 만들어진 고화질 스크린, 매사추세츠주에 위치한 이잉크E Ink가 개발한 하전荷電 입자 필름 덕분에 디지털 문서의 선명도는 인쇄된 문서에 대적할 만하다. 최신 리더기의 경우 배경을 밝게 하지 않아도 되는데, 그 덕에 직사광선 아래에서도 사용할 수 있고 눈의 피로도 역시 상당 부분 감소되었다.

리더기들의 기능 역시 개선되어 책장을 클릭하는 일이 쉬워졌으며, 책갈피를 끼우거나, 문서를 밝게 하거나, 심지어 한쪽에 메모를 하는 일도 가능해졌다. 시력이 좋지 않은 사람들의 경우 전자책의 글자 크기를 키울 수도 있는데, 이는 인쇄된 책에서는 불가능한 일이다. 또한 컴퓨터 메모리칩의 가격이 하락함과 동시에 리더기의 용량도 커졌다. 이제는 수백 권의 책을 담을 수도 있다. 아이팟이 평범한 개인이 소장한 음악 CD 전체를 담을 수 있는 것과 마찬가지로 전자책 리더기에 개인의 서재 전체를 담을 수도 있는 것이다.

전자책의 판매는 여전히 전체 서적 판매량 중 일부에 불과하지만 그 성장세는 인쇄본을 뛰어넘는다. 아마존은 2009년 초 전통적인 방식과 디지털 방식을 포함해 판매된 전체 서적 27만 5000권 가운데 전자책 버전이 전체 판매량의 35퍼센트를 차지한다고 발표했다. 이는 불과 1년 전 10퍼센트도 안 되었던 것에 비하면 급속히 증가한 수치다. 오랫동안 지지부진했던 디지털 리더기의 판매는 이제 호황을 맞고 있는데, 2008년 약 100만 개에서 2010년에는 1200만 개로 늘어났다.[1] 〈뉴욕타임스〉의 브래드 스톤Brad Stone과 모토코 리치Motoko Rich가 최근 보도했듯이 전자책이 주도권을 쥐기 시작한 것이다.[2]

디지털 리더기의 미래를 보여주는 킨들의 등장

가장 대중적인 디지털 리더기는 아마존의 킨들Kindle이다. 2007년 대대적인 관심 속에 세상에 등장한 이 기기는 모든 최신 스크린 기술과 읽기 기능을 포함하고 있으며 완벽한 키패드도 장착되어 있다. 그러나 그 매력을 향상시키는 요인은 따로 있다. 킨들에는 언제라도 무선 인터넷에 접속할 수 있는 기능이 장착되어 있는 것이다. 킨들 가격에 접속 비용까지 포함되어 있는 셈이라 서비스 이용료를 추가로 낼 필요가 없다. 이 접속을 통해 아마존 쇼핑몰에서 책을 사고 또 구입한 책들은 다운로드 받을 수 있다는 점은 놀랄 만한 일도 아니다. 그 이상도 가능하다. 디지털 버전의 신문과 잡지를 읽고, 블로그 사이를 돌아다니고, 구글에서 검색을 하고, MP3 형태의 음악을 듣고, 또 특별히 고안된 브라우저를 통해 다른 웹 사이트들을 서핑할 수 있다. 책에 국한해 생각했을 때 킨들의 가장 혁명적인 면은 기기를 통해 보여주는 문서에 하이퍼링크 기능을 추가했다는 점이다. 킨들은 책의 단어들을 하이퍼텍스트로 변환시킨다. 이용자는 단어나 문장을 클릭한 후 이내 이와 관련된 사전이나 위키피디아의 글 또는 구글 검색 리스트로 이동할 수 있다.

킨들은 디지털 리더기의 미래를 보여준다. 기기의 기능과 함께 그 소프트웨어까지도 아이폰, 컴퓨터와 호환이 되므로 이 리더기는 특별한 기능을 지닌 비싼 기기가 아닌 튜링의 보편적인 기기를 통해 구동되는, 그저 또 다른 값싼 응용프로그램으로 변모하는 것이다. 그다지 행복한 모습은 아니지만 킨들 역시 책의 미래를 보여준다. 2009년 〈뉴스위크〉에 실린 한 기사에서 언론인이자 편집자이며 한때 전자책에 회의적인 태도를 보였던 제이콥 와이스버그Jacob Weisberg는 킨들에 대해 "문화 혁명을 보여주는 기계"로, 이를 통해 "독서와 인쇄가 결별하고 있다"라며 치켜세웠다. 와이스버그는 또 킨들이 우리에게 알려주는 바는 "인류 문명의 가장 중요한 창조물인 인쇄된 책은 신문, 잡지와 함께 소멸의 길에 동참하고 있다는 것"이라고 적었다.[3] 또 다른 킨들 예찬론자로 〈뉴욕타임스북리뷰New York Times Book Review〉의 편집자 출신인 찰스 맥그래스Charles McGrath가 있다. 그는 이 유혹적인 흰색의 기기를 책과 독서가 나아갈 미래를 보여주는 선구자라고 칭했다. 그는 "편리함에 그렇게 쉽게 무너진다는 것이, 그리고 한때 그렇게 높은 가치를 평가받던 활판의 섬세함과 디자인이 일단 사라졌음에도 이를 거의 그리워하지 않는다는 것이 놀랍다"라고 말한다. 그는 인쇄된 책들이 조만간 사라질 것이라고 생각하지는 않지만 "앞으로는 과거의 독서를 상기시키는, 그냥 좋아하는 골동품과 같은 마음으로 책을 간직하게 될 것"이라고 말했다.[4]

이 점이 우리가 책을 읽던 방식과 책을 통해 읽었던 것에 어떤 영향을 미치는가? 〈월스트리트저널〉의 고든 크로비츠L. Gordon

Crovitz는 킨들같이 사용이 쉬우면서 인터넷과 연결된 리더기들은 "우리에게 집중의 시간을 되돌려주고 책의 위대함을 결정하는 요소인 글과 그 의미를 확장시킬 수 있도록 도와줄 것"이라고 말했다.[5] 이는 지적인 사고가 가능한 이들 대부분이 공유하고자 하는 감정일 것이다. 그러나 이는 희망일 뿐이다.

크로비츠는 매클루언이 경고했던 바로 그 무지의 희생자로, 미디어의 형태가 바뀌는 것이 어떻게 그 콘텐츠를 바꿀지를 파악하지 못하고 있다는 점에서 그러하다. 거대 출판사 하퍼콜린스HarperCollins의 독립 출판브랜드인 하퍼스튜디오HarperStudio의 부사장은 "전자책은 단지 전자 형태로 전달되는 종이책이어서는 안 된다"라고 말한다. "우리는 이 매체를 이용하고 그 경험을 향상시키기 위해 무언가 역동적인 것을 창조할 필요가 있다. 링크와 이면의 이야기 그리고 내레이션, 동영상, 대화를 원한다"라는 것이다.[6] 책에 링크 기능을 투입하고 또 인터넷과 연결하자마자, 즉 이를 확장하고 향상시켜 역동적으로 만들자마자 책을 읽는 경험은 물론이고 책 자체를 변화시키게 된다. 온라인 신문이 신문이 아닌 것처럼 전자책은 더 이상 책이 아니다.

작가 스티븐 존슨Steven Johnson은 새로운 킨들로 전자책을 읽자마자 "디지털 영역으로의 책의 이동은 단순히 잉크를 픽셀로 바꾸는 것이 아니라 우리가 읽고 쓰고 책을 판매하는 방식을 상당 수준 바꿀 것"임을 깨달았다. 그는 킨들이 손끝에서 책의 세상을 확장할 수 있고, 웹 페이지들과 마찬가지로 책을 검색할 수 있게 하는 가능성에 들떠 있었다. 그러나 이 디지털 기기는 그를 두려움에 떨게 만들기도 했다. 그는 "책을 읽는 큰 즐거움 중 하나인 다른 세상, 즉 저자의 사고 속 세계에 완전히 젖어드는 것을 잃게 될 것이 두려웠다. 우리는 점차 잡지와 신문을 읽는 방식, 즉 정신의 일부는 이곳에 두고 또 다른 일부는 다른 곳에 두는 방식으로 책을 읽게 될 것"이라고 말했다.[7]

워싱턴에 위치한 윤리공공정책센터의 연구원인 크리스틴 로젠Christine Rosen은 최근 킨들을 이용해 디킨스의 소설《니콜라스 니클비Nicholas Nickleby》를 읽은 경험에 대해 썼다. 그녀의 이야기는 존슨이 느꼈던 두려움을 잘 대변하고 있다. "처음에는 약간 혼란스러웠지만 나는 이내 킨들의 화면에 적응했고 스크롤과 페이지를 넘기는 버튼에 익숙해졌다. 그러나 컴퓨터에서 지속적으로 무엇을 읽으려 노력할 때와 마찬가지로 시선은 한 곳에 머물지 못하고 이리저리 흔들렸다. 산만하게 만드는 요소가 가득했다. 나는 위키피디아에서 디킨스에 대해 검색했고 그런 후에는 바로 디킨스의 단편 〈머그비 교차로Mugby Junction〉로 이어지는 링크를 따라 인터넷의 가상세계로 빠져들었다. 20분이 지나도록 나는《니콜라스 니클비》로 돌아가지 못하고 있었다."[8]

로젠의 투쟁은 역사가인 데이비드 벨David Bell이 2005년 새로운 전자책《나폴레옹식 프로파간다의 기원The Genesis of Napoleonic Propaganda》을 인터넷으로 읽을 당시의 경험과 동일하다. 그는 〈뉴리퍼블릭New Republic〉에 게재한 글에서 자신의 경험을 다음과 같이 묘사하고 있다. "몇 번의 클릭과 함께 글은 예상대로 내 컴퓨터 모니터에 등장했다. 나는 글을 읽기 시작하면서 이 책이 서술 방식이 매우 뛰어난 것은 물론 풍부한 정보를 담고 있음에도 불구하고 집중하기가 매우 어려움을 알아차렸다. 나는 앞뒤로 스크롤하며 키워드를 찾았고 평소보다 더 자주 커피를 가지러 들락거리고 이메일을 확인하고 뉴스를 확인하고 책상 서랍의 파일을 다시 정리하느라 독서를 제대로 할 수가 없었다. 결국 나는 책을 다 읽었고, 결국 해냈다는 데 기뻤다. 그러나 일주일 뒤 깨달은 것은 읽은 내용을 기억해내기가 쉽지 않았다는 것이다."[9]

최근 출판된 학술적 역사서이든 200년 된 빅토리아 시대 소설이든, 종이책이 전자 기기로 옮겨져 인터넷과 연결될 때 이는 웹 사이트와 같은 존재로 변한다. 단어들은 인터넷에 연결된 컴퓨터의 산만함으로 포장된다. 링크 등 디지털 기능들은 독자들을 이곳저곳으로 몰고 간다. 책은 존 업다이크John Updike가 말한 날카로움을 잃고 인터넷의 방대한 소용돌이 속으로 해체된다.[10] 종이책의 선형성은 책이 독자들에게 권장하는 고요한 집중과 함께 파괴되었다. 킨들과 애플의 신형 아이패드와 같은 기기의 최신 기능은 우리가 전자책을 선택할 가능성을 더 높여주긴 하지만 이를 통한 읽기는 종이책을 읽는 방식과 매우 다를 것이다.

글쓰기 형태에 미칠 영향

읽는 방식의 변화는 독자의 새로운 습성과 기대에 부합하기 위해 저자와 출판사가 이에 적응하면서 글쓰기 스타일의 변화도 가져올 것이다. 이 과정을 보여주는 놀라운 예가 이미 일본에서 일어나고 있다. 2001년 한 젊은 일본 여성이 휴대전화를 통해 문자 메시지와 같은 형식으로 이야기를 지어 웹 사이트인 '마호노이란도(마법의 e세상)'에 올리기 시작했고 이 글을 읽은 다른 이들은 평을 쏟아놓았다. 이 이야기는 '휴대전화 소설' 시리즈로 확대되었고 인기도 높아졌다. 이 중 일부는 온라인에서 수백만 명이 읽기도 했는데, 출판업자들이 이를 알아차리고는 이야기를 책으로 펴내기 시작했다. 10년 정도의 시간이 흐르는 동안 휴대전화 소설들은 일본의 베스트셀러에 오르기에 이르렀다. 2007년 베스트셀러 목록 중 상위 세 권은 휴대전화로 써진 이야기를 기초로 한다.

소설의 형태는 그 탄생 배경을 반영한다. 노리미츠 오니시 기자는 "대부분의 사랑 이야기는 문자 메시지 문장의 특징상 짧은 문장으로 쓰여졌으나, 전통 소설에서 볼 수 있는 플롯이나 캐릭터 발전과 관련한 내용은 거의 담고 있지 않다"라고 말했다. 유명 휴대전화 소설가 중 한 명으로 '린'이라는 필명으로 활동하는 스물한 살의 청년은 오니시에게 젊은 독자들이 전통적인 소설을 거부하는 이유에 대해 다음과 같이 설명한다. "젊은 독자가 전문 작가들의 글을 읽지 않는 것은 문장들을 이해하기가 너무 어렵고 표현은 과장되어 장황한 데다 이야기가 젊은이들에게는 익숙하지 않기 때문이죠."[11] 휴대전화 소설의 인기가 유별나게 유행하던 일본 영토 밖으로까지 퍼져 나가지는 않았지만 이 소설들은 읽기의 변화는 필연적으로 글쓰기의 변화를 가져온다는 점을 보여준다.

2009년 웹이 책 쓰기에 어떤 영향을 미치는지 보여주는 또 다른 신호가 등장했다. 기술 관련 서적을 내는 미국 출판사인 오레일리미디어O'Reilly Media가 트위터 관련 서적을 출판했는데, 이는 마이크로소프트의 파워포인트로 작성한 것이었다. 이 회사의 최고경영자인 팀 오레일리Tim O'Reilly는 종이책과 전자책 형식 모두를 통해 발간된 이 책을 소개하며 "우리는 오랫동안 온라인 매체가 어떻게 책의 모양과 서술 방식, 구성을 바꾸어놓는지 알아내는 데 관심을 가져왔습니다. 대부분의 책은 일관된 서술 방식을 그 구성 원칙으로 하는 구식 모델을 도입하고 있습니다. 여기 우리는 웹과 같은 독립된 장을 통해 각각의 장을 떼어내 읽을 수 있는(또는 기껏해야 2장 또는 3장씩을) 형식을 도입했습니다"라고 말했다. 이 모듈식 구조는 독자들이 온라인 문서에 적응함에 따라 바뀐 독서 방식을 반영한다고 오레일리는 설명한다. 웹은 책이 온라인으로 옮겨갈 때 어떻게 변해야 하는지에 대한 수많은 교훈을 제공한다는 것이다.[12]

책이 쓰이고 보여주는 방식에 대한 변화 중 일부는 매우 극적일 것이다. 적어도 대형 출판사 중 한 곳인 사이먼앤슈스터 Simon&Schuster는 이미 가상 화면에 영상을 내장한 전자 소설을 출판하기 시작했다. 이 혼합물은 '북스vooks'라고 알려져 있다. 다른 회사들 역시 비슷한 멀티미디어 실험을 실시하고 있다. 사이먼앤슈스터의 주디스 커Judith Curr 이사는 북스를 탄생시킨 원동력에 대해 설명하며 "모든 이들은 책과 정보가 21세기에 어떻게 최선의 방식으로 결합될 수 있을지에 대해 고민하고 있다"라고 말한다. 이어서 그는 "글을 읽을 때 이제 더 이상은 선형적 방식만 고집할 수는 없다"[13]라고 말한다.

형태와 콘텐츠에 있어 다른 변화들은 눈에 띌 정도로 뚜렷하지도 않고 그마저도 천천히 진행될 것이다. 더 많은 독자가 온라인 문서 검색을 통해 책을 찾게 됨에 따라 저자들은 점차 검색 엔진을 통해 더 잘 검색될 수 있는 단어를 조합해내야 한다는 압박감에 시달릴 것이다. 블로거들이나 다른 인터넷 작가들이 그런 것처럼 말이다. 스티븐 존슨은 이 같은 움직임이 초래할 수 있는 결과들에 대해 다음과 같이 말한다. "작가와 출판사들은 각각의 페이지나 장이 구글 검색 결과에서 어떤 순위를 차지할지에 대해 고민하기 시작할 것이며, 검색을 이용한 방문자들을 지속적으로 끌어들이기 위해 의도적으로 섹션들을 손볼 것이다. 각각의 절에는 잠재적인 검색자들을 위해 설명 태그를 달 것이고, 각 장 제목들은 검색 결과에서 얼마나 성공적으로 상위 순위에 오르는지 알아보기 위해 테스트를 거칠 것이다."[14]

많은 이가 소셜네트워킹 기능이 디지털 리더기와 결합하면서 독서를 팀 스포츠와 비슷한 류로 바꿔놓는 것은 이제 시간 문제일 것이라 믿는다. 우리는 전자 문서를 보는 동안 대화를 나누고 가상의 메모를 교환할 것이다. 동료, 독자들의 평이나 수정이 있을 때마다 자동으로 전자책을 업데이트해주는 서비스를 받을 것이다. 서던캘리포니아대학교 아넨버그커뮤니케이션센터 부설 책의미래연구소의 벤 버시바우Ben Vershbow는 "조만간 실시간 채팅은 물론 댓글과 공동 주석 등의 비동시성 교환을 통해 말 그대로 책 안에서의 토론이 가능해질 것이다. 사람들은 그 책을 읽고 있는 사람이 누군지 볼 수 있고 그들과 함께 대화를 시작할 수 있을 것이다"라고 말했다.[15]

광범위한 토론을 불러일으킨 한 에세이를 통해 과학 작가인 케빈 켈리Kevin Kelly는 심지어 우리가 온라인에서 다 같이 한 텍스트를 자르고 붙여 새로운 것을 만들어내는 파티를 열 것이라고 예상했다. 우리는 책의 오래된 부분을 새로운 책의 내용과 페맞출 것이다. 그는 "일단 디지털화되면 책은 한 페이지 또는 더 작은 페이지의 조각으로 해체될 수 있다. 이 조각들은 순서를 재조합한 책의 형태로 다시 뒤섞일 수 있는데, 이 같은 형태는 공개적으로 출판되고 또 거래될 수 있다"라고 적었다.[16]

이 특별한 시나리오가 실현될 수도 있고 그렇지 않을 수도 있지만 모든 미디어를 소셜미디어로 바꾸어놓으려는 웹의 경향이 읽기와 쓰기의 스타일에서 나아가 언어 그 자체에 더 광범위한 영향을 미칠 것이라는 사실을 거부할 수는 없어 보인다. 책이라는 형태가 조용한 독서라는 변화를 이끌었을 때 발생한 가장 중요한 결과 중 하나는 개인적인 글쓰기의 발전이었다. 작가들은 언젠가 지적으로 그리고 감정적으로 깊이 빠져들어 집중하는 독자들이 "등장해 자신들에게 감사할 것"이라고 가정했다. 그러고는 발 빠르게 사회적인 연설의 한계를 뛰어넘어 대부분이 지면상에서만 존재할 수 있었던, 눈에 띄게 문학적인 다양한 형태를 탐구하기 시작했다.

개인 작가들이 얻은 이 새로운 자유는 우리가 봐온 것처럼 풍부해진 단어에 대한 수많은 실험을 낳았고 통사의 경계를 확장했으며 보편적으로는 단어의 유연성과 표현력을 증가시켰다. 이제 독서의 형태가 다시 개인적인 성격의 종이에서 대화가 가능한 스크린으로 옮겨짐에 따라 작가들은 다시 한 번 적응해야 할 것이다. 에세이 작가인 칼렙 크레인Caleb Crain이 그룹성이라고 묘사했듯, 사람들이 개인적인 깨달음이나 즐거움보다는 주로 소속감을 느끼기 위해 읽기 행위를 하는 환경에 맞춰 자신들의 작품을 손봐야 할 것이다.[17] 사회적인 관심이 문학적인 관심을 뛰어넘을수록 작가들은 단순하고 즉각 다가갈 수 있는 스타일을 따르느라 기교와 실험을 삼가게 될 운명을 타고난 모양이다. 결국 글쓰기는 수다를 기록하는 수단이 될 것이다.

수정이 가능한 디지털 문서는 글 쓰는 스타일에도 영향을 미칠 것이 확실하다. 인쇄된 책은 완성본이다. 일단 종이에 잉크로 인쇄가 되면 그 속에 담긴 글들은 지울 수 없다. 출판이라는 행위를 통해 책이 완성된다는 개념은 가장 성실한 최고의 작가와 편집자들에게 영원을 갈망하는 눈과 귀로 저술 활동을 함으로써 자신들이 만들어내는 작품이 완벽해야 한다는 바람과 열망을 심어주었다. 전자 문서는 영구적이지 못하다. 디지털 시장에서 출판은 종결형 사건이라기보다는 진행 중인 과정의 일부가 되었으며 수없이 많은 수정이 이루어질 수 있다. 인터넷에 연결된 기기인 전자책은 다운로드된 후에도 쉽고 자동적으로 업데이트가 이루어지는데, 이는 마치 오늘날의 소프트웨어 프로그램들이 일상적으로 그러한 것과 마찬가지다.[18]

책을 쓰는 일에서 종결의 느낌을 제거한 일은 급기야 작품에 대한 작가들의 태도를 바꿔놓을 듯하다. 완벽을 기하려는 압박은, 이 압박이 가한 예술적 혹독함과 함께 줄어들 것이다. 작가들의 가정과 태도에 있어 작은 변화가 결국 그들이 쓰고 있는 글에 얼마나 큰 영향을 미치는지 보려면 편지의 역사를 잠시 훑기만 해도 알 수 있다. 예를 들어 19세기에 써진 개인적인 서신은 오늘날에 써지는 개인적인 이메일이나 문자 메시지와 닮은 점을 거의 찾아볼 수 없다. 우리는 무형식과 즉각성이 주는 즐거움에 빠져 표현력과 수사법을 잃었다.[19]

전자책의 연결성과 그 외 다른 특징들이 새로운 기쁨과 오락성을 안겨줄 것이라는 데는 의심의 여지가 없다. 켈리가 말한 대로 우리는 심지어 문자를 종이에서 자유롭게 하는 해방의 행위로서 디지털화를 바라볼 수도 있다. 그러나 그 결과, 완전히 단절

되지는 않겠지만 고독한 작가와 독자를 연결하는 친밀하고도 지적인 애착 관계는 훨씬 약화되는 대가를 치르게 될 것이다.

구텐베르크의 발명으로 대중화된 "고요함의 의미와 사고"의 일부였던 깊이 읽기의 관행은 점차 사라지고, 이는 계속 감소하는 소수 엘리트만의 영역이 될 가능성이 크다. 다시 말해 우리는 역사적으로 봤을 때 일반적이라 할 수 있는 상태로 되돌아가게 될 것이다.

노스웨스턴대학교 교수 그룹은 2005년 〈애뉴얼리뷰오브소시올로지Annual Review of Sociology〉에 우리의 독서 습관에 있어 최근의 변화들은 "대중적인 독서의 시대"는 우리 지적 역사에 있어 짧은 "예외"였음을 암시한다고 썼다. "독서는 예전처럼 사회적 기반의 소유물, 즉 독서 계층이라 부를 수 있는 지속적으로 존재하는 소수의 것으로 돌아가고 있다"라는 것이다. 여전히 결론이 나지 않은 질문은 독서 계층이 "점차 드물어지는 문화적 자산의 형태와 관련해 힘과 특권을 지니게 될지 또는 점차 비밀스러운 취미를 행하는 특이한 이들로 보여질지"의 여부다.[20]

아마존의 최고경영자인 제프 베조스Jeff Bezos는 킨들을 소개할 당시 스스로를 찬양하는 듯이 말했다. "책과 같이 매우 진화한 물건을 택해 개선하는 것은 참으로 진취적인 일이다. 이것은 사람들이 읽는 방식까지 바꿀 것이다."[21] 이는 거의 확실하다. 사람들이 읽고 쓰는 방식은 이미 인터넷을 통해 바뀌었다. 이 변화는 글이 인쇄된 종이에서 빠져나와 컴퓨터 방해 기술의 생태계 속에 자리잡음에 따라 더디기는 하지만 분명 계속될 것이다.

책이 과연 다른 미디어로 대체될 것인가

전문가들은 오랫동안 책을 매장하려 노력해왔다. 19세기 초 신문이 대중적으로 퍼져나감에 따라(런던에서만 100개가 족히 넘는 신문이 발행되었다) 많은 관계자는 책이 사라질 위기에 처했다고 여기기에 이르렀다. 책이 어떻게 매일 보도하는 매체의 신속함과 경쟁할 수 있겠는가? 프랑스의 시인이자 정치인인 알퐁스 드 라마르틴Alphonse de Lamartine은 1831년 "이 세기가 끝나기 전 저널리즘은 출판의 모든 것, 인류 사고의 모든 것이 될 것이다"라고 선언했다. "사고는 빛의 속도로 세상에 퍼져, 빨리 구상하고 빨리 쓰이고 또 빨리 이해될 것이다. 사고는 앞으로 뿜어져 나오는 영혼의 열기로 급속히 그리고 즉시 활활 타오르며 북극에서 남극까지 지구 전체를 덮어버릴 것이다. 이곳은 완전히 인간이 쓰는 글의 통치 아래 놓일 것이다. 사고는 숙성될 시간이나 책의 형태로 축적될 시간이 없을 것이다. 책은 너무 늦게 도착할 것이기 때문이다. 오늘날 가능한 유일한 책은 신문이다."[22]

라마르틴의 생각은 잘못되었다. 그가 살던 세기가 끝날 무렵에도 책은 여전히 신문 옆에서 행복하게 살아 있었다. 그러나 그 존재를 위협하는 새로운 대상이 등장했으니, 이는 토머스 에디슨 Thomas Edison의 축음기였다. 지식인 계층에 한정시켜보면 사람들이 문학작품을 읽기보다는 곧 듣게 되리라는 예측은 명백해 보였다. 1889년 필립 허버트Philip Hubert는 〈애틀랜틱먼슬리Atlantic Monthly〉에 쓴 에세이에서 "이제 더 이상 책과 이야기를 인쇄된 형태로 볼 수 없을 것이다. 이는 소리의 형태로 독자나 청취자에게 전달될 것이다"라고 예견했다. 그는 당시 소리를 연주할 뿐 아니라 녹음까지 할 수 있었던 축음기가 글을 짓는 수단으로 "타자기를 훨씬 앞지를 것이다"라고 적었다.[23]

　　같은 해 미래학자인 에드워드 벨러미Edward Bellamy는 〈하퍼스 Harper's〉에 쓴 글에서 사람들은 눈을 감고 읽게 될 것이라고 말했다. 사람들이 항상 필수품이라고 불릴 작은 오디오 플레이어를 지니고 다닐 것이라 예측한 것으로서 이 플레이어는 그들이 지닌 모든 책과 신문 그리고 잡지를 담고 있을 것이라는 얘기다. 벨러미는 어머니들이 "비가 오는 날 아이들이 장난치지 않도록 계속 이야기를 들려주다가 목이 쉴" 필요가 없다고 적었다. 아이들에게는 항상 휴대하고 다니는 필수 기기가 있기 때문이다.[24]

　　5년 후 〈스크리브너스매거진Scribner's Magazine〉은 프랑스의 유력 작가이자 출판인인 옥타브 위잔Octave Uzanne이 쓴 '책의 종말'이라는 제목의 글을 실으면서 제본 형태의 물건에 대한 최후의 반격을 가했다. "친애하는 친구들이여, 책의 운명에 대한 나의 생각을 알고 싶은가?"라고 그는 글을 시작했다. 그리고 "구텐베르크의 발명품에 대해서는 우리의 정신적 산물을 그때그때 해석하는 수단으로서의 기능을 곧 잃는 것 말고는 달리 방도가 없다고 생각한다 (그리고 전자와 현대적 메커니즘의 발전은 다른 방도가 존재할 것이라는 생각을 차단한다)"라고 말했다. 수십 년 동안 "인간의 사고를 독재적으로 지배해 왔던 약간은 구식 방식이었던 인쇄는 축음기로 대체될 것이고 도서관은 축음기관으로 바뀔 것"이라는 이야기다. 우리는 말하는 미학의 재도래를 목격할 것인데, 낭독자가 작가의 일을 대신할 것이며 "여성들은 위대한 작가들에 대해 말하면서 '얼마나 매력적인 작가인가'라고 하지 않을 것이다. 이들은 감정에 사로잡힌 채 '이 말하는 자의 목소리가 얼마나 매력적이고 감동적이며 흥분되게 하는지'라며 감탄할 것이다"라고 적었다.[25]

책은 신문을 극복했듯 축음기를 극복해냈다. 듣기는 읽기를 대체하지 못했다. 에디슨의 발명품은 시나 산문을 읊는 것보다는 음악을 연주하는 데 사용되었다. 20세기 동안 책 읽기는 치명적으로 보이는 위협을 받았는데, 이 위협들이란 영화 관람, 라디오 청취, 텔레비전 시청 등이었다. 오늘날 책은 여전히 흔히 존재하고 있고, 인쇄된 작품이 향후 몇 년 동안 상당한 규모로 계속 생산되고 읽힐 것이라고 믿을 만한 이유는 충분하다. 물리적인 책이 소멸의 길에 있다 할지라도 그 길은 확실히 길고 굽이굽이 굴곡이 있는 길임이 분명하다. 제본 형태의 책이 계속 존재한다는 것이 책을 사랑하는 이들에게 그나마 어느 정도 위안이 되긴 하겠지만, 우리가 과거에 정의했던 것과 같은 가치의 책과 책 읽기가 지금은 문화적 황혼기에 들어섰다는 사실을 부정할 수는 없을 것이다.

사회 전반적으로 보았을 때도 우리는 종이에 인쇄된 글을 보는 데 가장 적은 시간을 할애하며 그마저도 인터넷의 복잡한 그림자 속에서 행해지고 있다. 문학 평론가인 조지 스타이너George Steiner는 1997년 "침묵, 집중과 기억의 아름다움, '수준 있는 독서'에 사용하던 사치스러운 시간은 이미 많이 사라졌다"라고 적었다. 그러나 이어서 그는 "전자 기술이 가져온 완전히 새로운 세계와 비교해 볼 때 이 정도의 침식은 거의 무의미한 수준"이라고 적었다.[26] 50년 전이라면 여전히 인쇄의 세계에 살고 있다고 주장하는 것이 가능했겠지만 오늘날은 그렇지 않다.

몇몇 사상가들은 책과 책이 낳은 문학적 사고의 퇴색을 반긴다. 토론토대학교의 교육 전공 연구원인 마크 페더먼Mark Federman은 한 무리의 교사들을 상대로 한 연설에서 우리가 전통적으로 이해하는 읽고 쓰는 능력은 "이제 오늘날 시를 암송하는 것이 그러하듯이 현재 교육의 이슈나 현실적인 질문과 무관한 예스러운 개념 그리고 미적인 형태에 지나지 않는다. 가치를 잃지 않은 것은 분명하지만 더 이상 사회에서 구성력을 지니지도 않는다"라고 했다. 그는 교사나 학생 모두 책의 "선형적이고 계층적인" 세계를 떠나 인터넷의 "어디서나 가능한 연결성과 구석구석 스며든 접근성의 세계"에 진입해야 할 시절에 이르렀다고 말했다. 이 세계는 "끊임없이 흐르는 문맥 중 새로운 의미를 발견하는 위대한 기술들"이 동원되는 곳이다.[27]

뉴욕대학교에서 디지털 미디어를 연구하는 학자인 클레이 셔키Clay Shirky는 2008년 블로그에 올린 글에서 깊이 읽기의 사망을 애도하는 데 시간을 허비하지 않아야 한다고 주장했다. 그러면서 그는 깊이 읽기가 늘 과대평가되었다고 했다.

그는 톨스토이의 서사를 수준 높은 문학적 성과의 진수라고 분류하면서 "누구도 《전쟁과 평화》를 읽지 않는다"라고 적었다. "너무 길고 그리 흥미롭지도 않다는 것"이다. 또한 사람들은 "점차 톨스토이의 신성한 작품이 그렇게 많은 시간을 들일 가치가 없다고 판단하고 있다"라고 말한다.

프루스트Marcel Proust의 《잃어버린 시간을 찾아서In Search of Lost Time》와 셔키의 매서운 평에 따르면 "어떤 모호한 이유 때문에 매우 중요하게" 여겨졌던 다른 소설들 역시 마찬가지다. 사실 우리는 그동안 톨스토이와 프루스트 같은 작가들을 공허하게 칭찬하고 있었다. 우리의 오랜 문학적 습관은 "접근성이 떨어지는 환경에서 생활하는 데 따른 부작용에 불과하다"라는 것이다.[28] 셔키는 이제 인터넷이 우리에게 허용하는 풍부한 접근성 덕분에 마침내 이 피곤한 습관을 버릴 수 있게 되었다고 결론 내린다.

이 같은 주장은 진지하게 받아들이기에는 너무 작위적인 느낌이 있다. 이는 학계 내 반지성주의 진영의 특징이라 할 수 있는 지나친 가식으로 포장된 선언 중 가장 최근의 것이라 할 수 있다. 그러나 좀 더 관대한 설명도 있다. 페더먼, 셔키 같은 이들은 탈문학적 사고에 대한, 또 종이보다는 스크린이 늘 정보 습득의 주된 수단이었던 지성인에 대한 선구적 대변자일 수도 있다는 것이다. 알베르토 망구엘Alberto Manguel이 적었듯 "전통에 의해 고전으로 선언된 책과, 우리의 본능과 감정 그리고 이해를 통해 우리의 것이 되고 그것을 통해 고통과 기쁨을 느끼며 우리의 경험에 따라 해석되고 (책이 우리에게 전달하는 다층적인 내용에도 불구하고) 궁극적으로 그 책의 첫 번째 독자가 되는 책(전자와 같은 책이라 할지라도) 사이에는 연결될 수 없는 틈이 있다"라고 적었다.[29] 시간과 관심, 문학 작품을 받아들일(망구엘이 묘사한 바와 같이 작품을 내 것으로 만들 수 있는) 재능이 없다면 당연히 톨스토이의 명작이 너무 길고 재미도 없다고 생각할 것이다.

문학적 사고의 가치가 언제나 과장되었다고 주장하는 이들을 무시하고 싶겠지만 이 같은 선택은 잘못된 것이다. 그들의 주장은 지적 성과물에 대한 사회의 태도를 두고 벌어지는 근본적인 변화를 보여주는 중요한 신호다. 그들의 글은 사람들이 이 같은 변화를 더 쉽게 정당화하도록 만든다. 또 웹 서핑이 더 적합하고 심지어 우월하며 이런 것들이 깊이 읽기나 또 다른 형태의 조용하고 집중적인 사고를 대체할 것이라고 더 쉽게 확신하게 만든다. 페더먼과 셔키는 책은 없어도 되는 케케묵은 것이라고 주장하면서 사려 깊은 사람들이 온라인 생활의 특징인 지속적인 산만함의 상태에 마음 놓고 빠져들 수 있도록 지적인 보호막을 제공하고 있다.

멀티태스킹의 진실

빠른 움직임과 변화무쌍한 오락을 향한 우리의 욕망은 월드와이드웹의 탄생과 함께 생겨난 것은 아니다. 이는 우리의 일과 일상생활의 속도가 빨라지고 라디오와 텔레비전 같은 방송 미디어가 수많은 프로그램과 메시지 그리고 광고를 제공하면서 수십 년 동안 존재하며 성장해온 것이다.

비록 여러 측면에서 다른 전통적 미디어와는 확연하게 다른 출발이기는 하지만 인터넷 역시 사람들이 21세기의 전자 미디어를 수용하면서 생겨난 그리고 그 이후로 우리의 생활과 사고를 형성해온 지적, 사회적 흐름을 대변한다. 우리 삶에서 산만함은 오랜 시간을 두고 증가해왔지만 인터넷처럼 광범위하고 끈질기게 우리의 관심을 분산시킨 미디어도 없었다.

데이비드 레비는 《스크롤링 포워드》에서 1970년대 중반 자신이 참석했던 제록스의 그 유명한 팔로알토리서치센터에서의 회의 장면을 묘사하고 있다. 당시 최첨단 연구소의 엔지니어와 프로그래머들은 현재 우리가 개인용 컴퓨터를 통해 당연하게 받아들이는 많은 특성을 고안해내고 있었다. 일련의 유명 컴퓨터 과학자들은 이 리서치센터에 초대받아 '멀티태스킹'을 용이하게 해주는 새로운 운영 체계에 대한 프레젠테이션을 지켜보았다. 한 번에 한 가지 일만 선보일 수 있었던 전통적인 운영 체계와 달리 새로운 체계는 스크린을 많은 '창'으로 나누어 각각의 창을 통해 다른 프로그램 또는 다른 문서를 선보일 수 있었다. 이 체계의 유연성을 증명하기 위해 제록스 측 발표자는 소프트웨어 코드를 짜고 있던 창으로부터 새로 도착한 이메일 메시지를 보여주고 있는 또 다른 창으로 옮겨가 클릭했다. 그는 재빨리 메시지에 답장을 한 후 다시 프로그램을 짜던 창으로 가볍게 넘어와 계속 코드를 짰다. 관객 중 일부는 이 새로운 체계에 환호했다. 그들은 이 체계가 사람들이 컴퓨터를 훨씬 더 효율적으로 사용하도록 촉진할 것이라 생각했다. 그러나 어떤 이들은 한발 물러났다. 참석했던 과학자 한 명은 "세상에, 왜 프로그램을 짜다가 이메일을 확인하느라 작업에 방해를 받고 산만해지려는 거죠?"라며 화가 난 듯 주장했다.

오늘날 이 같은 질문은 그야말로 구식이다. 윈도우 인터페이스는 모든 컴퓨터뿐 아니라 다른 컴퓨터 기기들의 인터페이스가 되었다. 인터넷에서 보다 더 많은 창을 열 수 있도록 고안된 수많은 탭들은 말할 것도 없다. 창 안에 창들이 있고 그 안에 또 다른 창들이 있다. 멀티태스킹은 너무도 일상적인 것이 되어 이제 우리는 오직 한 가지 프로그램만 구동할 수 있거나 한 번에 단 하나의 파일만 열 수 있는 컴퓨터로 돌아가야 한다면 그야말로 답답해서 못 견딜 것이다.

당시 과학자의 질문은 고려할 가치가 없는 것으로 인식되긴 했지만 이는 35년 전과 마찬가지로 오늘날에도 중요하다. 레비가 말했듯이 이 질문은 "두 가지 다른 일을 하는 방식, 그리고 기술이 업무 수행을 돕기 위해 어떻게 사용되어야 하는지에 대한 서로 다른 이해 간 갈등"을 보여주고 있다. 제록스의 연구원은 "수많은 종류의 일을 동시에 곡예하듯 해나가기를 갈망"한 데 반해 회의적인 입장의 과학자는 자신의 업무를 "홀로 고독하게 몰입하는 가운데 행하는 활동"이라고 보았던 것이다.[30] 의식적이든 무의식적이든 컴퓨터를 어떻게 사용할지 선택함에 있어 우리는 책의 윤리가 우리에게 알려주었던 홀로 고독하게 몰입하는 행위를 거부했다. 우리는 우리의 운명을 '곡예'에 내맡겼다.

7장

곡예하는 뇌

이 책에서 일인칭대명사를 사용하지 않은 지 한참 된 듯하다. 이쯤에서 워드를 이용하는 필경사인 나의 이야기를 좀 해볼까 한다. 지금까지 몇 장에 걸쳐 독자들은 광활한 시공간을 오갔을 것이다. 그동안 내게서 떨어져나가지 않은 것에 감사의 말을 전한다. 독자들이 지나온 여행은 곧 내 머릿속에서 일어나고 있는 일들에 대해 알아내기 위해 내가 지나온 여행과 동일하다. 신경가소성의 과학과 지식 기술의 과정에 대해 더 깊이 파고들수록 인터넷의 의미와 영향은 전체적인 지적 역사의 맥락에서 살펴보았을 때만 판단할수 있다는 점이 더 분명해졌다. 인터넷이 매우 혁명적이라 하더라도 인간의 사고 형성에 도움을 준 수많은 도구 중 가장 최근에 등장한 도구로 이해하는 게 가장 합당할 것이다.

여기에서 중요한 질문 하나가 떠오른다. 인터넷 사용이 우리의 사고방식에 미치는 실질적인 영향에 대해 과학은 무엇을 말해줄 수 있느냐는 것이다. 물론 이 질문은 향후 몇 년 동안 수많은 연구의 주제가 될 것이 분명하다. 그렇긴 하지만 이미 우리가 알고 있고 추정할 수 있는 부분도 상당하다. 예상한 것보다 훨씬 불안한 소식이다. 심리학자, 신경생물학자, 교육학자 그리고 웹 디자이너들이 시행한 연구들은 같은 결론을 보여주고 있다. 온라인 세상에 들어갈 때 우리는 겉핥기식 읽기, 허둥지둥하고 산만한 생각 그리고 피상적인 학습을 종용하는 환경 속으로 입장하는 셈이다. 책을 읽으면서도 피상적인 사고가 가능한 것처럼 인터넷을 서핑하는 동안에도 깊은 사고가 가능하기는 하지만 이는 인터넷이라는 기술이 권장하고 또 가져다주는 사고의 종류는 아니다. 한 가지 확실한 것은 오늘날 우리가 뇌의 가소성에 대해 아는 상황에서 우리의 정신적 회로를 가능한 한 가장 빠르고 철저하게 새로 조립하기 위한 도구를 개발하려 들 경우, 결국 인터넷처럼 기능하거나 혹은 그와 비슷해 보이는 무언가를 만들어내게 될 것이라는 점이다. 우리가 인터넷을 자주, 심지어 과도하게 사용하기 때문만은 아니다. 인터넷은 뇌의 회로와 기능에 강력하고 빠른 변화를 낳는 감각적이고 인지적인 자극, 즉 반복적이고 집중적이고 쌍방향적이고 중독적인 자극을 전달한다. 알파벳과 숫자 체계를 제외한다면 인터넷은 보편적 사용이 가능하면서 사고를 바꾸는 가장 강력한 기술일 것이다. 최소한 책 이후 등장한 기술 중 가장 강력하다. 인터넷 접속이 가능한 우리 중 대부분은 하루에 적어도 두서너 시간, 때로는 훨씬 더 많은 시간을 온라인에서 보내고 있다. 그리고 그 시간 동안 대개 빠른 속도로, 때로는 스크린이나 스피커를 통해 전달되는 신호들에 대한 반응으로서 똑같은 행동이나 비슷한 행동을 지속적으로 반복하곤 한다. 이 같은 행동 중 일부는 물리적인 것이다. 컴퓨터 키보드의 자판을 두드리기도 하고 마우스를 끌어 왼쪽과 오른쪽 버튼을 누르고 스크롤링을 한다. 또 터치패드 위에서 손가락 끝을 이리저리 굴리기도 하고 휴대전화의 실제 또는 가상 키패드를 통해 문자를 치기 위해 손가락을 이용한다. 터치스크린의 아이콘을 조작하는 동안 스크린의 가로와 세로 모드 사이를 오가기 위해 아이폰과 아이패드의 방향을 돌린다.

이 같은 동작을 하는 동안 인터넷은 우리의 시각, 체지각 그리고 청각 담당 피질에 지속적인 자극의 흐름을 전달한다. 클릭하고 스크롤하고 자판을 치고 터치할 때마다 우리는 손과 손가락을 통해 전달되는 감각을 느낀다. 새로운 이메일이나 메신저의 메시지 도착음, 그 외 여러 가지 일들을 알리기 위한 휴대전화에 내장된 다양한 벨소리처럼 우리의 귀를 통해 전달되는 많은 오디오 신호도 있다. 그리고 물론 온라인 세상을 항해하는 동안 망막을 통해 입력되는 수많은 시각 자극이 있는데, 이는 지속적으로 변하는 글과 사진, 동영상뿐 아니라 밑줄이 쳐진 하이퍼링크들이나 색깔 있는 글자, 기능에 따라 모양을 바꾸는 커서, 굵은 글씨로 표시되어 있는 새로 도착한 이메일 제목, 클릭을 부르는 가상 버튼들, 드래그앤드롭drag&drop을 기다리는 아이콘, 다른 스크린 위의 구성요소들, 빈칸인 상태로 누군가가 채워주기를 기다리고 있는 양식들, 팝업 광고와 읽거나 또는 닫아야 하는 창 등으로 가득 차 있다. 인터넷은 맛과 냄새를 제외한 모든 감각을 동원하여 이 같은 감각을 동시에 느끼도록 한다.

인터넷은 또한 물리적·정신적 행동의 반복을 권장하고, 반응과 보상을 전달하는 초고속 시스템 즉 심리학 용어로는 '긍정적 강화positive reinforcement'라는 시스템을 제공한다. 링크를 클릭할 때 우리는 새로운 볼거리와 평가 대상을 얻는다. 구글에서 키워드를 검색하면 눈 깜짝할 사이 흥미로운 정보 목록을 얻을 수 있다. 문자나 메신저 메시지 또는 이메일을 보내면 종종 수초 또는 수분 내로 답을 얻는다. 페이스북을 사용하여 새로운 친구를 만들고 오래된 친구들과 더 친밀한 관계를 형성하기도 한다. 트위터를 통해 메시지를 보낼 때 우리는 새로운 팔로어들을 얻는다. 블로그에 글을 올리면 독자들의 댓글을 얻거나 또는 다른 블로거들이 내 글을 링크한다. 인터넷의 쌍방향성은 정보를 찾고 우리를 표현하고 또 다른 사람들과 대화하는 강력하면서도 새로운 수단을 제공한다. 또한 이는 우리를 사회적 또는 지적 영양분이 담긴 작은 알갱이가 쏟아지도록 명령하는 손잡이를 끊임없이 누르는 실험실의 생쥐로 바꾸어놓았다.

인터넷은 텔레비전, 라디오 또는 조간신문이 그랬던 것보다 훨씬 지속적으로 우리의 관심을 지배하고 있다. 친구에게 문자 메시지를 보내는 꼬마나 자신의 페이스북 페이지에서 새로운 메시지와 요청사항들을 보고 있는 대학생, 전화로 이메일을 훑어보고 있는 사업가, 구글의 검색창에 키워드를 치고 수많은 링크 무리를 따라가기 시작하는 당신의 모습을 상상해보라. 당신은 기기에 사로잡혀 있는 사고를 목격하게 되는 것이다. 온라인에서 우리는 종종 우리 주변에서 일어나는 일을 망각한다. 기기를 통해 전달되는 상징과 자극의 홍수를 처리하면서 실제 세상의 모습은 점차 흐릿해지고 있다.

인터넷의 쌍방향성은 이 효과 역시 극대화시킨다. 우리는 자주 사회적인 목적으로 컴퓨터를 사용한다. 친구나 동료와 대화를 하고 개인 프로필을 작성하고 블로그 글이나 페이스북 업데이트를 통해 나의 생각을 전달하기 위해 컴퓨터를 사용하는 과정에서 우리의 사회적 위치는 항상 작동하고 있고 그만큼 위험에 노출되어 있다. 그 결과물인 자의식, 때로는 두려움이 이 기기에 빠져드는 강도를 증폭시킨다. 이는 모든 이들에게 적용되는 사실이지만 특히 문자나 메신저를 이용하기 위해 전화나 컴퓨터를 끼고 사는 젊은이들에게는 더욱 그렇다.

오늘날 10대는 보통 깨어 있는 시간 동안 몇 분 만에 한 번씩 메시지를 주고받는다. 정신과 의사인 마이클 하우소어Michael Hausauer가 언급했듯 10대를 포함해 청년들은 "동료들의 삶에 일어나고 있는 일들에 대해 엄청난 관심을 가지고 있고, 동시에 무리에서 낙오되는 데 대한 극도의 불안감"을 가지고 있다.[1] 그들이 메시지 보내기를 멈춘다면 유령 인물로 전락할 위험을 감수하는 셈이다.

인터넷 사용은 많은 모순을 수반한다. 우리의 사고방식에 미칠 장기적인 영향은 바로 인터넷이 우리의 관심을 사로잡긴 하지만 결국은 우리의 정신을 산만하게 하고 말 것이라는 점이다. 우리는 기기 그 자체, 깜빡이는 스크린에 집중적으로 관심을 기울이지만 이 기기가 빛과 같은 속도로 전달하는 경쟁적인 메시지와 자극에 의해 결국 산만해진다. 언제 어디서 로그인을 하든지 인터넷은 우리에게 놀라울 정도로 유혹적인 몽롱함을 선사한다. 인간은 "더 많은 정보, 더 많은 감흥, 더 많은 복잡함을 원한다"라고 스웨덴의 신경과학자 토르켈 클링베르크Torkel Klingberg는 말한 바 있다. 우리는 "동시적 행동을 요구하는 상황 또는 정보에 압도당하는 상황을 찾는" 경향이 있다.[2] 종이에 인쇄된 글 하나하나가 홍수 같은 정신적 자극에 대한 우리의 갈망을 그저 적셔주는 수준이었다면, 인터넷은 그야말로 온몸을 푹 담그게 해주고 있다. 인터넷은 우리에게 완전한 산만함이라는 본연의 상태로 되돌아가게 하는데, 이 산만함은 우리의 조상들이 경험해왔던 것보다 더욱 강도가 센 것이다.

모든 산만함이 나쁜 것은 아니다. 경험을 통해 알 수 있듯이 우리는 어려운 문제에 지나치게 몰입해 있다 보면 정신적인 흥분 상태에서 헤어나오지 못하게 된다. 생각은 좁아지고, 애는 쓰지만 새로운 아이디어를 떠올릴 수 없게 된다. 그러나 잠시 그 문제에서 벗어나 관심을 쏟지 않으면 즉 "결정을 내일로 미루면" 다시 그 문제 앞에 설 때는 새로운 시각과 무한한 창의성을 가질 수 있다. 네덜란드의 심리학자이자 네이메헌에 위치한 라드바우드대학교의 무의식연구소 소장 압 데익스테르후이스 Ap Dijksterhuis의 연구는 이처럼 관심에서 해방되는 일이 우리의 무의식적 사고에 문제에 대해 고심할 시간을 주고, 의식적으로 숙고할 때는 불가능한 정보와 인지 과정을 견뎌낼 수 있게 함을 보여준다.

그의 실험에 따르면, 한동안 어려운 정신적 도전에 대해 관심을 멀리할 경우 우리는 더 나은 선택을 한다. 그러나 이 점과 더불어 데익스테르후이스의 연구는 우리가 문제점을 명확하고 의식적으로 정의하기 전까지는 무의식적 사고 과정이 문제에 관여하지 않음을 보여준다.[3] 데익스테르후이스는 우리가 마음속에 특정한 지적 목표를 가지고 있지 않으면 "무의식적 사고는 일어나지 않는다"라고 말했다.[4]

인터넷이 부추기는 지속적인 산만함(엘리엇의 '4개의 4중주'에 나오는 표현을 빌리자면 "산만함에 의한 산만함으로 산만해진" 상태)은 결정을 내려야 하는 상황에서 우리의 생각을 새롭게 하는, 일시적이고 의도적인 주의 돌리기와는 그 성질이 크게 다르다. 인터넷이 주는 자극의 불협화음은 의식적, 무의식적 사고 모두에 합선을 일으켜 깊고 창의적인 사고를 방해한다. 뇌는 단순한 신호를 처리하는 단위들로 바뀌고, 정보를 잠시 의식 속으로 안내했다가 다시 내보낸다.

2005년 인터뷰에서 마이클 머제니치는 인터넷의 힘은 정신적 변화의 측면에 있어 단순히 평범한 변화가 아닌 근본적인 변화를 이끌어낼 것이라고 전망했다. 그는 "우리 뇌는 새로운 기술을 배우거나 새로운 능력을 발전시킬 때마다 물리적으로, 기능적으로 상당한 수준으로 수정된다"라고 말한다. 그러면서 인터넷을 가리켜 "일련의 현대의 문화적 분화 가운데 가장 최근의 것으로 현대 사람들은 수백만 가지의 연습 이벤트를 할 수 있는데, 이는 1000년 전에 살던 평범한 사람들은 경험하지 못한 것이다"라고 했다. 그는 이어 "우리의 뇌는 이 경험에 의해 대대적으로 재편된다"라고 결론 내렸다.[5]

머제니치는 2008년 자신의 블로그에 올린 글에서 이 문제를 다시 다루면서 자신의 요점을 강조하기 위해 대문자를 사용했다. 그는 우리의 사고는 "강도 높게 연습한 특별한 과정을 강화시키며 문화가 뇌가 관여하는 부분의 변화를 이끌 때 이는 '다른 DIFFERENT' 뇌를 만들어낸다"라고 썼다. 그는 이제 인터넷과 구글의 검색엔진 같은 온라인 도구가 없는 삶은 상상하기 어렵다는 것을 인정하며 "이 도구들을 강도 높게 사용하는 것은 신경학적인 결과를 낳는다 THEIR HEAVY USE HAS NEUROLOGICAL CONSEQUENCES"라고 강조했다.[6]

우리가 온라인에 있을 때 하지 않는 행동 역시 신경학적인 결과를 낳는다. 동시에 활성화하는 신경세포가 한 다발로 묶이듯,

함께 활성화하지 않는 신경세포는 다발에서 떨어져나가는 것이다. 웹 페이지를 훑어보는 데 시간을 보내느라 책 읽을 시간이 사라졌듯이, 작은 글자로 문자 메시지를 주고받는 시간 때문에 문장과 절을 지어내는 데 투자하는 시간이 사라졌듯이, 링크들 사이를 이리저리 옮겨 다니느라 보내는 시간이 조용한 명상과 사색의 시간을 몰아냈듯이 오래된 지적 기능과 활동에 사용되던 회로들은 약해지고 해체되기 시작했다. 뇌는 사용하지 않는 뉴런과 시냅스를 더욱 긴급한 다른 업무 수행을 위해 재활용한다. 우리는 새로운 기술과 시각을 얻지만 오래된 것은 잃어버린다.

우리의 뇌는 인터넷에 민감하게 반응한다

캘리포니아대학교 로스앤젤레스캠퍼스 정신의학과 교수이자 이 대학의 기억노화센터 소장인 개리 스몰Gary Small은 디지털 미디어의 생리학적, 신경학적 영향에 대해 연구해왔다. 그의 발견은 인터넷이 뇌의 집중적인 변화를 유발한다는 머제니치의 생각을 뒷받침하고 있다. 스몰은 "현재 디지털 기술의 폭발은 우리의 삶의 방식과 소통하는 방식뿐 아니라 우리의 뇌도 급속히, 상당한 수준으로 변화시키고 있다"라고 말한다. 컴퓨터와 스마트폰 검색엔진과 비슷한 여타 기기의 일상적인 사용은 "뇌 세포 변형과 신경전달물질 배출을 자극해 오래된 신경 통로는 약화시키는 반면 새로운 신경 통로는 점차 강화한다"라는 것이다.[7]

2008년, 스몰과 두 동료는 인터넷 사용과 함께 사람들의 뇌가 변하고 있음을 실질적으로 보여주는 실험을 실시했다.[8] 연구원들이 구한 24명의 자발적 실험 참여자 중 12명은 숙달된 인터넷 검색자였고 12명은 초보자였다. 연구원들은 이들이 구글에서 검색을 하는 동안 뇌를 스캔했다(컴퓨터가 MRI 안에 들어가지 않기 때문에 피실험자들은 웹 페이지의 이미지가 투사되는 고글을 쓰고, 페이지 사이를 이동하기 위해서는 핸드헬드형 터치패드를 사용했다). 스캔 결과 숙련된 구글 이용자의 뇌 활동이 초보자들에 비해 훨씬 광범위했다. 특히 "컴퓨터에 정통한 피실험자들은 외측 전전두엽 피질로 불리는, 뇌의 왼쪽 앞부분에 있는 특정 네트워크를 사용한 데 반해 인터넷을 잘 사용하지 않는 피실험자들은 이 부분에서의 활동이 포착되었다 해도 아주 미미한 수준"이었다. 연구자들은 이 실험의 통제 집단 피실험자들에게 독서하는 상황을 주고는 그림이나 사진이 전혀 없는 문서를 읽도록 했는데, 이 경우 뇌 스캔 결과는 두 그룹의 뇌 활동에 아무런 의미 있는 차이를 보이지 않았다. 숙련된 인터넷 사용자의 경우, 확실히 인터넷을 사용하는 동안 특별한 신경 통로가 발달되었다.

이 실험에서 가장 놀랄 만한 일은 6일 후 동일한 실험을 다시 실시했을 때 나타났다. 연구자들은 초보자들에게 이 기간 동안 하루 한 시간씩 인터넷 검색을 하며 보내도록 했다. 새로 실시한 스캔은 거의 활동이 없던 이들의 외측 전전두엽 피질이 집중적인 활동을 하고 있음을 보여주었는데, 이는 베테랑 인터넷 사용자들의 뇌 활동과 같았다. 스몰은 "단지 5일간의 실험으로 인터넷을 잘 사용하지 않던 이들의 뇌 앞쪽 부분에 완전히 똑같은 신경 회로가 활동하게 된 것이다"라고 보고했다. "다섯 시간 동안 인터넷을 한 후에는 인터넷을 잘 사용하지 않는 피실험자들도 이미 뇌의 회로를 재구성했다"라는 것이다. 그는 이어 "우리의 뇌가 하루 단 한 시간 컴퓨터에 노출되는 것에 그렇게 민감하다면 더 많은 시간을 보내면 어떻게 되겠는가?"라고 반문한다.[9]

이 연구가 발견한 또 다른 결과는 웹 페이지를 읽을 때와 책을 읽을 때의 차이에 대한 이해를 돕는다. 연구자들은 사람들이 인터넷에서 검색할 때는 책과 같은 문서를 읽을 때와는 아주 다른 형태의 뇌 활동을 보여줌을 발견했다. 책을 읽는 이들은 언어, 기억, 시각적 처리 등과 관련한 부분에서 활발한 활동을 보였으나 문제 해결이나 의사결정과 관련한 전전두 부분은 크게 활성화되지 않았다. 반면 숙련된 인터넷 사용자의 경우는 웹 페이지를 보고 검색할 때 이 전전두 부분 전반에 걸쳐 집중적인 활성화를 나타냈다. 여기서 희망적인 내용은 웹 서핑이 아주 다양한 뇌 활동을 수반하기 때문에 노인의 경우 사고의 예리함을 유지시켜준다는 것이다. 정보를 검색하고 훑어보는 것은 십자말풀이를 하는 것과 같은 식으로 뇌를 '훈련'시키는 듯하다고 스몰은 말한다.

그러나 인터넷 사용자들의 집중적인 뇌 활동 양상은 깊은 독서 등 지속적인 집중을 요하는 행동들이 온라인에서는 왜 그렇게 어려운지를 설명해준다. 온라인에서는 수많은 찰나의 감각적 자극을 처리하며 링크들을 평가하고 또 관련 내용을 검색할지 말지를 선택해야 하는 필요성 때문에, 방해가 되는 문서나 다른 정보로부터 뇌를 분리시키는 동시에 지속적으로 정신적 조정과 의사결정을 해야 한다. 독자로서 우리가 링크와 마주칠 때마다 적어도 몇 분의 몇 초라도 멈추고 우리의 전전두엽 피질이 그것을 클릭해야 할지 말아야 할지 판단토록 해야 한다. 글을 읽는 데서 판단하는 것으로 우리의 정신적 자원의 방향이 전환되는 것을 감지조차 못할 수도 있지만(우리의 뇌는 활동이 빠르다) 이는 특히 자주 반복되었을 때 이해력과 기억력을 저해한다.

전전두엽 피질의 실행 기능이 효과를 나타내기 시작하면서 우리의 뇌는 훈련될 뿐 아니라 혹사당한다. 웹은 매우 현실적인 방식으로 읽기가 인지적으로 고된 활동이었던 스크립투라 콘티누아의 시대로 우리를 되돌려놓았다. 매리언 울프는 온라인에서 무엇을 읽을 때 우리는 깊은 독서를 가능케 하는 기능을 희생시킨다고 한다. 우리는 정보의 단순한 해독기로 되돌아간다.[10] 깊이, 어떤 방해도 받지 않고 읽을 때 형성되는, 풍요로운 정신적 연계 능력은 거의 일어나지 않는다.

스티븐 존슨은 2005년 《바보상자의 역습Everything Bad Is Good for You》이라는 책에서 컴퓨터 사용자의 뇌에서 볼 수 있는 광범위하고 복잡한 신경 활동을 책을 읽는 이들의 머리에서 분명히 나타나는 훨씬 더 조용한 활동과 비교했다. 이 비교를 통해 그는 책을 읽을 때보다 컴퓨터를 사용할 때 더 집중적인 정신적 자극이 일어난다고 했다. 신경이 보여주는 이와 같은 증거는 사람들로 하여금 "지속적으로 책을 읽는 행동은 감각을 충분히 자극하지 못한다"라고 결론 내리게 한다고 그는 적었다.[11]

존슨의 진단이 맞기는 하지만 뇌 활동의 다른 형태에 대한 그의 해석에는 오류가 있다. 이 오류란 책 읽기가 지적으로 의미 있는 행동이 되게 하는 "감각을 충분히 자극하지 못한다"라고 판단한 점이다. 방해 요소를 걸러내고 전두엽의 문제 해결 기능을 잠재움으로써 깊은 독서는 깊은 사고의 형태로 자리 잡았다. 숙련된 독서가는 고요한 사고를 지닌 사람이지 소란스러운 사고를 지닌 이가 아니다. 많은 뉴런이 활성화될수록 좋다고 추측하는 것은 잘못이다.

뇌가 혹사당하면 산만해진다

호주의 교육심리학자인 존 스웰러John Sweller는 사고가 어떻게 정보를 처리하는지, 그리고 특히 우리가 어떻게 배우는지에 대한 연구에 30년을 헌신했다. 그의 연구는 인터넷과 다른 미디어가 우리 사고의 방식과 깊이에 어떤 식으로 영향을 미치는지를 조명

한다. 그의 설명에 따르면 우리의 뇌는 두 개의 다른 기억, 즉 단기 기억과 장기 기억을 가지고 있다. 우리는 즉각적인 인상, 감각 그리고 생각들을 단기 기억 속에 품고 있으며 이는 불과 몇 초 동안만 지속된다. 의식적이건 무의식적이건 간에 우리가 배운 모든 것은 장기 기억에 저장되며 이는 우리 뇌 속에 며칠, 몇 년 또는 평생 동안 남는다. 단기 기억의 특별한 형태는 '작업 기억working memory'인데, 이는 정보를 단기 기억으로 옮겨주고 그에 따라 우리의 지식 창고를 형성하는 데 중요한 역할을 한다. 작업 기억은 매우 현실적인 측면에서 언제라도 우리 의식의 내용을 형성한다. 스웰러는 "우리는 작업 기억 속에 있는 것은 의식하지만 그 밖의 것은 의식하지 못한다"라고 말한다.[12]

작업 기억이 정신의 메모지라면 장기 기억은 정신의 서류 정리 시스템과 같다. 우리의 장기 기억 속 내용은 주로 우리의 의식 밖에 존재한다. 예전에 배웠거나 경험한 무엇인가에 대해 생각해내려 할 때 뇌는 이 기억을 장기 기억으로부터 다시 작업 기억으로 이동시켜야 한다. 스웰러는 "이 기억이 작업 기억으로 거슬러왔을 때 장기 기억 속에 무언가가 저장되어 있다는 정도밖에 인식하지 못한다"라고 설명한다.[13]

한때 장기 기억은 사실, 인상 그리고 사건 등에 대한 거대한 창고 역할밖에 하지 못하며, 이 때문에 이는 "사고와 문제 해결 같은 복잡한 인지적 처리에 거의 기여하지 않는다"라고 여겨졌다.[14] 그러나 뇌과학자들은 장기 기억이 실상은 이해가 이루어지는 장소임을 발견했다. 장기 기억은 사실뿐 아니라 복잡한 개념 또는 스키마schema*들을 저장한다. 흩어진 정보의 조각을 지식의 패턴으로 조직함으로써 스키마는 우리 사고에 깊이와 풍부함을 제공한다. 스웰러는 "지적인 기량의 대부분은 오랜 시간에 걸쳐 획득한 스키마에서 나온다"라고 말한다. "우리는 개념과 관련된 이 같은 스키마를 지니고 있기 때문에 우리가 몸담고 있는 전문 분야의 개념을 이해할 수 있다"라는 것이다.[15]

지능의 깊이는 기억을 작업 기억으로부터 장기 기억으로 이동시키고 또 이 기억을 개념적 스키마로 이어 붙이는 능력에 달려 있다. 그러나 작업 기억에서 장기 기억으로 이르는 통로는 우리의 뇌 속에 큰 병목현상을 일으킨다. 방대한 능력을 지닌 장기 기억과 달리 작업 기억이 저장할 수 있는 정보의 양은 아주 적다. 프린스턴대학교의 심리학자인 조지 밀러George Miller는 1956년에 발표한 저명한 논문 〈마법의 숫자 7, 플러스 또는 마이너스 2The Magical Number Seven, Plus or Minus Two〉에서 작업 기억은 보통 정보의 7조각 또는 요소들만 저장할 수 있음을 알아냈다. 그마저도 지금에 와서는 과장된 것이라 본다. 스웰러에 따르면 최근 밝혀진 증거는 "우리는 주어진 시간에 두 개에서 네 개까지의 요소 정도를 처리할 수 있을 뿐이며, 실제로 가능한 숫자는 범위 내 최대치보다는 아마도 최저치에 머물 것"이라고 했다. 작업 기억에 저장할 수 있는 이 요

●   새로운 정보를 조직하고 통합하는 인지적 틀을 말한다. ― 옮긴이

소들은 "반복을 통해 기억을 되살리지 않는 한" 빨리 사라진다.[16]

욕조를 골무로 가득 채운다고 상상해보라. 이는 작업 기억에서 장기 기억으로 정보를 전달하는 것과 같은 도전이다. 미디어는 정보 흐름의 속도와 강도를 조절함으로써 이 과정에 강력한 영향력을 행사한다. 우리가 책을 읽을 때 이 정보의 수도꼭지는 지속적으로 방울을 똑똑 흘려 내보내는데, 우리는 독서 속도를 통해 이를 통제할 수 있다. 오로지 문자에만 집중함으로써 우리는 조금씩 조금씩, 모든 혹은 대부분의 정보를 장기 기억으로 전달하고 스키마 형성에 필수적인 풍부한 연관 관계를 구축해나간다.

인터넷에서는 각각 콸콸 쏟아지는 여러 가지 정보의 수도꼭지와 마주친다. 우리가 한 꼭지에서 다른 꼭지로 서둘러 이동할 때 우리의 작은 골무에는 물이 넘쳐흐른다. 이때 극히 적은 양의 정보만 장기 기억으로 전달할 수 있는데, 다른 수도꼭지에서 나온 물방울들과 뒤죽박죽 섞인 것이 전달된다. 이는 하나의 수원에서 나온 지속적이거나 일관성 있는 흐름이 아니다.

어느 시점에서 우리의 작업 기억으로 흘러드는 정보를 '인지 부하cognitive load'라고 부른다. 이 부하가 정보를 저장하고 처리하는 우리 사고의 능력을 초월할 때, 즉 골무에서 물이 넘쳐흐를 때 우리는 이 정보를 간직하거나 이미 장기 기억에 저장되어 있는 정보와의 관계를 형성할 수 없으며, 이 새로운 정보를 스키마로 해석할 수 없다. 우리의 능력은 한계에 부딪히고 우리의 이해는 피상적인 수준에 머문다. 계속해서 집중할 수 있는 능력 역시 우리의 작업 기억에 달려 있기 때문에 토르켈 클링베르트가 "우리가 기억해야 하는 점은 우리가 무엇에 집중해야만 하는지이다"라고 말했듯, 높은 인지적 부하는 우리가 경험하는 산만함을 확대시킨다. 뇌가 혹사당할 때 우리는 산만함이 더 산만해짐을 깨닫게 된다.[17] (어떤 연구는 주의력 결핍증Attention Deficit Disorder, ADD을 작업 기억의 과부하와 관련이 있다고 보기도 한다.) 실험 결과들은 작업 기억이 한계에 도달할수록 불필요한 정보와 필요한 정보, 소음에서 신호를 구분하는 것이 더 힘들어짐을 보여준다. 결국 정보에 대해 분별없는 소비자가 되는 것이다.

어떤 대상이나 개념에 대해 더 깊이 이해하는 데 있어서의 어려움은 "작업 기억 부하에 의해 엄청난 영향을 받는 것"으로 보인다고 스웰러는 적었고, 우리가 연구하려는 자료가 더 복잡할수록 과부하 걸린 사고는 더 많은 불이익을 가한다.[18]

인지 과부하의 잠재적 요인은 많지만 스웰러에 따르면 가장 중요한 두 가지는 '관련 없는 문제의 해결'과 '주의력 분산'이다. 이는 정보 전달 도구로서 인터넷의 두 가지 핵심 특성이기도 하다. 개리 스몰이 시사했듯이 인터넷을 사용하는 것은 십자말풀이를 하는 것 같은 방식으로 뇌를 '훈련'시킬 수 있다. 그러나 이 같은 집중적인 훈련이 우리 사고의 주된 방식이 될 경우 깊이 있는 배움과 사고가 방해받을 수 있다. 십자말풀이를 하면서 책 읽기를 시도해보라. 그것이 바로 우리가 인터넷에서 지적 활동을 할 때의 환경이다.

하이퍼텍스트와 인지 능력의 상관관계

1980년대 학교들이 컴퓨터에 대량으로 투자하기 시작했을 때 사람들은 종이 문서와 비교해 디지털 문서가 지닌 명백한 이점에 대해 엄청나게 열광했다. 많은 교육자가 스크린으로 보이는 문서에 하이퍼링크를 도입하면 학습에 요긴하게 이용할 수 있을 것이라고 확신했다. 그들은 하이퍼텍스트가 학생들에게 서로 다른 시각들을 접할 수 있게 함으로써 비판적 사고 능력을 강화할 것이라고 주장했다. 인쇄된 문서를 통한 엄격한 독서에서 자유로워진 독자들은 다양한 문서들 사이에서 다양한 종류의 새로운 지적인 연계 활동을 해냈다.

하이퍼텍스트에 대한 학문적 열정은 당시 매우 인기를 끌었던 포스트모던 이론과 동일한 맥락에서 이해되어 하이퍼텍스트가 저자의 가부장적인 권위를 전복시키고 권력을 독자들에게로 이동시킬 것이라는 믿음으로 인해 더욱 불이 붙었다. 문학 이론가인 조지 랜도우George Landow와 폴 딜러니Paul Delany는 하이퍼텍스트가 독자들을 인쇄된 문서의 고집스런 유형성에서 해방시켜 어떤 계시를 보여줄 것이라고 적었다. 하이퍼텍스트는 "종이에 갇힌 과학 기술의 속박에서 우리를 해방시킴으로써, 경험의 요소들을 결합하거나 결정하는 링크 등을 바꾸는 방식으로 경험의 요소들을 재

배치할 수 있는 사고의 능력을 증가시킬 수 있는 더 나은 모델을 제시한다"라는 것이다.[19]

그러나 1980년대가 끝날 무렵 이 열정은 잦아들기 시작했다. 연구 결과는 하이퍼텍스트의 인지적 영향력에 대한 보다 전체적이면서 매우 다른 그림을 그리고 있었다. 링크들을 평가하고 그 사이를 항해하는 것은 독서 행위 자체와는 무관한 정신적으로 고된 문제 해결 과제를 수반하는 것으로 드러났다. 하이퍼텍스트에 대한 해독은 독자의 인지적 부하를 상당 수준 증가시키고 그에 따라 독자들이 읽는 대상을 이해하고 기억하는 능력을 약화시켰다. 1989년에 발표된 한 연구는 하이퍼텍스트를 읽는 이들은 페이지를 주의 깊게 읽는 대신 산만하게 클릭하는 것으로 끝나곤 하는 것을 보여주었다. 1990년 발표된 실험은 하이퍼텍스트를 읽는 이들은 종종 "무엇을 읽고, 읽지 않았는지를 기억하지 못한다는 것"을 밝혀냈다.

같은 해에 발표된 다른 연구에서 연구자들은 두 그룹의 사람들에게 일련의 문서를 검색한 후 몇 가지 질문에 답하도록 했다. 한 그룹은 전자 하이퍼텍스트 문서를 통해 검색했고 다른 그룹은 전통적인 종이 문서를 통해 검색했다. 종이 문서를 사용한 그룹은 질문지를 완성하는 데 하이퍼텍스트를 사용한 그룹보다 월등한 실력을 보였다. 1996년 발간된 하이퍼텍스트와 인지에 관한 책을 만든 편집자들은 이 실험과 또 다른 실험들의 결과를 평가하면서 하이퍼텍스트가 "독자들에게 높은 인지적 부하를 가하기" 때문에 "종이를 통한 프레젠테이션(익숙한 상황)과 하이퍼텍스트(인지적으로 힘든 낯선 상황)의 경험적인 비교에서 언제나 하이퍼텍스트를 선호하지는 않는다는 것"은 놀랄 일이 아니라고 적었다. 그러나 그들은 독자들이 "하이퍼텍스트를 읽고 쓰는 능력"을 더 기르면서 인지적 문제는 줄어들 것이라고 예상했다.[20]

아직 이 같은 일은 일어나지 않았다. 월드와이드웹은 하이퍼텍스트를 보편화해 실상 어디에나 존재하게 했지만, 선형적인 문서를 읽는 사람들이 링크가 포함된 문서를 읽는 사람들보다 더 많이 이해하고, 기억하고, 배운다는 연구 결과는 계속 이어지고 있다. 2001년 캐나다 출신 학자 둘은 한 연구에서 70명의 사람들에게 모더니스트 작가인 엘리자베스 보웬Elizabeth Bowen의 단편 소설인 《데몬 러버Demon Lover》를 읽도록 했다. 한 그룹은 이 소설을 전통적인 선형적 문서 형태로 읽었고, 다른 그룹은 웹 페이지에서 볼 수 있는 것과 같은 링크 형태로 읽었다. 하이퍼텍스트를 읽은 이들의 경우 소설을 읽는 데 더 오랜 시간을 소비했음에도 이후 뒤따른 인터뷰에서 내용을 정확히 이해하지 못하고 혼란스러운 태도를 보였다. 이들 중 4분의 3은 문서를 읽어나가는 데 어려움을 느꼈다고 말했다. 그에 비해 선형적 문서를 읽은 이들의 경우에는 10명 중 한 명만이 이 같은 어려움을 드러냈다. 하이퍼텍스트를 읽은 이들 중 한 명은 "이야기가 너무 건너뛰는 듯했다. 하이퍼텍스트로 읽어서 그런지는 모르겠지만 갑자기 이야기가 연결되지 않고 내가 따라가지 못하는 새로운 생각으로 뛰어넘는 듯했다"

라고 불만을 호소했다.

연구자들은 두 번째 실험에서는 더 짧고 간결한 내용의 션 오펄레인Seán Ó Faoláin의《송어The Trout》를 읽도록 했다. 결과는 동일했다. 하이퍼텍스트를 읽은 이들은 또다시 이야기를 따라가는 데 큰 혼란을 느꼈다고 말했으며, 플롯과 이미지에 대한 그들의 언급은 선형적 문서를 읽은 이들의 것보다 엉성하고 부정확했다. 연구자들은 하이퍼텍스트로 읽을 경우 "개인적으로 몰두하는 독서 상태는 어려운 것 같다"라고 결론 내렸다. 독자들의 관심은 "이야기가 제공하는 경험보다는 하이퍼텍스트의 조직과 기능에 맞춰졌다"라는 것이다.[21] 글을 보여주기 위해 사용된 기기가 글의 의미를 흐려놓은 셈이다.

다른 실험에서 연구자들은 사람들로 하여금 컴퓨터 앞에 앉아 학습과 관련한 상반된 이론을 설명하는 온라인 논문 두 개를 읽게 했다. 한 논문은 "지식은 객관적이다"라고 주장하고 있고, 다른 논문은 "지식은 상대적이다"라고 주장하고 있다. 각각의 논문에는 비슷한 제목이 달려 있고 형태도 비슷했다. 또 독자들이 재빨리 이동해 두 이론을 비교할 수 있도록 다른 논문이 링크되어 있었다. 연구자들은 링크를 이용하는 이들의 경우 순서대로 하나의 논문을 읽고 다음 것을 읽은 사람들보다 두 이론과 그 차이점들에 대해 더 풍부하게 이해할 것이라는 가설을 세웠다. 그러나 그들의 가설은 틀렸다. 이후 논문의 이해 정도를 알아보는 테스트에서 논문을 선형적으로 읽은 피실험자들이 페이지를 앞뒤로 클

릭한 사람들보다 상당히 높은 점수를 받았다. 연구자들은 링크가 학습을 방해한다는 결론에 도달했다.[22]

또 다른 연구자인 얼핑 주Erping Zhu 역시 하이퍼텍스트가 이해력에 미치는 영향을 알아내기 위해 다른 종류의 실험을 실시했다. 그녀는 사람들에게 동일한 온라인 글을 읽도록 하는 대신 글 안에 담긴 링크의 개수에 차이를 두었다. 그녀는 피실험자들에게 그들이 읽은 내용에 대해 요약문을 쓰고 다지선다형 문제지를 채우게 함으로써 독자들의 이해도를 실험했다. 그녀는 링크의 개수가 늘어날수록 이해 정도가 떨어짐을 발견했다. 독자들은 링크를 평가하고, 클릭을 할지말지를 결정하기 위해 높은 집중력과 함께 뇌의 역량을 쏟아부어야 했다. 이 때문에 읽고 있는 문서를 이해하는 데 사용할 인지적 자원이나 집중력은 그만큼 줄어들게 된다.

주는 이 실험이 "링크의 개수와 방향감 상실 또는 인지 과부하 사이에" 강한 상관관계가 있음을 암시한다고 적었다. "읽기와 이해는 개념 간 관계를 성립하고 추론하고, 이전에 얻은 지식을 활성화시키고 주제로 통합하는 과정을 요구한다. 따라서 방향 상실 또는 인지 과부하는 읽기와 이해의 인지적 행동을 방해할 것이다."[23]

2005년 캐나다의 칼턴대학교 응용인지연구소의 심리학자인 다이애나 데스테파노Diana DeStefano와 조-앤 레페브르Jo-Anne LeFevre는 하이퍼텍스트 읽기와 관련한 과거 38건의 실험에 대해 종합적으로 고찰했다. 모든 연구가 하이퍼텍스트가 이해력을 떨어뜨린다는 결론에 도달한 것은 아니지만 이들은 한때 유명했던 "하이퍼텍스트는 문서에 대한 더욱 강력한 경험을 하게 할 것"이라는 이론을 거의 지지하지 않음을 발견했다. 반대로 많은 연구 결과에서 하이퍼텍스트 내에서 부가적으로 의사결정과 시각적 처리까지 신경 써야 하는 탓에 읽는 행위에 어려움을 겪는 것으로 나타났는데, 특히 이는 전통적인 선형적인 형태와 비교했을 때 더욱 그렇다. 그들은 "하이퍼텍스트의 많은 특성은 인지적 과부하를 낳았고 따라서 독자의 능력을 초과하는 작업 기억 능력을 요구할 것이다"라고 결론 내렸다.[24]

인터넷은 당신의 집중력을 분산시킨다

인터넷은 이른바 '하이퍼미디어'를 전달하기 위해 하이퍼텍스트 기술을 멀티미디어 기술과 접목시켰다. 전자링크로 제공되는 것은 단지 단어들뿐 아니라 이미지, 소리 그리고 동영상까지 포함한다. 하이퍼텍스트의 선구자들이 한때 링크들이 독자들에게 더 풍성한 학습 경험을 제공할 것이라고 믿었던 것처럼, 많은 교육자 역시 종종 '리치 미디어'라고도 불리는 멀티미디어가 이해를 심화시키고 학습 능력을 강화시킬 것이라 예상했다. 더 많이 주입할수록 더 좋다는 식이다. 그러나 이렇다 할 증거도 없이 오랫동안 받아들여졌던 이 같은 예측 역시 연구 결과, 반박에 직면했다. 멀티미디어에 따른 집중력의 분산은 우리의 인지적 능력에 더 많은 노동을 가해 학습 성과를 낮추고 이해력도 약화시킨다. 우리의 정신세계에 사고력과 관련한 것을 공급할 때는 양적으로 더 많은 것이 오히려 더 적은 효과를 낼 수 있다.

2007년 학술지 〈미디어사이콜로지Media Psychology〉에 발표된 연구에서 연구자들은 100명이 넘는 자발적 피실험자를 구해 말리Mali에 대한 발표 내용을 컴퓨터 웹브라우저를 통해 보도록 했다. 피실험자 중 일부는 글자로만 채워진 일련의 페이지로 구성된 발표문을 읽었고, 다른 그룹은 글자는 물론 관련 페이지와 함께 청각·시각적 프레젠테이션 창이 포함된 것을 읽었다. 실험 참가자들은 동영상을 원할 때마다 멈추고 다시 시작할 수 있었다.

실험이 끝난 후 피실험자들은 자료에 대한 10가지 질문에 답했다. 글자로만 이루어진 자료를 본 이들은 이 질문 중 평균 7.04개에 올바른 답을 적은 반면, 멀티미디어를 본 이들은 5.98개에만 정답을 적었는데, 연구자들은 이는 의미 있는 차이라고 설명한다. 피실험자들은 또한 발표 내용에 대해 어떻게 인식했는지에 관한 질문에 답했다. 글자로만 된 자료를 읽은 이들은 멀티미디어 자료를 본 이들보다 발표문이 더 흥미있고 교육적이며 이해하기도 쉽고 재미있었다고 답했다. 또한 "나는 이 내용을 보고 아무것도 배운 것이 없다"라는 문항에 동의한 쪽은 문자로만 된 자료를 읽은 이들보다 멀티미디어 자료를 본 이들이 더 많았다. 인터넷에서 너무도 보편화되어 있는 멀티미디어 기술은 "정보 획득을 증진하기보다는 도리어 제약할 것으로 보인다"라고 연구자들은 결론 내렸다.[25]

또 다른 실험에서 두 명의 코넬대학교 연구자들은 한 무리의 학생들을 두 그룹으로 나누었다. 한 그룹은 강의를 들으면서 인터넷을 서핑하게 했다. 그들의 접속 기록을 통해 이들이 강의 내용과 관련 있는 사이트들을 보기도 했지만 관련 없는 사이트 역시 방문했고, 이메일을 확인하거나 쇼핑을 하거나 동영상을 보는 등 사람들이 온라인에서 하는 모든 행동을 했음을 확인할 수 있었다. 두 번째 그룹은 동일한 강의를 들었으나 노트북은 닫아두어야 했다.

실험이 끝나고 양쪽 그룹은 강의의 정보를 얼마나 잘 기억하는지 측정했다. 연구자들은 인터넷을 사용한 이들이 "강의 직후 실시한 학습 내용에 대한 기억 여부에 대한 평가에서 눈에 띄게 낮은 점수를 보였다"라고 보고했다. 게다가 강의와 관련 있는 정보를 검색했는지의 여부는 따질 필요도 없이 이들은 모두 테스트에서 형편없는 결과를 보였다. 연구자들이 다른 반 학생들을 대상으로 실험을 반복했을 때도 결과는 같았다.[26]

캔자스주립대학교의 학자들 역시 비슷한 현실적 연구를 시행했다. 그들은 대학생 그룹으로 하여금 전형적인 CNN 보도를 시청하도록 했다. 이때 앵커는 네 개의 뉴스를 보도하는데 스크린 상에 정보와 관련해 다양한 그래픽이 펼쳐지고, 화면 아래에는 다양한 자막을 내보낸다. 다른 그룹은 같은 프로그램을 시청하되 그래픽과 자막을 제외시켰다. 뒤따른 테스트 결과 멀티미디어 형식을 시청한 이들은 단순한 형태를 시청한 이들에 비해 시청 후 기억한 뉴스들이 매우 적었다. 이 연구자들은 "여러 가지 메시지를 전달하는 형식은 시청자의 집중력의 한계를 초월하는 것으로 보인다"라고 적었다.[27]

정보를 한 가지 이상의 형태로 제공하는 것이 언제나 이해에 도움이 되는 것은 아니다. 도표가 삽입된 교과서나 매뉴얼을 읽는 과정을 통해 이미 알고 있듯이 그림은 글로 적힌 설명을 명확히 하고 강화하는 데 도움을 준다. 교육학자들 역시 오디오와 비디오적 설명이나 지시를 결합하여 세심하게 준비된 발표는 학생들의 학습력을 향상시킬 수 있음을 발견했다.

최근 이론에 따르면 그 이유는 뇌가 우리가 보고 듣는 것을 처리하기 위해 다른 통로를 사용하기 때문이다. 스웰러가 설명하듯이 "청각적·시각적 작업 기억은 적어도 어느 정도는 별개이기 때문에 효과적인 작업 기억은 하나보다는 양쪽 모두의 처리 부문을 사용함으로써 향상될 수 있다"라고 설명한다. 그 결과 어떤 경우에서는 "집중력이 분산된 데 따른 부정적 효과는 청각적·시각적 양식의 모드를 사용함으로써 개선될 것이다"라고 했다. 다시 말해 소리와 사진으로 개선될 수 있다는 것이다.[28] 인터넷은 학습 효과를 극대화하려는 교육가들에 의해 만들어지지 않았다. 정보를 균형 잡힌 방식으로 섬세하게 제공하는 것이 아니라 모든 것이 뒤죽박죽이 되어 집중력을 분산시키는 형식으로 제공한다.

디자인적 측면에서 볼 때 인터넷은 방해 체계, 즉 집중력 분산을 위한 기계라 할 수 있다. 이는 다른 종류의 미디어를 동시에 펼쳐 보일 수 있는 능력 때문만이 아니라, 메시지를 주고받을 수 있도록 프로그램을 쉽게 짤 수 있는 데 따른 결과다. 한 가지 예를 들자면, 대부분의 이메일 응용프로그램은 5분 또는 10분마다 자동적으로 새로운 메시지를 체크하도록 되어 있고, 사람들은 일상적으로 그보다 더 자주 '새 메일 확인' 버튼을 클릭한다. 사무실에서 컴퓨터를 사용하는 회사원들을 대상으로 연구한 결과, 이들은 새로 도착하는 이메일을 읽고 그에 답장을 쓰기 위해 기존에 읽던 작업을 끊임없이 중지하고 있는 것으로 나타났다.

사람들이 한 시간 동안 자신들의 편지함을 서른 번 또는 마흔 번씩 열어보는 것이 특이한 일은 아니다(물론 얼마나 자주 메일함을 보느냐는 질문에 대한 그들의 답은 이보다는 더 적은 수치를 보였다).[29] 각각의 확인 행위는 짧은 사고의 중단, 일시적인 정신적 자원의 재배치를 의미하기 때문에 인지적 비용이 높다. 오래전 이루어진 심리학 연구는 우리 대부분이 경험으로 알고 있는 바를 증명했다. 빈번한 중단은 우리의 사고를 분산시키고 기억을 약화시키며 긴장한 상태로 안절부절못하게 만든다는 것이다. 생각의 고리가 더욱 복잡할수록 이 산만함은 더 큰 손상을 입힌다.[30]

개인 메시지 외에도 문자와 메신저 등 인터넷은 우리에게 또 다른 자동 알림 방식을 점차 다량으로 제공한다. RSS리더와 뉴스 포털은 개인이 좋아하는 출판물이나 블로그에 새로운 이야기가 뜨면 이를 알려준다. 소셜네트워크 사이트 역시 종종 매분마다 동료들이 무엇을 하고 있는지 알려준다. 트위터와 다른 마이크로블로깅 서비스들 역시 우리가 팔로우하는 사람이 새로운 메시지를 올릴 때마다 이를 알려준다. 투자한 상품의 가치 변동, 특정 인물이나 사건에 대한 뉴스, 사용하는 소프트웨어의 업데이트, 유튜브에 새로 올라온 동영상 등을 파악하기 위해 알림 기능을 설정할 수 있다.

우리가 얼마나 많은 정보를 받아보고 있는지, 이들이 얼마나 자주 업데이트 자료를 보내고 있는지에 따라 우리는 한 시간에 10개가 넘는 알림 메시지를 받을 수 있다. 다양한 인터넷 서비스를 사용하고 있는 이들이라면 이 수는 더 증가할 수 있다. 이것들은 각기 모두 산만함이자 우리 사고에 대한 또 다른 침범이다. 또 우리 작업 기억 내 소중한 공간을 차지하고 있는 또 다른 정보의 조각이다.

인터넷 항해는 특히 정신적으로 집중하는 형태의 멀티태스킹을 요구한다. 우리의 작업 기억을 정보로 넘쳐나게 하는 것뿐 아니라 이 곡예는 뇌과학자들이 우리의 인지력에 '전환 비용switching costs'이라고 부르는 것을 부과한다. 우리가 관심을 전환할 때마다 뇌는 스스로 다시 방향을 잡아야 하고, 우리의 정신세계에 더 많은 고통을 가한다. 매기 잭슨Maggie Jackson이 멀티태스킹에 관한 책《집중력의 탄생Distracted》에서 설명했듯이 "뇌가 목표를 바꾸고 새로운 업무를 위해 필요한 규칙을 기억하고, 이미 지나갔지만 여전히 생생한 활동이 가하는 인지적인 훼방을 막아내는 데는 많은 시간이 걸린다."[31]

많은 연구 결과, 단 두 가지 일 사이에서의 전환도 인지 과부하를 상당 부분 가중시키고 사고에 훼방을 놓으며 중요한 정보를 간과하거나 잘못 이해할 가능성을 높이는 것으로 나타났다. 한 간단한 실험은 성인 집단에게 일련의 컬러 형상을 보여준 다음 그들이 본 것에 기초해 추측해볼 것을 요구했다. 그들은 계속 삐 소리가 나는 헤드폰을 낀 채 이 임무를 수행해야 한다. 첫 번째 시도에서 그들은 삐 소리를 무시하고 형상에만 집중하라는 지시를 받았다. 두 번째 시도에서는 다른 시각적 신호 세트를 이용해 삐 소리의 횟수를 세도록 지시받았다.

각각의 실험 후 그들은 방금 한 일의 해석과 관련된 테스트를 마쳤다. 양쪽 시도 모두에서 피실험자들은 예측에 있어 비슷한 성공을 거두었다. 그러나 멀티태스킹을 도입한 실험에서 피실험자들은 자신의 경험에 대한 결론을 이끌어내는 데 더 큰 어려움을 겪었다. 이 두 가지 임무 사이에서의 전환은 그들의 이해력에 혼선을 일으켰다. 그들은 임무를 완수하긴 했지만 그 의미는 놓쳤다. "우리의 결론은 산만한 상태에서 사실과 개념을 배울 경우 더 나쁜 결과를 낳음을 시사한다"라고 수석 연구자인 캘리포니아대학교 로스앤젤레스캠퍼스의 심리학자 러셀 폴드랙Russell Poldrack은 말한다.[32] 전환 비용은 단지 두 개가 아닌 여러 개의 정신적인 임무 사이에서 곡예하는 인터넷에서 가장 높다.

사건들을 관찰하고 메시지와 알림을 자동으로 보낼 수 있는 인터넷의 능력은 소통 기술의 측면에서 볼 때 핵심 장점 중 하나라 할 수 있다. 우리는 이 시스템의 작동 체계를 개인화하고 방대한 자료를 특정한 필요와 관심, 욕망에 맞게 설정할 수 있는 능력에 의존하고 있다. 우리는 방해받기를 원하는데, 이는 각각의 방해가 가치 있는 정보를 가져다주기 때문이다. 이 알림 메시지들을 제거한다는 것은 연락이 끊긴 느낌 또는 심지어 사회적으로 고립된 느낌마저 가져올 위험이 있다. 인터넷에서 뿜어져 나와 거의 지속적으로 이어지는 새로운 정보의 흐름은 유니언대학교의 심리학자 크리스토퍼 차브리스Christopher Chabris가 설명한 바에 따르면 "지금 현재 우리에게 일어나는 일을 지나치게 과대평가"하는 우리의 자연스런 성향에 영향을 미친다. 우리는 "새로운 것이 중요하다기보다는 사소한 경우가 더 많다"라는 점을 알고 있음에도 새로운 것을 찾아 헤맨다.[33]

이 때문에 우리는 인터넷이 계속 더 자주, 다양한 방식으로 우리를 방해할 것을 요구하고 있다. 우리는 매력적이고 흥미로운 정보를 받아들이는 대가로 집중과 몰입, 그리고 관심의 분화와 생각의 분산이라는 손실을 기꺼이 받아들인다. 이를 거부하는 것은 우리 중 많은 이가 선택사항으로 고려할 일은 아니다.

문서를 스캐닝하는 방식의 읽기

1879년 루이 에밀 자발Louis Emile Javal이라는 프랑스의 안과의사는 사람들이 읽을 때 눈이 완벽하게 부드러운 방식으로 단어 위를 훑고 지나는 것이 아님을 발견했다. 사람들의 시각적인 초점은 약간 점프하는, 이른바 '단속성 운동saccade' 방식으로 진행되어 각각의 줄을 따라 여러 지점에서 잠깐씩 멈추는 식이다. 얼마 후 파리 대학교에 소속된 자발의 한 동료는 이 중지 또는 "시선 고정"의 형태는 무엇을 읽고 있는지 또 누가 읽고 있는지에 따라 상당히 다르다는 점을 발견했다. 이 발견에 이어 뇌과학자는 우리가 어떻게 읽는지, 또 우리의 사고가 어떻게 작용하는지에 대해 더 많은 것을 알아내기 위해 시선 추적 실험을 도입하기 시작했다. 이 같은 연구는 인터넷이 집중과 인지에 미치는 영향에 대한 더 깊은 이해를 제공하는 데 매우 도움이 되리라는 것이 증명되었다.

　오랫동안 웹 페이지 디자인 컨설턴트로 일했고 1990년대부터 온라인에서의 읽기에 대해 연구해온 제이콥 닐슨Jakob Nielsen은 2006년 인터넷 사용자들에 대한 시선 추적 실험을 실시했다. 그는 232명의 실험 참가자들이 문서를 읽고 또 콘텐츠를 살펴보는 동안 눈의 움직임을 추적할 수 있는 작은 카메라를 장착하게 했다. 닐슨은 이 중 어떤 참가자도 전형적인 책 읽는 방식인, 체계적으로 한 줄 한 줄 진행하는 방식으로 온라인 문서를 읽지 않음을 발견했다. 대다수는 문서를 재빨리 훑었으며 그들의 시선은 대략 알파벳 F의 형태를 띠며 페이지 아래를 향해 건너뛰는 식이었다.

사람들은 문서의 첫 번째 또는 세 번째 줄까지는 끝까지 살펴본다. 이후 그들의 시선은 약간 아래로 떨어지고 몇 줄 더 가서 가운데 정도까지만 재빨리 살핀다. 결국 그들은 시선을 페이지의 왼쪽 아래쪽으로 옮겨 힐끔거린다. 온라인 읽기의 이 같은 유형은 이후 위치타주립대학교의 소프트웨어유용성연구실험실에서 시행된 시선 추적 연구를 통해 더욱 확실히 증명되었다.[34]

닐슨은 고객들을 위해 연구 결과를 요약하면서 다음과 같이 말했다. "'F'는 '빠른fast'을 상징한다. 이는 사용자들이 당신들이 만든 소중한 콘텐츠를 읽는 방식이다. 몇 초 안에 그들의 시선은 당신의 웹 사이트 속의 단어들을 놀라운 속도로 휘젓고 지나는데, 이는 학교에서 배운 것과는 아주 다른 방식이다"라고 했다.[35] 시선 추적 연구에 더해 닐슨은 독일 연구 팀이 취합한 인터넷 이용자의 행동 방식에 대한 방대한 정보를 분석했다. 독일 연구 팀은 24명의 개인 컴퓨터를 각각 평균 약 100일 동안 관찰하며, 사용자들이 5000여 개의 웹 페이지를 보는 데 걸린 시간을 측정했다. 이 데이터를 분석한 후 닐슨은 페이지의 단어 개수가 증가할수록 방문자가 페이지를 보는 시간이 상승하긴 했으나 그 변화는 아주 미약한 정도라는 것을 발견했다.

100개의 단어가 더 추가될 때마다 이용자가 이 페이지를 보는 데 추가적으로 투자한 시간은 겨우 4.4초에 불과했다. 읽기 능력이 가장 훌륭한 이들도 4.4초 동안 읽을 수 있는 단어 개수는 18개 정도에 불과해 닐슨은 "페이지를 장황하게 꾸밀 때 고객들은 그 중 오직 18퍼센트만 읽을 것"이라고 고객들에게 설명했다. 그는 이것이 과장된 결과일 수 있다는 점도 분명히 했다. 이 연구에 참여한 사람들이 그 시간에 모두 글만 읽었다고 보기는 어렵기 때문이다. 글과 함께 그림이나 동영상 광고, 다른 종류의 콘텐츠 역시 보았을 것이라는 얘기다.[36]

닐슨의 분석은 독일 연구원들이 내린 결론도 지지하고 있다. 독일 연구자들은 대부분의 웹 페이지의 경우, 시선이 머무는 시간은 10초 이하라고 보고했다. 2분 넘게 시선을 잡는 페이지는 10개 중 한 개에도 못 미쳤고, 이마저도 상당 부분은 "관심을 기울이지 않는 창으로, 데스크톱의 배경에 열린 채 방치되어 있는 것"을 포함한다. 이 연구자들은 "많은 정보와 링크가 달린 새로운 페이지에 시선이 머무는 시간도 짧다"라고 보았다. 그들은 이 결과가 "인터넷에서 보는 행위는 확실히 빠른 속도의 쌍방향 활동임이 분명하다"라고 말했다.[37] 이 결과는 또한 닐슨이 온라인에서의 읽기에 대한 첫 번째 연구 후 서술했던 결과를 더욱 확고히 한다. 그는 당시 "이용자들은 웹의 글을 어떤 방식으로 읽는가"라고 질문했다. 답은 간결했다. "읽지 않는다"였다.[38]

웹 사이트는 보통 방문자의 행동에 대한 상세한 정보를 수집하고 이 기록들은 우리가 온라인에 있을 때 얼마나 빠른 속도로 페이지를 이동하는지 잘 보여준다. 기업 홈페이지에 대한 사람들의 이용 방식을 분석하는 소프트웨어를 생산하는 이스라엘 회사 클릭테일ClickTale은 2008년, 두 달 동안 자사 고객들이 관리하는 사이트 내 약 백만 건에 이르는 방문자의 행동에 대한 정보를 수집했다. 이 회사가 발견한 것은 대부분의 국가에서 사람들은 평균 19초에서 27초가량 한 페이지를 둘러본 뒤 다른 페이지로 이동한다는 것이었다. 여기에는 다른 페이지의 창이 뜨는 데 필요한 시간도 포함된다.

독일과 캐나다의 인터넷 이용자들은 각각의 페이지에 약 20초를 투자했고, 미국과 영국 이용자들은 약 21초, 인도와 호주인은 약 24초 그리고 프랑스인들은 약 25초를 투자했다.[39] 인터넷에서 한가하게 둘러보는 것 같은 건 없다. 우리는 눈과 손가락을 최대한 재빨리 움직여 가능한 한 많은 정보를 모으기를 원한다.

학문적인 자료 수집에 있어서도 마찬가지다. 2008년 초 5년 만에 종료된 한 연구에서 런던대학교의 연구자들은 영국국립도서관과 영국교육컨소시엄이 운영하는 두 개의 유명 학술 검색 사이트 방문자의 행동에 대한 컴퓨터 기록을 분석했다. 두 사이트 모두 사용자들이 학술 논문, 전자책과 또 다른 글로 써진 정보에 접근할 수 있도록 안내한다.

학자들의 연구 결과에 따르면, 이 사이트들을 이용하는 이들은 놀라울 정도로 필요한 부분을 찾아 훑는 양상을 보였다. 이들은 자료 검색을 위해 이미 방문한 곳을 재방문하는 일이 거의 없이 한 자료에서 또 다른 자료로 재빨리 이동하곤 했다. 보통 그들은 기껏해야 책이나 논문의 한두 페이지 정도만 읽고는 재빨리 다른 사이트로 이동했다. 이 연구자들은 "사용자들은 전통적인 개념으로 볼 때 온라인에서는 읽지 않고 있음이 확실하다"라고 썼다. 또한 "사용자들이 제목, 목차, 요약 등을 동시에 '파워 검색'할 때 원하는 정보를 신속하게 얻게 되면서 분명 이 새로운 형태의 읽기가 확산될 조짐이 보인다. 전통적인 방식의 읽기를 피하기 위해 사람들이 온라인을 찾는 것 같다는 생각이 들 정도다"라고 썼다.[40]

머제니치는 읽기와 연구에 대한 접근 방식의 변화는 우리가 인터넷이라는 기술에 의존한 데 따른 피할 수 없는 결과인 것으로 보인다고 주장하며, 이는 또한 우리의 사고에 있어 더 깊은 변화를 시사한다고 말한다. "현대적인 검색엔진과 상호 참조가 가능한 웹 사이트들이 연구와 소통의 효율성 향상에 강력한 추진력이 된 점에는 의심의 여지가 없음이 확실하다"라고 그는 말한다. "또한 우리가 연구 전략에 있어 효율성, 참고문헌 재인용(맥락에 맞지 않는), 가볍게 훑어보기 같은 전략을 쓸 때 우리의 뇌는 정보의 통합에 있어 덜 직접적이고, 더 피상적으로 관여하게 될 것이라는 점도 분명하다"라고 했다.[41]

읽기에서 인터넷 검색으로의 전환은 매우 빠른 속도로 일어나고 있다. 산호세주립대학교의 도서관학 교수인 지밍 리우Ziming Liu는 이미 "디지털 미디어의 출현과 디지털 문서에 대한 수집의 증가는 읽기에 심오한 영향을 미쳤다"라고 말한다. 2003년 리우는 대부분 30세에서 45세 사이 연령대의 엔지니어, 과학자, 회계사, 교사, 기업 간부, 대학원생인 113명의 고학력자들을 대상으로 설문조사를 벌여 그들의 읽기 습관이 최근 10년 동안 어떻게 바뀌었는지를 살펴보았다. 거의 85퍼센트에 달하는 설문 참가자가 전자 문서를 읽는 데 더 많은 시간을 투자하고 있다고 답했다.

자신들의 독서 습관이 어떻게 변했는지에 대한 질문에 81퍼센트의 참가자는 "이리저리 검색하고 대충 훑는 수준"이라고 답했고, 82퍼센트는 이전보다 더 "비선형적 방식의 읽기"를 하고 있다고 답했다. 오직 27퍼센트만이 "깊이 있는 읽기"에 투자하는 시간이 늘어나고 있다고 답했고, 45퍼센트는 이 시간이 줄어들고 있다고 했다. 겨우 16퍼센트만이 자신들은 읽기에 "지속적인 집중력"을 더 많이 발휘하고 있다고 말했으며, 50퍼센트는 "지속적인 집중력"이 줄어들었다고 답했다.

리우는 이 연구 결과가 "디지털 환경은 사람들이 많은 주제를 폭넓게 탐구하도록 권장하는 경향이 있긴 하지만 그 방식은 더욱 피상적인 수준에 머문다"라며, "이는 하이퍼텍스트가 사람들이 깊이 읽고 생각하지 못하도록 산만하게 한다"라는 점을 시사한다고 했다. 연구 참가자 중 한 명은 리우에게 "긴 문서를 읽는 참을성이 약해지고 있다. 긴 논문의 경우 결론부터 보고 싶다"라고 했다. 또 다른 이는 "인쇄된 자료를 볼 때보다 html 형태의 원고를 볼 때 더 많이 내용을 건너뛴다"라고 했다.

리우는 연구 결과를 종합해 다음과 같이 결론 내렸다. 컴퓨터와 전화를 통해 쏟아지는 디지털 문서의 홍수와 함께 예전과 비교해 "사람들은 더 많은 시간을 읽기에 할애하고 있다"라고 했다. 그러나 분명한 것은 방식이 확연히 다르다는 것이다. 그는 "인터넷을 돌아다니며 훑어보고, 키워드를 찾아내고, 대강 읽고, 비선형적으로 읽는 것으로 특징 지워지는 스크린에 기반한 읽기 습관이 확산되고 있다"라고 적었다. 반면 깊은 읽기와 집중해서 읽는 데 투자하는 시간은 지속적으로 줄어들고 있다.[42]

인터넷에서 이곳저곳을 돌아다니며 다양한 내용들을 검색하는 것이 잘못은 아니다. 신문을 볼 때도 자세히 읽기보다 건너뛰는 기사가 더 많았고, 글의 핵심을 파악하고 더 자세히 읽을 필요가 있는지 알아보기 위해 책이나 잡지를 살필 때도 습관적으로 안구를 빨리 굴렸다. 문서를 전체적으로 훑어볼 수 있는 능력은 깊이 읽는 능력만큼이나 중요하다. 그러나 이와는 다른 문제점은 바로 우리가 무언가를 읽는 데 있어 대충 훑어보는 것이 지배적인 형태가 되었다는 점이다.

한때는 목적을 위한 수단이자 진중한 학습이 요구되는 정보를 가려내는 방식이었던 훑어보기는 목적 그 자체가, 모든 종류의 정보를 이해하고 수집하는 데 있어 선호되는 방식이 되었다. 로즈 장학생•인 플로리다주립대학교의 조 오셔 Joe O'Shea 같은 철학 전공

• 영국 옥스퍼드대학교에서 수학 중인 미국, 독일, 영국 출신 학생에게 주어지는 로즈 장학금을 받는 학생을 말한다. ─ 옮긴이

자마저도, 자신은 책 읽기를 좋아하지 않을 뿐 아니라 책을 읽을 특별한 이유를 찾지도 못하겠다고 아무렇지 않게 인정하는 지경에 이르렀다. 불과 1초 만에 구글을 이용해 필요한 정보를 얻을 수 있는데 무엇 때문에 책을 읽겠는가? 은유적으로 표현하자면 우리가 경험하고 있는 이 모든 것은 '문명의 원래 궤도가 뒤집힌 것'이라 할 수 있다. 우리는 개인적인 지식의 경작자에서 전자 데이터라는 숲의 채집가로 진화하고 있다.

온라인 습관의 명함

보상도 없진 않다. 연구 결과 컴퓨터와 인터넷 사용으로 인해 특정 부분의 특정 인지적 능력은 상당한 수준으로 강화되었다. 이 능력들은 손과 눈의 조화, 반사적 반응 그리고 시각적 신호에 대한 처리와 같은 낮은 수준의 원초적인 정신적 기능들이다. 2003년 〈네이처Nature〉에 발표된 후 자주 인용되는 비디오 게임에 대한 연구를 보면, 컴퓨터로 액션 게임을 한 청년 그룹은 열흘 후 여러 다른 이미지와 업무들 사이에서 시각적인 초점을 바꾸는 속도가 상당 수준 증가했다. 베테랑 게이머는 초보자에 비해 시야 내에 있는 물건 중 상당 부분을 더 많이 알아볼 수 있다는 사실도 밝혀졌다. 이 연구자들은 "비디오 게임은 특별히 머리를 쓸 필요가 없는 일

처럼 여겨짐에도 불구하고, 이는 시각적인 집중 과정을 급격하게 바꿔놓을 수 있다"라고 결론 내렸다.[43]

실험을 통한 증명은 드물지만 웹을 통한 검색과 훑어보기가 빠른 속도로 특정 문제를 해결하고, 특히 수많은 데이터 중에서 어떤 흐름을 찾아내는 업무와 관련한 기능을 강화시킬 것이라 보는 견해는 꽤 설득력이 있는 듯하다. 링크와 제목, 문서의 일부, 이미지 등을 반복적으로 평가함으로써 우리는 수많은 정보 신호를 재빨리 구별해내고, 눈에 띄는 특징을 분석하고, 관련 업무나 우리가 추구하는 목표에 어떤 실용적인 이득의 유무를 판단하는 데 한층 능숙해졌을 것이다.

여성이 온라인에서 의학 정보를 검색하는 방식에 대해 영국에서 실시된 한 연구는 웹 페이지의 잠재적 가치를 판단할 수 있는 속도는 인터넷에 익숙해짐과 동시에 상승함을 보여준다.[44] 숙련된 인터넷 사용자가 특정 페이지가 믿을 만한 정보를 담고 있는가를 판단하는 데는 불과 몇 초밖에 안 걸린다.

또 다른 연구는 우리가 온라인에서 참여하는 이 일종의 정신적 미용 체조가 우리 작업 기억 능력을 어느 정도 확장시킴을 보여준다.[45] 이 역시 우리가 데이터를 가지고 곡예를 벌이는 데 더 능숙해지도록 돕는다. 개리 스몰은 이 연구가 "우리의 뇌는 재빨리 집중할 곳을 찾고 정보를 분석하는 동시에, 찾은 것을 볼지 말지를 결정하는 법을 학습하고 있음을 시사한다"라고 말한다. 그는 우리가 온라인에서 접근할 수 있는 방대한 양의 정보 속을 항해하는 데 더 많은 시간을 보낼수록 "우리 중 많은 이가 유도된 집중력을 빠르고 날카롭게 분출하는 데 사용되는 신경 회로를 발달시키고 있다"라고 믿는다.[46] 우리가 인터넷 웹 페이지를 이리저리 돌아다니고, 서핑을 하고 훑어보고, 멀티태스킹을 훈련할수록 당연히 우리의 말랑말랑한 뇌는 더 손쉽게 이 모든 업무를 수행하게 된다.

이 같은 기술의 중요성을 가볍게 여겨서는 안 된다. 우리의 일과 사회적 삶에서 전자 미디어 사용이 늘어가면서, 이 미디어를 더 빨리 이용할수록, 많은 온라인 업무를 처리하는 데 우리의 주의력을 고루 분배할수록 우리는 더 가치 있는 직원, 친구 그리고 동료가 된다. 작가 샘 앤더슨Sam Anderson이 2009년 〈뉴욕매거진New York Magazine〉에 쓴 기사 '산만함에 대한 옹호'에서 "우리의 업무는 접속성에 의해 좌우되며 우리 즐거움의 사이클(이는 사소한 문제가 아니다)은 점차 접속성에 의존하고 있다"라고 적었다. 웹이 우리에게 주는 실용적인 혜택은 많다. 이는 우리가 온라인에서 그처럼 많은 시간을 보내는 주요한 이유 중 하나다. 앤더슨은 "고요했던 시간으로 완전히 돌아가기는 너무 늦었다"라고 주장한다.[47]

그의 말도 옳지만 편협하게 인터넷이 주는 혜택에만 집중해 이 기술이 우리를 더욱 지적으로 만들고 있다고 결론 내리는 것도 심각한 잘못일 것이다. 미국 국립신경질환뇌졸중연구소 소장인 조던 그래프먼Jordan Grafman은 온라인에서 끊임없이 주의력을 분산시키는 것은 우리 뇌를 멀티태스킹에 맞도록 더욱 민첩하게 만들지만 멀티태스킹을 가능케 하는 능력을 향상시키는 것은 깊이,

창조적으로 생각하는 능력을 사실상 저해하고 있다고 한다. 그래프먼은 "멀티태스킹을 위해 최적화하는 것이 더 나은 기능, 즉 창의성, 독창성, 생산성을 가져올까? 대답은 대부분의 경우 그렇지 않다는 것이다"라고 말한다. 이어서 "멀티태스킹을 더 많이 할수록 덜 숙고하게 되고 문제에 대해 생각하고 판단하는 능력이 떨어진다"라고 주장한다. 그의 말에 따르면 멀티태스킹에 능한 사람들은 독창적인 사고로 도전하기보다는 관습적인 생각과 해결책에 의존할 가능성이 크다.[48]

미시간대학교의 신경과학자이자 멀티태스킹에 관한 저명한 학자 중 한 사람인 데이비드 마이어David Meyer 역시 비슷한 주장을 한다. 그는 빠르게 주의력을 분산시키는 경험이 더 잦아짐에 따라 우리는 멀티태스킹이 내포하는 "일부 비효율적인 것들을 극복할 것"이라고 말한다. 이어서 그는 "그러나 드문 경우를 제외하고는 지쳐 얼굴이 창백해질 때까지 훈련을 하고도 결코 한 번에 한 가지 일에 집중할 때와 같은 성과를 낼 수는 없을 것"이라고 말한다.[49] 우리가 멀티태스킹을 할 때 배우는 것은 피상적 수준으로 숙련되기를 배우는 것이다.[50] 로마시대 철학자인 세네카Lucius Annaeus Seneca는 2000년 전 이미 이 상황을 잘 표현했는데, 그는 "모든 곳에 있는 것은 아무 곳에도 없는 것이다"라고 했다.[51]

2009년 초, 〈사이언스Science〉에 발표된 논문에서 캘리포니아대학교 로스앤젤레스캠퍼스의 저명한 발달심리학자인 패트리샤 그린필드Patricia Greenfield는 여러 종류의 미디어가 인간의 지능과 학습 능력에 미치는 영향에 대한 50건 이상의 연구를 종합 분석했다. 그녀의 결론은 "모든 미디어는 특정 기술을 희생하는 대신 다른 특정한 인지적 기술을 발달시킨다"라는 것이었다. 점차 인터넷과 스크린 기반의 다른 기술을 더 많이 사용하면서 이는 시공간적 능력에 대한 광범위하고 섬세한 발달로 이어졌다. 예를 들어 우리는 예전에 비해 머릿속에서의 대상에 대한 방향 전환이 능숙하다. 그러나 시공간적 지능에 대한 새로운 강점은 의식적 지식 습득, 귀납적 분석, 비판적 사고, 상상, 심사숙고를 뒷받침하는 진중한 처리 과정에 대한 능력의 약화와 함께 일어난다.[52] 인터넷은 우리를 더 똑똑하게 만들었다. 다시 말해, 우리가 인터넷의 기준으로만 지능을 판단하자면 그렇다는 말이다. 우리가 지능에 대해 보다 광범위하고 전통적인 시각을 들이댄다면, 즉 속도뿐 아니라 사고의 깊이에 대해 생각한다면 지금까지와는 상이한 완전히 더 암울한 결론에 이르게 된다.

우리 뇌의 가소성을 고려해볼 때 온라인에서의 우리의 습관은 오프라인에서도 우리 시냅스의 작동에 지속적으로 영향을 미칠 것이다. 훑어보고, 건너뛰고, 멀티태스킹을 하는 데 사용되는 신경 회로는 확장되고 강해지는 반면, 깊고 지속적인 집중력을 가지고, 읽고, 사고하는 데 사용되는 부분은 약화되거나 또는 사라지고 있음을 짐작할 수 있다. 2009년 스탠퍼드대학교의 연구자들은 이 같은 변화가 이미 진행 중임을 보여주는 징조를 찾았다. 그들은 미디어를 통해 활발하게 멀티태스킹을 하는 그룹과 비교적 가끔씩만 멀티태스킹을 하는 그룹을 대상으로 일련의 인지 테스트를 실시했다.

연구진은 활발하게 멀티태스킹을 하는 이들은 더욱 쉽게 관련 없는 주변 자극에 의해 산만해지고 작업 기억 속에 담긴 내용물에 대한 제어 측면에서도 눈에 띄게 뒤떨어졌으며, 보편적으로 볼 때 특정 업무에 집중력을 유지하는 능력에 있어서도 뒤떨어진다는 사실을 발견했다. 종종 멀티태스킹을 하는 이들은 비교적 위에서 아래로의 집중력 제어에 강한 성향을 보인 반면, 습관적으로 멀티태스킹을 하는 이들은 아래에서 위로 집중력을 제어하는 경향을 훨씬 많이 보였다.* 이는 다른 종류의 정보를 받아들이기 위해 주요 업무의 수행과 연관된 부분에서의 희생이 있음을 시사한다는 것이다.

이 연구를 이끈 스탠퍼드대학교의 클리포드 나스Clifford Nass 교수는 집중적으로 멀티태스킹을 하는 이들은 "관련 없는 것들을 빨아들이는 이들이며, 모든 것이 그들을 산만하게 한다"[53]라고 말했다. 마이클 머제니치는 이보다 훨씬 더 암울한 평가를 내놓는다. 온라인에서 멀티태스킹을 할 때 우리는 "쓰레기 같은 소리에만 관심을 기울이도록 뇌를 훈련시킨다"라는 것이다. 결국 이것이

---

* 위에서 아래로의 집중력 제어top-down attention control는 내부적 지침에 따른 집중력 제어를, 아래에서 위로의 집중력 제어bottom-up attention control는 외부 자극에 대한 집중력을 의미한다. ─옮긴이

우리의 지적인 생활에 미치는 영향은 치명적이라는 것이 입증될 것이다.[54]

가장 바쁘게 활동하는 뇌 세포만이 살아남는 전쟁에서 패배한 정신적인 기능들은, 조용하고 선형적인 사고를 지원한다. 이들은 긴 이야기를 읽거나 적극적으로 토론에 참여할 때, 과거에 일어난 일에 대해 반성하거나 내부 또는 외부의 현상에 대해 숙고할 때 필요하다.

승자는 다양한 형태를 지닌 각각의 정보 조각들을 속도감 있게 배치하고, 분류하고, 평가하는 데 도움을 주는 기능, 자극의 폭격을 받는 중에도 우리가 정신을 유지하도록 하는 기능들이다. 이 기능들은 완전히 일치하지는 않지만 메모리에서 정보를 초고속으로 전달하도록 프로그램이 짜여 있는 컴퓨터 기능과 비슷하다. 또다시 우리는 대중적인 새로운 지식 기술의 특성을 받아들인 것이다.

직접 아는 지식 vs. 찾을 수 있는 지식

1775년 4월 18일 저녁 새뮤얼 존슨Samuel Johnson은 친구인 제임스 보스웰James Boswell과 조슈아 레이놀즈Joshua Reynolds와 함께 런던 외곽 템스 강변에 자리 잡은 리처드 오웬 캠브리지Richard Owen

Cambridge의 저택을 방문했다. 존슨은 일행과 함께 캠브리지가 기다리고 있던 서재로 들어가 짧은 인사를 마친 후 몸을 돌려 책장에 꽂힌 책 제목을 조용히 읽기 시작했다. 캠브리지는 "존슨 박사, 사람에게 책의 겉표지를 보고자 하는 욕망이 있다는 게 신기하지 않나"라고 말했다. 보스웰은 나중에 다음과 같이 회상했다. 존슨은 "어느새 몽상에서 빠져나와 몸을 획 돌리고는 '캠브리지 경, 이유는 아주 간단하네. 지식에는 두 종류가 있지. 하나는 우리가 어떤 주제에 대해 직접 아는 것이고, 다른 하나는 관련 정보가 어디에 있는지를 아는 것이라네'라고 말했다."[55]

인터넷은 우리로 하여금 그 규모나 범위 면에서 전례가 없는 정보의 도서관에 신속하게 접근할 수 있도록 했다. 인터넷은 우리가 이 도서관을 통해 편하게 분류 작업을 할 수 있도록 해 우리가 찾는 정확한 대상이 아니라도 적어도 당장의 목적에 부합하는 무언가를 찾도록 한다. 인터넷이 축소시키고 있는 것은 존슨이 말한 첫 번째 종류의 지식이다. 우리 스스로 깊이 아는 능력, 우리의 사고 안에서 독창적인 지식이 피어오르게 하며 풍부하고 색다른 일련의 연관 관계를 구축하도록 하는 바로 그 능력 말이다.

평균 IQ 점수가
점차 높아지고 있다고?

The Shallows

30년 전 당시 뉴질랜드의 오타고대학교 정치학과 학과장이었던 제임스 플린James Flynn은 과거 IQ 테스트 기록에 대한 연구를 시작했다. 기록을 파고들면서 수년간 적용된 다양한 점수 조정 방식을 관찰한 결과, 그는 매우 놀라운 사실을 발견했다. 바로 IQ 점수가 지난 100년 동안 꾸준히, 거의 대부분의 지역에서 상승했다는 점이었다. 언제 최초로 보고되었는지는 확실하지 않지만 '플린효과'라고 불리게 된 이 현상은 다른 많은 연구에 의해 더욱 확실해졌다. 그건 사실이었다.

플린의 이 같은 발견은 누구든 인간의 지력이 떨어지고 있다고 주장하는 이들에게 다음과 같은 반박의 근거를 제공했다. 우리가 그렇게 멍청하다면 우리는 왜 더 똑똑해지고 있는가? 플린효과는 텔레비전 쇼, 비디오 게임, 개인용 컴퓨터 그리고 최근에는 인터넷을 옹호하기 위해 동원되어왔다. 돈 탭스콧Don Tapscott은 '디지털 네이티브' 세대에 대한 최초의 찬가인 《디지털 네이티브Grown Up Digital》에서 디지털 미디어의 과도한 사용이 아이들을 바보로 만들고 있다는 주장에 맞서면서 플린의 연구를 동원하여 "IQ 원점수는 제2차 세계대전 이후 10년에 3점씩 증가하고 있다"라고 지적했다.[1]

숫자와 관련해 탭스콧의 지적은 옳았고 우리는 IQ 점수의 상승, 특히 과거에는 점수가 뒤떨어져 있던 집단에서의 두드러진 상승 현상에 분명 용기를 얻었을 것이다. 그러나 플린효과가 사람들이 과거와 비교해 오늘날 "더 똑똑해졌다"라고 또는 "인터넷이 인류의 보편적인 지능을 향상시키고 있음을 증명하고 있다"라고 외치는 주장에는 회의적이다. 거기에는 그만한 합당한 근거가 있다. 한 가지 예로 탭스콧 자신이 언급했듯이 IQ 점수는 매우 오랜 기간 동안 상승했고(사실 제2차 세계대전 한참 전부터) 그리고 놀랍도록 지속적으로 안정적인 상승세를 보여 10년 단위로 끊어보면 그 변화의 폭은 극히 미미할 정도였다. 이는 이런 상승세가 최근의 특정 사건이나 기술보다는 아마도 사회 특정 부문에서 일어나는 깊이 있고 지속적인 변화를 반영하고 있음을 암시한다. 인터넷이 광범위하게 사용되기 시작한 시점이 불과 10년 전이라는 사실은 인터넷이 IQ 점수의 상승을 촉진하는 중요한 원동력으로 작용했을 가능성을 더욱 저하시킨다.

지능에 대한 다른 측정 결과는 전체적인 IQ 점수를 통해 관찰한 결과와는 전혀 유사한 측면을 찾을 수 없다. 사실 IQ 검사 역시 상반되는 전조를 보이고 있다. 이 테스트는 지능의 다양한 측면을 측정하는 다양한 섹션으로 나뉘어 있어, 각각의 섹션에 대한 수행 정도에는 편차가 있다. 전체적인 점수의 상승은 상상으로 기하학 모형 회전시키기, 떨어져 있는 물건들 간의 유사점 찾기, 여러 모형들을 논리적인 순서에 맞춰 배열하기 등과 관련한 테스트에서의 수행 실적이 향상된 덕분이다. 기억, 단어, 상식 그리고 심지어 기초적인 산수에 대한 테스트는 약간 향상되거나 전혀 향상되지 않았다.

지적 기술을 측정하기 위해 고안된 다른 보편적인 테스트 점수도 제자리거나 하락하고 있는 듯하다. 미국 내 고등학교 저학년을 대상으로 치러지는 예비대학수학능력평가PSAT 시험 결과도 집과 학교에서의 인터넷 이용이 급속히 증가한 시기인 1999년에서 2008년 사이 전혀 상승하지 않았다. 사실 그 기간 동안 수학 평균 점수는 49.2점에서 48.8점으로 아주 약간 하락하며 꽤 안정적인 수준을 유지한 반면, 언어 영역 점수는 심각한 수준으로 하락했다. 비판적 읽기 부문의 평균 점수는 48.3점에서 46.7점으로 3.3퍼센트나 하락했고 작문 영역의 평균 점수는 49.2점에서 45.8점으로 뚝 떨어져 6.9퍼센트의 가파른 하락률을 보였다.[2]

대학 진학을 준비하는 수험생을 대상으로 하는 대학수학능력평가SAT의 언어 영역 점수 역시 꾸준히 하락했다. 미국 교육부의 2007년 보고서에 따르면 12학년의 세 가지 다른 종류의 읽기 테스트, 즉 과제를 수행하기 위한 읽기, 정보를 수집하기 위한 읽기, 문학 작품 읽기의 점수는 1992년에서 2005년 사이 떨어졌다. 문학 작품 읽기 결과는 가장 큰 급락세를 보여 무려 12퍼센트나 곤두박질쳤다.[3]

인터넷 사용이 더욱 확산되었음에도 불구하고 플린효과가 약화되기 시작했음을 보여주는 징조도 나타나고 있다. 노르웨이와 덴마크에서 이루어진 연구는 이 두 국가에서 지능 검사 점수의 상승 움직임은 1970년대와 1980년대에 완화되기 시작했으며, 1990년대 중반부터는 이 점수들에 변동이 없거나 약간 떨어졌음을 보여준다.[4] 영국에서 2009년 이루어진 연구는 10대의 IQ 검사 점수가 수십 년간의 증가세 끝에 1980년에서 2008년 사이 2점 하락했음을 보여준다.[5] 스칸디나비아인들과 영국인들은 초고속 인터넷 서비스와 다기능 휴대전화를 받아들이는 데 있어 발 빠르기로 세계적으로 유명한 사람들이다. 디지털 미디어가 IQ 점수를 향상시켰다면 그들의 검사 결과에서 특히 강력한 증거를 목격할 수 있었을 것이다.

그렇다면 플린효과는 왜 일어나는가? 핵가족 이론에서 영양 상태 개선, 정규 교육 확대 등 많은 이론이 제시되었지만 가장 신뢰할 만한 것은 제임스 플린 자신이 제시한 설명이다. 연구 초기 그는 자신이 알아낸 결과가 몇 가지 모순점을 지니고 있음을 발견했다. 우선 20세기 검사 점수의 가파른 상승은 우리 선조들이 멍청했다는 것을 시사하는 것인데, 물론 우리가 아는 바에 따르면 그렇진 않다. 플린이 자신의 저서 《지능이란 무엇인가?What is Intelligence?》에서 서술한 바와 같이 "IQ 점수의 상승이 어떤 방식이건 사실이라면 우리는 우리 선조 대부분이 정신 지체라는 말도 안 되는 결론에 이르게 된다."[6] 두 번째 모순은 IQ 검사의 섹션별 점수의 불균형에서 기인하는데, 이는 바로 "사람들의 지능이 높아졌음에도 왜 어휘력은 더 늘지 않고, 더 많은 상식을 지니지도 못하고, 산수 문제를 더 잘 풀 능력도 가지지 못하는가?"라는 점이다.[7]

이 모순들에 대해 수년간 숙고한 끝에 플린은 IQ 점수의 향상은 전반적인 지능의 향상보다는 지능에 대한 사람들의 생각의 변화와 더 관련이 있다는 결론에 이른다. 19세기 말에 이르기까지 분류, 연관성, 추상적인 추론을 강조하던 지능에 대한 과학적인 시각이란 대학에서 배우거나 가르치는 사람들에게 국한된 매우 드문 것이었다. 대부분의 사람들은 지능을 자연 작용에 대한 해석이나 농장이나 공장, 가정에서의 실용적인 문제 해결 등과 관련한 문제로 여겼다. 상징보다는 물질적인 세상에 살던 그들은 추상적인 형태나 스키마들을 이론적으로 분류하는 것 등에 대해 생각해볼 기회가 거의 없었고 그럴 이유도 없었다.

그러나 플린은 지난 100년간 경제적, 기술적 그리고 교육적 목적에 따른 변화로 인해 추상적인 추론이 주요 관심사로 부상했음을 깨달았다. 플린의 생생한 표현에 따르면 모든 이들이 과거 IQ 검사 개발자들만이 사용했던 "과학적 안경"을 똑같이 쓰기 시작했다.[8] 플린은 2007년 인터뷰에서 회상하기를, 일단 이 점을 간파하자 "나 자신이 우리와 우리 선조들의 사고 사이에 존재하는 간극을 연결시키고 있다는 느낌이 들기 시작했다. 우리는 그들보다 더 지능이 높지는 않지만 지능을 새로운 문제들에 적용하는 법을 배웠다. 우리는 구체적인 것으로부터 논리를 분리해냈고, 기꺼이 가설의 영역에 있는 문제들을 다루었고, 이 세상을 조작되기보다는 과학적으로 분류되고 이해될 수 있는 곳으로 생각했다."[9]

캘리포니아대학교 로스앤젤레스캠퍼스의 심리학자인 패트리샤 그린필드는 〈사이언스〉에 실은 미디어와 지능에 대한 논문에서 비슷한 결론에 도달했다. IQ 점수의 상승은 "주로 시각적 검사를 통해 이루어지는 비언어적 IQ 성과에 집중되어 있다"라고 언급한 그는 플린효과는 도시화에서 "사회적으로 복잡한 성향" 등의 증가에 따르는 일련의 요인들 탓이라고 보았다. 이 요인들은 모두 "자급 경제가 이루어지는 소량 생산, 기술 수준이 낮은 사회에서의 상업적 경제 방식의 대량 생산, 첨단 기술 사회로 향한 전 세계적인 변화의 일부분"이라고 했다.[10]

우리는 우리 부모나 부모의 부모보다 똑똑하지 않다. 우리는 그저 다른 방식으로 똑똑할 뿐이다. 그리고 이 점은 우리가 이 세상을 어떻게 바라보느냐 뿐 아니라, 우리가 어떻게 자녀들을 양육하고 교육시켜야 하는지의 문제에도 영향을 미친다. 사고에 대한 우리의 생각과 관련한 이 같은 사회적 혁명은 우리가 개인적인 지식을 확장하거나 기초 학문적인 기술을 증진시키거나 또는 복잡한 생각들을 명확하게 설명해내는 능력을 기르는 데 있어서는 약간의 진전을 보이거나 전혀 진전을 보이지 않는 반면, 왜 IQ 검사에서 더욱 추상적으로 시각적 영역의 문제를 풀어내는 데 있어서는 그 어느 때보다 더 능숙해지게 되었는지를 설명해준다.

우리는 젖먹이 때부터 사물을 일정 범주 가운데 분류하고 퍼즐을 풀고 상징의 언어로 생각하도록 훈련받았다. 개인용 컴퓨터와 인터넷의 사용으로 우리의 시각적 예리함, 특히 컴퓨터 스크린이라는 추상적인 공간에서 나타나는 사물과 또 다른 자극들을 재빠르게 평가할 수 있는 능력을 강화시켰다. 이 같은 몇몇 정신적 기술과 이 일에 관여하는 신경 회로들이 강화되는 것은 당연한 일이다. 그러나 플린이 강조했듯이 이 점이 우리가 "더 나은 뇌"를 가지고 있음을 의미하지는 않는다. 그저 '다른 뇌'를 지니고 있을 뿐이다.[11]

8장

'구글'이라는 제국

니체가 기계식 타자기를 구입한 지 얼마 되지 않아 프레드릭 윈슬로 테일러Frederick Winslow Taylor라는 이름의 성실한 청년이 스톱워치 하나를 들고 필라델피아의 미드베일철강소로 들어섰다. 그는 이곳에서 공장 기계 운전자들의 효율성을 높이기 위한 일련의 역사적인 실험을 시작했다. 미드베일의 사주가 썩 내키지 않으면서도 승인을 한 덕에 테일러는 한 무리의 공장 노동자들을 모집해 다양한 금속 가공 기계에서 일하도록 하고는 그들의 움직임을 하나하나 시간을 재고 기록했다. 테일러는 각각의 업무를 작은 단계의 연속으로 나눈 뒤 그들이 임무를 수행하는 다양한 방식을 시험했고, 각각의 근무자들이 어떻게 일을 해야 하는지에 대한 정확한 업무 지침들, 즉 오늘날 우리가 '알고리즘'이라 부르는 것을 완성했다. 미드베일의 근로자들은 이 엄격한 새 체제가 자신들을 로봇과 같은 존재로 전락시켰다고 불평했지만 공장의 생산성은 급등했다.[1]

증기 기관이 발명된 지 한 세기가 더 지나 산업혁명은 드디어 자체의 철학과 철학자를 찾아냈다. 전 세계에 걸쳐 많은 제조업자는 테일러 자신이 '시스템'으로 부르기를 좋아했던 엄격한 산업적 연출을 받아들였다. 최고의 속도, 최고의 효율성, 최고의 결과물을 찾는 과정에서 공장 소유자들은 업무를 조직하고 근로자들의 업무 환경을 설정하기 위해 시간, 동작 연구를 동원했다. 테일러가 1911년 작성한 유명한 논문 〈과학적 관리법The Principles of Scientific Management〉에서 정의한 목표는 모든 업무에 대해 최선의 수단을 알아내고 도입하며, 그 결과 기계를 통해 과학이 점진적으로 경험 법칙을 대체하도록 영향을 미치는 것이다.[2] 테일러는 많은 자신의 지지자들에게, 일단 그의 시스템이 모든 육체노동에 적용되면 이는 완벽한 효율성을 지닌 유토피아를 형성함으로써 산업뿐 아니라 사회적인 개조를 가져올 것이라 확신시켰다. 그는 "과거에는 인간이 우선이었으나 미래에는 시스템이 우선시되어야 한다"라고 선언했다.[3]

측정과 최적화를 위한 테일러식 시스템은 산업 생산의 토대 중 하나로서 오늘날 우리 주변에서도 비중 있게 다루어지고 있다.

그리고 지금은 컴퓨터 공학과 소프트웨어 프로그래머들이 우리의 지적·사회적 생활에 미치는 힘이 증가한 덕에 테일러의 윤리는 우리의 사고 영역까지 지배하기 시작했다. 인터넷은 효율적인 것, 자동 수집, 전송, 정보 처리 등을 위해 만들어진 발명품이고 프로그래머 군단들은 이제 우리가 지적 노동이라고 부르게 된 정신적 활동을 추구하기 위해 '최선인 하나의 방식', 즉 완벽한 알고리즘을 찾는 데 몰두하고 있다.

구글의 실리콘밸리 본사인 구글플렉스Googleplex는 인터넷의 고등교회로서 그 테두리 안에서 신봉되는 종교는 테일러리즘Taylorism이라 할 수 있다. 최고경영자였던 에릭 슈미트는 이 회사가 "측정의 과학으로 세워졌다"라고 말했다. 이 회사는 자신이 행하는 모든 것들을 시스템화하려고 노력한다.[4] 구글의 또 다른 임원이었던 마리사 메이어Marissa Mayer는 "우리는 데이터 위주로, 또 모든 것을 정량화하려고 노력하고 있으며 숫자의 세계에 살고 있다"라고 말한다.[5]

검색엔진과 다른 사이트를 통해 수집하는 테라바이트 용량의 행동 정보를 바탕으로 이 회사는 하루에 수천 가지의 실험을 실시하며, 그 결과는 우리 모두가 정보를 찾고 이 가운데서 의미를 찾을 수 있도록 더 잘 안내해주는 알고리즘을 다듬는 데 이용된다.[6] 테일러가 손으로 하는 업무에 대해 한 일을, 구글은 사고가 하는 일에 대해 실행하고 있는 것이다.

이 회사의 테스트 의존도는 그야말로 전설적이다. 웹 페이지의 디자인이 단순하다 못해 꾸밈없어 보일지 몰라도 각각의 요소는 끊임없는 통계학적, 심리학적 연구의 결과물이다. 구글은 'A/B 테스트Split A/B testing' 접근법을 이용해 사이트가 보여지고 작동하는 방식에 작은 순열식 변화를 주어 여러 종류의 사용자들에게 여러 가지 다른 버전을 보여준다. 그리고 이 변화가 사용자의 행동에 어떻게 영향을 주는지, 즉 사용자들이 얼마나 오랫동안 한 페이지에 머무는지, 스크린에서 커서를 어떤 식으로 움직이는지, 무엇을 클릭하고 무엇을 클릭하지 않는지, 이용 후 다른 어떤 사이트로 이동하는지 등을 비교한다.

이 자동 온라인 테스트와 함께 구글은 자사의 '유용성 연구소'에서 실시할 시선 추적과 다른 심리학 연구를 위해 자발적 실험 참가자들을 모은다. 두 명의 구글 연구원들은 2009년 블로그에 이 실험실에 대해 쓴 글에서 웹 이용자들이 페이지 내 콘텐츠를 평가함에 있어 "너무 빨라서 대부분의 결정을 무의식적으로 행하기" 때문에 안구의 움직임을 관찰하는 것이 "그들의 마음을 읽을 수 있는 차선책"이라고 말한다.[7] '사용자 경험' 담당자였던 아이린 오Irene Au는 구글은 "사람들이 자신의 컴퓨터를 더욱 효율적으로 사용하게 하자"라는 목표에 더 가까이 다가가기 위해 인지심리학 연구에 의존하고 있다고 한다.[8]

미적인 문제에 있어서도 주관적인 판단은 구글의 관심 밖이다. 메이어는 "웹에서 디자인은 예술이라기보다는 한층 더 높은 차원의 과학이 되어버렸다. 이는 사람들이 너무 빨리 반복하고 너무 정확히 측정하기 때문에 실제 아주 작은 차이점을 발견할 수 있고, 어떤 것이 옳은지 수학적으로 알 수 있기 때문이다"라고 말했다.[9] 한 유명한 실험을 통해 이 회사는 툴바에 41가지의 서로 다른 파란색을 선보여 어떤 색조가 방문자들로부터 가장 많은 클릭을 이끌어내는지를 실험했다. 구글은 페이지에 나타나는 글자에 대해서도 비슷하게 이 엄격한 실험을 실시했다. 메이어는 "글자를 덜 인간적이며, 더 기계의 일부처럼 만들기 위해 노력해야 한다"라고 설명한다.[10]

1993년에 발간된 책 《테크노폴리Technopoly》에서 닐 포스트먼Neil Postman은 테일러식 과학 경영 관리법의 주요 신조를 요약해냈다. 그는 테일러리즘은 다음의 여섯 가지 가정을 바탕으로 수립되었다고 말한다. 즉 "첫째, 인간 노동과 사고의 유일하진 않더라도 가장 중요한 목표는 효용성이다. 둘째, 기계적 계산은 인간의 판단보다 모든 면에서 우월하다. 셋째, 사실 인간의 판단은 부정확성과 모호함 그리고 불필요한 복잡함이라는 문제를 수반하기 때문에 신뢰할 수 없다. 넷째, 사고를 명료하게 하는 데 주관은 방해물이다. 다섯째, 측정될 수 없는 것은 존재하지 않거나 무가치하다. 여섯째, 시민과 관련한 일은 전문가가 가장 잘 안내하고 수행할 수 있다"라는 것이다.[11]

놀라운 것은 포스트먼의 요약이 구글의 지적 윤리를 매우 잘 압축해내고 있다는 점이다. 이 중에서 현재 실정에 맞게 수정될 부분은 단 하나뿐이다. 구글은 업무를 가장 잘 수행할 수 있는 주체로 전문가를 꼽지 않는다. 구글은 이 같은 일들은 소프트웨어 알고리즘이 가장 효율적으로 수행할 수 있다고 보는데, 테일러 시대에 성능 좋은 디지털 컴퓨터가 보편화되었다면 그 역시도 구글과 동일하게 생각했을 것이다.

구글은 업무에 도입하고 있는 도덕성이라는 측면에서도 테일러와 닮아 있다. 구글은 대의명분에 대한 깊고, 심지어 메시아적인 신념을 지니고 있다. 이 회사의 최고경영자는 구글은 단순한 사업 그 이상이며, 정신적인 힘이라고 말한다.[12] 심심찮게 공개되는 이 회사의 미션은 "세상의 정보를 조직하고 이를 광범위하게 접근 가능하고 유용하게 만드는 것"이다.[13] 슈미트는 2005년 〈월스트리트저널〉에 말하기를 이 임무를 수행하기 위해서는 "현재 계산으로는 300년이 걸릴 것"이라고 했다.[14] 이 회사가 당면한 눈앞의 과제는 구글이 "당신이 의미하는 바를 정확하게 이해하고 당신이 원하는 바대로 그것을 돌려주는 무언가"라고 정의한 '완벽한 검색 엔진'을 만들어내는 것이다.[15]

구글의 시각에서 보자면 정보는 일종의 상품이므로 이는 산업적 효율성을 바탕으로 캐내고 처리할 수 있으며, 또 그렇게 되어야만 하는 실용적인 자원이다. 더 많은 정보에 접근할수록, 그 핵심을 더 빨리 파악할수록 사고하는 존재로서 우리는 더욱 생산적이 된다. 데이터의 빠른 수집, 분류 그리고 전송을 가로막는 것은 무엇이든 구글의 사업뿐 아니라 이 회사가 인터넷에 건설하려는 인지적 효율성이 구현되는 새로운 유토피아를 위협하는 요소다.

구글, 정보를 빠르게 스캔하게 만들다

구글은 유추, 래리 페이지Larry Page의 유추에서 탄생했다. 인공지능의 선구자 중 한 명의 아들로 태어난 페이지는 "초등학교 때 과제를 워드프로세서로 작성해 제출한 최초의 어린이"로 어린 시절을 회상할 만큼 일찍부터 컴퓨터에 둘러싸여 지냈다.[16] 미시간대학교에서도 공학을 전공했다. 그의 친구들은 그를 야심차고 똑똑하고 "효율성에 대해 집착에 가까울 정도로 사로잡힌 이"라고 기억한다.[17] 그는 미시간대학교 공학 우등생 모임의 회장을 역임할 때, 결국 자신의 뜻을 관철시키지는 못했지만, 캠퍼스를 관통하는 모노레일을 설치하자는 캠페인을 떠들썩하게 이끌어 대학 관계자를 설득하기도 했다. 1995년 가을 페이지는 스탠퍼드대학교의 컴퓨터 공학 박사 과정이라는 영광스러운 시작을 위해 캘리포니아로 향했다. 어린 소년이었을 때도 그는 세상을 바꿀 만한 기념비적인 발명품을 만드는 꿈을 꾸었다.[18] 그는 자신의 꿈을 이루기 위해 실리콘밸리의 전두엽이라 할 수 있는 스탠퍼드대학교보다 나은 곳이 없음을 알고 있었다.

페이지가 논문의 소재를 정하는 데는 불과 몇 달도 걸리지 않았다. 이는 바로 '월드와이드웹'이라 불리는 광활하고 새로운 컴퓨터 네트워크였다. 불과 4년 전 인터넷에서 시작된 웹은 50만

개의 사이트를 지니고 있고, 매달 10만 개 이상씩 증가할 만큼 폭발적으로 성장하고 있었다. 엄청나게 복잡하고 변덕스러운 인터넷의 노드와 링크들의 배열은 많은 수학자와 컴퓨터 공학자를 매료시켰다.

페이지에게는 이 비밀의 일부를 열 수 있을 법한 아이디어 하나가 있었다. 그는 웹 페이지의 링크가 학술 논문의 인용과 유사하다는 사실을 깨달았다. 둘 다 가치에 대한 기표가 되었다. 학자가 논문을 쓰면서 다른 학자들이 발표한 논문을 인용할 경우, 이를 인용한 학자는 인용된 논문의 중요성을 보증하는 셈이 된다. 인용이 많이 된 논문일수록 학계에서는 더 많은 명성을 얻게 된다. 같은 식으로 어떤 이가 자신의 웹 페이지에 다른 사람 페이지의 링크를 걸어놓는다면, 이는 곧 이 사람이 그 페이지를 중요하게 생각한다는 것을 보여준다. 페이지는 웹 페이지의 가치는 링크를 통한 방문 횟수로 측정될 수 있다고 보았다.

페이지는 인용에 관한 다른 유추를 통해 모든 링크가 평등하지 않다는 점도 간파했다. 어떤 웹 페이지의 권위는 이 페이지로 이동할 수 있게 해주는 링크가 얼마나 많이 걸려 있느냐를 통해 측정할 수 있다. 링크가 더 많이 걸려 있는 웹 페이지는 한두 개만 걸려 있는 페이지보다 더 권위 있다. 한 웹 페이지의 권위가 더 높을수록 이 페이지가 걸어놓은 링크의 가치 역시 더 커진다.

학계에서도 마찬가지다. 많이 인용된 논문에 인용된 것은 적게 인용된 논문에서 인용되는 것보다 더 가치 있다. 페이지는 이

유추를 통해 웹 페이지의 상대적인 가치는 두 가지 요인에 대한 수학적인 분석을 통해 측정될 수 있음을 깨닫게 되었는데, 이 요인들이란 바로 이 페이지로 이동을 가능케 하는 링크의 개수와 이들 링크를 담은 사이트의 권위다. 웹에서 이 모든 링크들의 데이터베이스를 구축할 수 있다면 웹상에 있는 모든 페이지의 가치를 평가하고 순위를 매길 수 있는 소프트웨어 알고리즘에 반영할 수 있는 원재료를 얻는 셈이 된다. 또한 세상에서 가장 강력한 검색 엔진 역시 만들 수 있게 된다.

페이지는 결국 논문을 쓰지 않았다. 그는 데이터 마이닝data mining에 큰 관심을 가지고 있던 같은 학교 대학원생 세르게이 브린Sergey Brin이라는 수학 천재를 영입해 자신이 추진하던 검색 엔진을 개발하는 데 도움을 받았다. 1996년 여름, 당시는 '백럽BackRub'이라 불리던 초기 버전의 구글이 스탠퍼드대학교 웹 사이트를 통해 선보였다. 1년 만에 백럽의 트래픽은 대학 네트워크에 엄청난 부하를 가져왔다. 페이지와 브린은 자신들의 검색 서비스를 실제 사업화하려면 컴퓨터 엔진과 초고속 인터넷망 구축 비용으로 어마어마한 돈이 들 것이라 전망했다.

1998년 여름, 실리콘밸리의 한 부유한 투자자가 10만 달러짜리 수표를 끊어주면서 이들에게 구원의 손길을 내밀었다. 두 사람은 기숙사에서 나와 멘로Menlo 공원 인근에 있는 친구 집에 있는 몇 개의 빈 방으로, 당시 막 싹트고 있던 자신들의 회사를 옮겼다. 그리고 9월에 '구글'이라는 회사를 차렸다. 그들이 회사 이름을 10의 100제곱을 뜻하는 단어 ‘구골googol’의 변형인 ‘구글Google’로 선택한 이유는 웹상의 무한해 보이는 정보를 체계화하려는 자신들의 목표를 강조하기 위해서다. 12월 〈PC매거진PC Magazine〉에 실린 한 기사는 이 기발한 이름의 검색엔진에 대해 “아주 연관성 높은 결과를 보여주는 데 있어 묘한 재주가 있다”라고 말하며 찬사를 보냈다.[19]

이 재주 덕에 구글은 매일 실행되는 수백만 건의(그 후에는 수십억 건의) 인터넷 검색 중 대부분을 처리하게 되었다. 이 회사는 적어도 사이트 내 트래픽의 기준으로 볼 때 놀라운 성공을 거두었다. 그러나 이들 역시 대부분의 닷컴 회사들을 파산으로 이끌었던 바로 그 문제에 직면하게 되었다. 바로 이 트래픽을 수익으로 연결시킬 방법을 알아내지 못했다는 점이다. 누구도 웹을 검색하기 위해 돈을 내려고 하지 않았으며, 게다가 페이지와 브린은 구글의 순결한 수학적 객관성이 손상될 것에 대한 두려움 때문에 검색 결과에 광고를 싣는 것에 반대했다.

그들은 1998년 한 학술 논문에 “광고로 자금을 충당하는 검색엔진은 필연적으로 광고주에게 편향되게 마련이고, 따라서 소비자들의 요구와는 동떨어지게 될 것이라 본다”라고 적었다.[20]

그러나 이 젊은 기업가들은 벤처 캐피털의 후원 없이는 생존할 수 없음을 알고 있었다. 2000년 말, 그들은 자신들의 검색 결과에 작은 문자 광고를 싣는 영리한 계획을 구상하기에 이른다. 이 계획은 자신들의 이상과 약간의 타협만 하면 되는 수준이었다.

정해진 가격으로 광고 공간을 파는 대신 그들은 이 공간을 경매에 부치기로 했다. 이 같은 방법은 또 다른 검색엔진인 '고투GoTo'가 이미 사용하고 있던 것이라 이들이 처음 고안해낸 것은 아니었지만 구글은 여기에 새로운 변형을 가했다.

고투가 광고주의 입찰 규모에 따라 검색 광고가 보여지는 순서에 차등을 두는, 즉 입찰가가 높을수록 광고는 더 눈에 띄는 식인 데 반해 구글은 2002년에 이에 또 다른 기준을 더했다. 광고의 위치를 결정하는 데 입찰가뿐 아니라 사람들이 실제로 해당 광고를 클릭하는 횟수도 반영한 것이다. 이 같은 혁신은 이 회사의 표현에 따르면 구글의 광고가 검색의 주제와 관련 있는 상태를 유지할 수 있게 했다. 정크 광고는 시스템에서 자동으로 걸러진다. 검색자가 이 광고에 대해 관련이 없다고 생각한다면 클릭하지 않음에 따라 결국 구글 사이트에서 사라질 것이다.

'애드워즈AdWords'라고 이름 붙여진 이 경매 시스템은 또 다른 중요한 결과를 가져왔는데, 광고 위치를 클릭 수와 연동시키면서 클릭률을 상당 부분 향상시켰다는 것이다. 사람들이 광고를 더 많이 클릭할수록 광고는 검색 결과 페이지상 더 자주, 더 눈에 띄게 등장하고 더 자주 클릭되게끔 한다. 광고주들은 클릭 수에 따라 구글에 비용을 지불했기 때문에 회사의 수입은 날로 치솟았다. 애드워즈 시스템에 따른 높은 수익성이 증명됨에 따라 다른 많은 웹 출판업자 역시 자사 사이트의 콘텐츠에 어울리는 구글의 '맥락 광고contextual ads'를 싣기 위해 구글과 계약을 맺었다. 그 후 10년

이 지날 무렵 구글은 단지 세계 최대의 인터넷 기업에 그치지 않았다. 구글은 한 해 매출 220억 달러 이상 중 대부분을 광고로 벌어들이고, 수익은 약 80억 달러에 이르는 가장 큰 미디어 기업 중 하나가 되었다. 이 때 페이지와 브린의 서류상 재산은 각각 100억 달러에 이르렀다.

구글의 창의성은 회사 설립에 참여한 이들과 투자자들에게도 큰 이익을 안겨주었다. 그러나 가장 큰 수혜자는 웹 사용자들이었다. 구글은 인터넷을 훨씬 더 효율적인 정보 제공 도구로 만들었다. 초기의 검색엔진은 웹의 확장과 동시에 꽉 막혀버리곤 했는데, 이 엔진들은 새로운 콘텐츠를 분류하기는커녕 알갱이와 쭉정이를 구분하지도 못했다.

반면 구글의 엔진은 웹의 확장과 함께 더 나은 결과를 보여주도록 만들어져 있다. 구글이 평가하는 사이트와 링크가 더 많아질수록 구글은 더 정확하게 페이지들을 분류하고 질적인 측면에서 순서를 매길 수 있었다. 그리고 트래픽이 증가할수록 구글은 더 많은 행동 데이터를 수집할 수 있어 검색 결과와 광고를 그 어느 때보다 더 정확하게 사용자의 필요와 욕구에 맞출 수 있도록 했다.

이 회사는 전 세계에 걸쳐 수십억 달러를 컴퓨터 데이터센터에 투자해 눈 깜짝할 사이보다 더 빠른 시간 내에 검색 결과를 볼 수 있도록 했다. 구글은 인기와 수익성을 누릴 만한 자격이 있다. 이 회사는 사람들이 현재 웹을 와글와글하게 채우고 있는 수

천억 개의 페이지를 항해할 수 있도록 귀중한 조력자 역할을 하고 있다. 구글의 검색엔진이 없었다면, 그리고 구글을 모델로 탄생한 다른 엔진들이 없었다면 인터넷은 오래전에 디지털계의 바벨탑으로 전락했을 것이다.

그러나 웹의 주된 항해 도구를 제공하는 구글은 그 자신이 제공하는 효율적이면서 풍성한 콘텐츠와 우리 사이의 관계를 형성하기도 한다. 구글이 개척한 이 지적 기술은 정보를 신속하고 피상적으로 훑어보도록 장려했고 하나의 주장, 생각 또는 이야기에 깊이 그리고 오래 관여할 의욕을 꺾고 있다.

아이린 오는 "우리의 목표는 사용자가 정말 신속하게 들어왔다 나가게 하는 것이다. 디자인에 대한 우리의 모든 결정은 바로 이 전략을 기반으로 한다"라고 말한다.[21]

구글의 수익은 사람들이 정보를 받아들이는 속도와 직접적인 관련이 있다. 우리가 더 빨리 웹 페이지를 서핑할수록, 더 많은 링크를 클릭하고 더 많은 페이지를 볼수록 구글은 우리에 대한 정보를 수집하고, 우리는 더 많은 광고를 보게 할 기회를 얻는다. 이 광고 시스템은 명백히 어떤 메시지가 우리의 관심을 끌 가능성이 큰지 알아내고, 이 메시지를 우리의 시야 안에 배치하도록 디자인 되었다. 웹에서 행하는 모든 클릭은 우리의 집중력을 깨뜨리고 주의력을 완전히 무너뜨리는데, 우리가 가능한 한 어쩔 수 없이 자주 클릭하게끔 해둔 것은 그럴수록 구글이 경제적인 이익을 얻게 되기 때문이다. 이 회사가 가장 원치 않는 것은 여유롭게 읽는 행위나 깊이 생각하는 것을 독려하는 것이다. 구글은 말 그대로 산만함을 업으로 삼는 기업이라 할 수 있다.

모든 지식은 구글로 모인다

구글은 적어도 아직까지는 찬란한 성공을 거둔 것으로 보인다. 인터넷 기업의 고충은 다른 게 아니라 생명이 짧다는 것이다. 보이지 않는 소프트웨어 코드 가닥들에 기반한 그들의 사업은 지극히 위태롭기 때문에 방어력이 취약하다. 잘나가던 온라인 사업을 파산으로 이끄는 것은 신선한 아이디어를 지닌 똑똑한 프로그래머 한 명으로도 충분하다. 더욱 정확한 검색엔진 또는 인터넷에 광고를 유통할 수 있는 더 나은 방법이 발명된다면 구글은 망할 수도 있다. 그러나 이 회사가 디지털 정보의 흐름을 얼마나 오래 지배하는지와 상관없이 그 지적 윤리는 인터넷이라는 미디어의 보편적인 윤리로 남을 것이다. 웹 출판업자들과 도구 개발자들은 트래픽을 높이고, 빨리 소비되는 사소한 정보 조각에 대한 우리의 갈망을 심화시키는 동시에, 채움으로써 돈을 벌어나갈 것이다.

웹의 역사는 데이터의 속도가 계속 증가하리라는 것을 암시한다. 1990년대 대부분의 온라인 정보는 이른바 정적인 페이지를 통해 찾을 수 있었다. 이들은 잡지와 크게 달라 보이지 않았고,

그 콘텐츠는 비교적 고정되어 있었다. 이후의 경향은 정기적으로, 종종 자동적으로 새로운 콘텐츠를 업데이트함으로써 웹 페이지를 훨씬 더 '역동적'으로 만드는 것이었다. 1999년에 소개된 블로그 전문 소프트웨어는 모든 이가 속사포 같은 속도로 간편하게 출판을 할 수 있게 했고, 가장 성공한 블로거들은 변덕스러운 독자들이 계속 블로그를 찾도록 하기 위해서는 하루에도 많은 글을 올릴 필요가 있다는 것을 알게 되었다. 뉴스 사이트들도 24시간 내내 새로운 이야기를 제공하며 그 전례를 따르고 있다. 2005년 무렵 대중화된 RSS리더는 정보 전달의 빈도에 더 큰 프리미엄을 부과하면서 각 사이트들로 하여금 웹 사용자들에게 헤드라인과 다른 정보 조각들을 '강요'할 수 있도록 했다.

링크드인, 페이스북, 트위터 같은 소셜네트워크의 증가와 함께 이는 최근 최정점에 이르렀다. 이 회사들은 수백만 명의 회원들에게 끊임없는 실시간 업데이트의 흐름, 즉 트위터의 슬로건에 따르면 '지금 현재 무슨 일이 일어나는지에 대한 짧은 메시지'를 제공하는 데 몰두하고 있다. 한때는 편지, 전화, 밀담의 영역에 있던 사적인 메시지를 새로운 형태의 매스미디어의 소재로 바꿔놓음으로써 이 소셜네트워크 서비스들은 사회적 관계를 형성하고 연락을 주고받을 수 있는 매력적이고 신선한 방식을 사람들에게 제공했다. 이 모든 것의 주안점은 신속함에 있다. 친구, 동료 또는 좋아하는 스타들과 관련한 새로운 정보들은 올려진 지 몇 분 뒤면 벌써 사람들의 관심에서 멀어진다. 최신 정보에 통달하기 위해서는 끊임없이 메시지 알림 소리를 살펴야 한다.

더 새롭고, 더 많은 메시지를 전달하려는 소셜네트워크 간의 경쟁은 치열하다. 2009년 초 페이스북은 트위터의 빠른 성장에 대한 대응으로 자신들의 사이트를, 그들의 표현에 따르면 흐름의 속도를 증가시키기 위해 개선하겠다고 발표했다. 이때 페이스북의 설립자이자 최고경영자인 마크 저커버그Mark Zuckerberg는 2억 5000만 명에 이르는 회원들에게 회사가 "계속해서 정보의 흐름을 더 빠르게 하겠다"라고 장담했다.[22] 신간뿐 아니라 오래된 책을 읽도록 권장함으로써 경제적으로 큰 이득을 보았던 초기 출판업자들과 달리 온라인 출판업자들은 새것 중에서도 가장 새것을 유통시키기 위해 다투고 있다.

구글도 가만히 앉아 있지만은 않았다. 건방진 도전자들을 물리치고자 속도를 높이기 위한 검색엔진 개선 작업을 실시했다. 링크가 걸린 정도로 판단하던 페이지의 질은 더 이상 검색 결과를 정렬하는 데 있어 최고의 기준은 아니다. 구글의 최고 기술 담당자였던 아미트 싱할Amit Singhal에 따르면 이제 링크 정도는 구글이 관찰하고 측정하는 200여 개의 다른 신호 중 하나에 지나지 않는다.[23] 최근 추진하고 있는 것 중 하나는 추천 페이지의 신선함이라는 측면에 우선순위를 두는 것이다. 구글은 새로운, 수정된 웹 페이지들을 예전보다 훨씬 빠르게 인식할 뿐 아니라(구글은 현재 가장 인기 있는 사이트의 업데이트 여부를 며칠 간격이 아닌 몇 분 간격으로 체크하고 있다) 대부분의 검색에서 최신 정보에 치중한 검색 결과를 보여주고 있다. 2009년 5월 이 회사는 검색 서비스에 새로운 변형을 도입해 사용자들이 정보의 질과는 상관없이 검색 결과를 최근 웹에 올려진 순서대로 배열할 수 있게 했다. 몇 달 후 구글은 '카페인'이라는 암호명으로 불리는 검색엔진의 차세대 시스템 구성을 공개했다.[24] 래리 페이지는 데이터 흐름의 속도를 높인 데 대한 트위터의 성과를 언급하며, 구글이 "실시간 검색이 가능하도록 매초마다 웹의 색인을 만들 수 있을" 때까지 만족하지 않을 것이라고 했다.[25]

이 회사는 또한 웹 사용자와 이들의 정보량을 더 확장하기 위해 노력하고 있다. 애드워즈를 통해 벌어들인 수십억 달러의 수익으로 구글은 웹 페이지 검색이라는 본래의 주력 분야를 넘어 관심 분야를 다양화했다. 구글은 여러 대상 중에서 핵심 검색엔진이 제공하는 결과에 영향을 미치는 이미지, 동영상, 뉴스, 지도, 블로그, 학술 저널 등에 대한 특화된 검색 서비스를 제공하고 있다. 또한 이메일, 문서 작성, 블로그, 사진 저장, RSS 피드 읽기, 스프레드시트, 달력 그리고 웹 호스팅을 포함해 '앱apps'이라고 불리는 수많은 온라인 소프트웨어 프로그램은 물론, 스마트폰용 안드로이드Android나 PC를 위한 크롬Chrome과 같은 컴퓨터 운영 체제도 제공하고 있다. 2009년 말에는 '구글 웨이브Google Wave'라는 야심 찬 소셜네트워킹 서비스를 시작하여 이를 통해 사람들이 빽빽하게 구성된 단 하나의 페이지에서 다양한 멀티미디어 메시지들을 추적하고 업데이트할 수 있도록 했는데, 이는 자동적으로 그리고 거의 즉각적으로 콘텐츠를 가장 최신 정보로 재생해냈다. 한 기자는 구글 웨이브가 "대화를 빠른 의식 흐름의 집합체로 바꾸었다"라고 말했다.[26]

한계를 모르는 구글의 끝없는 확장은 특히 경영학자들과 관련 업계 담당 취재 기자들 사이에서 늘 토론의 주제가 되어 왔다. 사람들은 그 영향력과 활동의 폭은 모든 전통적인 카테고리를 초월하고 재정의하는, 완전히 새로운 종류의 사업을 보여주는 증거라고 해석한다. 구글이 여러 가지 면에서 독특한 회사이긴 하지만 그 사업 전략은 생각만큼 그리 신비하지 않다. 구글의 변화무쌍한 외형은 그 핵심 사업, 즉 온라인 광고를 팔고 유통하는 행위를 반영하지는 않는다. 도리어 이 사업에 대한 수많은 보완재에서 기인한다.

보완재란 경제 용어로 함께 구입되고 소비되는 생산품과 서비스를 의미하는데, 예를 들면 핫도그와 머스터드소스 또는 램프와 전구 같은 것이다. 구글에 있어 인터넷에서 발생하는 모든 일이 그 핵심 사업에 있어 보완재라 할 수 있다. 사람들은 온라인에서 더 많은 시간을 보내고 더 많은 일을 하면서, 더 많은 광고를 보고, 자신들에 대한 정보도 더 많이 공개하는데, 그 결과 구글도 더 많은 돈을 긁어모으는 식이다. 부가적인 생산품과 서비스가 컴퓨터 네트워크를 통해 전달되면서 오락, 뉴스, 소프트웨어 애플리케이션, 금융 거래, 전화 등 구글의 보완재의 종류는 더 많은 산업으로 확장되고 있다.

보완재의 매출은 나란히 상승하기 때문에 회사는 비용을 줄이고 핵심 상품에 대한 보완재의 종류를 확장시키는 데 큰 전략적 관심을 가진다. 업체들이 모든 보완재를 공짜로 공급하기 원한다고 해도 과장이 아니다. 핫도그가 공짜라면 머스터드소스의 판매도 상승할 것이다. 보완재의 비용을 줄이는 것은 자연스러운 움직임으로서 무엇보다도 이는 구글의 사업 전략을 설명해준다. 이 회사가 하는 일은 대부분 비용을 줄이고 인터넷 사용의 지평을 넓히는 것이다. 구글은 정보가 공짜이기를 바란다. 그 이유는 정보의 비용이 하락할수록 사람들은 컴퓨터 스크린에 더 많은 시간 동안 시선을 고정하게 되고, 그러면 회사의 수익도 상승하기 때문이다.

구글의 서비스 대부분은 그 자체로는 수익성이 없다. 일례로 업계 분석가는 구글이 2006년 16억 5000달러를 들여 인수한 유튜브가 2009년에만 2억 달러에서 5억 달러 사이의 손실을 낸 것으로 추산한다.[27] 그러나 유튜브 같은 인기 서비스는 구글이 더 많은 정보를 모으고, 더 많은 사용자를 구글의 검색엔진이라는 깔때기 속으로 몰려들게 하며, 잠재적 경쟁자들이 시장에서 발을 들여놓지 못하도록 하기 때문에 이 서비스를 시작하는 데 드는 비용을 정당화시킬 수 있는 것이다. 구글은 공공연하게 '사용자 정보를 100퍼센트' 저장할 때까지 만족하지 않겠다고 말하곤 했다.[28]

그러나 구글의 팽창에 대한 열정은 단지 돈에 국한된 것만은 아니다. 부가 콘텐츠에 대한 지속적인 식민화 역시 온 세상의 정보를 "광범위하게 접근 가능하고 유용하게 만들겠다"라는 이 회사의 미션을 성공으로 이끈다. 구글의 이상과 사업적 관심은 대단히 중요한 하나의 목표에서 교차한다. 이는 그 어느 때보다 많은 종류의 정보를 디지털화하고, 정보를 웹으로 옮기고, 데이터베이스화하고, 분류와 순서 매기기와 알고리즘 과정을 거치고, 웹 이용자들에게 토막 정보를 제공하되 여기에는 광고가 따라붙어야 한다는 것이다. 구글의 영역이 팽창할 때마다 테일러적인 윤리는 더 엄격하게 우리의 지적 생활을 제어하게 된다.

구글 북서치, 책 디지털화의 전주곡

구글의 시도 중 가장 야심 찬 것은 마리사 메이어가 '달 탐측선 발사'라고 칭했던 것으로[29] 지금껏 출판된 모든 책을 디지털화해서 본문 내용을 온라인에서 찾고 검색할 수 있게 만들고자하는 시도다.[30] 이 프로그램은 2002년 비밀리에 시작되었다. 당시 래리 페이지는 구글플렉스 내 자신의 사무실에 디지털 스캐너를 설치해 놓고 메트로놈 박자에 맞춰 300쪽에 이르는 책을 30분에 걸쳐 순서대로 스캔했다. 그는 세상의 모든 책을 디지털 스캔하는 데 얼마의 시간이 걸리는지 대략적으로나마 알고 싶었다. 다음 해 그는 구글 직원을 피닉스로 파견해 한 자선 바자회에서 고서들을 구입하게 했다.

이 책들은 구글플렉스로 옮겨진 후 새로운 초고속, 비파괴적인 스캐닝 기술의 개발을 위한 일련의 실험 대상이 되었다. 이 기발한 시스템은 입체 적외선 카메라를 이용해 책을 펼쳤을 때 페이지 안쪽이 꺾이는 현상을 자동적으로 조정함으로써 스캔한 이미지의 본문이 일그러져 나타나는 것을 방지한다.[31] 동시에 구글 소프트웨어공학팀은 "430개의 다른 언어 가운데 특이한 형태의 크기, 흔치 않은 서체 또는 다른 예상 밖의 특이한 사항"을 처리할 수 있는 섬세한 서체 인식 프로그램에 대해서도 세부적으로 조정하고 있었다. 또 다른 구글 직원들은 각지에서 대표적인 도서관 관계자와 출판업자들을 만나면서 그들이 보유한 책을 디지털화하려는 구글의 계획에 얼마만큼 관심을 가지고 있는지를 조사했다.[32]

2004년 가을 페이지와 브린은 구텐베르크 시대 이래 출판업계의 가장 큰 연례행사로 자리 잡은 프랑크푸르트 도서박람회에서 구글 프린트 프로그램(차후에 이는 '구글 북서치'로 다시 이름 붙여졌다)을 공식적으로 발표했다. 10개가 넘는 업체와 학술 출판사가 구글의 파트너로 계약을 맺었는데, 이 중에는 휴튼미플린Houghton Mifflin, 맥그로힐McGraw-Hill과 옥스퍼드대학교출판사, 캠브리지대학교출판사, 프린스턴대학교출판사 같은 거대 업체도 포함되어 있었다. 하버드대학교의 와이드먼, 옥스퍼드대학교의 보들레이안, 뉴욕공공도서관 등 전 세계적으로 명망 높은 도서관 다섯 곳도 구글과 협력하기로 했다. 그들은 구글이 자신들이 소장하고 있는 서적 내용을 스캐닝할 수 있도록 승인했다. 그해 말 무렵, 구글은 이미 약 10만 권의 책을 데이터뱅크에 저장할 수 있었다.

도서관 스캐닝 프로젝트를 모두가 반긴 것은 아니었다. 구글은 저작권 보호 기간이 종료된 오래된 책만 스캔한 것은 아니었다. 절판되긴 했지만 여전히 저자와 출판사가 저작권을 보유하고 있는 신간 역시 스캐닝하고 있었다. 구글은 사전에 저작권자를 찾아 동의를 구할 의도가 없음을 분명히 했다. 도리어 저작권 소지자가 자사에 특정 도서를 제외시켜달라는 공식 서한 요청을 보내지 않는 한 스캔한 모든 서적을 자사의 데이터베이스에 포함시키려 했다. 2005년 9월 20일 작가협회는 개인적으로 동참한 세 명의 유명 작가와 함께 구글의 스캐닝 프로그램은 '광범위한 저작권 위반'이라며 구글을 고소했다.[33] 몇 주 뒤 미국 출판협회 역시 구글을 상대로 또 다른 소송을 제기하며 도서관 소장 서적들에 대한 스캔을 중단할 것을 요구했다.

구글도 역공을 가해 구글 북서치의 사회적인 이익에 대해 알리며 반격 홍보전을 시작했다. 9월 에릭 슈미트는 〈월스트리트저널〉에 실은 칼럼에서 책을 디지털화하려는 노력에 대해 다음과 같이 묘사했다. 그의 표현에서는 기대감과 자신감이 그대로 드러났다. "이전에는 접근할 수 없었던 수천만 권의 책을 방대한 목록 속에 포함시켜 이 목록에 포함된 모든 글들을 부유하건 가난하건, 도시에 살건 시골에 살건, 선진국에 살건 제3세계에 살건, 어떤 언어를 사용하고 있건 상관없이 누구라도, 게다가 물론 완전히 무료로 검색할 수 있게 되는 문화적인 영향력을 상상해보라."[34]

소송이 진행되었다. 3년간의 협상 과정을 통해 당사자들은 합의에 이르렀는데, 그 동안에도 구글은 저작권의 보호를 받는 600만 권을 포함해 약 700만 권에 이르는 책을 스캔했다. 2008년 10월 발표된 협정에서 구글은 이미 스캔 작업을 마친 작품의 저작권자들에게 1억 2500만 달러를 보상하기로 합의했다. 구글은 또한 저자와 출판사에 향후 구글 북서치 서비스를 통해 벌어들이는 광고 수익을 위시한 여타 수익의 일부를 제공하는 지불 시스템을 구축하기로 합의했다. 이 같은 양보의 대가로 저자와 출판사는 구글이 전 세계 도서를 디지털화하는 계획을 계속 진행하는 데 합의했다. 구글은 "미국 내에서 기관 열람용 데이터베이스에 대한 사용권을 판매하고, 낱권의 책을 판매하고, 온라인 북 페이지에 광고를 게재하고, 또 책을 다른 상업용 목적을 위해 사용할 수 있는 권한을 부여받았다."[35]

이 합의 내용은 또 다른 측면에서 더욱 맹렬한 반발을 불러일으켰다. 이 조항들은 저작권 소유자가 알려지지 않거나 찾을 수 없는 수백만 권에 이르는 이른바 고아 서적의 디지털 버전들에 대한 독점권을 구글에 부여하는 듯 보였다. 많은 도서관과 학교는 구글이 경쟁 없이 자사의 서적 데이터베이스에 대한 열람료를 원하는 만큼 높게 책정할 수 있다는 점을 우려하고 있다.

미국 도서관연합은 소장에서 구글이 "이윤을 극대화하기 위해 열람료를 많은 도서관이 감당할 수 없는 수준으로 높일 것"이라 경고했다.[36] 미국 법무부와 저작권청도 모두 이 거래가 구글에게 디지털 서적과 관련한 미래 시장에 대한 너무 많은 권한을 부여한다며 비판하고 있다.

다른 비판가들 역시 같은 맥락이긴 하지만 보다 보편적인 우려를 표하고 있다. 즉 디지털 정보에 대한 상업적인 통제는 필연적으로 지식의 흐름에 제약을 가져올 것이라는 점이다. 이들은 구글이 보여준 이타적인 미사여구에도 불구하고 구글의 동기에 대해 의심의 눈초리를 보내고 있다.

하버드대학교의 강단에 서며, 도서관 시스템을 관장하고 있는 로버트 단턴은 이렇게 말한다. "구글과 같은 사업체는 도서관을 단지 학문의 전당으로서만 보지는 않는다. 그들은 도서관을 발굴 준비가 된, 자신이 '콘텐츠'라 부르는 것 혹은 잠재적인 자산으로 본다." 그는 이어서 비록 구글이 "정보에 대한 접근성을 증진시킨다는 찬사받을 만한 목표를 추구해오긴 했지만 이윤 추구를 위한 기업에 철도나 철강도 아닌 정보에 대한 접근성의 독점을 허락한다는 것은 너무 많은 위험을 수반한다"라고 했다. 또한 "현재의 경영진들이 회사를 매각하거나 은퇴라도 한다면 어떤 일이 발생할지 생각해보라"라고 말한다. "구글이 접근성보다 수익성에 더 관심을 둘 경우는 또 어떠한가?"**37**

2009년 말 즈음 원래 맺었던 협정은 파기되었고 구글과 다른 당사자들은 약간 덜 포괄적인 대안에 대한 지지를 얻어내기 위해 노력하고 있다.

구글 북서치를 둘러싼 논쟁은 몇 가지 이유에서 중요하다.

이 논쟁은 저작권법, 특히 이 법의 공정한 사용에 대한 규정의 의미와 구문을 디지털 시대에 맞게 조정하는 데 얼마나 더 많은 시간을 쏟아야 하는지를 보여준다(구글에 대한 소송 주체였던 출판사 중 일부가 구글 북서치 서비스의 파트너이기도 했다는 사실은 모든 것이 불분명한 현 상황을 증명해 보인다). 또한 이 논란은 구글이 자신들의 목표를 향해 밀고 가는 데 동원하는 거창한 이상과 독단적인 방식에 대해서도 상세히 알려준다. 변호사이자 기술 관련 저술가인 리처드 코먼Richard Koman은 이 사태를 관찰하고는 구글은 "자사만의 고유한 미덕에 대한 충실한 신봉자가 되었는데, 그 믿음은 기업 윤리, 반 경쟁, 고객 서비스 그리고 사회에서 자신의 위치와 관련해 스스로가 세운 규칙들을 정당화하는 것이다"라고 주장한다.[38]

이 중 가장 중요한 것은 이 논쟁이 세상의 책들은 앞으로 디지털화될 것이라는 점 그리고 이를 위한 시도들이 빠르게 진행되리라는 점을 분명히 해준다는 사실이다. 구글 북서치를 둘러싼 논쟁은 종이로 인쇄된 책을 스캔해 데이터베이스로 옮기는 작업의 타당성과는 아무런 관계가 없다. 이는 이 데이터베이스를 조정하고 상업화하는 문제와 관련이 있다. 결국 단턴이 "세상에서 가장 큰 도서관"이라 부르는 것의 유일한 소유자가 구글이 되든 그렇지 않든 간에 결국 이 같은 도서관은 세워질 것이다. 그리고 인터넷을 통해 전 세계 모든 도서관에 제공될 디지털 서적들은 마침내 오랫동안 선반에 저장되어 왔던 물리적인 형태의 많은 책을 대체하게 될 것이다.[39]

책을 "온라인에서 찾고 검색할 수 있다"라는 것이 가져다주는 실용적인 이득은 그야말로 엄청난 것인 만큼 과연 이 같은 노력에 반대할 사람이 있을까 싶을 정도다. 두루마리 형태의 문서 같은 고대 문서를 포함한 고서에 대한 디지털 작업은 이미 과거에 대한 연구에 있어 흥미진진한 새 길을 열어주고 있다. 어떤 이들은 역사적 발견이 이루어지는 제2의 르네상스를 예고하기도 한다.[40] 단턴의 말대로 우리는 디지털화해야만 한다.

그러나 책들을 온라인 이미지로 바꾸어야 하는 필연성 때문에 이에 따른 부작용을 생각하지 않을 수 없다. 책을 온라인에서 찾고 검색할 수 있게 만드는 것은 책을 훼손하는 행동이기도 하다. 책장을 따라 흐르는 본문의 응집력, 이야기와 논지의 선형성이 희생되고, 고대 로마 장인이 최초의 고문서를 만들 때 함께 꿰어놓은 것들이 풀어지는 것이다. 고문서의 의미의 일부였던 고요함 역시 희생된다. 구글 북서치 내에 있는 모든 문서 페이지나 발췌문들 주변에는 수많은 링크와 툴, 탭, 광고 등이 둘러싸여 있어 이 모든 것들은 저마다 독자의 조각난 관심을 사로잡으려 애쓰고 있다.

효율성이 궁극의 미덕이라는 신념 아래 사용자들이 빨리 들락날락할 수 있게 하고자 하는 열망을 지닌 구글로서는 제본된 책을 풀어놓는 일은 잃을 것이 없는, 오직 이익만을 수반하는 작업이다. 구글 북서치의 매니저인 애덤 매스Adam Mathes는 "책은 종종 오프라인에서 더욱 활기찬 삶을 산다고 인정하지만 온라인에서 더욱 흥미진진한 삶을 살 수 있을 것"이라고 말한다.[41]

책이 더욱 흥미진진한 삶을 산다는 말의 의미는 무엇일까? 검색 가능성은 시작에 불과하다. 구글은 우리가 찾아낸 디지털화된 책의 콘텐츠를 '자르고 썰' 수 있기를, 웹 콘텐츠에서는 흔히 이루어지지만 "인쇄된 책으로는 쉽게 할 수 없는 링크 걸기, 공유하기, 모으기가 모두 가능해지기를 원한다"라고 말한다. 이 회사는 이미 블로그나 웹 사이트에 있는 공유 서적에서 구절을 쉽게 자르고 올릴 수 있도록 하는 자르고 붙이는 도구를 선보였다.[42] 구글은 또한 책에서 자주 발췌 인용되는 부분을 강조해 보여주는 '인기 구절Popular Passages'이라는 서비스를 시작했으며 또한 일부 서적에 대해서는 스스로 평하기를, 독자들이 "책을 10초 안에 살펴볼 수 있게" 해주는 '워드 클라우드word clouds'라는 서비스 또한 선보였다.[43]

이 같은 도구에 대해 불평하는 것은 어리석은 일이다. 이는 그야말로 유용한 도구이기 때문이다. 그러나 구글에 있어 책의 진정한 가치는 독립적인 문학 작품으로서뿐 아니라 발굴 가능한 또 하나의 정보 더미라는 점 역시 명확하다. 구글이 서둘러 건립하려는 이 거대한 도서관을 지금껏 우리가 알고 있던 도서관과 혼동하면 안 될 것이다. 이는 짧은 발췌문만 가득한 도서관이다.

독서에 더 많은 효율성을 부여하려는 구글의 노력에 숨겨진 역설은 우선 이 같은 노력이 책의 기술이 독서(그리고 우리의 사고)에 가져다준 다른 종류의 효율성을 훼손하고 있다는 점이다. 문서를 해석하는 고통에서 우리를 해방시킴으로써 양피지나 종이에 써진 글은 우리가 더 깊이 있는 독자가 되도록, 집중을 기울이도록, 그리고 의미 해석에 우리 뇌의 힘을 기울이도록 했다. 스크린을 통해 보여지는 글을 보면서도 우리는 여전히 문서를 재빨리 해독할 수 있겠지만(오히려 예전보다 더 빨리 읽는다) 문서가 함축한 바에 대한 깊고 사적인 이해를 기대할 수는 없다. 대신 우리는 또다른 관련 정보의 조각으로 그리고 또 그다음, 또 그다음 조각을 향해 서둘러 달려든다. 이 '연관 콘텐츠'에 대한 노상 채굴은 의미 해석을 위한 느린 발굴을 대체하고 있다.

효율적 정보 수집 vs. 비효율적 사색

1844년, 매사추세츠주 콩코드Concord의 어느 여름 따뜻한 아침이었다. 너대니얼 호손Nathaniel Hawthorne이라는 이름의 한 소설가 지망생이 숲 속의 작은 빈터에 앉아 있었다. 이곳은 인근 마을에서는 '슬리피 할로우Sleepy Hollow'라고 불리는 매우 평화로운 장소였다. 생각에 빠져 그는 스쳐 지나는 모든 이미지에 관심을 두며 콩코드의 초월주의 운동Transcendentalist movement의 태두인 랄프 에머슨이 8년 전에 이름 붙인 '투명한 눈동자Transparent eyeball' 속으로 빠져들었다.

호손이 그날 오후 노트에 적은 바에 따르면 그는 "태양이 그림자를 뚫고 어떻게 반짝이는지, 그리고 또 어떻게 그림자가 태양빛을 집어삼키는지, 즐거움과 깊은 수심이 뒤섞이는 사고의 즐거운 상태를 상상하며" 관찰했다. 그는 부드러운 바람을 맞으며 "상상 가능한 가장 조용한 한숨이지만 순하고 가벼운 차가움과 함께 외부의 진흙을 통과할 만한 영적인 힘을 느꼈고, 온화한 기쁨으로 반짝이는 영혼 그 자체를 들이마셨다"라고 했다. 그는 바람에 실린 스트로부스소나무의 향기를 느꼈다. 그는 마을의 시계가 울리는 소리와 멀리서는 풀 베는 사람들이 낫을 가는 소리를 들었는데, 적당한 거리에서 들리는 이 노동의 소리들이 자신만의 사색에 빠져 편안히 앉아 있는 이의 고요함을 배가시킨다고 했다.

그는 갑자기 상념에 휩싸였다.

하지만 잘 들어라! 기관차의 경적 소리, 주변 1마일이 조화롭게 받아들일 수 없는, 귀에 거슬리는 모든 것 중 가장 거슬리는 긴 비명이 있다. 이 소리는 시골 마을에서 하루를 보내게 된, 복잡한 거리에서 온 바쁜 사람들과 시민, 사업가들의 이야기를 들려주는데, 한마디로 말해 이는 모두 고요하지 않은 것들이다. 그리고 이 소리는 우리의 나른한 평화 속으로 그 시끄러운 세상을 가져다주는 소리이므로 그처럼 시끄러운 경적 소리를 낸다는 것이 놀랄 일도 아니다.[44]

레오 마르크스Leo Marx는 기술이 미국 문화에 미친 영향에 대한 연구인 1964년 작 고전《정원 속의 기계The Machine in the Garden》

를 슬리피 할로우에서의 호손의 아침에 대한 이야기로 시작하고 있다. 마르크스는 이 작가의 진정한 주제는 '정신의 풍경'이라고 주장하며, 특히 '의식의 두 가지 상태에 대한 비교'라고 말한다. 숲 속 조용한 공터는 이 고독한 사상가에게 "소란을 막아주는 하나의 방음벽"을 제공하는데 이는 사색을 위해 보호받은 공간이다. 바쁜 사람들을 실은 기차의 요란한 도착 소리는 산업화의 시작과 연관된 정신적인 부조화를 가져온다.[45] 사색적인 사고는 시끄러운 세상의 기계적 번잡함에 압도당한다.

구글과 다른 인터넷 기업들이 정보 교환에 있어서 효율성을 지적 발전의 핵심으로 여긴다는 점은 새로운 사실은 아니다. 적어도 산업혁명이 시작된 이후 이는 사고의 역사에 있어 흔한 주제였다. 이는 미국 초월주의자와 영국 초기 낭만주의자들이 전파한, 진정한 계몽은 사색과 자아 성찰을 통해 가능하다는 시각에 강력하고도 지속적으로 반론을 제시한다. 이 두 관점 사이의 긴장은 마르크스의 표현에 의하면 현대 사회의 모양을 갖추는 데 중요한 역할을 해온 '기계'와 '정원', 즉 산업적 이상과 목가적인 이상 사이의 보다 광범위한 갈등에 대한 하나의 선언이다.

효율성에 대한 산업적 이상이 지성의 영역으로 옮겨올 경우, 이는 호손이 이해한 대로 깊은 생각을 원하는 목가적인 이상에 대한 치명적일 수 있는 잠재적 위협으로 작용한다. 정보를 신속히 검색하고 발견하는 일을 발전시키는 것이 결코 나쁘다는 이야기가 아니다. 균형 잡힌 사고의 발달은 광범위한 정보를 찾고 재빨리 분석하는 능력과 함께 폭넓은 성찰의 능력도 요구한다. 효율적인 정보 수집을 위한 시간과 함께 비효율적인 사색의 시간도, 그리고 기계를 작동하는 시간과 함께 정원에 멍하게 앉아 있는 시간도 모두 필요한 것이다. 우리는 구글의 '숫자의 세계'에서도 일해야 하지만 슬리피 할로우에서의 휴식도 필요하다. 오늘날의 문제는 우리가 이 두 가지 다른 형태의 사고 사이에서 균형을 맞출 능력을 잃고 있다는 점이다. 정신적으로 우리는 계속 이동 중이다.

구텐베르크의 인쇄기가 문학적 사고를 보편적인 사고의 형태로 만들었지만 현재 이 문학적 사고의 소멸이 시작되는 것을 알리는 조짐에 시동이 걸렸다. 책과 정기간행물들이 시장에 쏟아져나오기 시작했을 때 사람들은 처음으로 정보에 압도당하는 느낌을 받았다. 1628년에 선보인 걸작 《우울의 해부The Anatomy of Melancholy》에서 로버트 버턴Robert Burton은 17세기 독자들이 당면했던 '책의 광범위한 혼돈과 혼란'을 다음과 같이 묘사한다. "우리는 책들에 눌려 있고 우리의 눈은 읽느라, 손가락은 책장을 넘기느라 고통을 느낀다"라고 했다. 그 몇 년 전인 1600년에 또 다른 영국 작가인 바나비 리치Barnaby Rich는 "이 시대의 가장 큰 질병 중 하나는 매일 생겨나 소화할 수도 없는, 수없이 많은 멍청한 정보를 유입시켜 이 세상에 과중한 부담을 지우고 있는 너무 많은 책이다"라고 불만을 토로했다.[46]

그로부터 우리는 매일 마주치는 정보의 혼돈에 질서를 가져다줄 방법을 긴급히 찾아 나섰다. 수세기 동안 개인적인 정보 관리 방식은 대개 간단하게 수작업으로 이루어지는 형태였다. 즉 쌓고 책꽂이에 꽂는 평범한 방식, 알파벳순 배열, 주석 달기, 기록과 일람표, 목록과 용어색인, 경험에 의한 기타 방법 등의 형태를 띠었다. 더욱 공을 들이긴 했지만 여전히 도서관과 대학, 상업 기관, 정부 기관에서 찾을 수 있는 정보들을 분류하고 저장하는 육체노동 위주의 배치와 관련 있는 방식이었다. 20세기를 관통하며 정보가 홍수를 이루고 정보 처리 기술이 발전하면서 개인용, 기관용 정보 경영의 방식과 도구는 더욱 정교화되고 체계화, 자동화되었다. 우리는 정보 과부하를 악화시켰던 바로 그 기계들을 이제는 문제를 완화하기 위한 도구로 바라보기 시작했다.

버니바 부시Vannevar Bush는 1945년, 후대에 자주 언급되는 〈애틀랜틱먼슬리〉에 실린 기사 '우리가 생각하는 대로'에서 정보 처리에 대한 현대적 접근에 있어서의 주안점에 대해 언급했다. 제2차 세계대전 동안 프랭클린 루스벨트 대통령의 과학 보좌관을 역임한 전자 공학자인 부시는 자신의 업무와 관련한 정보에 정통하지 못한 과학자들의 무능력이 발전에 방해물이 되고 있다고 걱정했다. 그는 새로운 출판물은 "현재 우리의 사용 가능 능력의 범위를 벗어났다. 인간의 경험에 대한 요약은 엄청난 속도로 확장되고 있고, 이 끊임없는 미로를 헤치고 당장 필요한 것들을 찾아내기 위해 동원하는 방법이란 가로 돛배를 사용하는 시절과 비교해 별반 다를 바가 없다"라고 썼다.

그러나 부시는 정보 과부하라는 문제에 대한 기술적인 해법이 곧 생겨날 것이라고 말했다. 그는 "우리는 지금 크게 신뢰할 수 있는, 저렴하면서 복잡한 도구의 시대를 살고 있다. 여기서 무언가가 생겨날 것이다"라고 말했다. 그는 '미멕스memex'라고 이름 붙인 새로운 종류의 개인용 분류 기계를 제안했는데, 이는 과학자뿐 아니라 체계적인 사고의 과정을 거치는 사람이라면 누구에게든 유용하게 활용될 것이라고 했다.

부시는 이 미멕스가 책상에 장착되어 "개인의 모든 책을 저장(압축된 형태로)하고 기록하며 소통하는 기기로 또한 기계화되어 엄청난 속도와 유연성으로 정보를 검색할 수 있다"라고 했다. 책상의 맨 위에는 반투명한 스크린이 있어 그 위로 저장된 자료들의 이미지가 투사되는 것은 물론 정보를 찾기 위한 키보드 버튼과 레버 세트도 있다. 이 기계의 본질적인 특징은 서로 다른 정보 조각을 연결하기 위해 연관 목록을 사용하는 것이다. 어떤 아이템이라도 마음대로 다른 아이템을 즉시, 자동적으로 이어 선택할 수 있다는 것이다. 부시는 이같이 두 가지를 하나로 묶는 과정의 중요성을 강조했다.[47]

부시는 미멕스를 통해 개인용 컴퓨터와 월드와이드웹의 하이퍼미디어 체계 모두를 예견했다. 그의 글은 더글러스 엥겔바트Douglas Engelbart 등의 유명한 컴퓨터 공학자 같은 초창기 하이퍼텍스트 추종자를 포함해 하이퍼카드HyperCard의 개발자인 빌 앳킨슨 같은 컴퓨터 하드웨어와 소프트웨어 초기 개발자에게 영감을 불어넣었다. 그러나 부시의 상상이 그가 살아 있는 동안 그 자신이 상상한 이상의 수준으로 실현되었음에도(우리 주변에는 사방에 미멕스의 후손들이 있다) 그가 해소하려 했던 문제인 정보 과부하는 완화되지 않았다. 사실 문제는 그 어느 때보다도 악화되었다. 데이비드 레비가 관찰한 대로 "개인용 디지털 정보 시스템과 세계적 하이퍼텍스트의 발달은 부시가 포착한 문제를 해결한 것이 아니라 오히려 더 악화시켰다"라는 것이다.[48]

돌이켜보건대 실패의 원인은 확실하다. 컴퓨터 네트워크는 정보를 생산하고 저장하고 공유하는 비용을 극적으로 절감함으로써 이전에 가능했던 것보다 훨씬 많은 정보를 우리의 접근 가능 범위 안에 배치해놓고 있다. 그리고 구글 같은 회사가 개발한 정보를 탐색하고, 걸러내고, 유통시키는 강력한 도구들은 그때그때 우리의 흥미를 불러일으키며, 우리의 뇌가 처리할 수 있는 한계를 넘어선 엄청난 양의 정보 속에서 우리가 영원히 허우적거릴 것임을 명확히 보여주고 있다. 정보 처리에 관한 기술이 향상될수록 검색과 정보를 걸러내는 도구는 더욱 정교해져 관련 정보가 홍수처럼 쏟아지는 현상은 심화된다. 우리의 관심에 부합하는 내용일수록 더 많이 우리 앞에 선보여진다.

정보 과부하는 영원히 헤어나올 수 없는 고통이 되었고, 이를 치유하려는 시도는 문제를 더 악화시킬 뿐이다. 이에 대처할 유일한 방법은 훑어보고 건너뛰는 능력을 향상시키고, 문제의 원인인 이 놀랍도록 반응력이 뛰어난 기계에 더 깊이 의존하는 것이다. 레비는 오늘날 더 많은 정보에 대해 "우리는 그 어느 때보다 더 많이 접근할 수 있지만 이를 이용하는 시간, 특히 깊은 성찰을 통해 사용할 시간은 줄어들었다"라고 한다.[49] 내일이면 상황은 더 나빠질 것이다.

한때 인간 사고의 가장 효과적인 거름망은 시간이라 여겨졌다. 에머슨은 1858년 쓴 에세이 〈책Books〉에서 "독서의 최고의 원칙은 자연의 법칙이지 기계적인 법칙은 아니다"라고 적었다. 모든 작가들은 "가만히 앉아서 저울질을 하고 있는 현명한 귀를 지닌 시간 앞에 자신들의 작품을 제출해야 하고, 그로부터 10여 년이 지나면 이 수백만 장 중에서 단 하나만이 재판을 찍게 된다. 또다시 이 작품들은 모든 심판과 키질을 거쳐 걸러진 후 20년 뒤 또 재판을 찍고, 또 한 세기가 지나 또 다른 개정판을 찍는다!"[50] 우리는 더 이상 시간의 느리고 꼼꼼한 키질을 기다릴 인내심이 없다. 매분 우리의 관심을 잡아끄는 정보에 허우적대며 즉각적으로 새롭고 인기 있는 내용에만 혜택을 주는 자동 분류 기능에 의존하는 것 말고는 다른 대안이 없다. 여론의 바람은, 인터넷으로 장소가 바뀌면서 강한 돌개바람으로 변해버렸다.

기차가 한 무리의 분주한 사람들을 쏟아내고 콩코드역을 떠나면 호손은 다시 자신만의 사색의 상태로 돌아가려 노력했지만 거의 성공하지 못했다. 그는 발 주변의 개미집 구멍을 바라보고는 "악의에 찬 천재처럼" 모래 몇 줌을 집어 그 입구를 막아버렸다. 그는 "한 개미가 공적인지 사적인지 모를 일"에서 돌아오는 길에 자신의 집에 무슨 일이 일어났는지 알아내려 고군분투하는 모습을 보았다. "얼마나 놀랍고, 얼마나 급하고 마음이 혼돈스러운지는 그 움직임을 통해 표현된다. 이 같은 악행을 가한 자를 그는 도무지 이해할 수 없을 것이다!" 그러나 호손은 이내 그 개미의 고난에 마음을 빼앗긴다. 햇빛과 그림자의 반짝임의 변화를 알아차린 후 그는 구름이 하늘 이리저리로 흩어지는 것을 쳐다보고는 그 변화하는 모양에서 "한 몽상가의 유토피아의 산산조각난 잔해"를 포착했다고 말한다.

구글, 천사의 선물인가 악마의 유혹인가?

2007년 미국 고등과학협회는 래리 페이지를 미국 내 과학자들의 가장 명망 있는 모임인 연례학회의 기조 연설자로 초대했다. 페이지의 연설은 두서없고 즉흥적이긴 했으나 이 젊은 사업가의 머릿속에 무엇이 들었는지 흥미롭게 관찰할 수 있었다. 그는 또 한 번 유추를 통해 영감을 찾으며 인간의 삶과 지식에 대한 자신의 개념을 청중들에게 표현했다. "나의 이론은, 여러분의 프로그래밍, 그러니까 DNA를 들여다본다면 이는 600메가바이트로 압축된 것으로서 현대의 어떤 운영 체계보다도 작고 리눅스나 윈도보다 작습니다······ 그리고 당연히 이는 여러분의 뇌를 부팅하는 것까지 포함합니다. 때문에 여러분 프로그램의 알고리즘은 그렇게 복잡하다고 할 수 없습니다. (지능은) 아마도 전반적인 계산 기능 이상의 문제일 것입니다."[51]

디지털 컴퓨터는 오래전에 시계, 분수 그리고 공장 기계들을 대신해 우리 뇌의 구성이나 작용을 설명하는 은유로서의 기능을 물려받았다. 우리는 너무 일상적으로 우리 뇌를 묘사하는 데 컴퓨터 용어를 사용하고 있어, 우리가 은유적으로 말하고 있다는 사실조차 깨닫지 못하고 있다(나는 이 책에서 뇌의 회로, 배선, 입력, 프로그래밍이라는 단어를 여러 차례 사용했다). 그러나 페이지의 시각은 매우 극단적이다. 그에게 뇌는 단지 컴퓨터를 닮아 있는 것이 아니라 컴퓨터 그 자체다. 그의 가정은 왜 구글이 정보 처리 효율성을 지능과 동일시하는지에 대한 설명에 이르기까지 길게 이어진다. 만일 우리 뇌가 컴퓨터라면 지능은 생산성의 문제, 즉 우리 두개골 내의 커다란 칩을 통해 얼마나 더 많은 조각 정보를 돌릴 수 있는가의 문제로 압축된다. 인간의 지능은 기계의 지능과 분간할 수 없게 된다.

페이지는 처음부터 구글을 인공지능의 배아기 형태로 보았다. 그는 자신의 회사 이름이 일상적인 용어가 되기 훨씬 전인 2000년, 한 인터뷰에서 "인공지능은 구글의 최종적 버전이 될 것이다"라고 말했다. "아직은 이를 실현할 시점이 아니다. 그러나 우리는 점차적으로 그 목표에 다가갈 수 있고, 이것이 바로 우리가 작업하고 있는 일이다."[52] 2003년 스탠퍼드대학교에서의 연설에서 그는 자사의 야망에 대해 보다 진전된 발언을 했다. "궁극의 검색엔진은 인간만큼, 혹은 인간보다 더 똑똑할 것입니다."[53]

중학생 시절부터 인공지능 프로그램을 짜기 시작했다는 세르게이 브린은 자신의 파트너와 함께 진심으로 사고하는 기계를 탄생시키기를 바라는 열정을 나누고 있다.[54] 그는 2004년 〈뉴스위크〉 기자에게 "분명 당신의 뇌에 직접적으로 부착된, 세상의 모든 정보를 가지고 있거나 또는 당신의 뇌보다 더 똑똑한 인공지능을 가지고 있다면 당신은 더 나은 삶을 살 수 있을 것이다"라고 말했다.[55] 비슷한 시기 텔레비전 인터뷰에서 브린은 한발 더 나아가 "궁극의 검색엔진은 스탠리 큐브릭의 할과 매우 비슷한 모습을 띨 것"이라고 했다. 그는 "우주선의 승무원들을 죽인 할의 버그 같은 것은 이제 발생하지 않기를 바란다. 그러나 이는 우리가 추구하는 바이고, 그곳에 도달하기 위해 어느 정도 성과를 이루었다"라고도 말했다.[56]

할과 같은 인공지능 시스템을 구축하고자 하는 열망에 대해 대부분의 사람들은 이상하게 생각할 것이다. 그러나 이는 자신들이 고용하고 있는 소규모 프로그래머와 엔지니어 군단, 막대한 현금을 보유한 능력 있는 이 한 쌍의 컴퓨터 과학자에게는 자연스러운 야망이자 심지어 감탄할 만한 것이다. 기본적으로 과학 기업인 구글은 에릭 슈미트의 말을 빌리자면 "예전에는 해결되지 않았을 문제를 해결하기 위해 기술을 사용"[57]하려는 열망이 그들을 자극했고, 인공지능은 아직 풀리지 않은 가장 어려운 문제다. 브린과 페이지가 그 문제를 완전히 해결할 주인공이 되지 않으란 법은 없다.

우리 뇌가 인공지능의 도움을 받는다면, 심지어 대체된다면 우리가 더 나은 삶을 살 것이라는 그들의 안일한 추측은 여전히 흥미와 동시에 불안감을 불러일으킨다. 이는 지능을 기계적인 과정, 즉 분리될 수 있고 평가될 수 있고 최적화할 수 있는 별개의 과정의 결과로 보는 테일러주의적 신념에 대한 구글의 확신과 확고함을 강조한다. 20세기의 철학자인 귄터 안더스Günther Anders 는 이미 "인간은 부끄럽게도, 만들어지지 않고 태어났다"라고 말한 바 있는데, 구글 창업자들의 선언에서는 부끄러움뿐 아니라 야심까지 느껴진다.[58] 구글의 온라인 세상에는 깊이 있는 읽기를 위한 생각에 잠긴 침묵이나 명상의 애매모호한 우회성이 발디딜 틈이 거의 없다. 모호함은 통찰력을 위한 출발점이 아니라 고쳐져야 할 버그다. 인간의 뇌는 더 빠른 프로세서와 더 큰 하드드라이브, 그리고 사고의 과정을 조종할 수 있는 더 나은 알고리즘이 필요한 구식 컴퓨터에 불과하다.

"컴퓨터 네트워크의 작동을 더 쉽게 만들기 위해 인간이 하는 모든 행동은 동시에, 그러나 다른 이유들로 컴퓨터 네트워크가 인간을 더 쉽게 작동하도록 만들고 있다."[59] 조지 다이슨George Dyson은 1997년 인공지능에 대한 탐구서인 《기계 속의 다윈Darwin among the Machine》에서 이렇게 썼다. 이 책이 세상에 나온 지 8년 후 다이슨은 앨런 튜링의 성과를 기반으로 1945년 최초의 현대식 컴퓨터에 대한 상세한 계획을 세운 프린스턴대학교의 물리학자 존 폰 노이만John von Neumann의 업적을 기리는 연설을 해달라는 요청을 받고 구글플렉스를 방문했다. 거의 평생 동안 기계의 정신적인 측면에 대해 연구해온 다이슨으로서는 구글을 방문하는 일이 매우 기대되었을 것이다. 이곳은 자신들의 무한한 능력을 동원해 결국 인공두뇌를 탄생시키기를 열망하는, 세상에서 가장 유능한 대다수 컴퓨터 과학자들이 모인 회사이기 때문이다.

그러나 이 방문은 다이슨을 번민 가운데로 몰아넣었다. 그는 이 경험에 대해 쓴 에세이의 말미에 튜링이 자신의 논문 〈컴퓨터와 지능Computing Machinery and Intelligence〉에서 던졌던 엄숙한 경고를 떠올렸다. 이 수학자는 지능을 지닌 기계를 만들어내려는 우리의 시도에 대해 "우리는 아이를 낳는 것 이상으로는, 영혼을 창조하는 신의 힘을 불경하게 빼앗아서는 안 된다"라고 적었다. 이어 다이슨은 이전에 구글플렉스 방문 때 "매우 지각 있는 친구를 사귀었다"라며 말을 이어나간다. "그 안락함은 거의 압도적이었다. 행복한 골든 리트리버들이 잔디 위에서 물이 뿜어져나오는 스프링클러 사이를 느긋하게 뛰어다니고 있다. 사람들은 손을 흔들며 웃고 있었고, 도처에 장난감이 널려 있다. 나는 이내 생각지도 못한 악마가 어두운 구석 어딘가에 숨어 있을지도 모른다는 생각이 들었다. 악마가 지상으로 내려온다면 몸을 숨기기에 이보다 좋은 곳이 어디 있겠는가?"[60]

이 같은 반응은 분명히 과하긴 하지만 이해할 만하다. 구글의 엄청난 야심과 어마어마한 자금, 그리고 지식 세계에 대한 제국적인 디자인과 함께, 구글은 우리의 희망뿐 아니라 두려움 또한 담고 있는 그릇이라 할 수 있다. 세르게이 브린은 "어떤 이는 구글이 신이라고 말합니다"라고 인정하면서도 "또 어떤 이들은 악마라고도 합니다"라고 했다.[61]

그래서 지금 구글플렉스의 어두운 구석에는 무엇이 도사리고 있는가? 인공지능의 탄생이 임박한 상황인가? 실리콘의 권력자가 문 앞에 와 있는가? 그렇진 않을 것이다. 다트머스대학교 캠퍼스에서 인공지능 발전을 위한 첫 번째 학술회의가 열린 시기는 1956년 여름까지 거슬러 올라간다. 당시 컴퓨터가 인간의 사고를 복제할 수 있을 것이라는 생각은 확실해 보였을 것이다. 한 달가량의 회의 결과 수학자와 공학자들은 선언문에서 썼듯이 "학습의 모든 측면 또는 지능의 또 다른 성격은 이론적으로 너무도 정확히 묘사될 수 있어 이를 모방하는 기계가 만들어질 수 있을 것이다"라고 했다.[62] 이는 단지 올바른 프로그램을 만들고 사고의 무의식적 과정을 알고리즘의 단계로 만드는 문제다. 그러나 이후 수년간 이어진 노력에도 불구하고 인간 지능의 작동 방식에 대해 정확하게 묘사해내지 못했다.

다트머스대학교에서 회의가 열린지 반세기 만에 컴퓨터는 빛의 속도로 발전했지만 인간의 용어를 빌리자면, 컴퓨터들은 여전히 나무토막만큼이나 멍청하다. '생각하는 기계'는 아직 자신들이 무엇을 생각하고 있는지조차 알지 못하는 상태다. "어떤 컴퓨터도 자신들이 지닌 자원을 이용해 새로운 상징을 만들지 못한다"라는 루이스 멈퍼드의 말은 그가 이같이 말했던 1967년 당시와

마찬가지로 오늘날에도 진실로 남아 있다.[63]

그러나 인공지능을 지지하는 이들은 아직 포기하지 않았다. 그들은 단지 관심을 다른 쪽으로 바꾸었을 뿐이다. 그들은 인간의 학습과 지능에 대한 다른 명백한 성향들을 복제하는 소프트웨어 프로그램을 만들겠다는 목표는 거의 포기했다. 대신 컴퓨터 회로에 인간의 뇌에 존재하는 수십억 개의 뉴런 사이를 울리고 있는 전기 신호를 복제하려고 노력하고 있다. 이는 이때 사고가 물리적인 뇌를 통해 스며나오듯 지능이 기계를 통해 모습을 드러낼 것이라는 믿음에 따른 것이다. 페이지가 말한 대로 "전반적인 계산을 올바르게 한다면 지능의 알고리즘은 스스로 만들어나갈 것"이다.

발명가이자 미래학자인 레이 커즈와일Ray Kurzweil은 큐브릭의 〈2001 스페이스 오디세이〉에 대해 1996년에 쓴 에세이에서 일단 우리가 "각기 다른 부분에서 뉴런들 간의 연결 구조를 확인할 수 있을 정도로 뇌에 대해 충분히 상세하게 스캔을 할 수 있다면 우리는 같은 식으로 작동하는 가상의 신경망을 디자인할 수 있을 것"이라고 주장했다. 그는 비록 "우리는 아직 할과 같이 뇌를 만들 수는 없지만 어떻게 만들어낼 수 있는지에 대해서는 지금도 묘사할 수 있다"라고 결론 내렸다.[64]

지능을 갖춘 기계를 만들어내는 데 대한 이 같은 새로운 접근이 이전보다 더 좋은 결실을 낳을 것이라 믿을 이유는 거의 없다. 이 역시 환원적인 가정을 바탕으로 생겨난 것이다. 흔히들 뇌는 컴퓨터와 마찬가지로 정해진 수학적 공식에 따라 작동할 것이라고, 즉 뇌와 컴퓨터는 같은 언어를 사용할 것이라 생각한다. 그러나 이는 우리가 이해 가능한 언어로 이해할 수 없는 현상을 설명하고자 하는 욕망에서 비롯된 오류다. 존 폰 노이만도 이 오류에 희생되어서는 안 된다고 경고했다. 그는 말년에 "우리가 수학에 대해 말할 때 우리는 중앙 신경 시스템이 진짜 사용하는 주된 언어에 기반한 이차적인 언어에 대해 논할 것"이라고 적었다. 신경조직의 언어가 무엇이건 간에 "우리가 의식적으로, 분명하게 수학이라고 여기는 것과 크게 다르지 않을 수 없다"라는 것이다.[65]

물리적인 뇌와 생각하는 사고는 정교하게 설계된 컴퓨터 시스템 구성 속에서 별개의 단계로 존재한다고 생각하는 것 역시 오류다. 뇌 가소성 선구자들은 뇌와 사고는 서로 절묘하게 얽혀 형성되어 있음을 보여주었다. 아리 슐만Ari Schulman은 2009년 〈뉴아틀란티스New Atlantis〉에 기고한 '왜 사고는 컴퓨터와 같지 않은가Why Minds Are Not like Computers'라는 글에서 "모든 증거에 따르면 사고는 컴퓨터와 같이 깔끔하게 분류되는 체계라기보다는 그 구조와 인과 관계가 얽혀 있는 체계임을 알 수 있다. 사고의 변화는 뇌의 변화를 부르고, 이는 그 반대 형태로 일어나기도 한다"라고 했다.

사고를 정확히 모방하는, 뇌의 컴퓨터 모델을 만들기 위해서는 사고에 영향을 주고 영향을 받는 뇌의 모든 단계에 대한 복제가 필요하다.[66] 우리는 뇌의 체계를 해체하는 데는 근접조차 못했고, 이 단계가 어떻게 기능하고 상호작용을 하는지에 대해서는 그보다 더 이해가 떨어진다. 인공적인 사고를 모방해 제작하는 것은 영원토록은 아니더라도 다음 세대들에게는 염원으로만 남을 것이다.

구글은 신도 악마도 아니며, 구글플렉스에 검은 그림자가 있다면 이는 그 장엄함에 따른 망상일 뿐이다. 이 회사의 창업자들이 불안한 이유는 그들이 창조주보다 한 발 더 나아가 사고할 수 있는 놀랍도록 멋진 기계를 창조하려는 소년 같은 열망을 가졌기 때문이 아니다. 그것은 이 같은 열망을 가지도록 한 인간 사고에 대한 그들의 이해 수준이 형편없기 때문이다.

9장

검색과 기억

소크라테스가 옳았다. 자기 생각을 글로 적고, 다른 이들이 글로 표현한 생각을 읽는 데 점차 익숙해지면서 사람들은 자신의 기억력에는 덜 의존하게 되었다. 머릿속에 저장해야 했던 것들은 진흙으로 만든 판이나 두루마리 또는 앞뒤에 덮개가 붙은 문서에 저장하게 되었다. 이 유명한 웅변가가 예상했듯이 사람들은 사물들에 대해 자기 내부에서부터 기억해내는 것이 아니라 외부적인 표시를 통해 기억해내기 시작했다. 개인적 기억에 대한 의존은 활판인쇄의 확산, 출판 또는 글을 읽고 쓰는 업무에 종사하는 이들이 늘어나면서 더욱 줄어들었다. 도서관이나 가정의 서고에서 접할 수 있는 책과 간행물들은 뇌 속 생물학적 창고에 대한 보조 역할을 하게 되었다. 사람들은 더 이상 모든 것을 기억할 필요가 없었다. 이제 원하는 정보는 찾을 수 있었다.

그러나 이것이 전부가 아니다. 인쇄물의 확산이 끼친 또 다른 영향이 있는데, 이는 소크라테스가 예견하지 못했지만 그 역시도 아마 반겼을 법한 것이다. 책은 사람들에게 이전보다 더 뛰어나고 다양한 사실과 의견, 생각 그리고 이야기들을 제공했으며, 깊이 읽는 방식과 문화는 사람들이 인쇄된 정보를 기억하도록 장려했다. 17세기 세비야의 주교였던 이시도르Isidore는 책 속 사상가의 "말을 읽는 것이 어떻게 기억에서부터의 탈출을 덜 용이하게 만들었는지"에 대해 언급했다.[1] 모든 사람들이 자신만의 독서 진행 상황에 대해 기록하고 자신만의 계획서를 만들 수 있게 되면서, 개개인의 기억은 사회적으로 정해진 생각보다는 뚜렷한 관점과 개성의 토대가 되었다. 사람들은 책의 영향으로 자신이 기억을 기술하는 저자라고 여기기 시작했다. 셰익스피어는 햄릿의 입을 빌려 개인의 기억을 "나의 뇌의 서적이자 용량"이라고 표현했다.

글쓰기가 기억력을 약화시킬 것이라 우려하며 소크라테스는 이탈리아의 소설가이자 학자인 움베르토 에코Umberto Eco와 마찬가지로 '영원한 두려움'을 나타냈다. 이 두려움이란 "새로운 기술적 성과가 우리가 소중하고 생산적이라고 여겼던 것, 그 고유한 가치를 가지며 매우 영적인 것이라고 여겼던 무언가를 없애거나 또는 파괴할 것에 대한 두려움"이었다. 그러나 이 같은 상황에서 두려움은 적절하지 않은 감정인 것으로 드러났다. 책은 기억력에 대한 보조 역할을 했지만 에코가 말했듯이 이는 또한 기억력을 자극하고 개선시키는 것이었지 도리어 무디게 하는 것은 아니었다.[2]

네덜란드의 인문학자인 데시데리위스 에라스뮈스Desiderius Erasmus는 1512년에 쓴 교과서 《풍부함에 대해서De Copia》에서 기억과 읽기 사이의 관계를 강조했다. 그는 학생들에게 적당히 작은 표시를 이용해 눈에 띄는 단어의 등장, 고어체나 새로운 용어, 눈에 띄게 훌륭한 스타일, 격언, 예시 그리고 기억할 가치가 있는 간결하면서 함축적인 언급 등에 표시하는 방식을 통해 각자의 책에 주석을 달 것을 강조했다. 그는 또한 모든 학생과 교사들에게 공책 정리를 할 것을 제안했는데, 이 공책을 주제별로 분류함으로써 "기록해놓을 만한 어떤 대상과 마주치더라도 적합한 섹션을 찾아 적을 수 있을 것"이라고 했다. 요약문을 직접 받아 적고, 정기적으로 복습하는 것은 이 지식들을 머릿속에 확실히 자리 잡게 하는 데 도움이 될 것이다. 이 구절들은 '일종의 꽃'으로 생각해볼 수 있을 텐데, 책장에서 수확해 기억의 페이지에 저장하는 식이다.[3]

학생 시절부터 시인 호라티우스Horace와 극작가 테렌티우스Terence의 작품을 비롯해 방대한 양의 고전문학 중 일부를 암기해온 에라스뮈스는 단지 암기를 위한 암기나 사실 관계를 잊어버리지 않기 위해 무턱대고 외우는 식의 암기를 추천하지는 않았다. 그에게 암기란 단순한 저장의 의미 이상이었다. 종합의 과정을 위한 첫 번째 단계였고, 독서에 대한 더 깊고 개인적인 이해로 이끄는 과정이다. 그는 고전 역사학자인 에리카 럼멜Erika Rummel이 설명했듯이 사람은 "배우고 곰곰이 생각한 대상에 대해 스스로 요약하거나 내면화해야지, 모델로 삼은 작가의 바람직한 면을 무조건 재생산해서는 안 된다"라고 믿었다. 에라스뮈스가 말하는 암기는 기계적이거나 무의식적인 과정과는 거리가 멀며, 완전하게 사고를 이용하는 것이다. 럼멜은 이 같은 암기를 두고 "창의성과 판단이 요구된다"라고 적었다.[4]

에라스뮈스의 조언은 로마인 세네카에 의해 반복되었다. 세네카 역시 독서와 사고에서 기억이 지닌 중요한 역할을 묘사하기 위해 식물에 대한 비유를 사용했다. 세네카는 "우리는 벌을 모방해 우리가 행한 다양한 독서에서 수집한 것을 모두 각각 별도의 방에 저장해야 하는데, 무엇이든 따로 보관했을 때 더 잘 저장된다. 이 경우 타고난 재능이라는 자원을 성실하게 적용함으로써 우리가 맛본 다양한 종류의 꿀을 섞은 후 하나의 달콤한 물질로 만들어야 하는데, 이 같은 과정을 거친 후 이 물질은 그 원재료의 출처가 명확하지만 원래 상태와는 매우 달라 보인다."[5] 기억은 에라스뮈스에게 그러했듯 세네카에게도 보관 용기로서 매우 중요한 역할을 한다. 이는 기억해야 할 대상의 집단 그 이상이다. 이는 새롭게 만들어진 그 무엇이고, 독특한 자아의 정수다.

책을 읽는 사람들 모두가 기억할 만한 인용구를 적어야 한다는 에라스뮈스의 조언은 광범위하고도 열정적으로 지켜졌다. '비망록'으로 불리게 된 이 같은 공책들은 르네상스 교육의 특징이 되었으며, 모든 학생들이 이 비망록을 작성했다.[6] 17세기 무렵에는 학교를 넘어 폭넓게 사용되었다. 비망록은 학식을 갖춘 사고를 함양하기 위한 필수 도구로 인식되었다. 1623년 프랜시스 베이컨Francis Bacon은 "일상에 대한 훌륭하고 깊이 있는 요약이라기보다는 기억을 위한 믿을 만한 도우미"라는 의미에서 이보다 더 유용한 것은 없다고 보았다. 글로 써진 작품에 대한 기억 내 저장을 도움으로써 잘 정리된 비망록은 "발명의 재료를 제공한다"라고 했다.[7] 미국의 언어학 교수인 나오미 배런Naomi Baron은 17세기 "남성들의 비망록은 이들의 지적 발전을 위한 연대기이자 수단으로 작용했다"라고 말했다.[8]

비망록의 인기는 19세기 들어 삶의 속도가 빨라지면서 잦아들었고, 20세기 중반 무렵에는 암기 자체의 인기가 떨어지기 시작했다. 진보적인 교육학자들은 암기에 대해 덜 계몽된 시대의 흔적이라고 일축하며 교실에서 이 같은 관행을 폐지했다. 오랫동안 개인적인 통찰력과 창의성에 대한 자극제로 인식되던 비망록이 상상력을 방해하는 주체, 나아가 정신적 에너지에 대한 낭비로 인식되었다.

지난 세기 동안 오디오테이프, 비디오테이프, 마이크로필름, 마이크로피시필름, 복사기, 계산기, 컴퓨터 드라이브 같은 새로운 저장·녹음 기기의 도입은 '인공 기억'의 능력과 범위를 크게 확장시켰다. 머릿속에 정보를 입력하는 일의 중요성은 그 어느 때보다 감소했다. 쉽고 무한하게 검색할 수 있는 인터넷이라는 정보은행의 등장은 암기에 대한 우리의 시각뿐 아니라 기억 그 자체에 대한 시각에 한 발 더 진전된 변화를 가져왔다. 인터넷은 어느새 개인 기억의 보조물이 아닌 대체물로 인식되게 되었다. 오늘날 사람들은 마치 인공 기억이 생물학적인 기억과 비슷한 것인 양, 인공 기억에 대해 일상적으로 이야기한다.

〈와이어드〉의 클리브 톰슨은 인터넷을 가리켜 이전에는 내부 기억에 의해 행해졌던 기능을 대체하는 "기체 바깥쪽의 뇌"라고 언급했다. 그는 "나는 무언가를 기억하려는 노력을 거의 포기했으며, 그 이유는 온라인에서 즉시 정보를 찾아볼 수 있기 때문"이라고 했다. 그는 "정보를 실리콘에 떠넘김으로써 우리는 우리의 두뇌 기능을 더욱 인간적인 것과 밀접한 업무, 즉 브레인스토밍이나 몽상 등에 사용할 수 있게 되었다"라고 말한다.[9]

〈뉴욕타임스〉의 인기 칼럼니스트인 데이비드 브룩스David Brooks도 비슷한 취지의 발언을 했다. "정보 시대의 마법은 우리로 하여금 더 많은 것을 알게 한 데 있다고 생각했다. 그러나 이후 나는 정보 시대의 마법이란 더 적게 알아도 되도록 만든 것임을 깨달았다. 정보 시대는 우리로 하여금 외부적인 인식을 위한 하인, 즉 실리콘 메모리 시스템, 공동의 온라인 필터, 소비자 선호를 알아내는 알고리즘과 네트워크화된 지식을 제공한다. 우리는 이 하인들에게 짐을 지우고 우리 자신은 여기에서 해방시킨다."[10]

〈아메리칸신American Scene〉의 피터 서덜먼Peter Suderman은 거의 항상 유지되는 인터넷 접속 덕분에 "정보를 저장하는 데 뇌를 사용하는 것은 더 이상 그리 효율적인 방법은 아니다"라고 적었다. 그는 기억이란 이제 단순한 색인처럼 기능하며 웹에서 우리에게 그 당시 필요한 정보가 위치한 곳을 알려줄 뿐이라고 말한다. "뇌가 도서관 전체에 대한 빠른 안내도를 지닐 수 있도록 만들 수 있는데, 왜 책 한 권의 내용을 다 기억하는가? 우리는 이제 정보를 기억하기보다 디지털상으로만 저장하고, 단지 무엇을 저장했는지만 기억한다"라는 것이다. 웹이 "우리로 하여금 이토록 사고하게 하면서 결국 우리는 머릿속에 깊은 지식은 거의 지니지 못하게 될 것"이라고 했다.[11] 과학 기술 전문 작가인 돈 탭스콧은 이를 좀 더 직설적으로 표현한다. 우리는 "구글 클릭 한 번으로 무엇이건 찾아볼 수 있기 때문에 긴 구절이나 역사적인 사실을 기억하는 일은 더 이상 쓸모가 없다"라고 말했다. 암기는 시간 낭비라는 것이다.[12]

컴퓨터 데이터베이스가 인간의 기억력에 효과적이며, 더 나은 대안을 제시한다고 생각하게 된 것은 특별히 놀랄 일은 아니다. 한 세기 동안 이어져온 인간의 사고에 대한 대중적인 인식의 변화가 이러한 결론에 이른 것이다. 정보를 저장하기 위해 사용하는 기계의 용량이 더 커지고, 더 융통성 있어지고, 더 잘 반응하게 되면서 우리는 인공적 기억과 생물체적 기억의 모호한 경계에 익숙해지게 되었다. 익숙해지긴 했지만 이는 분명 특별한 발전이다. 브룩스가 적었듯이 역사상 기억이 "아웃소싱될 수 있다"라고는 생각지 못했을 것이다.

고대 그리스인들에게 있어서 기억은 여신, 즉 뮤즈Muse의 어머니인 므네모시네Mnemosyne였다. 성 아우구스티누스에게 이는 인간이 지니고 있는 신의 능력을 반영하는 '어마어마하고 무한한 심오함'이었다.[13] 이는 중세시대, 르네상스시대 그리고 계몽주의 시대를 거치면서도 보편적인 시각으로 남았고, 사실 19세기가 끝날 무렵까지도 그랬다. 1892년 한 무리의 교사들을 대상으로 한 강의에서 윌리엄 제임스가 "기억하는 예술은 생각하는 예술"이라고 선언했을 당시 그는 지극히 명백한 사실을 말하고 있었다.[14] 이제 그의 말은 시대에 뒤처진 발언인 듯하다. 기억은 그 신성함을 잃었을 뿐 아니라 인격의 상실이라는 길로 향하고 있다. 므네모시네는 기계가 되었다.

기억에 대한 우리 관점의 변화는 뇌를 컴퓨터로 묘사하는 은유를 받아들이겠다는 또 다른 선언이다. 생물체의 기억이 하드 드라이브처럼 기능해 비트로 구성된 데이터를 정해진 장소에 저장하고 뇌의 예측 범위에 입력함과 동시에 정보들을 제공받는다면 저장 능력을 웹에 떠넘기는 것이 가능하다. 뿐만 아니라 톰슨과 브룩스가 언급한 대로 우리는 자유로워지는 것이다. 이는 더 의미 있고 심지어 더 인간적인 예측을 위한 뇌 공간을 확보하면서 우리에게 더 넓은 기억 공간을 제공한다. 이 같은 유추는 쉽게 설득당할 만큼 간결하며, 이는 우리 기억을 압착된 꽃으로 만들어진 책이나 벌집의 꿀과 같다고 묘사하는 것보다는 확실히 더 과학적인 듯하다. 그러나 인간의 기억에 대한 새로운, 이 후기 인터넷적인 개념에는 문제가 있다. 이는 틀렸다.

기억의 강화는 유전학적 변이를 기반으로 한다

에릭 캔델은 1970년대 초반 "시냅스들은 경험과 함께 변화함"을 입증한 후 수년간 바다 밑에 사는 군소 신경 체계에 대한 연구를 계속했다. 물론 연구의 초점은 바뀌었다. 그는 자극을 주었을 때 아가미를 움찔하는 행동 같은 단순한 반사 반응을 얻기 위한 뉴런의 자극을 넘어서, 뇌가 어떻게 정보를 기억으로 저장하는가와 같은 훨씬 더 복합한 질문을 던지기 시작했다. 캔델은 특히 신경 과학에서 가장 중요하고 난해한 수수께끼를 해결하고자 했다. 이는 우리의 뇌가 깨어 있는 모든 순간, 우리의 작업 기억 속을 들락날락하는 것 같은 잠깐 동안의 단기 기억을 정확히 어떤 방식으로 평생 지속될 수 있는 장기 기억으로 바꿀 수 있느냐는 문제였다.

신경과학자와 심리학자들은 19세기 말부터 우리의 뇌가 한 종류 이상의 기억을 지니고 있다고 알고 있었다. 1885년 독일의 심리학자인 헤르만 에빙하우스Hermann Ebbinghaus는 자신을 유일한 실험 대상으로 삼아 매우 고된 일련의 실험을 실시했는데, 이는 2000개의 터무니없는 단어를 암기하는 것이었다. 그는 단어를 기억 속에 각인시키는 능력은 해당 단어를 더 많이 공부할수록 강해졌고, 한자리에 앉아서 한번에 5~6개의 단어를 기억하는 것이 10개 남짓한 단어를 기억하는 것보다 쉽다는 점을 발견했다. 그는 또한 망각의 과정에는 두 단계가 있음을 알아냈다. 그가 공부한 대부분의 단어는 반복 연습한 지 한 시간 안에 다 사라졌지만 일부 집합은 더 오래 남아 있었고 또 서서히 사라졌다. 에빙하우스의 실험 결과는 1890년 윌리엄 제임스로 하여금 기억에는 두 종류가 있다는 결론을 내리도록 했다. 이 두 가지란 영감을 가져다준 사건 직후 마음속에서 증발해버리는 '주 기억Primary Memory'과 뇌가 무기한으로 저장할 수 있는 '보조 기억Secondary Memory'이다.[15]

같은 시기 권투 선수들에 대한 연구는 머리를 흠씬 두들겨 맞는 것은 역행성 건망증을 일으켜 오래된 기억은 건드리지 않은 채 직전 몇 분 또는 몇 시간 동안의 기억만 지워지게 한다는 점을 밝혀냈다. 같은 현상은 뇌전증 환자가 경기를 일으킨 이후에도 나타났다. 이 같은 관찰은 아주 강력한 기억이라도 형성 직후 얼마 동안은 불안정한 상태임을 암시한다. 주 기억 또는 단기 기억이, 보조 기억, 즉 장기 기억으로 이동하는 데는 얼마간의 시간이 필요한 것으로 보인다.

이 가설은 독일 출신의 다른 두 명의 심리학자 게오르그 뮐러Georg Müller와 알폰스 필젝커Alfons Pilzecker가 1890년대 말 실시한 실험에 의해 뒷받침되었다. 에빙하우스의 실험에 대한 변형으로 그들은 피실험자 집단에게 일련의 난센스 단어를 외우도록 했다. 하루가 지난 후 실험진은 이들 그룹을 대상으로 테스트를 실시한 결과, 피실험자들이 이 리스트를 기억해내는 데 아무 어려움도 겪지 않음을 발견했다. 연구자들은 같은 실험을 다른 집단의 사람들에게도 실시했는데, 이번에는 첫 번째 리스트를 학습한 직후에 두 번째 리스트를 공부하도록 했다. 다음 날 이루어진 테스트에서 이 그룹은 첫 번째 단어 세트를 기억하지 못했다.

밀러와 필젝커는 이후 이를 또 변형해 마지막 실험을 했다. 세 번째 피실험자 그룹에게는 첫 번째 단어 리스트를 암기하고 나서 두 시간이 지난 후 학습해야 할 두 번째 리스트가 주어졌다. 첫 번째 그룹과 마찬가지로 이 그룹은 다음 날 첫 번째 단어 리스트를 기억해내는 데는 별 어려움을 겪지 않았다. 밀러와 필젝커는 기억이 머릿속에서 고정되기까지, 즉 "강화되기"까지는 약 한 시간이 걸린다고 결론 내렸다. 단기 기억은 즉시 장기 기억이 되지 않고, 강화 과정도 까다롭다. 머리를 두들겨 맞았든, 단순한 산만함이든 관계없이 어떤 방해물로도 머릿속에서 초기 기억을 쓸어버릴 수 있다.[16]

뒤이은 연구 역시 단기, 장기 형태의 기억의 존재를 확인했고, 단기 기억이 장기로 전환되는 동안 굳어지는 과정의 중요성에 대해 더 많은 증거를 제시했다. 1960년대 펜실베이니아대학교의 신경과학자인 루이스 플렉스너Louis Flexner는 특별히 흥미로운 사실을 발견했다. 그는 세포에서 단백질 생성을 막는 항생제를 생쥐에게 투여한 후 이 동물이 장기 기억을 형성하지 못했지만(미로 속에서 어떻게 충격을 피할 수 있는가에 관한) 단기 기억은 계속 저장할 수 있었음을 알아냈다. 이 발견이 시사하는 바는 명백했다. 장기 기억은 단지 단기 기억의 더욱 강력한 형태가 아니라는 것이다.

이 두 형태의 기억은 다른 생물학적 과정을 수반한다. 장기 기억을 저장하는 것은 새로운 단백질의 합성을 필요로 하나, 단기 기억 저장은 그렇지 않다.[17]

예전에 군소를 대상으로 실시했던 획기적인 실험에서 영감을 받아 캔델은 생리심리학자와 세포생물학자 등을 포함한 능력 있는 연구자 그룹을 뽑아 단기 기억과 장기 기억의 물리적인 작동에 대한 연구를 돕도록 했다. 이들은 바다 달팽이가 자신의 몸을 꼬집거나 충격을 가하는 것 같은 외부 자극에 응하는 법을 배우는 동안 한 번에 한 세포씩 신경 신호의 과정을 면밀하게 추적하기 시작했다.[18] 그들은 이내 에빙하우스가 관찰했던 바를 확인하게 되었는데, 한 경험이 더 자주 반복될수록 해당 경험에 대한 기억은 더 오래 지속된다는 것이었다.

반복은 굳히기의 효과가 있다. 개별 신경과 시냅스에 대한 반복이 가져오는 생리학적 효과를 관찰했을 때 이들은 놀라운 사실을 발견해냈다. 시냅스 내 신경전달물질의 농도가 변하면서 뉴런 사이에 존재하는 연결들의 강도를 바꾸어놓을 뿐 아니라 뉴런들이 완전히 새로운 시냅스의 말단을 생성한 것이다. 즉 장기 기억의 형성은 생화학적인 변화뿐 아니라 해부학적인 변화도 수반한다는 것이다. 캔델은 이 같은 발견이 왜 기억 강화가 새로운 단백질을 필요로 하는지 설명해준다는 것을 깨달았다. 단백질은 세포 내 구조적인 변화를 이끌어내는 데 핵심적인 역할을 한다.

비교적 단순한 기억 회로에서 일어난 바다 달팽이의 해부학적인 변화는 광범위하게 이루어졌다. 한 실험의 경우, 연구자들은 장기 기억이 강화되기 전 특정 감각 뉴런은 약 25개의 다른 뉴런과 1300여 개에 이르는 시냅스로 연결되어 있음을 알아냈다. 이 연결 중 단 40퍼센트만이 신경전달물질의 생산을 통해 신호를 보내며 활동하고 있었다. 장기 기억이 형성된 후 시냅스 간 연결 수는 두 배 넘게 증가해 약 2700개로 늘어났으며, 활동하는 비율도 40퍼센트에서 60퍼센트로 늘어났다. 이 새로운 시냅스들은 기억이 계속되는 한 그 자리에 남아 있었다. 경험의 반복이 끊기면서 기억이 흐릿해지자 이 시냅스의 수는 결국 약 1500개로 떨어졌다. 기억이 잊힌 후에도 시냅스의 수가 원래보다는 약간 많이 남아 있다는 사실은 우리가 왜 어떤 업무를 두 번째로 배울 때 더 쉽게 느끼는지에 대한 설명이 된다.

캔델은 2006년에 쓴 회고록《기억을 찾아서In Search of Memory》에서 새로운 형태의 군소 실험을 통해 "처음으로 뇌 속 시냅스의 수가 고정된 것이 아님을 알 수 있다. 이는 학습과 함께 변화했다. 게다가 장기 기억은 해부학적 변화가 유지되는 한 계속되었다"라고 적었다. 이 연구는 또한 두 종류의 기억 사이의 기본적인 생리학적 차이에 대해 밝혔다. 즉 "단기 기억은 이전에 존재했던 연결을 강화하거나 약화시킴으로써 시냅스 기능의 변화를 낳으며, 또한 장기 기억은 해부학적 변화를 요구한다"라는 점이다.[19] 캔델의 발견은 마이클 머제니치 등이 이루어 낸 신경가소성에 대한 발견과 꼭 맞아떨어진다. 더 많은 실험은 곧 기억 강화와 관련한 생화학적·구조적 변화가 군소에만 국한된 것이 아님을 분명히 했다. 이는 영장류를 포함한 다른 동물들의 뇌에서도 일어났다.

캔델과 동료들은 세포 단계에 있어 기억의 비밀 일부를 풀어냈다. 이제 그들은 세포 내 분자의 과정까지 더 깊이 파고들고자 했다. 연구자들은 캔델이 훗날 표현한 바에 따르면 "완전한 미지의 세계에 진입"하고 있었다.[20] 처음에 그들은 단기 기억이 형성되는 시냅스 내에서 발생하는 분자적인 변화를 관찰했다. 또 이 과정은 단순히 하나의 뉴런에서 다른 뉴런으로의 신경전달물질의 전달(이 경우는 글루타민산염) 그 이상임을 알아냈다. 여기에는 '중간 뉴런interneuron'이라는 다른 종류의 세포가 관련되었다. 이 중간 뉴런들은 신경전달물질인 세로토닌을 생성하는데, 이는 시냅스 간 연결을 미세하게 조정하고 시냅스로 분출되는 글루타민산염의 양을 조절한다.

캔델은 생화학자인 제임스 슈워츠James Schwartz와 폴 그린가드Paul Greengard와 함께 연구하면서 이 미세 조정은 일련의 분자 신호를 통해 이루어짐을 발견했다. 중간 뉴런들이 배출하는 세로토닌은 시냅스 앞의 막에 있는 감각기 즉 전자파를 지닌 뉴런에 들러붙는데, 이는 뉴런으로 하여금 주기적으로 'AMP'라 불리는 분자를 생산하도록 만드는 화학적 반응을 촉발시킨다. 주기적 AMP는 차례로 '키나아제AKinase A'라 불리는 단백질을 활성화시키는데, 이 단백질은 세포가 더 많은 글루타민산염을 시냅스에 분출시켜 시냅스 간 연결을 강화시키고 연결된 뉴런의 전기적 활동을 연장시키며, 뇌가 단기 기억을 몇 초 또는 몇 분 동안 유지할 수 있도록 촉매 역할을 하는 효소다.

캔델 앞에 놓인 다음 과제는 이처럼 잠시 동안 유지되는 단기 기억이 어떻게 더욱 지속적인 장기 기억으로 변환하느냐에 대해 알아내는 것이었다. 이 강화 과정의 분자적인 기반은 무엇일까? 이 질문에 답하기 위해서는 유전학의 영역에 발을 들여야 했다.

1983년 재정 능력도 탄탄하고 명망 있는 하워드휴스의학연구소가 캔델에게 슈워츠와 컬럼비아대학교의 신경과학자인 리처드 액설Richard Axel과 함께 컬럼비아대학교를 기반으로 하는 분자 인지 연구 그룹을 이끌어줄 것을 요청했다. 이 그룹은 애벌레 형태의 달팽이로부터 뉴런을 얻어내 실험실의 조직 배양을 통해 시냅스 앞, 시냅스 뒤 그리고 이들 중간의 시냅스를 포함하는 기본적인 뉴런 회로를 만들어냈다. 중간 뉴런을 조절하는 행동을 모방하기 위해 이 과학자들은 배양 조직 내에 세로토닌을 주입했다. 세로토닌을 한 번 뿜어주는 것은 한 차례의 학습 경험을 모방하는 효과를 내면서 예상한 대로 글루타민산염의 분출을 끌어냈고, 단기 기억의 특징인 시냅스의 짧은 강화를 낳았다. 반면 세로토닌을 각각 따로 다섯 번 주입했을 경우, 존재하는 시냅스를 며칠 동안이나 강화시켰고 새로운 시냅스 말단의 형성을 촉진시키면서 장기 기억의 성격을 바꾸었다.

세로토닌의 반복적인 주입 이후에 일어난 일은 키나아제A 효소가 'MAP'라는 이름의 다른 효소와 함께 뉴런의 외부 세포질에서 세포핵으로 이동하는 것이었다. 이렇게 함으로써 키나아제 A는 'CREB-1'이라는 단백질을 활성화시키고, 그 결과 뉴런이 새로운 시냅스 말단을 형성하는 데 필요한 단백질을 합성하는 유전자 세트가 활동하게 한다. 동시에 MAP은 'CREB-2'라는 또 다른 단백질을 활성화시키는데, 이 단백질은 새로운 말단의 성장을 저해하는 일련의 유전자 활동을 저지한다.

이 세포의 '표시'와 관련한 복잡한 화학적 과정을 통해 시냅스의 변화는 뉴런 표면의 특정 부분에 집중되고 오랜 시간에 걸쳐 지속된다. 이는 집중적인 화학적·유전자적 신호와 변화를 포함한 정교한 과정을 통해 이루어지는데, 이를 통해 시냅스는 며칠 동안 또는 심지어 수년 동안 기억을 간직할 수 있게 된다.

캔델은 "새로운 시냅스 말단의 성장과 유지는 기억이 지속되도록 한다"라고 적었다.[21] 또한 이 과정은 뇌의 가소성 덕에 우리의 경험이 지속적으로 우리의 행동과 정체성을 형성하는지의 여부를 판단할 수 있게 하는 매우 중요한 실마리를 제공한다. 이는 "장기 기억을 형성하기 위해 유전자가 활동해야 한다는 사실은 유전자가 단순히 행동의 결정 요인이 아니라 학습과 같은 환경적인 자극에 반응하기도 한다는 점을 명확히 보여준다"라는 것이다.[22]

인간의 기억은 끊임없이 갱생한다

바다 달팽이의 삶은 정신적인 면에서 특별히 흥미로울 것이 없다고 해도 무방할 것이다. 캔델과 그의 팀이 연구한 기억 회로는 매우 단순했다. 이 회로들은 심리학자들이 '암묵 기억Implicit Memory'이라고 부르는 저장과 관련이 있는데, 암묵 기억이란 학습한 기술을 반복하거나 반사적인 행동을 행할 때 자동적으로 떠오르는, 과거의 경험에 대한 무의식적 기억을 말한다. 달팽이는 아가미를 수축할 때 이 암묵 기억에 의존한다. 농구공을 굴리거나 자전거를 탈 때 사람들도 이 암묵 기억에 의존하게 된다. 캔델이 설명했듯이 암묵 기억은 "의식적인 노력이나 우리가 기억에 의존하고 있다는 자각조차 없이 행동을 통해 즉각적으로 떠오르게 된다"라는 것이다.[23]

기억에 대해 이야기할 때 우리가 보통 의미하는 바는 '외현 기억explicit memory'으로, 이는 우리의 의식적 사고의 작업 기억 속으로 불러들일 수 있는 사람, 사건, 사실, 생각, 느낌, 인상 등의 기억들이다. 외현 기억은 우리가 과거에 대해 기억한다고 말할 수 있는 모든 것을 포함한다. 캔델이 이 외현 기억을 두고 '복잡한 기억'이라고 언급하는 데는 합당한 이유가 있다. 외현 기억에 대한 장기적인 저장은 암묵적인 기억을 저장할 때 일어나는 '시냅스적 강화'의 생화학적 그리고 분자적 과정을 수반한다. 그러나 이는 또한 '시스템 강화'라고 불리는 두 번째 형태의 강화를 요구하는데, 이는 뇌의 멀리 떨어진 부분 간의 조화로운 상호작용을 수반한다. 과학자들은 최근에야 이 시스템 강화 작동에 대해 기록하기 시작했고, 발견의 결과물 중 많은 부분은 아직 잠정적인 수준에 머물러 있다. 그러나 분명한 것은 외현 기억의 강화는 대뇌피질과 해마 사이의 길고 긴밀한 '대화'를 포함한다는 것이다.

뇌의 작고 오래된 부분인 해마는 피질 아래쪽 내측 측두엽 깊이 접힌 채 자리하고 있다. 방향감각을 관장하는 부분(런던 택시 운전사들이 도시의 도로에 대한 지도를 저장하는 곳이다)인 동시에 해마는 외현 기억의 형성과 관리에 있어 중요한 역할을 한다. 해마와 기억 저장의 관계에 대한 발견의 성과는 상당 부분 헨리 몰레이슨Henry Molaison이라는 이름의 불행한 인물에게 그 공을 돌려야 할 것이다.

1926년에 태어난 몰레이슨은 어린 시절 머리에 입은 심각한 부상으로 고통받은 후 뇌전증에 시달렸다. 성년이 되어서는 점차 더 심한 발작을 경험했다. 고통의 원인은 결국 그의 해마 부분에 있는 것으로 추적되었고, 1953년 의사들은 다른 내측 측두엽의 일부분과 해마의 대부분을 제거했다. 이 수술로 뇌전증은 치유되었지만 몰레이슨은 기억 능력에 매우 이상한 증상이 나타났다. 암묵 기억이 오래된 외현 기억과 마찬가지로 온전하게 남아 있게 된 것이다. 그는 어린 시절의 일들을 매우 상세하게 기억할 수 있었다.

그러나 최근의 외현 기억, 이 수술을 받기 몇 년 전 일어났던 일들에 대한 기억은 사라졌다. 그리고 그는 더 이상 새로운 외현 기억을 저장할 수 없었다. 모든 사건들은 발생 직후 그의 마음에서 사라졌다.

몰레이슨의 경험은 영국의 심리학자인 브렌다 밀너Brenda Milner에 의해 상세히 기록되었다. 이 경험은 해마가 새로운 외현 기억의 강화에 중요한 역할을 하지만 얼마간의 시간이 흐른 후에는 해마와 관계없이 존재함을 암시했다.[24] 지난 50년 동안 이루어진 집중적인 실험에 의해 이 수수께끼는 어느 정도 풀렸다. 특정 경험에 대한 기억은 경험을 기록하는 대뇌피질 부분에만 저장되는 것이 아니라(소리의 기억을 위해서는 청각피질이, 눈으로 본 것의 기억을 위해서는 시각피질 등) 해마에도 저장된다는 것이다. 해마 내 시냅스들이 매우 빨리 변화할 수 있기 때문에 해마는 새로운 기억을 저장하는 데 이상적인 장소다. 여전히 이해하기 어려운 신호 체계를 통해 해마는 며칠 동안 이 기억이 피질에서 안정되는 것을 도우며 단기 기억을 장기 기억으로 변환시키기 시작한다. 결국 일단 기억이 완전히 강화되면 이는 해마에서 지워지는 것으로 보이며, 피질은 유일한 저장 장소가 된다. 외현 기억을 해마로부터 피질로 완전히 이동시키는 것은 수년이 걸리는 점진적인 과정이다.[25] 이것이 바로 몰레이슨의 기억이 해마와 함께 사라져버린 이유다.

해마는 의식적인 기억이라는 교향곡을 지휘하는 오케스트

라 지휘자와 비슷한 역할을 하는 듯하다. 피질에 특정 기억을 고정시키는데 관여하는 것을 넘어 뇌에 각각 저장되지만 결국 한 사건에 대한 단일하고 매끄러운 기억을 형성해내는 다양하고도 동시발생적인 기억(시각, 공간적, 청각, 촉각, 감정적)을 꿰어맞추는 데 중요한 역할을 하는 것으로 보인다. 신경과학자들은 이 해마가 새로운 기억과 오래된 기억 간의 연결을 도와 기억의 유연성과 깊이를 형성한다는 이론을 세웠다. 기억 간의 연결은 우리가 수면 상태에서 해마가 다른 인지적 업무로부터 해방되었을 때 형성되는 듯하다. 정신과 의사인 대니얼 시겔Daniel Siegel은 《발전하는 사고 The Developing Mind》에서 "무작위적인 활동으로 보이는 것들, 하루 동안 경험한 것들과 오래된 과거의 조각이 결합되어 채워져 있음에도 꿈은, 사고가 수많은 명백한 기억을 지속적이고 강화된 기억을 위한 일관성 있는 표현의 조합으로 굳히는 기본적인 방법이다"라고 했다.[26] 연구 결과들은 수면의 질이 악화되면 우리의 기억도 그러함을 보여준다.[27]

외현 기억과 암묵 기억의 작동에 대해서는 아직 밝혀져야 할 것들이 많으며, 우리가 아는 것의 대부분은 향후 연구를 통해 수정되고 개선될 것이다. 그러나 더 많은 증거는 우리 머릿속 기억은 모든 단계에서 우리가 살고 있는 독특한 환경과 또 우리의 독특한 경험의 형태에 맞추어 정교하게 조정되는, 매우 복잡한 자연적 과정의 산물임을 더욱 분명히 하고 있다.

지속적이면서 쉽게 가늠할 수 없는 유기적 성장을 강조한 기억에 대한 오래된 생물학적인 은유는 매우 적절한 것으로 판명이 났다. 사실 생물체의 기억을, 데이터베이스에 저장되고 또 컴퓨터 칩에 의해 처리되는 디지털 정보에 빗대는 최첨단의 은유 보다는 이 오래된 비유가 더 적합한 것 같다. 인간 기억에 대한 매우 변화무쌍한 생물학적 신호와 화학적, 전기적, 유전적 요소 그리고 형성되고, 유지되고, 연결되고, 상기시키는 모든 요소들은 거의 무한한 단계적 차이를 갖는다. 컴퓨터 기억은 0과 1과 같은 단순한 이진법적 비트로 존재하며, 이는 열리거나 닫힌, 그러나 중간은 없는 고정된 회로를 통해 처리된다.

이스라엘 하이파대학교의 신경생물학 및 행동생물학과의 코비 로젠블럼Kobi Rosenblum 학과장은 에릭 캔델과 마찬가지로 기억 강화에 대한 실험을 광범위하게 실시했다. 그의 연구를 통해 알 수 있는 눈에 띄는 발견 중 하나는 생물체의 기억이 컴퓨터 메모리와 어떻게 다른가에 관한 것이다. 그는 "인간 뇌에서 장기 기억의 형성 과정은 컴퓨터와 같은 '인공 뇌'와는 명확히 다른, 매우 믿기 힘든 과정 중 하나다. 인공적인 뇌가 정보를 빨아들이고 즉각 기억 속에 저장하는 반면, 인간의 뇌는 정보를 받아들인 지 한참 후에 처리하며, 기억의 질은 정보가 어떻게 처리되는지에 달려 있다"라고 말했다.[28] 생물체의 기억은 살아 있는 데 비해 컴퓨터의 메모리는 그렇지 않다.

기억을 인터넷에 아웃소싱하는 것을 환호하는 이들은 은유를 호도하고 있다. 그들은 생물체의 기억이 지닌 근본적으로 유기적인 성격을 간과한 것이다. 정말 기억을 풍부하게 하고 그 특징을 형성하는 데에는 그 신비함과 연약함뿐 아니라 우연성도 영향을 미친다. 몸이 변하듯이 변화하면서 시간 속에 존재한다. 기억을 되살리는 바로 그 행동은 새로운 시냅스의 말단을 만드는 단백질 형성을 포함하는 모든 강화 과정을 다시 되풀이하는 것으로 보인다.[29] 일단 우리가 외현적인 장기 기억을 작업 기억으로 불러오면 이는 또다시 단기 기억이 되는 것이다. 우리가 다시 이 기억을 강화할 때 새로운 연결의 조합, 즉 새로운 문맥이 생긴다. 조셉 르두Joseph LeDoux가 설명했듯이 "기억을 하는 뇌는 기억을 처음 형성하는 그 뇌가 아니다. 오래된 기억을 현재의 뇌가 이해하기 위해 기억은 업데이트되어야 한다"라는 것이다.[30]

생물체의 기억은 끊임없이 갱신하는 과정에 있다. 컴퓨터에 저장된 기억은 반대로 별개의 정적인 비트의 형태를 띠고 있어 우리는 하나의 저장 드라이브에서 또 다른 드라이브로 이 비트들을 원하는 횟수만큼 이동시킬 수 있고, 이는 항상 예전과 완전히 동일한 형태로 남아 있을 것이다.

기억을 아웃소싱한다는 생각을 지지하는 이들은 작업 기억을 장기 기억과 혼동하고 있다. 한 사람이 장기 기억에 있는 어떤 사실, 생각 또는 경험을 강화하는 데 실패한다면 그는 다른 기능을 수행하기 위한 뇌 공간을 자유롭게 하지 못하고 있는 셈이다. 제한된 능력의 작업 기억과 반대로 장기 기억은 뇌 속 시냅스의 말단을 늘리고 잘라내고, 또 지속적으로 시냅스 간 연결의 강도를 조절할 수 있는 능력이 가져다주는, 거의 무한의 탄력성을 바탕으로 확장하고 줄어든다. 미주리대학교의 기억 전문가인 넬슨 코완Nelson Cowan은 "보통의 인간의 뇌가 컴퓨터와 다른 점은 인간의 뇌는 더 이상 경험을 기억할 수 없는 지점에 도달하는 법이 없으며, 인간의 뇌는 꽉 찰 수 없다는 것"이라고 했다.[31] 토르켈 클링베르크는 "장기 기억에 저장될 수 있는 정보의 양은 사실상 무한하다"라고 말했다.[32] 게다가 개인적인 기억을 계속 저장해감으로써 우리의 사고는 더욱 예리해짐을 여러 증거들이 보여준다. 임상심리학자인 셰일라 크로웰Sheila Crowell은 《학습의 신경생물학The Neurobiology of Learning》에서 "기억이라는 행동은 뇌를 미래에 생각이나 기술을 배우기 쉽게 하는 방식으로 바꿀 것으로 보인다"라고 말했다.[33]

새로운 장기 기억을 저장할 때 우리는 정신적인 힘을 제한하는 것이 아니라 오히려 강화한다. 기억을 확장할 때마다 지적 능력은 향상된다. 인터넷은 개인적인 기억에 편리하고 매력적인 보조물을 제공하지만 인터넷을 개인적인 기억의 대안물로 사용하면서 내부적인 강화 과정을 건너뛴다면 우리는 그 풍부함으로 가득 찬 우리의 마음을 텅 비게 하는 위험성을 안게 되는 것이다.

1970년대 일선 학교에서 학생들의 휴대용 계산기 사용을 허가했을 때 많은 학부모는 이를 반대했다. 그들은 기계에 대한 의존이 자녀의 수학적 개념에 대한 이해를 약화시킬 것을 우려했다. 뒤이은 연구들은 이 같은 두려움은 대부분 불필요한 것이었음을 보여주었다.[34] 지루한 계산에 더 이상 시간을 허비하지 않아도 되면서 많은 학생은 계산 이면에 숨은 원리를 더 깊이 이해하게 되었다.

계산기의 사례는 오늘날 온라인 데이터베이스에 대한 의존도의 증가는 긍정적이라 할 수 있으며, 심지어 우리를 해방시킨다는 주장을 지지하는 데 사용된다. 우리를 기억이라는 업무에서 자유롭게 하면서 웹은 우리로 하여금 더 많은 시간을 생산적인 사고에 사용할 수 있도록 한다고 말하곤 한다. 그러나 이 두 가지 경우를 평행하게 바라보는 데는 오류가 있다. 휴대용 계산기는 작업 기억의 부담을 완화시켜 중요한 단기 저장을 더욱 추상적인 추론에 사용할 수 있도록 했다. 수학을 공부하는 학생들의 경험이 보여주듯 계산기는 뇌가 생각을 작업 기억에서 장기 기억으로 이동시키고, 이 기억들을 지식을 쌓아가는 데 매우 중요한 개념적 스키마로 표현하는 것을 더 용이하게 만든다. 웹은 이와는 다르다. 이는 고차원적 추론 능력에 써야 할 자원을 다른 곳에 사용하게 할 뿐 아니라 장기 기억의 강화와 스키마의 발전을 방해하며 작업 기억에 더 많은 하중을 가한다. 강력할 뿐 아니라 매우 특화된 도구인 계산기는 기억을 보조하는 것으로 입증되었다. 인터넷은 그야말로 망각의 기술이다.

인터넷이 우리를 망각에 익숙해지게 만든다

우리가 기억하고 잊어버릴 것을 결정하는 기준은 무엇일까? 기억 강화의 핵심은 집중이다. 외현 기억을 저장하고 이와 동일한 힘으로 중요한 것들을 연결하는 일은 반복이나 집중적인 지적·감정적인 개입을 통해 확대되는, 강한 정신적 집중을 요구한다. 예리하게 집중할수록 기억도 더 예리해진다. 캔델은 "기억이 더 오래 지속되기 위해 유입되는 정보는 철저하고 깊이 있게 처리되어야 한다. 이는 정보를 처리하고 기억 속에 이미 잘 형성되어 있는 지식과 체계적으로 잘 연결시킴으로써 성취될 수 있다"라고 했다.[35] 우리가 정보를 작업 기억으로 처리할 수 없다면 이 정보는 이를 유지시키고 있는 뉴런이 전기 전하를 유지하는 동안에만 지속되는데, 이는 기껏해야 몇 초에 불과하다. 그 후 이 정보는 머릿속에 거의 또는 아예 흔적도 없이 사라져버린다.

집중은 발달심리학자인 브루스 맥캔들리스Bruce McCandliss의 말을 빌리자면 '머릿속의 유령'[36]처럼 지극히 가벼워 보이지만 이는 완전히 육체적인 상태이며 뇌 전체에 물리적인 영향을 가한다. 생쥐를 대상으로 한 최근 실험은 특정 생각이나 경험에 집중하는 행동은 뇌를 가로지르며 연쇄반응을 일으킴을 보여주었다. 의식적인 집중은 사고의 집중에 대한, 위에서 아래로 향하는 실행 조절 능력을 발휘하며 대뇌피질의 전두엽에서 시작된다. 집중은 피질의 뉴런이 강력한 신경전달물질인 도파민을 형성하는 중뇌의 뉴런에 신호를 보내도록 한다. 이 뉴런의 축색돌기는 해마까지 이르러 이 신경전달물질의 유통 경로를 제공한다. 일단 도파민이 해마의 시냅스에 전달되면 이는 외현 기억의 강화에 불을 붙이는데, 아마도 이는 새로운 단백질의 합성을 촉진하는 유전자를 활성화함으로써 이루어지는 듯하다.[37]

우리가 온라인에 있을 때마다 받아들이게 되는 서로 다른 메시지의 유입은 우리의 작업 기억에만 과부하를 가하는 것은 아니다. 이는 전두엽이 한 가지 대상에만 집중하는 것을 어렵게 한다. 기억의 강화 과정은 아예 시작될 수도 없다. 또 신경 통로의 가소성 덕분에 인터넷을 더 많이 사용할수록 우리의 뇌는 더욱 산만해지도록 훈련받는데, 이를 통해 정보를 매우 빨리, 효율적으로 처리하긴 하지만 지속적인 집중은 불가능하다. 이는 왜 우리 중에 많은 이가 컴퓨터에서 멀어져 있을 때조차 한 가지 일에 집중하기를 어려워하는지에 대한 이해를 돕는다.

우리의 뇌는 망각에 익숙해지고 기억에는 미숙해진다. 웹의 정보 저장에 대한 높아지는 의존도는 사실 저절로 계속되고, 저절로 증폭되는 순환 고리의 산물이다. 인터넷 사용으로 생물학적인 기억 장치에 정보를 저장하는 일이 더 어려워지면서 우리는 피상적으로 사고하게 됨에도 불구하고 인터넷의 광활하고, 쉽게 검색 가능한 인공지능에 더더욱 의존하게 된다.

뇌의 변화는 우리 의식의 좁은 반경 바깥에서 자동적으로 일어나지만 그렇다고 우리의 선택에 대한 책임이 면해지는 것은 아니다. 우리가 다른 동물들과 구별되는 특징 중 하나는 관심을 어디에 둘지 조정할 수 있다는 점이다. 소설가 데이비드 포스터 월러스David Foster Wallace는 2005년 케니언대학교의 졸업식 연설에서 "어떻게 생각하는지를 배운다는 것은 사실 어떻게, 무엇을 생각하는지에 대한 약간의 통제를 가하는 방법을 배우는 것을 의미한다. 이는 무엇에 관심을 기울일지 선택할 만큼, 경험에서 어떻게 의미를 쌓아올릴지 선택할 수 있을 만큼 의식적이고 깨어 있는 상태를 뜻한다. 이 통제를 포기한 것은 무한한 대상 중 일부를 지니고 또 잃어버린다는 데 따른 끊임없이 괴로운 느낌과 함께 남겨지는 것이다"라고 말했다.[38] 정신적인 문제를 안고 있었던(그는 이 연설을 한 지 2년 반 뒤 목을 매 자살했다) 월러스는 사고를 집중할 대상을 정하고 또는 실패하는 데 따른 위험성을 절감하고 있었다. 우리는 위험을 각오하고 집중에 대한 통제를 양도한다. 신경과학자들이 인간 뇌의 세포적 분자적 작동에 대해 알아낸 모든 발견의 결과가 이 점을 강조하고 있다.

소크라테스는 글쓰기의 영향에 대해 잘못 생각했을 수도 있지만 현명하게도, 기억이라는 자산을 당연시하지는 말라고 경고했다. '기억을 위한 것이 아니라 기억 환기를 위한 재료'를 제공함으로써 사고에 망각을 심어놓는 도구에 대한 예언은 웹의 등장과 함께 새로운 관심을 끌고 있다. 이 예언은 그저 시기상조였을 뿐

틀린 것은 아님이 입증되었다.

우리는 인터넷을 보편적으로 사용하면서 우리 사고 속에서 일어나는 풍부한 연관 짓기를 희생하는 위협을 감수하고 있는 것이다. 웹은 그 자체가 네트워크인 것은 사실이지만, 온라인 정보의 비트들을 관련지어주는 하이퍼링크들은 우리 뇌의 시냅스와 같지 않다. 웹의 링크는 주소에 불과하고 브라우저를 다른 별도의 정보 페이지로 안내해주는 단순한 소프트웨어 태그일 뿐이다. 이들은 우리의 시냅스와 같은 유기적인 풍부함이나 민감성을 가지지 못했다. 아리 슐만은 뇌의 연결은 "단순히 기억에 대한 접근만 제공하는 것이 아니라 이들은 대부분의 경우 기억을 구성한다"라고 적었다.[39] 웹이 만들어낸 연결들은 우리 것이 아니며, 우리가 아무리 많은 시간을 검색과 서핑에 쏟는다 해도 결코 웹의 연결이 우리 것이 되지는 않을 것이다. 기계에 기억을 아웃소싱할 때 우리는 지성이나 정체성의 가장 중요한 부분 역시 아웃소싱하는 것이다. 윌리엄 제임스는 1892년 기억에 대한 강의를 끝맺으며 "연결은 진정 사고다"라고 말했다. 여기에 한마디 덧붙인다면 "연결은 진정 자아다"라고 말할 수 있을 것이다.

기억을 아웃소심하면 문화는 시들어간다

월트 휘트먼Walt Whitman은 《풀잎Leaves of Grass》 앞부분의 한 시에서 "나는 미래의 역사를 내다본다"라고 썼다. 어떤 사람이 길러지는 문화가 그 사람의 기억과 성격에 영향을 미친다는 것은 오래전부터 알려진 바다. 예를 들어 미국과 같이 개인적인 성취를 중시하는 사회에서 태어난 이는 한국과 같이 집단적인 성취를 중시하는 사회에서 자란 이들보다 유년기의 일들을 더 잘 기억하는 경향이 있다.[40] 심리학자들과 인류학자들은 휘트먼이 직감했듯이 그 영향은 양방향성을 지녔음을 발견했다. 개인적인 기억은 문화를 뒷받침하는 '집단적 기억'을 형성하고 유지한다. 인류학자 파스칼 보이어Pascal Boyer는 개인적인 사고에 저장되어 있는 것, 즉 사건이나 사실, 개념, 기술은 자아를 구성하는 '특별한 개인적 특성의 표현' 이상이라고 적었다. 이는 또한 '문화적 전파의 핵심'이기도 하다.[41] 우리 각각은 미래의 역사를 이끌어가고 또 계획한다. 문화는 우리의 시냅스 속에서 유지된다.

기억을 외부 데이터뱅크에 저장하는 것은 단순히 자아의 깊이와 특성만 위협하는 것이 아니다. 이는 우리가 공유하는 문화의 깊이와 특성 또한 위협한다. 극작가 리처드 포먼Richard Foreman은 최근에 쓴 에세이에서 무엇이 위기에 처해 있는지에 대해 적절하게 표현했다. 그는 "고등 교육을 받고 자신을 잘 표현하는 성격의 사람들이 복잡하고 난해하고 대성당 같은 구조를 이뤄, 그 속에서 남자든 여자든 서구 문명 전체에 대해 개인적으로 구성해낸 독특한 견해를 지니는 것을 이상(나의 이상)으로 하는 서구 문화의 전통에서 태어났다"라고 적었다. 그러나 그는 이제 "우리는(나도 포함해) 복잡한 내면의 난해함은 새로운 종류의 자아, 즉 정보 과부하와 즉시 접근 가능한 기술의 압박 가운데 변화하는 자아로 대체되고 있음을 목격하고 있다"라고 한다. 그러면서 포먼은 "밀도 높은 문화적 유산의 내부적인 레퍼토리가 고갈되면서 우리는 팬케이크와 같은 사람, 즉 단지 버튼만 누르면 접근할 수 있는 정보의 방대한 네트워크와 접속하면서 넓고 얇게 퍼져 있는 이들로 변할 위험이 있다"라고 결론 내렸다.[42]

문화는 구글이 묘사하는 대로 '세계 정보'의 집합 그 이상이다. 이는 이진법으로 축소되고 또 인터넷으로 업로드할 수 있는 것 이상이다. 그 생명력을 유지하기 위해 문화는 모든 세대의 구성원의 마음속에서 새로 수정되어야 한다. 기억을 아웃소싱하면 문화는 시들어간다.

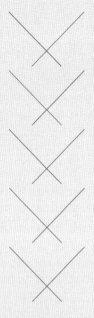

나의 고백

지금쯤 독자는 이 책 자체가 주제와 상반되지 않나 하는 생각을 하고 있을지도 모르겠다. 나 스스로 집중력을 유지하기가 그렇게 어려웠다면 적어도 나는 어떻게 조금이라도 일관성 있는 서술 방식을 유지하면서 수백 페이지의 글을 쓸 수 있었을까?

쉽지는 않았다. 2007년 말 무렵 이 책을 쓰기 시작했을 때 나는 이 일에 내 사고를 집중하기 위해 노력했으나 실패했다. 언제나처럼 인터넷은 수많은 유용한 정보와 연구의 도구를 제공하지만 인터넷의 지속적인 방해는 나의 생각과 글을 분산시켰다. 나는 블로그에 글을 쓸 때와 마찬가지로 일관성 없는 속도로 글을 쓰곤 했다. 분명 큰 변화가 필요했다.

다음 해 여름, 나는 아내와 함께 인터넷 접속이 용이한 보스턴 외곽에서 콜로라도 산악지대로 이사했다. 새집에서는 휴대전화가 작동하지 않았고 인터넷 이용은 상당히 느린 DSL 연결을 통해서나 가능했다. 나는 트위터 계정을 없애고 페이스북 계정을 휴면 상태로 설정했다. 블로그도 당분간 쓰지 않기로 했다. RSS리더를 닫았고 영상전화와 인스턴트 메신저를 끊었다.

가장 중요한 것은 이메일의 속도를 줄였다는 것이다. 나는 오랫동안 편지함에 도착한 새로운 메시지를 매분마다 확인하도록 설정해두었다. 나는 이메일을 시간당 한 번씩만 체크하도록 재설정했고, 이마저도 정신을 산만케 할 때는 하루 중 거의 대부분 이 프로그램을 닫아두고 지냈다.

온라인과의 단절에 따른 고통이 없지는 않았다. 몇 달 동안 나의 시냅스들은 인터넷에 고정되었던 상태로 돌아가달라고 울부짖었다. 어느새 '새로 온 메일 확인' 버튼을 누르고 있는 나 자신을 발견했다. 종종 하루 종일 웹에 푹 빠져 살곤 했다. 그러나 이 같은 열망이 잦아들 무렵 나는 수시간 동안 계속해서 키보드를 치거나 산만한 마음 없이 딱딱한 학술 논문을 읽고 있는 나의 모습을 발견했다. 오랫동안 사용하지 않던 신경 회로들의 일부가 살아나고 있는 것 같았고, 비교적 나는 더욱 고요해지고 나의 생각을 더 잘 통제하고 있다는 느낌이 들기 시작했다. 손잡이를 누르고 있는 실험실의 생쥐라기보다는 더욱 사람다운 모습이었다. 뇌는 다시 숨을 쉴 수 있었다.

물론 내 경우가 전형적인 모습은 아님을 알고 있다. 독자적으로 일하고 매우 은둔적인 성격을 지닌 나는 연결을 끊겠다는 선택을 할 수 있었다. 오늘날 대부분의 사람들은 그렇지 않다. 인터넷은 업무와 사회생활에 매우 핵심적으로 자리 잡아 비록 이 네트워크로부터 벗어나고 싶다 해도 사람들은 그럴 수가 없다. 젊은 소설가인 벤저민 쿤켈 Benjamin Kunkel은 최근 에세이에서 우리가 깨어 있는 시간 동안 인터넷이 우리 삶을 점유하는 비율이 점차 높아지고 있는 문제에 대해 다음과 같이 말했다. "인터넷은 옹호론자들이 적절히 상기시켜주듯 다양함과 편리함을 제공한다. 인터넷은 당신에게 아무것도 강요하지 않는다. 인터넷은 전혀 그럴 마음이 없다는 것이 드러났다. 우리는 온라인 활동을 우리 의지로 자유롭게 선택했다고 느끼지 않는다. 대신 무력하게 선택했거나 역사가 강요한 습관이라고 느끼며, 그래서 우리는 의도하거나 원하는 바대로 우리의 집중력을 발휘하지 못한다."[1]

　　문제는 사실 사람들이 여전히 가끔 책을 읽고 쓸 수 있느냐가 아니다. 물론 사람들은 그럴 수 있다. 우리가 새로운 지적 기술을 사용하기 시작할 때는 하나의 정신적 모드에서 다른 모드로 즉각 전환하지 않는다. 뇌는 양쪽 다 사용 가능하다. 지적 기술은 우리 사고가 집중하는 분야를 전환시킴으로써 영향력을 행사한다. 이 기술을 처음으로 사용한 이들은 새로운 도구에 적응하면서 자신들의 집중, 인지 그리고 기억의 변화를 감지할 수 있겠지만 가장 중요한 변화는 기술이 우리의 업무, 여가 생활, 교육 속에 더욱 파고들게 되면서, 한 사회와 문화를 정의하는 규범과 관습으로, 여러 세대에 걸쳐 더욱 천천히 일어난다. 우리가 읽는 방식은 어떻게 변하고 있는가? 글을 쓰는 방식은 어떻게 변하고 있는가? 우리가 사고하는 방식은 어떻게 변하고 있는가? 이는 우리 스스로에게, 후세대들에게 던져야 할 질문들이다.

　　나는 이미 이전의 나쁜 습관으로 돌아가고 있다. 이 책이 거의 완성되어 갈 무렵 나는 다시 매분마다 이메일 알림 서비스를 받고 있고, RSS리더로 되돌아갔다. 몇몇 새로운 소셜네트워킹 서비스를 다시 이용하고 있고, 블로그에 새 글도 올리고 있다. 최근에는 무선 인터넷 Wi-Fi 연결이 가능한 블루레이 플레이어까지 구입했다. 블루레이 플레이어는 텔레비전과 스테레오를 이용해 판도라 라디오의 음악을 들을 수 있고 넷플릭스에서 영화를, 유튜브에서 동영상을 볼 수 있는 기기다. 정말 환상적인 기기라고 고백하지 않을 수 없다. 이 기기가 없이는 살 수 없을 것만 같다.

10장

컴퓨터, 인터넷 그리고 인간

이는 컴퓨터공학 역사에서는 매우 기이하면서도 흥미로운 일 중 하나다. 1964년과 1965년 사이 몇 달에 걸쳐 당시 마흔한 살이었던 매사추세츠공과대학교의 컴퓨터 과학자 요제프 바이첸바움Joseph Weizenbaum은 글로 써진 언어를 분석하는 소프트웨어 응용프로그램을 만들었는데, 그는 이를 대학의 새로운 타임셰어링 시스템에서 구동하려 했다. 이 시스템 단말기 중 하나에 앉은 학생이 컴퓨터에 한 문장을 치면 프로그램이 영어 문법의 단순한 규칙들의 집합에 따라 이 문장에서 중요한 단어나 구문을 알아내고, 이것이 사용된 통사론적 문맥을 분석하는 것이다. 이후 이 프로그램은 또 다른 규칙의 집합에 따라 입력한 문장을 이에 대한 답변의 형태를 띤 새로운 문장으로 바꾸어놓는다. 컴퓨터가 만든 문장은 즉각 학생의 단말기에 나타나 마치 대화를 하는 것 같은 착각을 하게 한다.

1966년 1월 바이첸바움은 자신의 프로그램을 소개하는 논문에서 이 프로그램이 어떻게 작동되는지 예를 제시했다. 한 사람이 "나는 요즘 별로 행복하지 않다"라는 문장을 치면 컴퓨터는 "나는 OO하다"라는 표현은 대개 화자의 현재 상황이나 마음 상태를 나타내기 위해 등장한다는 것을 인식하기만 하면 되는 식이다. 컴퓨터는 이 문장을 "요즘 행복하지 않다고 느낀 지 얼마나 되었나요?"라는 다른 문장으로 재생산해낸다.

바이첸바움은 처음에는 "일부분이 '나는 OO다'라는 두 단어와 남은 단어들인 '요즘 매우 행복하지 않다'에 부합하는 일종의 견본을 원 문장에 붙임으로써 이 프로그램이 작동한다고 설명했다. 이후 이는 견본에 맞춰진 알고리즘 형태의 '재조립 세트'로 사용되는데, 여기에는 '나는 OO다'라는 형태의 어떤 문장이라도 OO 안에 들어가는 의미와 무관하게 '얼마나 오랫동안 OO했나요'라고 바꿔야 한다"라고 적시한 규칙도 포함되어 있다.[1]

바이첸바움의 애플리케이션은 그 시대의 산물이었다. 1950년대와 1960년대에는 컴퓨터, 소프트웨어 프로그램, 인공지능에 대한 열광으로 인간의 뇌가 컴퓨터와 같은 형태라는 생각뿐 아니라 인간의 언어는 이 컴퓨터 내에서 실행되는 알고리즘들 중 하나의

산물이라는 생각까지 하게 되었다. 데이비드 골럼비아David Golumbia
는 《컴퓨터의 문화적인 논리The Cultural Logic of Computation》에서 바이
첸바움의 매사추세츠공과대학교 동료인 노암 촘스키Noam Chomsky
가 이끄는 새로운 '컴퓨터 언어학자' 무리들이, 사람들이 말하고 쓰
는 '자연 언어'의 형태가 "모든 언어적인 기능을 실행하는 인간 사
고 내부에 있는 컴퓨터의 기능을 반영한다는 점을 사실로 받아들
였다"라고 말한다.[2] 촘스키는 〈정보와 통제Information and Control〉라는
저널에 1958년 발표된 논문에서 "문법을 묘사할 수 있는 하나의
가능한 방법은 보편적인 튜링 기계를 위한 프로그램을 통해서다"
라고 적었다.[3] 이 컴퓨터주의자들의 이론이 매우 매력적인 것은 유
혹적인 "기술적 신선함의 반영半影으로 포장되었기 때문"이라고 골
럼비아는 적었다. 이는 언어가 지닌 인간적인 까다로움을 깔끔한
내부 컴퓨터로 바꿔놓는 기계적인 명료성을 제시했다.[4] 사람들이
말하는 방식을 분해공학● 방식으로 복제함으로써 소프트웨어로
복제할 수 있는 언어의 근본적인 규칙을 알아내는 것이다.

　　바이첸바움은 자신의 프로그램에 조지 버나드 쇼George
Bernard Shaw의 희곡 〈피그말리온Pygmalion〉에서 거만한 음성학 교수
헨리 히긴스의 가르침 아래 정확하게 영어를 말하는 법을 배우는
런던의 꽃집 아가씨로 등장하는 엘리자 두리틀의 이름을 따 '엘리
자ELIZA'라고 이름 붙였다. 가상 대화를 더 재미있게 하기 위해 바

● 　　특정 상품을 분해해 생산 방식을 알아낸 뒤 똑같이 만드는 것을 말한다. ― 옮긴이

이첸바움은 자신의 인공 대화 상대에게 로저리안 심리치료사라는 인격을 부여했다. 자신의 논문에서 설명한 바에 따르면 이 같은 선택은 실용적인 이유에서였다.

1940년대 심리학자 칼 로저스Carl Rogers가 개발한 이 기법을 사용할 때 심리치료사들은 환자와의 대화에서 이 세상에 대해 전혀 아는 바가 없는 척한다. 대부분의 경우 이들은 단순히 환자가 한 말을 따분한 열린 질문●이나 언급의 형태로 다시 반복해 던진다. 이 단순한 형식을 알아차린 환자는 '모든 종류의 배경 지식, 이해, 논리력'이 자신들의 치료사로부터 나온 것이라고 생각하게 된다. 바이첸바움은 이 같은 로저스의 페르소나persona가 엘리자에게 '심리학적으로 매우 의미 있는 유용함'을 보여줌을 깨달았다. 이는 이 프로그램의 멍청한 듯한 모습이 실제 지닌 지능을 감추고 있음을 시사한다.

다음은 바이첸바움이 옮긴 엘리자와 이 프로그램의 초기 시험자였던 젊은 여성이 주고받은 대화의 일부다(이탤릭체가 기계의 답변이다).

남자들은 모두 똑같아요.
어떤 식으로요?
그들은 언제나 이런저런 일로 우리를 괴롭히고 있어요.

● 여러 가지 대답이 가능한 질문을 뜻한다. ― 옮긴이

특별한 예를 생각해낼 수 있나요?

글쎄, 내 남자친구는 내가 이곳에 오도록 했어요.

당신의 남자친구가 당신을 이곳에 오도록 했군요.

그는 내가 거의 늘 우울해한다고 말해요.

우울하다는 소리를 들으니 안됐네요.

사실이에요. 나는 불행해요.

이곳에 온 게 불행하지 않게 하는 데 도움이 될까요?

제가 도움이 필요하다는 건 분명해요.

도움을 받으면 어떤 점이 달라질까요?

아마도 엄마와 잘 지내는 방법을 배울 수 있을 거예요.

가족에 대해 더 말해보세요.

엄마는 나를 돌봐줘요.

가족 중 또 누가 당신을 돌보죠?

아빠요.

당신의 아빠군요.

당신은 어떤 면에서 우리 아빠를 닮았군요.

어떤 면에서 그렇다는 거죠?

당신은 별로 공격적이지 않은데, 당신은 내가 그 점을 알아차리기를 원치 않고 있는 것 같네요.

무엇 때문에 내가 그리 공격적이지 않다고 생각하는 거죠?

나와 언쟁하지 않으니까요.

왜 내가 당신과 언쟁하지 않는다고 생각해요?

당신은 나를 두려워하고 있어요.

내가 당신을 두려워하고 있다고 믿으면 당신의 기분이 좋아지나요?

나의 아빠는 모든 사람을 두려워해요.[5]

바이첸바움은 이제 막 움트기 시작하던 자연 언어 처리 분야에 대해 그리 대단한 일은 아니지만 자신의 발명품이 엉뚱하나마 어느 정도 기여를 했다고 자인하며 다음과 같이 평했다. 컴퓨터 프로그래머가 매우 경험 많은 관찰자까지도 황홀하게 만들 수 있을 정도로, 경이로운 방식으로 행동하도록 기계를 만들어낸다는 것이 얼마나 쉬운지 알았다. 그러나 이 프로그램의 내부적인 기능이 이해를 이끌어낼 만큼 충분히 단순한 언어로 설명되자마자 그는 "그 마법은 무너진다. 즉 이는 아주 쉽게 이해할 수 있는, 일련의 과정을 단순히 조합한 것에 불과함이 드러나게 된다. 이 관찰자는 이어 스스로에게 '나도 그걸 작성할 수 있었을 텐데'라고 말한다"라고 말했다. 이 프로그램은 '지능적'이라고 표시된 선반에서 수집품을 위한 선반으로 이동한다.[6]

그러나 헨리 히긴스처럼 바이첸바움도 이내 자신의 평정심에 방해를 받게 되었다. 엘리자는 이내 매사추세츠공과대학교 캠퍼스 내에서 유명해졌고 컴퓨터와 타임셰어링에 대한 강의와 발표에 있어 핵심 요소가 되었다. 이는 비전문가들이 쉽게 이해할 수 있는 방식으로 컴퓨터의 능력과 속도를 선보일 수 있는 최초의 소프트웨어 프로그램 중 하나였다. 엘리자와 채팅을 하기 위해서는 과학은 물론 수학에 대한 배경지식도 필요하지 않았다. 이 프로그램은 다른 학교에도 퍼져나갔다. 마침내 언론에도 알려져 엘리자는 훗날 바이첸바움이 표현한 바에 따르면 '전 국가적인 장난감'이 되었다.[7]

바이첸바움이 자신의 프로그램에 대한 대중의 관심에 놀라는 동안 그를 놀라게 한 또 다른 현상은 이 소프트웨어를 사용하는 사람들이 마치 실제 사람들과 대화하는 것처럼 이 프로그램과 대화하면서 얼마나 빨리, 그리고 깊이 '컴퓨터에 감정적으로 빠져들게 되는가'라는 것이었다. 바이첸바움은 "이 프로그램을 통해 한동안 대화를 한 후에는 나의 설명에도 불구하고 사람들은 기계가 진정으로 자신들을 이해하고 있다고 주장하곤 했다"라고 말한다.[8] 엘리자의 코드를 짜는 것을 지켜보았고, 이것이 분명 단순한 컴퓨터 프로그램임을 알았을 그의 비서조차도 현혹되었다. 바이첸바움의 사무실에 있는 화면을 통해 이 소프트웨어를 사용한 지 불과 몇 분 만에 대화가 너무도 사적인 데 놀란 그녀는 교수에게 사무실에서 나가줄 것을 요청했다. 바이첸바움은 "내가 깨달은 것은 비교적 단순한 컴퓨터 프로그램에 아주 짧은 시간 노출되었다 하더라도 지극히 정상적인 사람들에게 강력한 망상을 유발할 수 있다는 것"이라고 말했다.[9]

상황은 더 묘해지고 있었다. 저명한 정신과 의사와 과학자들은 엄청난 열정을 가지고 이 프로그램이 환자와 정신적 장애가 있는 이들의 치료에 중요한 역할을 할 수 있다고 말하기 시작했다. 〈신경과 정신질환 저널Journal of Nervous and Mental Disease〉에 실린 논문에서 세 명의 유명 정신의학 연구자들은 약간의 수정만 가하면 엘리자가 "심리치료사 부족난을 겪고 있는 정신과 병동과 정신질환 치료 센터에서 광범위하게 사용될 치료 도구가 될 수 있다"라고 적었다. "현대와 미래에 등장할 컴퓨터의 타임셰어링 능력 덕분에 한 시간에 수백만 명의 환자들이 이 특정 목적을 위해 개발된 컴퓨터 시스템을 통해 치료될 수 있다"라는 것이다.

〈내추럴히스토리Natural History〉에서 저명한 천체물리학자인 칼 세이건Carl Sagan 역시 엘리자가 지닌 가능성에 대해 흥분을 감추지 못했다. 그는 "한 번 상담을 받는 데 몇 달러만 내면 되는, 일렬로 나열된 거대한 전화 부스 같은 컴퓨터 치료 기기의 네트워크" 개발을 예견했다. 이를 통해 "우리는 주의를 집중한, 경험이 풍부한 그리고 비지시적인• 심리치료사와 상담할 수 있을 것"이라고 했다.10

앨런 튜링은 자신의 논문 〈컴퓨터와 지능Computing Machinery and Intelligence〉에서 '기계들이 사고할 수 있는가?'라는 문제와 씨름했다. 그는 컴퓨터를 두고 지적이라고 말할 수 있는지의 여부를 판단하기 위한 단순한 실험을 제안했다. 그는 이를 '모방 게임imitation game'이라고 칭했으나 이내 '튜링 테스트'로 불리게 되었다. 이는

•   직접 지시하지 않고 자발적으로 극복하도록 유도하는 정신 요법을 말한다. — 옮긴이

'질문자'를 한 명 정해 빈방에 놓인 컴퓨터 앞에 앉힌 후 실제 사람 한 명과 사람인 척하는 다른 컴퓨터 등 각각 두 명과 문자로 대화를 하도록 하는 것이다. 튜링은 질문자가 컴퓨터와 실제 인간을 분간하지 못한다면 컴퓨터가 지능을 지녔다고 간주할 수 있을 것이라고 주장했다. 말로써 그럴 듯한 자아를 꾸며낼 수 있는 능력은 진정 사고하는 기계의 등장을 시사하는 것이다.

엘리자와 대화를 하는 것은 변형된 형태의 튜링 테스트에 참가하는 것이다. 그러나 바이첸바움은 자신이 만든 프로그램과 대화하는 사람들이 엘리자의 정체성에 대한 이성적이고 객관적인 판단을 하는 데는 별 관심이 없다는 사실에 충격을 받았다. 그들은 엘리자가 사고하는 기계라고 믿기를 원했다. 사람들은 엘리자가 단순하고 심지어 명확한 지시를 따르는 컴퓨터에 불과하다는 사실을 인식하고 있을 때조차도 엘리자에게 인간의 특성들을 불어넣기 원했다.

튜링 테스트는 결과적으로 기계의 사고방식에 대한 실험이었던 동시에 인간의 사고방식에 대한 실험이기도 했다. 〈신경과 정신질환 저널〉에 실린 논문에서 세 명의 유명 정신의학 전문가들은 엘리자가 실제 치료사들의 대안으로 활약할 수 있는 가능성만 제시한 것은 아니다. 이들은 세속적인 방식을 통해 정신과 의사는 본질적으로 컴퓨터와 같은 종류라는 주장을 이어갔다. "인간 치료사들은 정보 처리기이며, 단기적 그리고 장기적인 목표와 밀접하게 연관되어 있는 일련의 판단 규칙을 지닌 의사결정자로 볼

수 있다"라는 것이다.¹¹ 어설프게나마 인간을 흉내 내면서 엘리자
는 인간들로 하여금 자신들이 컴퓨터를 흉내 내고 있다고 생각하
게 만들었다.

이런 반응은 바이첸바움을 불안하게 했다. 이는 이전에는 전
혀 의문조차 가지지 않았지만, 앞으로 수년간 그를 사로잡을 다
음과 같은 질문을 그의 마음속에 심었다. "컴퓨터가 기계임에도
불구하고 그럴듯하게 여겨질 만큼 새로운 수준으로 인간의 시각
을 제공하는 것은 무엇 때문인가?"¹² 1976년 엘리자가 선을 보
인 지 10년이 지난 후 그는 자신의 저서 《컴퓨터의 힘과 인간 이
성Computer Power and Human Resources》에서 그 답을 제시했다. 그는 컴
퓨터의 영향을 이해하기 위해서는 이 기계를 자연과 "현실에 대한
인간의 인식을 변화시켰던 과거 인류의 지적 기술, 즉 지도와 시
계 같은 도구의 연장선상에서 보아야 한다"라고 주장했다. 이 같
은 기술들은 인간이 자신들의 세상을 건설해내는 데 사용한 바로
그 물건들의 일부가 되었다. 일단 채택되면 이들은 사회를 엄청난
혼란과 완벽한 혼돈 속으로 밀어넣지 않는 한 결코 버림받지 않는
다. 그는 지적 기술은 "일단 구조와 완벽하게 통합되고 다양한 주
요 하부 구조와 얽히게 되면 구조 내에서 없어서는 안 될 요소가
되며, 이 때문에 전체 구조에 치명적인 손상을 가하지 않는 한 제
거될 수 없다"라고 적었다.

결국 같은 말이긴 하나 이 사실은 제2차 세계대전이 끝날 무
렵 이 기계가 발명된 후 디지털 컴퓨터에 대한 우리의 의존도가

어떻게 점진적으로, 거부할 수 없을 정도로 증가했는지에 대한 설명을 뒷받침한다. 바이첸바움은 "컴퓨터는 전후 시기와 이후 근대 사회의 생존에 전제조건은 아니었다"라고 주장한다. "미국 내 정부, 업계 그리고 산업에서의 가장 '진보적인' 구성원들이 열정적이고 무비판적으로 포용하고는, 컴퓨터 자체가 사회 형성에 중요한 역할을 해왔다는 식으로 말하며 컴퓨터를 생존에 필수적인 자원으로 만들었다"라는 것이다.

그는 타임셰어링 네트워크에 대한 경험을 통해 컴퓨터의 역할은 정부 기능과 산업적인 일 처리의 자동화 그 이상으로 확장될 것을 알고 있었다. 컴퓨터는 사람들의 일상생활을 정의하는 활동들, 즉 그들이 어떻게 배우고, 어떻게 생각하고, 어떻게 사회화하는지에 대한 활동의 매개체가 되었다. 지적 기술의 역사가 우리에게 보여준 것은 "복잡한 인간 생활에서 컴퓨터의 등장은 되돌릴 수 없는 일일 것"이라고 경고했다. 우리의 지적·사회적 삶은 산업적 일 처리가 그랬던 것과 마찬가지로 컴퓨터가 우리 삶에 강요하는 방식을 반영하게 되었다.[13]

바이첸바움은 우리를 가장 인간답게 만드는 요소는, 우리가 지닌 것 중 가장 기계화하기 어려운 바로 그것이라고 믿게 되었다. 즉 우리의 사고와 신체와의 연결, 우리의 기억과 사고를 형성하는 경험, 감정과 공감을 위한 능력 등이 그러한 것들이다. 우리가 컴퓨터와 더욱 긴밀하게 연결되면서, 즉 우리가 삶의 많은 부분을 모니터에서 깜빡이는, 출처를 알 수 없는 상징을 통해 경험하면서 우리 앞에 당면한 큰 위협은 우리가 우리를 기계와 차별화 시키는 바로 그 특성들을 희생시키면서 우리의 인간성을 잃어가 기 시작할 것이라는 점이다.

바이첸바움은 이 운명을 피할 유일한 방법은 자기 인식 그 리고 우리의 정신 활동과 지적인 추구, 특히 "지혜를 요구하는 업 무를 컴퓨터에 위임하는 것을 거부할 용기"라고 적었다.[14]

바이첸바움의 책은 컴퓨터와 소프트웨어 작동에 대한 격조 높은 논문인 동시에 열렬한 호소이자, 컴퓨터 프로그래머로서의 직업의 한계에 대한 열정적이면서도 독선적인 고찰이다. 이 책은 동료들의 환영을 받지는 못했다. 이 책이 세상에 나온 후 바이첸 바움은 대표적인 컴퓨터 과학자들, 특히 인공지능을 추구하는 이 들로부터 이단이라는 비난을 받았다. 최초의 다트머스인공지능학 회를 기획한 이들 중 한 명인 존 매카시John McCarthy는 조롱 섞인 비평을 통해 많은 공학자에게 말하기를, 자신은 이 책을 "비이성 적인 책이라 판단하고 무시한다"라고 말했다. 또한 바이첸바움을 비과학적인 '설교자'라며 질타했다.[15]

정보 처리 영역 밖에서 이 책이 미친 파장은 미미한 수준이 었다. 이 책은 초창기 개인용 컴퓨터가 특별한 취미를 지닌 이들 의 작업대에서 대량 제작으로 생산 방식이 획기적으로 바뀔 즈음 에 세상에 선을 보였다. 컴퓨터를 이 땅 대부분의 사무실, 가정, 학 교에 설치하게 만든 사재기 열풍에 취한 대중들은 이 변절자가 지 닌 의심에 관심을 가질 뜻이 전혀 없었다.

도구가 가져모는 가능성과 한계

목수가 망치를 집어들 때 그의 뇌에게 이 망치는 손의 일부다. 군인이 얼굴에 쌍안경을 들어올릴 때 그의 뇌는 새로운 눈을 통해 보며 즉각적으로 새로운 시각의 영역에 적응한다. 펜치를 사용하는 원숭이에 대한 실험은 말랑말랑한 영장류의 뇌가 도구를 자신들의 감각 지도와 익숙하게 결합함으로써 어떻게 인공적인 것을 자연적으로 느껴지게 하는지를 보여준다. 인간의 뇌에서 이 같은 능력은 우리와 가장 가까운 영장류들을 통해 나타나는 것보다 훨씬 더 발달해 있다.

모든 종류의 도구를 혼합할 수 있는 능력은 우리를 별개의 종으로 구분시켜주는 특성 중 하나다. 이는 우월한 인지 기술과 함께 인간이 새로운 기술을 사용하는 데 매우 능숙하게 만드는 요인이다. 또한 새로운 기술을 개발하는 데 매우 능숙하게 만들어주는 요인이기도 하다. 우리의 뇌는 심지어 특정 기기가 존재하지 않을 때조차도, 그 작동 방식과 이 새로운 기기를 사용함으로써 얻을 수 있는 이익까지 상상할 수 있다. 오리건대학교의 신경과학자인 스콧 프레이Scott Frey는 내부와 외부 그리고 신체와 도구를 경계 지을 수 있는 우리의 놀라운 정신적 능력의 진화는 "기술 발달에서 필수적인 단계임에 분명하다"라고 말한다.[16]

우리가 도구와 맺는 긴밀한 관계는 쌍방향적이다. 기술이 우리 자아의 확장인 것처럼 우리 역시 기술의 확장이 된다. 목수가 망치를 손으로 집을 때 그는 손을 이용해 망치가 할 수 있는 작업만 할 수 있다. 손은 못을 박거나 뽑는 도구가 된다. 군인이 쌍안경을 눈에 가져다 댈 때 그는 렌즈가 볼 수 있도록 허용하는 대상만 볼 수 있다. 그의 시야는 넓어지지만 가까이 있는 것은 볼 수 없게 된다.

니체가 자신의 타자기를 대상으로 한 실험은 특히 기술이 우리에게 영향을 미치는 방식을 알려주는 좋은 예가 된다. 이 철학자는 자신의 타자기가 '나와 같은 물건'이라고 생각하게 되었을 뿐만 아니라 자신이 이 물건과 같은 무언가가 되어가고 있음을, 타자기가 그의 생각을 형성하고 있음을 감지했다. 엘리엇도 시와 에세이를 손으로 쓰다가 타이핑을 하면서 비슷한 경험을 했다. 그는 1916년 콘래드 에이킨Conrad Aiken에게 보낸 편지에서 "타자기로 글을 쓰면서 나는 과거 그렇게 사랑했던 긴 문장을 쓰고 있지 않음을 발견했다. 현대 프랑스 산문과 같은 짧은 스타카토식으로 바뀌었다. 타자기는 명료함을 가져다주긴 하지만 미묘함 역시 권장하는지는 확신할 수 없다"라고 했다.[17]

모든 도구는 여러 가능성을 열어주는 동시에 한계도 가져다준다. 더 많이 사용할수록 우리는 스스로 그 형태와 기능을 따르게 된다. 이는 한동안 워드프로세서로 작업을 한 후 왜 내가 손으로 쓰고 고치는 능력을 잃어버리기 시작했는지에 대해서도 설명해준다. 나중에 나는 나의 경험이 특별한 것은 아님을 알았다.

노먼 도이지는 "컴퓨터로 글을 쓰던 사람들은 무언가를 손으로 써야 할 때면 종종 당황하게 된다"라고 말한다. 자판을 두드리고 스크린에 마법처럼 글자가 새겨지는 것을 보는 데 익숙해질수록 생각을 자필로 옮기는 능력은 사라지고 있다.[18] 오늘날 아이들이 아주 어린 나이 때부터 키보드와 키패드를 사용하고 학교에서는 필기 강의를 하지 않으면서 우리 문화에서 수기 능력이 완전히 사라지고 있다. 즉 이는 사라진 기술이 되고 있다. 예수회 사제이자 언론학자인 존 컬킨John Culkin은 1967년 "우리는 도구를 만들고, 그 후에는 도구들이 우리를 만든다"라고 말했다.[19]

컬킨의 지적인 멘토였던 마셜 매클루언은 기술이 일단 강화된 후 우리를 무너뜨리는 방식을 설명했다. 《미디어의 이해》에서 가장 통찰력 있는, 눈에 띄는 한 문구에 따르면 매클루언은 "우리의 도구는 이 도구가 그 기능을 증폭시키는 우리 신체의 어떤 부분이라도 결국 마비시키게 된다"라고 했다.[20] 우리가 우리의 특정 부분을 인공적으로 확장할 때 우리는 우리 스스로를 이 확장된 부분과 이 부분이 지녔던 원래의 기능에서 분리시켜놓는 셈이다. 동력 직기織機가 개발되었을 때 방직공들은 근무 시간 동안 수작업으로 하는 것보다 훨씬 많은 옷을 만들 수 있었지만 그들은 섬유를 느끼지 못하는 것은 물론 손재주의 일부도 잃었다.

매클루언의 용어를 빌리자면 그들의 손가락은 마비된 것이다. 마찬가지로 농부들은 기계식 써레와 쟁기를 사용하기 시작하면서 토양에 대한 감각을 일부 잃어버렸다. 오늘날의 기계화된 농장의 노동자는 비록 선조들이 괭이질로 한 달이 걸려서도 할 수 없었던 일을 단 하루 만에 끝마칠 수 있기는 하지만 시원한 에어컨 바람을 쐬며 거대한 트랙터 조종석에 앉아 땅은 거의 만지지도 않는다. 차바퀴 위에 앉아 있을 때 우리는 걸어서 갈 때보다 더 먼 거리를 갈 수는 있지만 땅과의 친밀한 접촉은 할 수 없게 된다.

매클루언이 인정했다시피 그는 기술이 초래하는 마비 효과를 관찰한 최초의 인물은 아니다. 이는 오래전부터 있어왔던 생각으로, 이 점을 경계하면서 가장 잘 표현한 것은 아마도 구약성서의 〈시편(115 : 4-8)〉일 것이다.

그들의 우상들은 은과 금이요

사람이 손으로 만든 것이라

입이 있어도 말하지 못하며

눈이 있어도 보지 못하며

귀가 있어도 듣지 못하며

코가 있어도 냄새 맡지 못하며

손이 있어도 만지지 못하며

발이 있어도 걷지 못하며

목구멍이 있어도 작은 소리조차 내지 못하느니라.

우상들을 만드는 자들과 그것을 의지하는 자들이

다 그와 같으리로다.

가장 인간적인 것들과 맞바꾼 기술

기술의 힘을 지니기 위해 우리가 지불한 대가는 소외다. 이 비용은 지적 기술에 있어서는 특히 클 수 있다. 사고의 도구들은 확장되고 그 대가로 우리의 자연스러운 능력들 중 가장 사적이고 인간적인 것들, 즉 이성, 인식, 기억, 감정 등은 마비된다. 기계식 시계는 이 기기가 가져온 모든 이점에도 불구하고 우리에게 시간의 자연스러운 흐름을 앗아갔다. 루이스 멈퍼드가 현대적인 시계가 어떻게 "수학적으로 측정 가능한 사건들로 이루어진 독립적인 세상에 대해 믿음을 형성할 수 있도록 도왔는지"에 대해 묘사했을 때 그는 또한 그 결과, 시계가 "사람들의 일에서 시간을 고립시켰음"을 강조했다.[21]

바이첸바움은 멈퍼드의 관점에 기초하여 주장하기를, 시간을 지키는 데 사용되는 기기에서 비롯된 이 세상에 대한 이해는 "예전과 비교했을 때 결핍된 수준이었고, 지금도 마찬가지다. 이는 그 이해란 것이 오래된 진실의 기반이 되고 이를 구성하고 있는 직접적인 경험을 거부하는 데 기초하고 있기 때문이다"라고 주장한다.[22] 언제 먹고, 일하고, 자고, 일어날지를 정하는 데 우리는 우리의 감각에 귀를 기울이기보다 시계에 복종하기 시작했다. 우리는 더 과학적이 되었지만 더 기계적이 되기도 했다.

지도와 같이 단순하면서 장점만 지닌 듯 보이는 도구 역시 마비 효과를 지니고 있다. 우리 조상들의 길 찾기 능력은 지도 제작자의 기술로 인해 엄청나게 확장되었다. 처음으로 사람들은 전에 본 적이 없는 땅과 바다를 확신을 가지고 가로지를 수 있었는데, 이러한 발전은 탐험, 무역, 전쟁의 역사적 팽창에 박차를 가했다. 그러나 지형을 이해하고 머릿속에 주변에 대한 상세한 지도를 만들어내던 타고난 능력은 약해졌다.

지도가 담고 있는 추상적이고, 공간에 대한 2차원적인 표현은 지도를 보는 인간과 이 인간이 지닌 실제 지형에 대한 인식 그 중간쯤에 자리 잡고 있는 셈이다. 우리가 뇌에 대한 최근의 연구에서 추론할 수 있는 것처럼 여기에는 물리적인 요소의 상실도 동반되었을 것이다. 사람들이 자신이 아는 것보다 지도에 의존하게 될 때 그들은 공간 표현에 필요한 해마의 감소를 경험했을 것이다. 마비는 그들의 뉴런 깊은 곳에서 일어났을 것이다.

길을 찾기 위해 컴퓨터화된 GPS 기기를 사용할 때 또 다른 종류의 이 같은 적응을 경험할 수 있다. 런던 택시 운전사들의 뇌에 대한 연구를 이끌었던 신경과학자인 엘리노어 맥과이어Eleanor Maguire는 "위성 네비게이션은 택시 운전사들의 뉴런에 큰 영향을 미칠 것"이라고 우려했다. 그녀는 연구진을 대신해 "우리는 그들이 네비게이션 사용을 시작하지 않기를 간절히 바란다"라고 말했다. 우리는 운전사들이 기억해야 하는 엄청난 양의 정보 때문에 회백질 내 뇌의 해마 부위의 신경세포가 증가했다고 믿는다. 그들 모두가 GPS를 사용한다면 이 같은 지식의 양은 더 줄어들고, 아마도 뇌의 변화에 영향을 미치는 것을 관찰할 수 있을 것이다.[23] 운전사들은 시내 도로 지리를 알아두어야 한다는 부담감에서 해방되겠지만 동시에 이 같은 학습이 주는 특별한 정신적인 혜택도 잃게 될 것이다. 즉 그들의 뇌는 흥미도 잃게 될 것이다.

기술이 확장시킨 능력들을 어떤 방식을 통해 '자가 절단'하는 수준에 이를 정도로 마비시키는지 설명함에 있어 매클루언은 지도나 시계 또는 동력 직기의 발명 이전에 존재했던 사회를 낭만적으로 그리려 하지는 않았다. 그는 소외는 기술 이용에 따른 피할 수 없는 부산물로 이해했다. 우리가 외부 세계를 더 광범위하게 통제하기 위하여 도구를 사용할 때마다 세상과의 관계는 바뀌게 된다.

통제는 심리적인 거리를 유지할 때만 가능하다. 어떤 경우 소외는 특정 도구를 가치 있게 만드는 이유가 되기도 한다. 우리가 집을 짓고 고어텍스 재킷을 바느질하는 이유는 바람과 비, 추위를 차단하기 위해서다. 공공하수도를 짓는 것은 위생상 오물로부터 거리를 유지하기 위해서다. 자연은 우리의 적이 아니며 그렇다고 친구도 아니다. 매클루언이 하고자 했던 말은 새로운 기술, 더 보편적으로 말해서 진보에 대해 솔직히 평가하자면 우리는 얻은 것뿐 아니라 잃은 것에 대해 민감해져야 한다는 것이다. 우리는 기술의 영광이 우리의 핵심 자아를 마비시킬 수 있는 가능성에 대해 내부적인 감시의 눈이 멀도록 손을 놓고 있어서는 안 된다.

신경 시스템과 컴퓨터, 닮아서 더 위험하다

보편적인 미디어이자 우리의 감각, 인식 그리고 기억에 대한 압도적으로 다재다능한 연장으로서의 컴퓨터는 특히 강력한 뉴런 확장기로서 기능한다. 컴퓨터의 마비 효과도 마찬가지로 강력하다. 노먼 도이지는 "컴퓨터는 우리의 중심 신경조직의 처리 능력을 확장시키고, 그 과정에서 신경 조직의 처리 시스템까지 변형시킨다"라고 설명한다. 전자 미디어는 신경 체계를 변형시키는 데 매우 강력한 힘을 발휘하는데, 그 이유는 양쪽 모두가 비슷한 방식으로 작용하고 둘 다 기본적으로 호환이 가능하며 쉽게 연결될 수 있기 때문이다. 가소성 덕분에 신경 시스템은 "이 호환성을 이용하고, 전자 미디어와 결합하면서 하나의 더 큰 체계를 만들 수 있다"라는 것이다.[24]

우리의 뇌가 왜 그리 빨리 컴퓨터와 결합할 수 있는지를 설명해주는 또 다른 더 근본적인 원인이 있다. 진화는 우리 뇌 속에 강력한 사회적 본능을 불어넣었는데, 하버드대학교의 사회 인지와 정서적 신경과학연구소의 제이슨 미첼Jason Mitchell 소장의 말에 따르면 이는 "우리 주변 사물들이 무엇을 생각하고 느끼는지 추론할 수 있는 일련의 과정을 수반하는 것"이다. 최근의 뇌 영상과 관련한 연구는 활동이 활발한 세 군데의 뇌 부분, 즉 전두엽 피질, 정수리 피질 그리고 정수리와 측두엽 피질이 교차하는 부분은 "특히 다른 사람들의 사고 속에서 일어나는 일들을 이해하는 업무를 담당하고 있다"라고 말한다.

미첼은 '생각 읽기'에 대한 우리의 타고난 능력은 "큰 무리를 지어 모인 사람들이 혼자서는 성취할 수 없는 목적을 이룰 수 있도록 하면서 우리 종의 성공에 주요한 역할을 했다"라고 말한다.[25] 그러나 우리가 컴퓨터 시대에 진입하면서 다른 이들의 마음에 접속하는 우리의 능력은 의도하지 않은 결과를 낳았다. "사회적인 생각과 연관되어 있는 이 뇌 부분의 지속적인 과도한 활동은 우리로 하여금 아무 생각도 없는, 심지어 죽어 있는 대상들 속에서도 생각을 읽어 내도록 한다"라고 미첼은 적고 있다. 게다가 우리 뇌는 현실적이든 비현실적이든 우리의 생각이 자연적으로 우리가 관계 맺는 다른 생각들의 상태를 모방하고 있음을 보여주는 증거가 많다. 이 같은 신경의 거울과 같은 반영은 왜 우리가 그렇게 빨리 인간의 특성을 컴퓨터의 것으로, 또 컴퓨터의 특성을 인간의 것으로 여기는지, 왜 우리가 엘리자의 말을 인간의 말로 듣는지를 이해하는 데 도움이 된다.

정보 처리 기기를 통해 도이지가 '하나의 커다란 시스템'이라고 부르는 곳으로 진입하려는 우리의 열의와 열망은 정보의 매개로서 디지털 컴퓨터의 특성뿐 아니라 사회적으로 적응된 뇌가 지닌 특성에 따른 것이다. 인공두뇌와 같은 생각과 기계 간 경계의 혼돈이 우리로 하여금 특정 인지적 업무를 더욱 효율적으로 수행할 수 있도록 하는 반면, 이는 또한 우리의 지극히 인간적인 모습에 위협을 가하기도 한다. 우리의 사고가 더 용이하게 녹아드는 더 큰 시스템은 우리에게 힘을 실어주기도 하지만 동시에 한계를 부여하기도 한다. 컬킨의 문구를 다시 한 번 새롭게 적용해본다면 우리는 컴퓨터의 프로그램을 짜고, 그 후에는 컴퓨터들이 우리의 프로그램을 짠다.

실용적인 측면에서 보아도 이 효과들은 언제나 우리가 믿고 싶은 것처럼 유익한 것은 아니다. 하이퍼텍스트와 멀티미디어에 대한 많은 연구가 보여주듯이 우리 뇌가 온라인에서 다양한 자극으로 인해 과부하에 걸리면 우리의 학습 능력은 심각한 수준으로 저하된다. 정보가 많을수록 지식은 오히려 떨어질 수 있다. 그러나 우리가 사용하는 많은 소프트웨어 도구는 어떠한가? 우리가 정보를 찾고 평가하고, 또 우리의 생각을 형성하고 소통하고 다른 인지적인 업무를 수행하기 위해 의지하는 이 모든 기발한 애플리케이션들은 무엇에 영향을 주고 우리는 어떻게 배우는가?

컴퓨터, 스키마 형성을 위한 뇌의 능력을 감소시키다

2003년 크리스토프 반 님베겐Christof van Nimwegen이라는 이름의 네덜란드의 임상심리학자는 BBC의 한 기자가 훗날 "현재의 컴퓨터 사용과 컴퓨터에 기반한 정보 시스템과의 교류에 대한 의존도가 증가할 경우 초래될 잠재적으로 부정적인 측면에 대한 가장 흥미로운 검토 중 하나"라고 평한 컴퓨터를 이용한 학습에 대한 연구를 시작했다.[26] 반 님베겐은 두 그룹의 자발적 실험 참가자들로 하여금 컴퓨터를 통해 까다로운 논리 퍼즐을 풀도록 했다. 이 퍼즐은 어떤 시점에 어떤 공들을 움직일 수 있는지를 정해놓은 일련의 규칙에 따라 색깔 있는 공들을 두 개의 상자 이쪽저쪽으로 옮기는 식이다. 두 그룹 중 하나는 최대한 많은 도움을 줄 수 있도록 디자인된 소프트웨어를 사용했다. 예를 들면 이는 실험 참가자들이 퍼즐을 푸는 동안 화면상에서 가능한 이동 경로를 하이라이트로 표시하는 등의 시각적인 신호를 제공했다. 다른 그룹에는 힌트나 조언을 전혀 제공하지 않는 간단한 프로그램을 제공했다.

예상한 대로 퍼즐을 푸는 초기 단계에서는 도움을 제공하는 소프트웨어를 사용하는 그룹이 다른 그룹에 비해 더 빨리 올바른 이동을 할 수 있었다. 그러나 실험이 계속되면서 간단한 소프트웨어를 사용하는 그룹의 숙련도가 더 빨리 증가했다. 결국 별 도움을 주지 않는 프로그램을 사용하는 이들은 더 빨리 그리고 잘못된 이동을 하는 횟수를 줄이면서 퍼즐을 풀어낼 수 있었다. 도움을 주지 않는 소프트웨어를 사용하는 이들이 더 이상 어떤 이동도 불가능한 교착 상태에 빠지는 횟수 역시 도움을 제공하는 소프트웨어를 사용하는 이들보다 적었다.

반 님베겐이 보고했듯이 이 같은 결과에 따르면 도움을 주지 않는 소프트웨어를 사용하는 이들은 미리 계획과 전략을 짜는 데 더 월등한 반면, 도움을 제공하는 소프트웨어를 사용하는 이들은 단순한 시행착오에 의존하는 경향을 보였다. 사실 도움을 제공하는 소프트웨어를 사용하는 이들은 종종 퍼즐을 푸는 동안에도 "목적 없이 그저 클릭하고 돌아다니는 것"으로 보였다.[27]

이 실험을 실시한 지 8개월 뒤 반 님베겐은 이 실험 참가자들을 다시 모았고, 약간의 변형을 주어 이 컬러 공 퍼즐을 다시 풀도록 했다. 그는 원래 실험에서 도움을 주지 않는 소프트웨어를 사용한 이들이 도움을 주는 소프트웨어를 사용한 이들에 비해 두 배나 더 빨리 퍼즐을 풀 수 있음을 발견했다. 또 다른 실험에서 그는 또 다른 실험 참가자들에게 평범한 달력 소프트웨어를 사용해 복잡하게 얽힌 여러 그룹과의 미팅 일정을 조정하도록 했는데, 이 중 일부 구성원들은 여러 그룹에 동시에 속해 있었다. 이번에도 한 그룹은 수많은 스크린상의 신호를 제공하는 식으로 도움을 제공하는 소프트웨어를 사용했고, 또 다른 그룹은 도움을 주지 않는 소프트웨어를 이용했다. 결과는 같았다. 도움을 주지 않는 프로그램을 사용한 피실험자는 더 간단한 방식으로, 불필요한 이동 횟수는 적은 상태에서 문제를 풀었고 그들은 더 많은 계획된 행동과 더 영리한 해결 방식을 보였다.[28]

이 연구에 대해 보고하면서 반 님베겐은 참가자의 기본적인 인지 능력의 차이를 통제했음을 강조했다. 성과와 학습에 있어서의 차이점을 설명해주는 것은 소프트웨어 디자인의 차이라는 것이다. 간단한 소프트웨어를 사용한 피실험자들은 끊임없이 "더 높은 집중력과 더 많은 간단하고 경제적인 해결책, 더 나은 전략 그리고 더 나은 지식의 획득"을 보였다. 사람들이 소프트웨어 프로그램의 명백한 길잡이에 더 의존할수록 과제에 덜 몰입하고 덜 배우는 결과로 이어졌다. 반 님베겐은 이 발견은 "우리가 문제 해결과 또 다른 지적인 업무를 컴퓨터에 위임하면서 훗날 새로운 상황에 적용할 수 있는 안정적인 지식 구조, 즉 스키마를 형성하기 위한 뇌의 능력을 감퇴시키고 있음을 의미한다"라고 결론 내렸다.[29] 한 논객은 소프트웨어가 더 똑똑해질수록 사용자는 더 멍청해진다는 말로 핵심을 꼬집었다.

반 님베겐은 이 연구가 시사하는 바에 대해 논하면서 프로그래머들은 사용자들이 더 열심히 사고하도록 하기 위해 소프트웨어의 도움을 축소하는 방식으로 디자인하려 할지도 모른다고 말했다. 이는 바람직한 조언일 수 있지만 상업적인 컴퓨터 프로그램과 웹 애플리케이션 개발자가 이를 진심으로 받아들일지는 의문이다. 반 님베겐 스스로 말했듯이 오랫동안 소프트웨어 프로그래밍은 더욱 '사용자 친화적인' 인터페이스를 추구하는 경향이 있었다. 이는 인터넷에 관한 한 특히 그렇다. 인터넷 회사들은 사람들의 삶이 더 편리해지도록 문제 해결과 다른 정신적 노동의 짐을 사용자로부터 컴퓨터의 중앙 처리 장치에 떠넘기기 위해 격렬한 경쟁을 벌이고 있다.

검색엔진의 진화에서 작지만 매우 의미 있는 예를 찾아볼

수 있다. 초기 단계에서 구글의 엔진은 매우 단순한 도구로 검색
창에 키워드를 넣고 검색 버튼을 치는 식이었다. 그러나 마이크로
소프트의 빙Bing과 같은 다른 검색엔진과의 경쟁에 직면한 구글은
서비스를 더욱 세심하게 만들기 위해 부단히 노력했다. 오늘날 구
글은 즉각 해당 알파벳으로 시작하는 인기 검색어를 제시한다. 이
회사는 "우리의 알고리즘은 사용자들이 가장 알고 싶어 하고, 보
고 싶어 하는 질문을 예측하기 위해 방대한 정보를 사용한다. 더
욱 정제된 검색을 먼저 제안함으로써 우리는 검색을 더욱 편리하
고 효율적으로 만들 수 있다"라고 설명한다.[30]

　　이 같은 방식으로 인지 과정을 자동화하는 것은 이제 현대
프로그래머들의 주요 업무가 되었다. 이유는 그럴듯하다. 사람들
은 자연스럽게 가장 큰 도움과 길잡이를 제공하는 이 같은 소프트
웨어 도구들과 웹 사이트를 찾으며, 또 익히기 어려운 것들은 피하
기 때문이라는 것이다. 우리는 친절하고 유용한 소프트웨어를 원
한다. 이는 지극히 당연한 일이다. 그러나 우리가 사고의 많은 부
분을 소프트웨어에 양도한다면 그 방식은 미묘할지라도 뇌의 능
력을 상당 수준 감소시킬 가능성이 크다. 중노동자가 자신의 삽을
굴착기와 맞바꿀 때 비록 효율성은 증가하겠지만 그의 팔 근육은
약해진다. 사고의 업무를 자동화할 때도 유사한 현상이 발생한다.

　　최근 이뤄진 학술 연구의 경향에 대한 또 다른 연구는 우리
가 온라인에서 정보를 골라내는 데 사용하는 도구가 어떤 식으로
우리의 정신적인 습관에 영향을 주고, 또 우리 사고의 틀을 형성

하는지에 대한 현실적인 증거를 제공한다. 시카고대학교의 사회학자인 제임스 에반스James Evans는 1945년부터 2005년까지 발표된 3400만 건이라는 어마어마한 양의 학술 논문 데이터베이스를 수집했다. 그는 논문에 등장하는 인용들을 분석했는데, 이는 출판이 종이 형태에서 온라인 형태로 바뀌면서 인용과 연구의 형태가 어떻게 바뀌었는지를 알아보기 위해서였다.

인쇄된 문서에 비해 디지털 문서 찾기가 얼마나 용이한지를 고려할 때 인터넷을 통한 저널 검색은 학술적인 연구의 폭을 의미 있게 확장시킴으로써 더 다양한 인용을 낳으리라는 것이 일반적인 생각이다. 그러나 에반스의 발견은 이와 완전히 달랐다. 더 많은 저널들이 온라인 발행으로 옮겨가면서 학자들이 인용한 논문의 양은 사실 예전보다 더 감소했다. 오래된 인쇄본 저널이 디지털화되어 웹에 올려지고 있지만, 학자들은 최근 논문들을 더 자주 인용하고 있었다. 에반스의 묘사에 따르면 가능한 정보의 확장은 과학과 학문의 편협함을 낳았다.[31]

에반스는 2008년 〈사이언스〉에 실은 논문에서 이 통념과 정반대 결과에 대해 설명하면서 검색엔진과 같은 자동화된 정보 여과 도구는 대중성의 증폭기로 작용해 어떤 정보가 중요하고 어떤 것은 그렇지 않다는 점에 대한 공감대를 형성하고 강요하는 경향이 있다고 말한다. 게다가 하이퍼링크를 따라가는 것이 용이해짐에 따라 온라인 연구자들은 인쇄물로 연구했던 이들이 저널이나 책 페이지들을 넘기며 습관적으로 훑어보던 관련성이 적은 논문들은 상당수 그냥 지나치게 된다. 에반스는 학자들이 더 빨리 우세한 의견을 찾을 수 있게 될수록 그들은 더 적은 수의 논문에서 더 많은 인용을 하며 이를 따를 가능성이 커진다고 적었다.

웹을 통해 찾는 것보다는 훨씬 덜 효율적이지만 구식 도서관에서의 정보 검색은 아마도 학자들의 지평을 넓히는 데 더 도움이 되었을 것이다. 학자들이 관련 없는 논문을 보게 하고 종이 문서를 살피고 통독하게 하는 것은 그들로 하여금 보다 폭넓은 비교를 용이하게 하고, 그들을 과거로 이끌었을 것이다.[32] 쉬운 방식이 언제나 최고의 방식은 아님에도 그 쉬운 방식은 컴퓨터와 검색엔진이 우리로 하여금 취하게 하는 방식이다.

프레드릭 윈슬로 테일러가 과학적 경영을 도입하기 전에는 자신만의 훈련과 지식 그리고 경험을 지닌 각각의 노동자가 스스로 어떻게 일을 해나갈지에 대한 판단을 했을 것이다. 이 노동자는 자신만의 명령 체계를 적어놓곤 했을 것이다. 테일러 이후 이 노동자는 다른 사람이 적은 명령 체계를 따르기 시작했다. 기계 운전사는 이 체계가 어떻게 구성되었는지에 대해 또는 그 뒤에 숨은 논리에 대해 이해하도록 강요받지 않았을 것이다. 그에게 요구된 것은 그저 체계를 따르는 일이었을 것이다. 개개인의 자율성에 따른 혼란은 사라졌고, 전체적으로 보았을 때 공장은 더욱 효율적으로 변했다. 생산물의 예측 가능성도 높아졌으며 산업은 번창했다. 이 혼란과 함께 잃은 것은 개인의 자발성, 창의력 그리고 즉흥성이다. 의식 있는 작업은 무의식의 일상이 되었다.

온라인에 접속할 때 역시 우리는 다른 사람들이 작성한 명령 체계, 즉 숨겨진 코드가 비록 공개되어 있긴 하지만 우리 중 거의 누구도 이해할 수 없는 알고리즘 명령을 따르고 있다. 구글이나 다른 검색엔진을 통해 정보를 찾을 때 우리는 특정 명령 체계를 따른다. 아마존이나 넷플릭스가 추천한 상품을 볼 때 우리는 이 명령 체계를 따르는 것이다. 페이스북에서 우리 자신이나 관계를 설명하는 여러 카테고리 중 하나를 고를 때 우리는 이 명령 체계를 따르고 있다. 이 명령 체계들은 테일러주의를 따르는 공장에서와 같이 매우 기발하고 놀랍도록 유용하지만 이는 또한 지적인 탐구, 심지어 사회적인 애착이라는 혼란스러운 과정 역시 기계화한다. 프로그래머 토머스 로드Thomas Lord가 주장하듯이 소프트웨어는 결국 가장 사적이고 개인적인 인간의 행동을 각각의 단계가 웹 페이지의 논리에 따라 암호화되어 있는 생각 없는 의식으로 바꾸어놓을 수 있다.[33] 우리의 지식과 직관에 따라 행동하기보다 기계의 작동 신호를 따라 움직일 뿐이다.

기술의 광란을 맞이하다

호손이 슬리피 할로우의 호젓하고 푸르른 곳에 앉아 사색에 빠져 있을 때 그의 머릿속에는 정확히 무슨 일이 벌어지고 있었을까?

그리고 북적이고 시끄러운 기차 안에 있던 도시 거주자들의 마음 속에서 일어나고 있던 일들과는 어떻게 달랐을까? 지난 20년 동안 이루어진 일련의 심리학 연구는 조용한 시골에서 자연과 가까이 하며 일정 시간을 보낸 후 사람들은 더 높은 집중력과 강력한 기억력, 그리고 보편적으로 향상된 인식을 보인다는 것을 밝혀냈다. 이들의 뇌는 고요한 동시에 더욱 예민해진다. '집중력 회복이론Attention Restoration Theory'에 따르면 그 이유는 사람들이 외부적인 자극의 폭격을 받고 있지 않을 때 뇌가 실제로 휴식을 취하기 때문이다. 더 이상 끊임없이 이어지는 아래에서 위로의 산만함을 처리하면서 작업 기억을 혹사시키지 않아도 된다. 그에 따른 결과로 이루어지는 사색은 그들이 사고를 통제하는 능력을 강화시킨다.

이에 대한 가장 최근의 연구 결과가 2008년 말 〈사이콜로지컬사이언스〉에 발표되었다. 심리학자인 미시간대학교의 연구원인 마크 베르만Marc Berman은 약 30명의 사람을 뽑아 혹독하고 정신적으로 힘든 일련의 테스트를 실시했다. 이는 피실험자들이 작업 기억의 역량과 집중을 위해 위에서 아래로의 통제를 가하는 능력을 측정하기 위해 설계된 것이었다.

피실험자들은 그 후 두 개의 그룹으로 나뉘었다. 이들 중 절반은 약 한 시간 동안 숲이 우거진 호젓한 공원을 거닐었고, 나머지 절반은 똑같은 시간 동안 붐비는 시내 번화가를 걸었다. 이후 두 그룹은 또다시 두 번째 테스트를 치렀다. 연구자들은 공원에서 시간을 보내는 것이 인지 테스트의 성과를 상당히 개선시켰음을 알아냈는데, 이는 상당한 집중력의 증가를 의미했다. 반대로 도심을 걷는 것은 테스트 결과에 어떤 진전도 가져오지 못했다.

이후 연구진들은 또 다른 무리의 사람들에게 비슷한 실험을 실시했다. 이번에는 일정 장소를 거니는 것이 아니라 그저 고요한 시골 풍경이나 붐비는 도심 풍경을 찍은 사진들을 감상했다. 결과는 동일했다. 자연 풍광을 담은 사진을 본 이들은 집중력에 대해 상당히 강력한 통제 능력을 보인 반면, 도시 풍경을 본 이들은 집중력에 아무런 개선을 보이지 못했다. 연구진들은 "요약하자면, 자연과의 단순하고 짧은 교류만으로도 인지 통제에 대한 눈에 띄는 진전을 가져올 수 있다"라고 결론 내렸다. 자연 속에서 시간을 보내는 것은 효과적인 인지 기능에 있어 필수적으로 중요한 일인 듯하다.[34]

인터넷에는 슬리피 할로우도, 사색이라는 회복 마법을 부릴 수 있는 평화로운 지점도 없다. 끊임없이 마음을 사로잡는 도심 거리의 웅성거림만이 있을 뿐이다. 인터넷의 자극이 도시의 그것이 그러하듯이 활력과 영감을 줄 수도 있다. 우리는 그것들을 포기하고 싶지는 않을 것이다. 그러나 이는 우리의 기력을 빼앗아가고 정신적으로 산만하게 만들기도 한다. 호손이 이해한 대로, 사고의 모든 조용한 상태를 쉽게 압도해버린다. 우리 사고의 기능을 자동화하면서, 우리의 생각과 기억의 흐름에 대한 통제권을 강력한 전기 체계에 양도하면서, 우리 앞에 당면한 가장 큰 위험 중 하나는 과학자 요제프 바이첸바움과 예술가 리처드 포먼 모두가 지넜던 그 두려움과 관련이 있다. 바로 우리의 사람됨과 인간성이 점차 침식당하는 것이다.

깊이 있는 사고만이 고요함과 집중을 요하는 것은 아니다. 공감과 열정도 마찬가지다. 심리학자들은 오랫동안 사람들이 어떻게 두려움을 경험하고, 물리적인 위협에 반응하는지에 대해 연구해왔지만 더욱 고귀한 인간의 능력에 대해 연구하기 시작한 것은 불과 최근의 일이다. 서던캘리포니아대학교의 뇌와창의력연구소의 소장인 안토니오 다마시오Antonio Damasio가 설명하듯이 그들이 찾아낸 것은 고차원적인 감정은 느리게 타고난 신경 처리 과정에서 생겨난다는 것이다.[35] 최근 실험에서 다마시오와 동료들은 피실험자들로 하여금 물리적·심리적 고통을 겪고 있는 사람들에 대해 묘사하는 이야기를 듣게 했다. 피실험자들은 그 후 MRI 촬영기에3 들어가 이야기를 기억해내도록 요구받았고 그동안 그들의 뇌는 스캔되었다.

이 실험은 인간의 뇌가 물리적인 고통의 묘사에 빨리 반응하지만(누군가가 부상당한 것을 목격했을 때 당신의 뇌에 자리 잡은 원초적인 고통은 거의 즉각적으로 활성화된다) 심리적인 고통에 공감하는 더욱 세심한 정신적 과정은 훨씬 천천히 활성화됨을 보여준다. 연구자들은 뇌가 "신체의 직접적인 연관을 뛰어넘어 심리학적 도덕적인 상황을 이해하고 느끼기 위해서는 시간이 걸린다"라는 사실을 발견했다.[36]

학자들은 이 실험이 우리가 더욱 산만해질수록 인간의 가장 섬세하고 고유한 특성인 공감, 열정 등과 같은 감정의 경험은 더욱 줄어든다는 사실을 보여준다고 말한다. 이 연구팀의 일원인 메리 헬렌 이모디노-양Mary Helen Immordino-Yang은 "특정 사고에서, 특히 다른 사람들의 사회적·심리적 상황에 대한 도덕적인 결정에서 우리는 적절한 시간과 심사숙고의 과정을 거쳐야 한다"라고 말했다. "일이 너무 빨리 일어난다면 타인의 심리적인 감정을 완전하게 경험할 수 없을 것이다."[37] 인터넷이 우리의 도덕성을 훼손하고 있다고 말하는 것은 성급한 결론일 수 있다. 그러나 인터넷이 우리의 살아 있는 통로의 경로를 바꾸고 사색 능력을 감소시키고, 우리의 생각뿐 아니라 감정의 깊이도 바꿔놓는다고 말하는 것은 그리 성급한 결론은 아닐 것이다.

우리의 사고가 인터넷의 지적 윤리에 적응하고 있다는 점에서 용기를 얻는 자들도 있을 것이다. 〈월스트리트저널〉의 한 칼럼니스트는 "기술의 진보가 그 방향을 바꾸지는 않을 것이므로 멀티태스킹과 여러 다른 종류의 정보를 소비하는 경향은 계속될 것이다"라고 적었다. 그러나 그다지 염려할 필요는 없다. 우리의 인간 소프트웨어는 적절한 시기에 풍부한 정보를 가능케 한 기계 기술을 따라잡을 것이기 때문이다.[38]

잡지 〈뉴욕New York〉의 표지 기사를 쓴 한 기자는 우리가 비트 단위로 이루어진 온라인 정보 중에서 "이곳저곳을 스치고 지나다니는 21세기형 방식에 익숙해지면서 뇌의 구조는 어쩔 수 없이 더 많은 정보를 효율적으로 다룰 수 있도록 변화할 것"이라고 말했다. 우리는 "처음부터 끝까지 복잡한 업무에 집중하는 능력은 잃어버릴지 모르나 그에 대한 보상으로 6개의 다른 미디어를 통해 34건의 대화에 동시에 참여할 수 있는 능력"과 같은 새로운 기술을 얻게 될 것이다.[39]

한 저명한 경제학자는 흥분된 어조로 "자폐증의 인지적 장점을 빌려 정보를 모으고 해석하는 데 더 뛰어난 능력을 발휘하게 한다"라고 말했다.[40] 〈애틀랜틱Atlantic〉의 한 기자는 "기술이 야기한 주의력결핍증"은 "제한된 정보 흐름 시대 속에서 진화하고 또 그에 맞춰진 인지적인 습관"에 대한 우리의 의존에서 기인한 "단기적인 문제"라고 말했다. 새로운 인지 습관을 개발하는 것은 "끊임없는 연결성의 시대를 항해하기 위해 유일하게 성공 가능한 접근방식"이다.[41]

우리가 새로운 정보 환경에 맞게 변화하고 있다는 이 같은 주장들은 분명 옳다. 우리 뇌의 가장 깊은 곳에 자리 잡고 있는 정신적 적응력은 지적 역사에 있어 핵심이었다. 그러나 우리를 안심시키는 이 같은 말 속에 담긴 위안은 매우 냉혹한 것이다. 적응은 우리를 환경에 더 적합하도록 만들지만 질적으로 이는 중립적인 과정이다. 중요한 것은 우리가 무엇이 되고 있느냐가 아니라 결국 무엇이 되느냐다.

1950년대에 마틴 하이데거Martin Heidegger는 다가오는 "기술혁명의 파도가 인간을 꼼짝 못하게 넋을 빼놓고 눈을 멀게 하고 현혹시켜 이 계획적인 생각이 어느새 유일한 사고방식인 양 받아들여지고 실행될 것"이라고 관측했다. 그가 우리 인간성의 정수라고 여긴 '깊은 사고'는 돌진하는 진보의 희생양이 될 것이다.[42] 격동의 기술 발전은 콩코드 역에 도착한 기관차와 마찬가지로 사색과 명상을 통해서만 가능한 잘 정제된 인식과 생각 그리고 감정을 잠식할 것이다. 하이데거는 "기술의 광란은 모든 곳에서 견고히 자리잡을 태세로 위협을 가하고 있다"라고 적었다.[43]

우리는 이 같은 현상이 확고히 자리 잡고 있는 마지막 단계에 들어서고 있다. 우리는 이 광란을 우리의 영혼 속으로 기꺼이 맞아들이고 있다.

개정판에 부치는 후기

세상에서 가장 흥미로운 일

마케팅 구호는 보통 예언에 기대지 않는데, 2007년 1월 9일 오전 스티브 잡스Steve Jobs의 등 뒤에 띄워진 스크린 속 구호는 예외였다. 애플의 최고경영자는 샌프란시스코 모스콘국제회의장에서 열린 연례 맥월드Mac World에서 벌써 한 시간 넘게 기조연설을 하고 있었다. 그날 연설의 클라이맥스는 애플의 최신 기기 공개였는데, 그것은 바로 아이폰이라고 이름 붙여진 매끈한 핸드헬드 컴퓨터hand held computer였다. 잡스는 자신의 연설에 완전히 빠져들어 있는 관객들에게 "이것은 혁명적인 제품입니다. 모든 것을 바꾸어놓을 것입니다"라고 말했다. 그때 높이 20피트에 이르는, 신형 전화기의 거대한 이미지가 스크린 위에 등장했다. 이 이미지 주변을 둘러싸고 있는 것은 '당신의 삶이 주머니 속으로Your life in your pocket'라는 예언적 슬로건이었다.

잡스조차도 아이폰이 우리의 일상을 어떻게 완벽하게 바꾸어놓을지에 대해서 제대로 예상하지 못했다. "킬러앱이 무엇일까요?" 잡스가 관객들에게 물었다. "킬러앱은 전화걸기입니다." 잡스에게 아이폰은 일반 전화기의 예쁘고 섹시한 버전이었던 것이다. 그러나 전화걸기는 아이폰의 여러 기능 중 가장 중요하지 않은 종류인 것으로 훗날 드러난다. 정말 중요한 것은 강력한 운영체제, 만능 터치스크린, 언제라도 가능한 네트워크 연결이었고 이들의 조합을 통해 이전에 등장한 그 어떤 모바일기기보다 더 다양한 소프트웨어를 구동할 수 있었다. 아이폰은 휴대전화의 미래일 뿐 아니라 개인용 컴퓨터의 미래인 것으로 판명 났다.

몇 년 사이 스마트폰은 데스크톱과 노트북 컴퓨터를 대체하며 대중의 사랑을 받는 데이터 처리 기기로 자리잡았다. 대중들에게 데이터를 끊임없이 제공함으로써 아이폰과 그 비슷한 기기들은 인터넷이 시작했던 일을 완성했다. 이는 커뮤니케이션, 컴퓨터, 미디어를 하나의 산업 그리고 하나의 기기로 합병하는 일이다.

잡스의 연설이 있고 몇 개월이 지난 6월, 1세대 아이폰의 판매가 시작됐다. 우연하게도 6월은 그로부터 3년 후 이 책의 출판으로 이어지게 될 연구를 시작한 달이다. 《생각하지 않는 사람들》의 초판에서 아이폰이나 다른 스마트폰에 대해 몇 차례 언급하긴 했지만 당시의 이야기는 아직 사람들이 컴퓨팅이라는 개념을 정의하고 인터넷 경험에 대해 규정할 때 데스크톱이나 노트북 컴퓨터를 떠올리던 시절을 배경으로 하고 있다. 10년 전에는 페이스북이나 링크드인, 트위터 같은 소셜네트워크조차도 거의 대부분 웹 사이트를 통해 접속했다. 우리 존재의 일부가 된 것처럼 느껴지는 모바일 앱이 아직 널리 쓰이지 않던 시절이었다.

이 같은 시절은 이제는 먼 옛날처럼 느껴진다. 전화기를 손에 들고 자라난 젊은 세대들에게는 마치 자동차나 실내 수도시설이 없던 시절만큼이나 완전히 낯설게 느껴질 것이다. 잡스가 아이폰이 미칠 이 모든 영향에 대해 완전히 예견하지는 못했다 해도 '혁명적'이라는 부분만은 정확한 예견이었다. 100억 개 이상이 팔려나간 스마트폰의 확산과 그에 따른 소셜미디어의 성장은 우리 삶과 문화의 거의 모든 부분에 광범위하게 영향을 미쳤다. 스마트폰은 우리의 삶에 새로운 질감과 속도를 선사했다. 사회적 규범과 관계를 뒤집어놓았다. 공론장과 정치의 장 역시 재편했다. 더불어 스마트폰의 확산은 몇몇 기업들이 우리가 보고, 행동하고, 의견을 표현하는 방식을 지배하도록 했다.

그러나 아이폰이 모든 것을 바꿀 것이라는 잡스의 생각은 틀렸다. 이 책의 핵심 주제인 우리의 사고방식과 관련해서 스마트폰과 앱은 디지털 시대의 현상現狀을 강화시켰을 뿐, 바꾸지는 못했다. 이들 기기들은 앞서 묘사했던 심리적, 인지적 경향을 더 증폭시키고 더 가속화했다. 지난 10년간 발표된 사회학적이고 과학적인 연구를 살펴보면(이 중 일부는《생각하지 않는 사람들》의 영감을 받아 진행됐다), 이 점은 더 명확하게 드러난다.

스마트폰을 볼수록 바보가 된다

2010년에도 사람들은 많은 시간을 스크린을 바라보며 보냈다. 오늘날에는 더 많은 시간을 스크린 앞에서 지낸다. 닐슨컴퍼니가 오랜 기간 실시해온 정기 설문조사에 따르면, 평균적인 미국 성인은 텔레비전, 컴퓨터, 전화기 같은 전자 스크린을 하루에 무려 9시간 45분 동안 보고 있다. 이는 5년 전 수치보다 1시간 30분이나 증가한 것이다.[1] 이 자체로도 놀라울 정도인데 닐슨컴퍼니의 수치는 사람들이 스크린을 보는 시간을 실제보다 상당히 적게 추산한 것으로 보인다. 설문조사에서 웹브라우저나 소셜미디어 앱 등을 사용하지 않는 '비미디어' 컴퓨터 활동은 묻지 않고 있기 때문이다. 비미디어 활동까지 고려한다면, 미국인들은 깨어 있는 시간의 적어도 절반을 스크린을 쳐다보는 데 쓰고 있음이 분명하다.

스크린이 우리 집중력의 많은 부분을 장악하면 그 밖에 다른 데 쓸 집중력은 더 적게 남게 된다. 특히 여가용 독서와 같이 조용히 홀로 즐기는 취미들은 디지털이 가져온 산만함 속에서 설자리를 잃기 가장 쉬운 종류다. 노동통계국Bureau of Labor Statistics이 실시한 연례 생활시간 조사 결과, 이미 2008년에도 하루 20분에 불과했던 미국인의 여가형 독서시간은 2018년 16분으로 하락했다.[2] 여기에서 노년층을 제외하면 일간 독서 시간은 약 6분, 주당으로 계산하면 45분 이하로 떨어진다. 주변에 여전히 많은 독서가가 존재하기는 하지만 책을 읽으며 한가롭게 시간을 보내는 경험은 보편적인 문화 향유 방식으로서의 위치를 잃어가고 있다.[3] 독서는 사교댄스나 다트같이 진귀한 취미가 되고 있는 셈이다.

스크린을 보는 시간이 늘어나는 것은 폭발적인 스마트폰 사용 증가가 가져온 직접적 결과이다. 최근의 여러 통계에 따르면, 성인의 80퍼센트, 청소년의 95퍼센트에 이르는 스마트폰 소유자들은 하루 평균 4시간에서 6시간 정도 스마트폰을 이용한다.

2015년 영국의 링컨대학교에서 진행된 한 연구에서, 심리학자들은 23명의 학생과 교직원의 스마트폰에 사용기록 추적 소프트웨어를 설치하고 2주에 걸쳐 모든 스마트폰의 이용 행태를 모니터했다.[4] 연구 참여자들은 하루 평균 5.05시간 동안 스마트폰을 사용했다. 이는 상당히 긴 시간이다. 그러나 더 흥미로운 사실은 이 시간들이 어떤 방식으로 쪼개 사용되는지를 살펴볼 때 드러난다. 참여자들은 전화를 하루 평균 85번 사용했는데, 이는 애플이 아이폰 사용과 관련해 발표했던 데이터의 수치와 비슷했으며[5] 대부분의 상호작용은 매우 짧게 이뤄져 대부분 30초 이상 유지되지 않았다. '활동로그' 정보는 전화기 소유자들이 잠에서 깬 순간부터 잠자리에 들기까지 하루 종일 자신들의 기기를 충동적으로 사용함을 보여줬다. 연구자들은 스마트폰 사용이 너무도 '습관적'이 되어서 "사람들은 자신들이 얼마나 자주 스마트폰을 확인하는지도 인식하지 못한다"라고 서술하고 있다.

이 모든 사실은 놀랄 일이 아니다. 위의 연구는 우리 모두가 경험을 통해 알고 있는 바를 확인해줄 뿐이다. 그러나 이 연구를 비롯하여 비슷한 다른 연구들은 새로운 사실을 알려준다. 그것은 바로 스마트폰은 이 세상에 등장한 새로운 물건이라는 사실이다. 이전까지 어떤 미디어 기기 또는 어떤 기술도 우리의 일상을 일분일초 단위로 파고들지는 않았다. 스마트폰과 텔레비전을 비교해보자. 사람들은 텔레비전을 보는 데 많은 시간을 할애하지만(이는 여전히 그렇다), 전통적인 텔레비전 시청은 저녁과 같은 특정 시간대에 집중되어 있었다. 온종일 계속되는 활동으로까지는 확대되지 않았다. 사람들이 호주머니 속에 텔레비전을 가지고 다니지도 않았고, 몇 분마다 한번씩 텔레비전을 꺼내보지도 않았다. 스마트폰만 있다면 언제라도 텔레비전 시청의 황금시간이다. 집, 직장, 학교에 있든 또는 길을 걷든 간에 기기들은 언제나 가까이 있고 바로 이 점 때문에 언제나 이들 기기들은 우리의 사고를 방해한다.

2010년 이후 스마트폰 사용이 확대되면서 많은 과학자가 스마트폰 이용의 인지적, 감정적 효과에 대해 연구하기 시작했다. 초기 연구 결과들은 사고를 산만하게 하고, 집중력을 분산시키고, 불안을 키우는 등, 인터넷의 영향력에 대해 이미 밝혀진 연구 결과를 더욱 강력하게 뒷받침했다. 운전, 시험공부 같은 다른 일을 할 때 전화를 사용하면 당신의 업무수행 성과는 악화될 것이다. 그러나 연구 결과는 전화를 주머니나 가방에 넣어두고 사용하지 않을 때조차도 우리의 사고에 일상적으로 지장을 준다는 사실을 밝혔다. 이는 스마트폰이 종일 쏟아내는 수십 개의 알림 때문이다.

2015년 플로리다주립대학교에서 실시된 연구에서 심리학자들은 사람들이 매우 어려운 업무를 수행하고 있을 때 전화가 울릴 경우, 전화를 확인하든 아니든 간에 집중력이 약해지고 일을 엉성하게 수행함을 밝혔다.[6] 2015년 〈저널오브컴퓨터미디에이티드커뮤니케이션Journal of Computer-Mediated Communication〉에 발표된 또 다른 연구는 전화가 울리는 소리가 들리는데 받을 수 없을 때 사람들의 혈압이 급등하고, 맥박이 빨라지며, 문제해결 능력이 약화됨을 보여준다.[7] 버지니아대학교의 심리학자가 두 명의 동료들과 함께 실시한 실험 연구는 전화의 푸시알람 기능이 활동항진과 건망증을 가져옴을 밝혔는데, 이 증상은 주의력결핍증에 시달리는 이들이 겪는 것과 비슷하다.[8]

초기 연구들의 결과도 우려할 만하지만, 이는 우리의 사고와 전화 사이에서 형성되고 있는 걱정스러운 공생에 대한 전조일 뿐이다. 2017년 우리는 그 양상을 더욱 전체적으로 파악할 수 있게 되었다. 텍사스대학교 오스틴캠퍼스의 아드리안 워드Adrian Ward의 주도하에 캘리포니아대학교 샌디에이고캠퍼스의 크리스틴 듀크Kristen Duke와 아옐렛 그니지Ayelet Gneezy, 하버드대학교의 마르

텐 보스Maarten Bos 등 인지과학자와 행동심리학자 등 네 명이 모인 연구팀은 〈저널오브더어소시에이션포컨슈머리서치Journal of the Association for Consumer Research〉 4월호에 〈뇌의 소모Brain Drain〉라는 제목의 논문을 발표했다.⁹ 논문은 캘리포니아대학교 샌디에이고캠퍼스의 학부생 500명을 대상으로 실시한 기발한 실험 연구의 결과를 담고 있다. 학생들은 지적 명민함 정도를 평가하는 두 가지 검사를 받았다. 그 중 하나는 주어진 업무에 자신의 인지력을 집중하는 능력, 즉 작업기억용량working memory capacity을 측정하는 검사였다. 또 다른 검사는 유동적지능fluid intelligence을 측정하는 것이었는데, 이는 익숙하지 않은 문제를 해석하고 풀어가는 능력에 관한 것이다. 이 실험에서 유일한 변수는 피험자 스마트폰의 위치였다. 일부 학생들은 연구진으로부터 화면을 아래로 한 채 전화기를 책상 위에 올려두라는 요구를 받았고, 또 다른 일부 학생들은 전화기를 호주머니나 가방 안에 넣어두라는 요구를 받았으며, 나머지 학생들은 아예 다른 방에 휴대폰을 놓고올 것을 요청받았다. 이 모든 상황에서 전화기는 모두 '방해금지' 모드로 설정해 검사 도중 휴대폰 소리나 진동은 울리지 않았다.

결과는 놀라웠다. 두 종류의 검사에서 눈에 보이는 곳에 휴대폰이 있는 피험자들은 가장 낮은 점수를 기록했고, 다른 방에 휴대폰을 두고 온 피험자들이 가장 높은 점수를 받았다. 전화기를 주머니나 가방에 넣어두었던 학생들의 점수는 중간이었다. 전화기의 접근성이 높아질수록 뇌의 능력은 떨어졌다. 마치 스마트폰이 주인의 지능을 약화시키는 힘의 장場을 형성하는 것 같았다. 뒤이은 인터뷰에서 대부분의 학생들은 휴대폰이 자신의 집중을 방해하는 요소는 아니었으며 실험 도중 휴대폰에 대해서 생각조차 하지 않았다고 말했다. 휴대폰이 그들의 사고를 뒤죽박죽으로 만들고 있는데도 의식조차 하지 못하는 것이었다. 300여 명이 참여한 후속 실험도 비슷한 결과를 보여줬다. 추가로 밝혀진 것은 평소 스마트폰 의존이 높은 학생들일수록 전화가 근처에 있을 때 더 많은 인지적 악영향을 받는다는 것이었다.

워드와 동료들은 결과를 요약하며 "스마트폰이 일상생활을 파고들면서 학습, 논리적 추론, 추상적 사고, 문제 해결, 창의력" 같은 중요한 정신적 기술이 약화되는, 이른바 '뇌의 소모'를 낳는 것으로 보인다고 설명한다. 스마트폰은 우리의 삶과 너무 긴밀하게 연결되어 있어 스마트폰을 보거나 만지지 않을 때에도 집중력을 소모하게 하며 우리의 소중한 인지적 자원을 앗아간다. 우리가 종일, 일상적으로 그리고 무의식적으로 하는 일인 휴대전화를 확인하고 싶은 욕망을 누르는 것만으로도 사고를 약화시킬 수 있다고 이들은 말한다. 우리 대부분이 요즘 습관적으로 전화를 "근처의 눈에 보이는 곳에" 두고 있다는 사실만으로 피해를 키울 수 있는 셈이다.

'뇌의 소모' 연구에서 밝혀진 사실은 또 다른 연구들의 발표 내용과 일맥상통한다. 비슷하지만 더 작은 규모로 진행된 2014년 연구에서 서던메인대학교의 심리학자들은 집중력과 인지능력을 측정하는 두 종류의 까다로운 검사에서 눈에 보이는 곳에 전화기를 둔 사람들은 (전화기가 꺼져 있더라도) 보이지 않은 곳에 전화기를 둔 통제집단에 비해 더 많은 실수를 저지른다는 점을 밝혔다.[10] 그러나 쉬운 검사를 실시했을 때는 두 집단의 수행 능력이 비슷한 수준이었다. 이는 납득이 가는 결과이다. 정신적 부담을 크게 느끼지 않을 때 우리에게는 여분의 인지적 능력이 있기 때문에 전화기가 이를 빼앗아가도 큰 문제가 없다. 전화기가 우리를 바보로 만드는 순간은 우리가 똑똑해질 필요가 있는 때이다.

공부에 엄청난 정신적 집중과 노력이 요구된다는 점을 감안하면 스마트폰의 두뇌 소모 효과에 특히 취약한 이들은 학생들이다. 2017년 발표된 한 연구는 아칸소대학교 몬티첼로캠퍼스에서 실시된 실험 결과를 담고 있는데, 연구진은 학부생이 대형 강의에서 수업 내용을 이해하고 기억하는 데 전화기가 어떤 영향을 미치는지 알아봤다.[11] 수업 교재에 대한 시험 결과, 교실에 전화기를 가져오지 않은 학생들이 가져온 학생보다 한 단계 높은 등급의 학점을 받았다. 이 학생들이 전화기를 실제로 사용했는지 아닌지 여부는 중요하지 않았다. 전화기를 가져온 학생들 모두가 점수를 잘 받지 못했다. 2016년 발표된 연구에서도 영국 내 100여 개의 고등학교에서 실시한 설문조사 결과 스마트폰 사용을 금지하는 학교에서 학생들의 시험 성적이 눈에 띄게 상승한다는 점이 밝혀졌는데, 특히 성적이 나쁜 학생들의 향상 정도가 가장 두드러졌다.[12]

전화기가 근처에 있을 때 타격을 받는 대상은 우리의 논리력만이 아니다. 사회적 기술이나 관계도 나쁜 영향을 받는다. 스마트폰은 컴퓨터로 메시지를 주고받을 수 있는 모든 친구들에 대해 계속 상기시켜주기 때문에, 정작 우리가 얼굴을 마주하고 누군가와 이야기를 나누고 있을 때에도 우리의 정신을 빼앗는다. 대화는 더 피상적이 되고 만족감은 떨어진다. 영국 에식스대학교에서 실시해 2013년 발표된 연구에서는 142명의 참가자들이 짝을 지어 10분 동안 얼굴을 마주하고 대화를 나누도록 했다. 참가자 절반은 방 안에 전화기가 있는 상태에서, 나머지 절반은 전화가 없는 상태에서 대화했다. 참가자들은 그 이후 친밀감, 신뢰, 공감과 관련한 검사에 응했다. 연구자들은 "휴대 전화가 단지 존재한다는 사실만으로도 대인 친밀감과 신뢰 형성을 제약"했으며 "상대방이 자신에게 공감하고 이해한다고 느끼는 정도" 역시 저하시켰다고 보고했다. 그 효과는 "개인적으로 의미 있는 주제"에 대해 토론했을 때 가장 두드러지게 나타났다.[13] 이 같은 결과는 버지니아공과대학교의 교수들이 실시한 좀 더 현실적인 후속 연구를 통해 다시 입증되었는데, 이 연구는 커피숍에서 대화를 나누고 있는 사람 200명을 관찰하는 방식으로 이뤄졌다.[14]

당신은 프로그램되어 있다

전화가 이토록 파괴적으로 우리의 머릿속을 침투하고 있다는 증거들은 우리를 불안하게 한다. 연구 결과는 우리의 생각과 감정이 두개골 속에 안전하게 자리잡고 있지 않고, 인식하지도 못하는 외부의 힘에 의해 뒤틀릴 수 있음을 보여준다. 놀라운 결과이긴 하지만 이는 우리의 사고가 수행하는 가장 중요한 기능, 즉 무엇에 집중을 기울일지에 대한 결정이 어떻게 이뤄지는지에 대해 신경과학자들이 밝혀온 결과와도 일치한다.

눈앞에 보이는 사물, 소리, 냄새, 아는 사람, 모르는 사람, 생각, 기억, 감정, 신체에 닿는 감각 등 일상의 매 순간 우리의 신경계에는 집중을 기울일 만한 수많은 자극이 쏟아진다. 거의 무한한 양의 여러 자극 중에서 우리의 사고는 집중을 기울일 대상을 정한다. 집중력을 어떻게 분배할 것인가만큼 우리의 생각과 행동에 영향을 미치는 결정은 없는데, 이 엄청나게 복잡하고 중요한 일은 '현출성 네트워크Salient Network'라고 불리는 신경체계를 통해 수행된다. 현출성 네트워크는 기본적인 운동과 감정을 조절하는 대뇌피질부터 의식적인 의사결정을 관장하는 전두엽에 이르기까지 뇌의 광범위한 영역에 걸쳐 존재한다. 스탠퍼드대학교의 행동과학자인 비노드 메논Vinod Menon의 설명에 따르면 "우리 뇌의 인지, 항상성, 동기, 감정 체계의 연결지점"이다.[15] 다르게 말하면 이는 자아의 지휘자라 할 수 있다.

집중의 대상을 정하는 데 있어서 네트워크는 네 가지 종류의 자극에 우선순위를 주는데 이는 새롭거나 예상 밖의 것, 즐겁거나 보람 있는 것, 개인적으로 연관되어 있는 것, 감정적으로 끌리는 것이다.[16] 이 같은 자극들은 정확히 스마트폰이 항상 넘쳐나게 제공하는 종류다. 콘텐츠를 끊임없이 새로 채워내는 전화기는 신기하고 놀라운 정보의 원천이다. 전화기를 확인할 때마다 즐거움을 느끼게 하는 신경전달물질인 도파민의 분비를 촉진하며 흥분과 만족을 느끼게 한다.[17] 전화기는 사진, 메시지 등이 담긴 지극히 개인적인 저장소이기 때문에 언제나 우리와 긴밀하게 연관되어 있다. 우리의 전화기는 언제나 감정을 전달한다. 우리의 사회적 지위와 관련한 여러 신호를 보내고 받게 하고, 우리가 가장 관심 있어 하는 사람들, 사건, 주제에 대한 정보를 쏟아 놓는다. 우편함, 신문, 텔레비전, 라디오, 사진 앨범, 공공도서관, 일기장, 당신이 아는 모든 사람이 참석하는 떠들썩한 파티를 모두 모아 하나의 작고 빛나는 기기 속에 압축했다고 생각해보라. 이것이 바로 스마트폰이다.

전화부터 텔레비전에 이르기까지 미디어와 커뮤니케이션 기기는 언제나 우리의 마음을 사로잡았다. 켜져 있든 꺼져 있든, 사용하든 방치되어 있든, 이들 기기는 흥미로운 정보와 즐거운 경험을 끊임없이 제공해줄 것을 약속한다. 디자인적 측면에서 봤을 때 전화기는 자연적 존재는 대체할 수 없는 수준으로 우리의 눈과 귀를 사로잡는다. 그러나 우리를 매료시킨 수많은 미디어의 역사 속에서도 스마트폰은 특히 눈에 띈다. 이전에 우리 사고가 집중력을 빼앗기지 않기 위해 분투해야 했던 그 어떤 종류의 미디어와 달리 스마트폰은 우리의 집중력을 낚아채는 자석이다. 스마트폰은 워드의 표현에 따르면, 우리 주변에 있을 때마다 집중력을 '납치hijack'하는 '보통을 뛰어넘는 자극제supernormal stimulus'인데, 실제로 스마트폰은 언제나 우리의 주변에 있다.[18] 스마트폰 덕에 인류는 이 세상에서 가장 흥미로운 물건을 창조하는 데 성공한 셈이다. 마음을 빼앗기는 건 당연한 일이다.

페이스북과 그리고 다른 소셜미디어 기업들은 스마트폰의 현출성 네트워크 지배를 확장하고 또 그 점을 이용하는 데 매우 능숙했다. 구글의 철저하고 또 은밀한 이용자 행동 분석 관행을 따라, 소셜미디어 기업들은 중독성을 최대화하는 방향으로 앱을 디자인했다. 소셜미디어상에서 우리가 자연스럽게 받아들이는 무해해 보이는 기능들, 예를 들면 공감과 애정을 드러내는 '좋아요' 버튼이나 하트 아이콘, 새로운 정보로 화면을 채워주는 '옆으로 밀기' 기능이나, 친구들과의 지속적인 교류 여부를 기록하고 독려하는 스트릭streak 기능•, 스크롤을 통해 끝없이 이어지는 정보 등은 슬롯머신 생산자들이 개척한 심리적 길들이기의 변형이라고

• 소셜미디어 스냅챗에 있는 기능이다. —옮긴이

할 수 있다.[19] 이 같은 기능은 감정적 그리고 사회적 보상을 약속하는데다가 이 보상을 전혀 예상치 못한 방식으로 제공한다. 스크린을 터치할 때 우리는 앞으로 무슨 일이 일어날지 전혀 모르지만 우리가 그 일을 좋아하리라는 사실만은 알고 있다. 그래서 상습 도박자와 같이 우리는 더 많은 보상을 얻기 위해 이 같은 기능을 다시 이용하게 되는 것이다.

페이스북 초대 사장인 숀 파커Sean Parker는 이제 소셜네트워크가 애초에 '인간 심리의 취약함'을 이용하려는 목적으로 디자인 되었다고 인정한다. 그와 그의 동료인 마크 저커버그 그리고 시스템의 또 다른 설계자들이 "그 점을 인지하고 있었음에도 불구하고 이 같은 서비스를 만들었다"라고 그는 말한다.[20] 페이스북의 또 다른 전직 임원인 차마스 팔리하피티야Chamath Palihapitiya는 "깨닫지 못하겠지만 당신은 프로그램되어 있다"라고 말한다.[21] 프로그램의 목적은 '기기에 머무는 시간time-on-device'을 최대화하는 것인데, 이 용어는 라스베이거스와 실리콘밸리 양쪽에서 매우 흔히 사용되고 있다. 인터넷 산업은 아마도 이상주의 속에서 태동했을 것이나 지금은 조작적이고 또 매우 상업적인 피드백 루프feedback loop에 의해 움직인다. 우리가 전화기를 더 많이 사용할수록 소셜미디어 회사는 우리의 사고가 자극에 어떻게 반응하는지에 대해 더 많은 데이터를 모으게 된다. 기업들은 이 정보를 이용해 더 중독적인 앱을 만들고 그 결과 돈이 흘러 들어오는 것이다.

최근 인공지능의 발전을 보면 이 모든 상황이 어느 곳을 향하고 있는지 알기 위해 할의 사고에 대해 생각할 필요도 없다. 야심을 억제하지 않는다면 소셜미디어 기업들은 애드리안 워드가 말했듯 "현출성을 극대화하기 위해" 머신러닝 알고리즘을 이용하기 시작할 것이다.²² 컴퓨터는 온라인 콘텐츠에 대한 사람들의 반응을 통계적으로 분석함으로써, 실리콘밸리의 수많은 마케터, 프로그래머, 행동과학자가 지금껏 파악한 바를 훨씬 뛰어넘는 수준의 정확성으로 무엇이 사람들의 집중을 촉발하는지 정확히 짚어낼 것이다. 사고의 통제는 자동화될 것이다.

스티브 잡스는 우리의 삶이 주머니 속으로 들어올 것이라고 말했다. 그는 소매치기에 대해서는 경고하지 않았다.

모든 것을 아는 것 같지만 아무것도 모르는

2000년 발간된 책 《새벽에서 황혼까지From Dawn to Decadence》에서 역사학자이자 사회 비평가인 자크 바전Jacques Barzun은 '문화'라는 단어의 가치 하락을 개탄했다. 이 단어가 엄밀하지 않게 그리고 아무렇게나 사용되면서 "중첩되는 여러 대상들을 모은 잡동사니 전부를 칭하는 만능의 용어"가 되었다는 것이다. 그 과정에서 잃어버린 것은 이 단어의 핵심적인 의미인데, 바전의 정의에 따르면 이는 바로 '잘 단련된 사고'이다. 미디어 포화상태인 이 세상에서 온갖 종류의 정보를 흔하게 접할 수 있다는 점을 그는 인정하지만 "이 같은 정보의 노다지가 멈춰 있는 우리의 사고를 다시 돌아가게 하고, 일상적 관심사들로부터 벗어나게 하고, 편협함을 털어내게 할지에 대해서는 의문이 든다"라고 말한다.[23]

오늘날 우리가 지식에 대해서 생각할 때, 우리 주변을 둘러싸고 있는 무언가로 여기며, 플랑크톤이 가득한 바닷물 속 생명체 같이 우리가 지식 속을 유영하며 소비할 수 있다고 생각하는데 이같은 생각은 10년 전보다 더욱 보편적이 됐다. 스스로 창조되는, 사실과 생각과 경험이 잘 엮여 개인의 사고 안에 집적되는 무언가. 이 같은 지식에 대한 이상적인 기대는 점차 희미해지고 있다.

《생각하지 않는 사람들》의 초판에서 개개인 기억의 대체물로 인터넷을 사용하는 것은 잘못된 판단인 동시에 위험하다는 점에 대해 이야기했다. 그 당시에는 관련 연구가 거의 존재하지 않았기 때문에 이 주장에 대한 상황적 근거만 존재했다. 지금은 달라졌다. 웹이 기억에 미치는 영향에 대한 매우 정밀한 연구가 수행되었다. 그 연구의 발견들이 확정적이라 할 수는 없더라도, 우리가 기억을 형성하고 연결하는 능력이 이미 손상되고 있음을 강력하게 암시하고 있다.

관련 분야의 기념비적 연구로 여겨지는 2011년 발표 논문에서 컬럼비아대학교에서 심리학을 가르치는 벳시 스패로Betsy Sparrow와 기억 관련 전문가로 지금은 고인이 된 하버드대학교의 다니엘 웨그너Daniel Wegner는 사람들에게 "우주왕복선 컬럼비아호는 재진입 도중 2003년 2월 텍사스 상공에서 폭발했다" 같은 내용을 담은 40개의 짧은 진술문을 읽도록 한 후 컴퓨터에 이들 진술문을 타이핑하도록 했다. 실험 참가자의 절반에게는 기계가 그들이 타이핑하는 내용을 저장할 것이라고 얘기했고, 나머지 절반에게는 이 진술문들이 즉시 삭제될 것이라고 이야기했다.

그 후 연구자들은 피험자들에게 기억할 수 있는 진술문을 가능한 많이 적어보라고 요청했다. 진술문들이 컴퓨터에 저장될 것이라고 생각했던 이들은 저장되지 않을 것이라고 생각한 이들보다 더 적은 수의 진술문을 기억해냈다. 언제라도 디지털 형태로 이 정보에 접근할 수 있을 것이라는 기대는 사람들이 기억을 위해 사용하는 정신적 노력 정도를 낮추는 것으로 보인다고 연구진은 결론 내렸다. 디지털 기록은 신경의 삭제를 가져온다. 그들은 이 같은 현상을 '구글효과Google effect'라고 이름 붙였고 〈사이언스〉에 실린 논문에서 이 효과가 던지는 함의에 대해서 "검색엔진을 언제라도 이용할 수 있게 되면서 우리는 정보를 우리 내부에 입력할 필요가 없다고 생각하는 상태에 종종 이른다. 필요할 때 우리는 찾아보면 될 것이다"라고 설명한다.[24]

인터넷이 등장하기 한참 전에도 사실을 담은 정보를 찾아볼 수 있었다. 책도 있고 도서관도 있었다. 그러나 더 많은 시간과 노력이 들었다. 지금은 기억을 저장하고 기억을 떠올리는 책임을 데이터뱅크와 검색엔진에 쉽게 떠넘길 수 있기 때문에 뇌가 기억 업무를 수행해야 할 이유가 줄어들었다. 지난 반세기 간의 연구가 보여주듯 인간은 '인지적 구두쇠cognitive misers'다.[25] 정신적 업무를 떠넘기거나 피할 수 있다면, 그 업무가 우리에게 엄청난 이득을 가져다주지 않는 한 우리는 업무를 떠넘길 것이다. 전화기는 지금까지 기록된 거의 모든 사실에 즉각적으로 접근할 수 있게 함으로써 우리가 그 어느 때보다도 정신적 업무에 매우 인색한 사람이 되도록 한다.

우리가 잃어가고 있는 것은 사실에 대한 기억만은 아니다. 사건에 대한 기억도 마찬가지다. 코넷티컷주에 위치한 페어필드대학교의 린다 헨켈Linda Henkel이 2014년 발표한 실험 연구 결과는 사람들이 디지털 형태로 자신들의 경험을 기록할 때 해당 경험에 대해 더 흐릿한 기억을 가지게 됨을 보여준다. 헨켈은 일군의 학부생들을 페어필드대학교의 캠퍼스 내에 있는 벨라민미술관으로 데려갔다. 그녀는 학생들에게 디지털 카메라를 주고 한 명씩 미술관을 관람하도록 했다. 그 과정에서 학생들에게 그림, 조각, 수공예품 등을 포함한 30개의 예술 작품 앞에 멈춰 자세하게 보도록 했다. 일부 학생들에게는 작품을 살펴본 후 그 대상을 사진으로 찍게 했다. 다른 학생들에게는 카메라는 넣어두고 그냥 감상만 하도록 했다. 다음달 헨켈은 학생들이 본 것에 대한 기억력을 테스트했다. 그녀는 학생들이 사진을 찍었을 때 그냥 감상했을 때보다 미술 작품들을 기억해내는 데 더 어려움을 겪는다는 점을 발견했다. 사진 촬영을 한 대상을 떠올릴 때도 그 세부사항에 대해서는 또렷하지 않은 기억을 가지고 있었다.[26] 앨범에 꽂혀 있는 인화된 사진은 보조 기억으로 기능하지만, 무형의 데이터 형태로 저장된 디지털 사진은 그 반대로 기능하여 사고가 경험을 잘 흡수하지 못하게 한다. "사진이 남는 것이다"라는 흔한 표현은 이제 틀린 말이 됐다.

후속 연구들은 헨켈의 연구 결과를 추가로 입증했다. 프린스턴대학교의 심리학자인 다이애나 타미르Diana Tamir와 다른 세 명의 동료 학자들은 수백 명의 피험자를 대상으로 일련의 실험을 실시했다. 연구자들은 컴퓨터를 통해 테드TED 강연을 듣거나, 혼자 역사적 건축물을 돌아보거나, 다른 사람과 동행해 이 건축물을 돌아보는 등의 세 가지 서로 다른 상황에서 피험자들이 온라인 코멘트와 디지털 사진을 통해 자신들의 경험을 기록하는 행동이 기억 형성에 어떤 영향을 미치는지 알아보았다. 〈저널오브엑스페리멘탈사이콜로지Journal of Experimental Psychology〉에 실린 논문에서 저자들은 "컴퓨터에 기반한 경험이든, 혼자 또는 누구와 함께한 현실세계의 경험이든 상관없이 미디어 사용은 기억을 손상시켰다"라고 말한다. "미디어를 통해 경험을 기록으로 남기는 것은 우리 머릿속의 기록을 손상시킬 뿐"이라는 것이다.[27] 소셜미디어가 우리와 연관된 거의 모든 것을 업로드하도록 허용하고 또 장려하면서 이 같은 영향은 더욱 광범위해졌다. 2017년 〈프론티어스인사이콜로지Frontiers in Psychology〉에 발표된 설문 연구는 스마트폰 사용이 우리의 기억에 어떤 영향을 미쳤는지 살펴봤는데, 연구자들은 "우리가 이들 기기에 의지할 때 우리는 보통 경험으로부터 덜 배우고 덜 기

억하게 된다"라는 결론을 내렸다.[28]

여기에는 반전이 있다. 우리가 머릿속에 담고 있는 지식과 온라인에서 찾은 정보를 잘 구분하지 못하는 것으로 드러난 것이다. 다니엘 웨그너와 애드리안 워드는 2013년 〈사이언티픽아메리칸Scientific American〉에 발표한 논문에서 사람들이 전화기나 다른 컴퓨터를 통해 정보를 찾아낼 때, 종종 자신의 지능 수준을 착각할 수 있다고 설명한다. 자신들이 소유한 기기가 아니라 '그들 자신의 지능'이 정보를 찾아냈다고 여기는 것이다.[29] 예일대학교 연구진이 집중적으로 실시한 일련의 실험 연구를 포함해 몇몇 연구들은 이를 '오귀인誤歸因, misattribution' 현상이라고 설명하는데, 온라인에서 정보를 모을 때 사람들은 실제보다 자신이 더 똑똑하고 지적이라고 믿게 된다는 것이다.[30] "'정보의 시대'의 도래는 실상 세상에 대해서 그 누구보다 모르면서, 그 이전의 어떤 누구보다도 더 많이 안다고 스스로 생각하는 세대의 등장을 가져왔다"라고 결론 내렸다.

모든 것을 아는 것 같지만 실상 아무것도 모르는 이들의 등장은 속임수가 난무하는 현 사회의 위기를 설명하는 데 도움이 된다. 전화기가 그 안에 존재하는 프로파간다, 독단적 도그마, 증오 등으로 당신의 식견을 무디게 해놓을 경우 당신은 전화기가 쏟아내는 어떤 정보라도 믿을 것이다. 자신의 지능을 과대평가한다면 기만적인 정보를 다른 사람에게 공유하는 행동에 주저함이 없을 것이다. 매사추세츠공과대학교 연구진이 10년간 트위터에 올라온 450만 개의 메시지를 분석하여 2018년 발표한 연구에 따르면, 사실을 담은 메시지보다 조작되거나 사실을 호도하는 내용이 담긴 이야기의 리트윗 가능성이 70퍼센트나 높았다. 정확한 이야기가 100명의 사람들에게 전달되는 경우는 흔치 않았지만, 가짜 정보는 보통 수만 명에게 도달했다. 거짓 정보가 온라인에 유포되는 원인에 대해 알고리즘이나 봇의 탓을 하고 싶겠지만 연구 결과에 따르면 사실 진짜 범인은 사람들이다. "가짜 뉴스는 진실보다 더 멀리, 빨리, 깊이, 그리고 넓게 퍼져나가는데 이는 로봇이 아니라 사람들이 이를 더 많이 전파하기 때문이다"라는 설명이다.[31] 우리를 확장시켜준다고 여겼던 기술이 우리를 더 축소시켜버렸다.

소설가이자 비평가인 신시아 오지크Cynthia Ozick는 데이터에 대해 '역사 없는 기억'이라고 쓴 바 있다.[32] 스마트폰과 그 회사들이 우리 뇌를 무단으로 빼앗으며 프로그램하는 것을 허용한 결과가 어떤 근본적인 문제를 낳는지에 대해 그녀는 짚어내고 있다. 추론과 기억 능력을 제약하거나 이 같은 기술을 기계나 기업에 넘겨 버린다면 우리는 정보를 지식으로 전환시키는 능력을 잃게 된다. 우리는 데이터를 얻었지만 그 의미는 잃어버리고 있다.

이 문화적인 흐름을 수정하지 않는다면 이는 되돌릴 수 없는 인터넷의 유산이 되고 말 것이다.

감
사
의
말

Acknowledgments

이 책은 〈애틀랜틱〉 2008년 7~8월호에 기고한 '구글이 우리를 멍청하게 만들고 있는가?'라는 글에서 시작되었다. 특별히 〈애틀랜틱〉의 제임스 베넷James Bennet, 돈 펙Don Peck, 제임스 기브니James Gibney, 티모시 라빈Timothy Lavin 그리고 레이한 살람Reihan Salam의 도움과 격려에 감사의 말을 전하고 싶다.

8장의 구글의 전략에 관한 서술은 2007년 〈전략과 비즈니스〉에 실었던 '구글 수수께끼'라는 글에 담긴 내용에 기초하고 있다. 이 잡지의 아트 클라이너Art Kleiner와 에이미 번스타인Amy Bernstein의 전문 편집에 감사한다.

나의 질문에 흔쾌히 답을 보내준 마이클 머제니치, 매리언 울프, 짐 올드Jim Olds, 러셀 폴드랙, 개리 스몰, 지밍 리우, 클레이 셔키, 케빈 켈리, 브루스 프리드먼, 매트 커츠Matt Cutts, 톰 로드Tom Lord, 칼렙 크레인, 빌 톰슨Bill Thompson과 아리 슐만에게 감사한다.

노튼출판사의 담당 편집자인 브렌단 커리Brendan Curry와 그의 재능 넘치는 동료들에게도 특별히 감사의 말을 전한다. 또한 대행 업무를 담당하는 존 브록만John Brockman과 브록만사의 동료들에게 도 많은 신세를 졌다.

마지막으로 이 책을 기꺼이 끝까지 읽어낸 첫 번째 독자인 아내 앤과 아들 헨리에게 경의를 표한다.

추 천 도 서

Futher Reading

이 책의 내용은 많은 영역에서 피상적인 연구에 불과하다. 이 책의 주제와 관련해 더 깊이 탐구하고자 하는 독자들에게 아래의 책을 추천한다. 이 책의 주제를 보다 분명히 이해하는 데 도움을 주는 매우 고무적인 책들이다.

뇌와 가소성

- Buller, David J. *Adapting Minds : Evolutionary Psychology and the Persistent Quest for Human Nature*. MIT Press, 2005.
- Cowan, Nelson. *Working Memory Capacity*. Psychology Press, 2005.
- Doidge, Norman. *The Brain That Changes Itself : Stories of Personal Triumph from the Frontiers of Brain Science*. Penguin, 2007.
- Dupuy, Jean-Pierre. *On the Origins of Cognitive Science : The Mechanization of the Mind*. MIT Press, 2009.
- Flynn, James R. *What Is Intelligence? Beyond the Flynn Effect*. Cambridge University Press, 2007.
- Golumbia, David. *The Cultural Logic of Computation*. Harvard University Press, 2009.
- James, William. *The Principles of Psychology*. Holt, 1890.
- Kandel, Eric R. *In Search of Memory : The Emergence of a New Science of Mind*. Norton, 2006.
- Klingberg, Torkel. *The Overflowing Brain : Information Overload*

and the Limits of Working Memory. Oxford University Press, 2008.

- LeDoux, Joseph. *Synaptic Self : How Our Brains Become Who We Are*. Penguin, 2002.
- Martensen, Robert L. *The Brain Takes Shape : An Early History*. Oxford University Press, 2004.
- Schwartz, Jeffrey M., and Sharon Begley. *The Mind and the Brain : Neuroplasticity and the Power of Mental Force*. Harper Perennial, 2002.
- Sweller, John. *Instructional Design in Technical Areas*. Australian Council for Educational Research, 1999.
- Wexler, Bruce E. *Brain and Culture : Neurobiology, Ideology, and Social Change*. MIT Press, 2006.
- Young, J. Z. *Doubt and Certainty in Science : A Biologist's Reflections on the Brain*. Oxford University Press, 1951.

책의 역사

- Chappell, Warren. *A Short History of the Printed Word*. Knopf, 1970.
- Diringer, David. *The Hand-Produced Book*. Philosophical Library, 1953.
- Eisenstein, Elizabeth L. *The Printing Press as an Agent of Change*. Cambridge University Press, 1980. 유용한 후기가 포함된 요약본은 *The Printing Revolution in Early Modern Europe*, Cambridge University Press, 2005.
- Kilgour, Frederick G. *The Evolution of the Book*. Oxford University Press, 1998.
- Manguel, Alberto. *A History of Reading*. Viking, 1996.
- Nunberg, Geoffrey, ed. *The Future of the Book*. University of California Press, 1996.
- Saenger, Paul. *Space between Words : The Origins of Silent Reading*. Stanford University Press, 1997.

- Birkerts, Sven. *The Gutenberg Elegies : The Fate of Reading in an Electronic Age.* Faber and Faber, 1994.
- Dehaene, Stanislas. *Reading in the Brain : The Science and Evolution of a Human Invention.* Viking, 2009.
- Goody, Jack. *The Interface between the Written and the Oral.* Cambridge University Press, 1987.
- Havelock, Eric. *Preface to Plato.* Harvard University Press, 1963.
- Moss, Ann. *Printed Commonplace-Books and the Structuring of Renaissance Thought.* Oxford University Press, 1996.
- Olson, David R. *The World on Paper : The Conceptual and Cognitive Implications of Writing and Reading.* Cambridge University Press, 1994.
- Ong, Walter J. *Orality and Literacy : The Technologizing of the Word.* Routledge, 2002.
- Wolf, Maryanne. *Proust and the Squid : The Story and Science of the Reading Brain.* Harper, 2007.

지도, 시계 같은 물건들

- Aitken, Hugh G. J. *The Continuous Wave : Technology and American Radio, 1900-1932.* Princeton University Press, 1985.
- Harley, J. B., and David Woodward, eds. *The History of Cartography,* vol. 1. University of Chicago Press, 1987.
- Headrick, Daniel R. *When Information Came of Age : Technologies of Knowledge in the Age of Reason and Revolution, 1700-1850.* Oxford University Press, 2000.
- Landes, David S. *Revolution in Time : Clocks and the Making of the Modern World,* rev. ed. Harvard University Press, 2000.
- Robinson, Arthur H. *Early Thematic Mapping in the History of Cartography.* University of Chicago Press, 1982.
- Thrower, Norman J. W. *Maps and Civilization : Cartography in Culture*

and Society. University of Chicago Press, 2008.
- Virga, Vincent, and the Library of *Congress. Cartographia : Mapping Civilizations.* Little, Brown, 2007.

지적 역사에 있어서의 기술

- Heidegger, Martin. *The Question concerning Technology and Other Essays.* Harper & Row, 1977. 기술과 관련한 하이데거의 에세이는 원래 1954년 《강연과 논문(Vorträge und Aufsätze)》에 실렸었다.
- Innis, Harold. *The Bias of Communication.* University of Toronto Press, 1951.
- Kittier, Friedrich A. *Gramophone, Film, Typewriter.* Stanford University Press, 1999.
- Marx, Leo. *The Machine in the Garden : Technology and the Pastoral Ideal in America.* Oxford University Press, 2000.
- McLuhan, Marshall. *The Gutenberg Galaxy : The Making of Typographic Man.* University of Toronto Press, 1962.
- McLuhan, Marshall. *Understanding Media : The Extensions of Man,* critical ed. Gingko, 2003.
- Mumford, Lewis. *Technics and Civilization.* Harcourt Brace, 1934.
- Postman, Neil. *Technopoly : The Surrender of Culture to Technology.* Vintage, 1993.

컴퓨터, 인터넷 그리고 인공지능

- Baron, Naomi S. *Always On : Language in an Online and Mobile World.* Oxford University Press, 2008.
- Crystal, David. *Language and the Internet,* 2nd ed. Cambridge University Press, 2006.
- Dyson, George B. *Darwin among the Machines : The Evolution of Global Intelligence.* Addison-Wesley, 1997.

- Jackson, Maggie. *Distracted : The Erosion of Attention and the Coming Dark Age.* Prometheus, 2008.
- Kemeny, John G. *Man and the Computer.* Scribner, 1972.
- Levy, David M. *Scrolling Forward : Making Sense of Documents in the Digital Age.* Arcade, 2001.
- Von Neumann, John. *The Computer and the Brain*, 2nd ed. Yale University Press, 2000.
- Wiener, Norbert. *The Human Use of Human Beings.* Houghton Mifflin, 1950.
- Weizenbaum, Joseph. *Computer Power and Human Reason : From Judgment to Calculation.* Freeman, 1976.

참고 도서

주

Notes

개정판 서문

1.   Janna Quitney Anderson and Lee Rainie, *The Future of the Internet* (Washington, DC: Pew Research Center, 2010), 6.

서문: 감시견과 도둑

1.   Marshall McLuhan, *Understanding Media: The Extensions of Man*, critical ed., ed. W. Terrence Gordon(Corte Madera, CA: Gingko, 2003), 5.

2.   위의 책, 30.

3.   위의 책, 31.

4.   위의 책, 23.

5.   위의 책, 31.

6.   David Thomson, *Have You Seen?: A Personal Introduction to 1,000 Films* (New York: Knopf, 2008), 149.

1부

문자 혁명과 인간 사고의 확장

1장 컴퓨터와 나

1. Heather Pringle, "Is Google Making Archaeologists Smarter?," 2009년 2월 27일 *Beyond Stone & Bone* 블로그 (Archaeological Institute of America), http://archaeology.org/blog/?p=332.

2. Clive Thompson, "Your Outboard Brain Knows All," *Wired*, 2007년 10월.

3. Scott Karp, "The Evolution from Linear Thought to Networked Thought," 2008년 2월 9일 *Publishing 2.0* 블로그, http://publishing2.com/2008/02/09/the-evolution-from-linear-thought-to-networked-thought.

4. Bruce Friedman, "How Google Is Changing Our Information. Seeking Behavior," 2008년 2월 6일 *Lab Soft News* 블로그, http://labsoftnews.typepad.com/lab_soft_news/2008/02/how-google-is-c-html.

5. Philip Davis, "Is Google Making Us Stupid? Nope!" 2008년 6월 16일 *The Scholarly Kitchen* 블로그, http://scholarlykitchen.sspnet.org/2008/06/16/is-google-making-us-stupid-nope.

6. Scott Karp, "Connecting the Dots of the Web Revolution," 2008년 6월 17일 *Publishing 2.0* 블로그, http://publishing2.com/2008/06/17/connecting-the-dots-of-the-web-revolution.

7. Davis, "Is Google Making Us Stupid? Nope!".

8. Don Tapscott, "How Digital Technology Has Changed the Brain," *Business-Week Online*, 2008년 11월 10일, www.businessweek.com/technology/content/nov2008/tc2008117_034517.htm.

9. Don Tapscott, "How to Teach and Manage 'Generation Net,'" *Business-Week Online*, 2008년 11월 30일, www.businessweek.com/technology/content/nov2008/tc20081130_713563.htm.

10. Naomi S. Baron, *Always On: Language in an Online and Mobile World* (Oxford: Oxford University Press, 2008), 204.

11. John Battelle, "Google: Making Nick Carr Stupid, but It's Made

This Guy Smarter," 2008년 6월 10일 *John Battelle's Search* 블로그,
http://battellemedia.com/archives/004494.php.

12. John G. Kemeny, *Man and the Computer* (New York: Scribner, 1972), 21.

13. Gary Wolfe, "The (Second Phase of the) Revolution Has Begun,"
Wired, 1994년 10월.

2장 살아 있는 통로

1. Sverre Avnskog, "Who Was Rasmus Malling-Hansen?," *Malling-Hansen Society,* 2006, www.malling.hansen.org/fileadmin/biography/biography.pdf.

2. 니체와 그의 타자기에 대한 이야기는 Friedrich A. Kittler, *Gramophone, Film, Typewriter* (Stanford: Stanford University Press, 1999), 200-203 과 J. C. Nyiri, "Thinking with a Word Processor," in *Philosophy and the Cognitive Sciences,* ed. R. Casati (Vienna: Holder-Pichler-Tempsky, 1994), 63-74, Christian J. Emden, *Nietzsche on Language, Consciousness, and the Body* (Champaign: University of Illinois Press, 2005), 27-29 그리고 Curtis Cate, *Friedrich Nietzsche* (Woodstock, NY: Overlook, 2005), 315-18 등을 참조했다.

3. Joseph LeDoux, *Synaptic Self: How Our Brains Become Who We Are* (New York: Penguin, 2002), 38-39.

4. 1000억 개의 뉴런 외에도 우리 뇌에는 약 1조 개의 신경교세포(glial cells), 즉 아교세포(glia)가 존재한다. 이 교세포들은 한때는 기본적으로 활동성이 없으며 다만 뉴런에 쿠션 역할만 하는 것으로 여겨졌었다(그리스어로 'glia'는 '아교'를 의미한다). 그러나 지난 20년 동안 신경과학자들은 이 신경교세포들이 뇌 기능에 중요한 역할을 한다는 단서를 찾아냈다. 성상세포(astrocyte)라 불리는, 특히 풍부한 신경교세포의 종류는 다른 세포들이 보내는 신호에 반응해 탄소 원자를 배출하고, 또 신경전달물질을 생산하는 것으로 보인다. 이 신경교세포에 대해 더 연구할수록 뇌의 기능을 더 깊이 이해하게 될 것이다. 전반적인 정보를 위해서는 Carl Zimmer, "The Dark Matter of the Human Brain," *Discover,* 2009년 9월 호를 보라.

5. J. Z. Young, *Doubt and Certainty in Science: A Biologist's Reflections on the Brain* (London: Oxford University Press, 1951), 36.

6. William James, *The Principles of Psychology,* vol. 1 (New York:

Holt, 1890), 104-6. 뒤몽의 에세이에 대한 번역은 James E. Black and
William T. Greenough, "Induction of Pattern in Neural Structure
by Experience: Implications for Cognitive Development," in
Advances in Developmental Psychology, vol. 4, ed. Michael E.
Lamb, Ann L. Brown, and Barbara Rogoff (Hillsdale, NJ: Erlbaum,
1986), 1을 참조했다.

7. Norman Doidge, *The Brain That Changes Itself: Stories of
Personal Triumph from the Frontiers of Brain Science* (New York:
Penguin, 2007), 223.

8. Jeffrey M. Schwartz and Sharon Begley, *The Mind and the Brain:
Neuroplasticity and the Power of Mental Force* (New York: Harper
Perennial, 2003), 130.

9. Doidge, *Brain That Changes Itself*, 201.

10. 노벨상 수상자인 데이비드 후벨(David Hubel)이 신경외과 의사인 조셉 보든
(Joseph Boden)에게 이같이 말했다고 Schwartz와 Begley가 *Mind and
the Brain*, 25에서 언급했다.

11. Doidge, *Brain That Changes Itself*, 18.

12. 메일러와 매클루언 사이의 토론 동영상은 다음 구글 비디오 사이
트에서 볼 수 있다. http://video.google.com/videoplay?doc
id=5470443898801103219.

13. Schwartz and Begley, *Mind and the Brain*, 175.

14. R. L. Paul, H. Goodman, and M. Merzenich, "Alterations in
Mechanoreceptor Input to Brodmann's Areas 1 and 3 of the
Postcentral Hand Area of *Macaca mulatta* after Nerve Section and
Regeneration," *Brain Research*, 39, no. 1 (April 1972): 1-19.

15. Schwartz and Begley, *Mind and the Brain*, 177.

16. James Olds, 2008년 2월 1일 저자와의 인터뷰에서 언급했다.

17. Graham Lawton, "Is It Worth Going to the Mind Gym?," *New
Scientist*, 2008년 1월 12일.

18. 시냅스의 작용은 특히나 복잡한데 이는 글루타민산염(뉴런 사이의 전기 신호의 전
달을 촉진한다)과 GABA, 즉 감마 아미노낙산(신호의 전달을 저해한다)과 같은 신
경전달물질과 세로토닌, 도파민, 테스토스테론과 에스트로겐처럼 신경전달물
질의 효능을 바꿔놓는 조절인자 등 다양한 화학물의 영향을 받는다. 드물게는
뉴런의 막이 녹아내리면서 시냅스의 중재 없이 전기 신호가 통과하기도 한다.
LeDoux, *Synaptic Self*, particularly 49-64.

19. Eric R. Kandel, *In Search of Memory: The Emergence of a New Science of Mind* (New York: Norton, 2006), 198-207. Bruce E. Wexler, *Brain and Culture: Neurobiology, Ideology, and Social Change* (Cambridge, MA: MIT Press, 2006), 27-29도 참조하라.

20. Kandel, *In Search of Memory*, 202-3.

21. LeDoux, *Synaptic Self*, 3.

22. 점자를 읽을 때 시각피질의 사용에 대한 내용은 1993년 알바로 파스쿠알 레온 Alvaro Pascual-Leone이 실시한 실험에 기록되어 있다. Doidge, *Brain That Changes Itself*, 200.

23. McGovern Institute for Brain Research, "What Drives Brain Changes in Macular Degeneration?," 2009년 3월 4일 보도자료.

24. Sandra Blakesley, "Missing Limbs, Still Atingle, Are Clues to Changes in the Brain," *New York Times*, 1992년 11월 10일.

25. 실험용 생쥐를 대상으로 현재 상당한 성공을 거두고 있는 알츠하이머병에 대한 가장 희망적인 실험 결과, 기억 형성을 강화하는 유연한 시냅스의 변화를 촉진하기 위한 약물이 사용된다. J. S. Guan, S. J. Haggarty, E. Giacometti, et al., "HDAC2 Negatively Regulates Memory Formation and Synaptic Plasticity," *Nature*, 459 (2009년 5월 7일): 55-60.

26. Mark Hallett, "Neuroplasticity and Rehabilitation," *Journal of Rehabilitation Research and Development*, 42, no. 4 (July-August 2005): xvii-xxii.

27. A. Pascual-Leone, A. Amedi, F. Fregni, and L. B. Merabet, "The Plastic Human Brain Cortex," *Annual Review of Neuroscience*, 28 (2005): 377-401.

28. David J. Buller, *Adapting Minds: Evolutionary Psychology and the Persistent Quest for Human Nature* (Cambridge, MA: MIT Press, 2005), 136-42.

29. M. A. Umilta, L. Escola, I. Instkirveli, et al., "When Pliers Become Fingers in the Monkey Motor System," *Proceedings of the National Academy of Sciences*, 105, no. 6 (2008년 2월 12일): 2209-13. Angelo Maravita and Atsushi Iriki, "Tools for the Body (Schema)," *Trends in Cognitive Science*, 8, no. 2 (February 2004): 79-86도 참조하라.

30. E. A. Maguire, D. G. Gadian, I. S. Johnsrude, et al., "Navigation-Related Structural Change in the Hippocampi of Taxi Drivers," *Proceedings of the National Academy of Sciences*, 97, no. 8 (2000년

4월 11일): 4398-403. E. A. Maguire, H. J. Spiers, C. D. Good, et al., "Navigation Expertise and the Human Hippocampus: A Structural Brain Imaging Analysis," *Hippocampus*, 13, no. 2 (2003): 250-59 그리고 Alex Hutchinson, "Global Impositioning Systems," *Walrus*, November 2009.

31. A. Pascual-Leone, D. Nguyet, L. G. Cohen, et al., "Modulation of Muscle Responses Evoked by Transcranial Magnetic Stimulation during the Acquisition of New Fine Motor Skills," *Journal of Neurophysiology*, 74, no. 3 (1995): 1037-45. Doidge, *Brain That Changes Itself*, 200-202.

32. Michael Greenberg, "Just Remember This," *New York Review of Books*, 2008년 12월 4일.

33. Doidge, *Brain That Changes Itself*, 317.

34. Doidge, 같은 책, 108.

35. A. Pascual-Leone et al., "Plastic Human Brain Cortex." Sharon Begley, *Train Your Mind, Change Your Brain: How a New Science Reveals Our Extraordinary Potential to Transform Ourselves* (New York: Ballantine, 2007), 244.

36. Doidge, *Brain That Changes Itself*, 59.

37. Schwartz and Begley, *Mind and the Brain*, 201.

뇌가 생각하는 뇌

1. 아리스토텔레스의 〈동물의 기관(The Parts of Animals)〉에 대한 인용은 흔히 사용되는 윌리엄 오글(William Ogle)의 번역을 참조했다.

2. Robert L. Martensen, *The Brain Takes Shape: An Early History* (New York: Oxford University Press, 2004), 50.

3. Rene Descartes, *The World and Other Writings*, ed. Stephen Gaukroger (Cambridge: Cambridge University Press, 1998), 106-40.

4. Martensen, *Brain Takes Shape*, 66.

3장 문자, 새로운 사고의 도구

1. Vincent Virga and the Library of Congress, *Cartographia* (New

York: Little, Brown, 2007), 5.

2. 위의 책.

3. Arthur H. Robinson, *Early Thematic Mapping in the History of Cartography* (Chicago: University of Chicago Press, 1982), 1.

4. Jacques Le Goff, *Time, Work, and Culture in the Middle Ages* (Chicago: University of Chicago Press, 1980), 44.

5. David S. Landes, *Revolution in Time: Clocks and the Making of the Modern World* (Cambridge, MA: Harvard University Press, 2000), 76.

6. Lynn White Jr., *Medieval Technology and Social Change* (New York: Oxford University Press, 1964), 124.

7. Landes, *Revolution in Time*, 92-93.

8. Lewis Mumford, *Technics and Civilization* (New York: Harcourt Brace, 1963), 15. 명망 높은 컴퓨터 과학자인 대니 힐리스(Danny Hillis)는 "미리 정해진 규칙에 따라 움직이는 구조를 지닌 컴퓨터는 시계의 직계 후손이다"라고 말했다. W. Daniel Hillis, "The Clock," in *The Greatest Inventions of the Past 2,000 Years,* ed. John Brockman (New York: Simon & Schuster, 2000), 141.

9. Karl Marx, *The Poverty of Philosophy* (New York: Cosimo, 2008), 119.

10. Ralph Waldo Emerson, "Ode, Inscribed to W. H. Channing," in *Collected Poems and Translations* (New York: Library of America, 1994), 63.

11. Marshall McLuhan, *Understanding Media: The Extensions of Man,* critical ed., ed. W. Terrence Gordon (Corte Madera, CA: Gingko, 2003), 68. 이 같은 견해에 대한 보다 최신의 표현을 원한다면 2007년 2월 16일 케빈 켈리가 *The Technium* 블로그에 쓴 "Humans Are the Sex Organs of Technology," www.kk.org/thetechnium/archives/2007/02/humans_are_the.php를 보라.

12. James W. Carey, *Communication as Culture: Essays on Media and Society* (New York: Routledge, 2008), 107.

13. Langdon Winner, "Technologies as Forms of Life," in *Readings in the Philosophy of Technology,* ed. David M. Kaplan (Lanham, MD: Rowman & Littlefi eld, 2004), 105.

14. Ralph Waldo Emerson, "Intellect," in *Emerson: Essays and Lectures* (New York: Library of America, 1983), 417.

15. Maryanne Wolf, *Proust and the Squid: The Story and Science of*

the Reading Brain (New York: Harper, 2007), 217.

16. H. G. Wells, *World Brain* (New York: Doubleday, Doran, 1938), vii.

17. René Descartes, *The Philosophical Writings of Descartes,* vol. 3, *The Correspondence* (Cambridge: Cambridge University Press, 1991), 304.

18. Walter J. Ong, *Orality and Literacy* (New York: Routledge, 2002), 82.

19. F. Ostrosky-Solis, Miguel Arellano Garcia, and Martha Perez, "Can Learning to Read and Write Change the Brain Organization? An Electrophysiological Study," *International Journal of Psychology,* 39, no. 1 (2004): 27-35.

20. Wolf, *Proust and the Squid,* 36.

21. E. Paulesu, J.-F. Démonet, F. Fazio, et al., "Dyslexia: Cultural Diversity and Biological Unity," *Science,* 291 (March 16, 2001): 2165-67. Maggie Jackson, *Distracted: The Erosion of Attention and the Coming Dark Age* (Amherst, NY: Prometheus, 2008), 168-69도 참조하라.

22. Wolf, *Proust and the Squid,* 29.

23. 위의 책, 34.

24. 위의 책, 60-65.

25. 《파이드로스》의 인용 부분은 레지날드 핵포스(Reginald Hackforth)와 벤저민 조웨트(Benjamin Jowett)의 널리 이용되는 번역본을 참조했다.

26. Eric A. Havelock, *Preface to Plato* (Cambridge, MA: Harvard University Press, 1963), 41.

27. Ong, *Orality and Literacy,* 80.

28. 위의 책, 33.

29. 위의 책, 34.

30. Eric A. Havelock, *The Muse Learns to Write: Reflections on Orality and Literacy from Antiquity to the Present* (New Haven, CT: Yale University Press, 1986), 74.

31. McLuhan, *Understanding Media,* 112-13.

32. 위의 책, 120.

33. Ong, *Orality and Literacy,* 14-15.

34. 위의 책, 82.

4장 사고가 깊어지는 단계

1. Saint Augustine, *Confessions*, trans. R. S. Pine-Coffin (London: Penguin, 1961), 114.

2. Paul Saenger, *Space between Words: The Origins of Silent Reading* (Palo Alto, CA: Stanford University Press, 1997), 14.

3. 위의 책, 7.

4. 위의 책, 11.

5. 위의 책, 15.

6. Maryanne Wolf, *Proust and the Squid: The Story and Science of the Reading Brain* (New York: Harper, 2007), 142-46.

7. Saenger, *Space between Words*, 13.

8. Charles E. Connor, Howard E. Egeth, and Steven Yantis, "Visual Attention: Bottom-Up versus Top-Down," *Cognitive Biology*, 14 (October 5, 2004): 850-52.

9. Maya Pines, "Sensing Change in the Environment," in *Seeing, Hearing, and Smelling in the World: A Report from the Howard Hughes Medical Institute*, 1995년 2월, www.hhmi.org/senses/a120.html.

10. 집중력에 대해 뇌가 위에서 아래로의 통제를 가하기 위해서는 전전두 피질의 뉴런에 동시에 불이 붙어야 하는 것으로 보인다. 매사추세츠공과대학교의 신경과학자인 로버트 데시몬(Robert Desimone)은 "강력한 (산만하게 하는) 자극을 처리하지 않도록 스스로를 통제하기 위해서는 전전두 부분 뇌에 엄청난 힘이 들어간다"라고 말한다. John Tierney, "Ear Plugs to Lasers: The Science of Concentration," *New York Times*, 2009년 5월 5일.

11. Vaughan Bell, "The Myth of the Concentration Oasis," 2009년 2월 11일 *Mind Hacks* 블로그, www.mindhacks.com/blog/2009/02/the_myth_of_the_conc.html.

12. Alberto Manguel, *A History of Reading* (New York: Viking, 1996), 49. 초창기 기독교인들은 렉시오 디비나(lectio divina), 즉 '거룩한 독서'라고 불리는 종교적인 성경 읽기 방식을 취했다. 깊이 명상하는 독서는 신에게 가까워지는 방법이라고 여겼다.

13. Saenger, *Space between Words*, 249-50를 보라.

14. 위의 책, 258. 월터 옹은 출판업이 더욱 복잡해지면서 이 같은 편집의 강도는

더 강해졌다고 언급한다. "출판에는 작품을 생산하는 저자 이 외에도 많은 사람 ↗
들이 관여하게 되었는데, 출판업자, 작가들의 대리인, 출판 전 작품을 미리 읽어
보는 이들, 교정자 등이 바로 그들이다. 출판되기 위한 글은 이들의 철저한 검토
이후는 물론 이전에도, 원고에는 드러나지 않지만 종종 작가들에게 엄청난 수
준의 고통스러운 수정 과정을 요구한다." Ong, *Orality and Literacy* (New
York: Routledge, 2002), 122.

15. Saenger, *Space between Words*, 259-60.
16. Christopher de Hamel, "Putting a Price on It," introduction to
     Michael Olmert, *The Smithsonian Book of Books* (Washington, DC:
     Smithsonian Books, 1992), 10을 보라.
17. James Carroll, "Silent Reading in Public Life," *Boston Globe*, 2007
     년 2월 12일.
18. 활자를 처음으로 발명한 이는 구텐베르크가 아니었다. 1050년 무렵, 중국인 피
     성(Pi Sheng)은 소량의 진흙으로 한자 활자를 만들기 시작했다. 목판인쇄 방식
     과 마찬가지로 손으로 이 진흙 활자를 문지르는 방식을 통해 종이에 인쇄를 했
     다. 중국인들은 인쇄기를 발명하지 않았기 때문에(아마도 한자 수가 너무 많아 기계
     를 만든다는 것이 비현실적이었을 것이다) 그들은 대량생산을 할 수 없었고 피성의
     활자는 사용에 한계가 있었다. Olmert, *Smithsonian Book of Books*, 65
     을 보라.
19. Frederick G. Kilgour, *The Evolution of the Book* (New York: Oxford
     University Press, 1998), 84-93.
20. Francis Bacon, *The New Organon*, ed. Lisa Jardine and Michael
     Silverthorne (Cambridge: Cambridge University Press, 2000), 100.
21. Elizabeth L. Eisenstein, *The Printing Press as an Agent of Change*,
     onevolume paperback ed. (Cambridge: Cambridge University Press,
     1980), 46.
22. Michael Clapham, "Printing," in *A History of Technology*, vol. 3,
     From the Renaissance to the Industrial Revolution, c. 1500-c. 1750,
     ed. Charles Singer et al. (London: Oxford University Press, 1957), 37.
23. Eisenstein, *Printing Press as an Agent of Change*, 50.
24. 위의 책, 49.
25. Francois Rabelais, *Gargantua and Pantagruel*, trans. Sir Thomas
     Urquhart and Pierre Le Motteux (New York: Barnes & Noble, 2005), 161.
26. Eisenstein, *Printing Press as an Agent of Change*, 72.
27. Joad Raymond, *The Invention of the Newspaper: English*

Newsbooks, 1641-1649 (Oxford: Oxford University Press, 2005), 187.

28.   Olmert, *Smithsonian Book of Books,* 301.

29.   Eisenstein, *Printing Press as an Agent of Change,* 130.

30.   아인슈타인은 "청중을 향해 소리 내어 읽는 것은 출판의 대중화 이후에도 남아 있었을 뿐 아니라 사실 새로 등장한 넘쳐 나는 책들로 인해 더욱 용이해졌다"라 고 말한다. Elizabeth L. Eisenstein, *The Printing Revolution in Early Modern Europe,* 2nd ed. (New York: Cambridge University Press, 2005), 328.

31.   J. Z. Young, *Doubt and Certainty in Science: A Biologist's Reflections on the Brain* (London: Oxford University Press, 1951), 101.

32.   서적들은 또한 정보를 정리하고 전달하는 새로운 도구들을 선보였다. 잭 구디 가 선보인 대로 목차, 도표, 정형화된 문구, 글 쓰는 방식 등은 도서 확산과 동시 에 보편화되었다. 이 같은 문학적 도구들은 현상들을 그 어느 때보다도 더 정확 하게 분류하고 설명하는 방법을 제공하면서 우리의 사고를 더욱 깊어지게 했 다. 구디는 "단순히 물리적인 측면에서뿐 아니라 우리가 우리의 사고에 어떤 일 을 할 수 있는지, 또 사고가 우리에게 무슨 일을 하고 있는지에 관한 인지적인 측면에서 글쓰기가 가져온 소통의 변화를 깨닫기 위해서는 책의 내용을 상세 히 살펴볼 필요도 없다"라고 적었다. Goody, *The Domestication of the Savage Mind* (Cambridge: Cambridge University Press, 1977), 160.

33.   단턴은 급진적으로 민주적이고 능력 위주인 문자공화국은 단 한 번도 완전히 실현된 바 없는 이상이지만 이는 이상으로서 사람들이 자기 자신에 대한 그리 고 자신들의 문화에 대한 인식을 형성하는 데 있어 거대한 힘을 지니고 있다고 지적한다. Robert Darnton, "Google and the Future of Books," *New York Review of Books,* 2009년 2월 12일.

34.   David M. Levy, *Scrolling Forward: Making Sense of Documents in the Digital Age* (New York: Arcade, 2001), 104.

35.   Nicole K. Speer, Jeremy R. Reynolds, Khena M. Swallow, and Jeffrey M. Zacks, "Reading Stories Activates Neural Representations of Visual and Motor Experiences," *Psychological Science,* 20, no. 8 (2009): 989-99. Gerry Everding, "Readers Build Vivid Mental Simulations of Narrative Situations, Brain Scans Suggest," 2009년 1월 26일 세인트루이스 워싱턴대학교 웹 사이트에서 인용 했다. http://news.info.wustl.edu/tips/page/normal/13325.html.

36.   Ralph Waldo Emerson, "Thoughts on Modern Literature," *Dial,* October 1840.

37. Ong, *Orality and Literacy*, 8.
38. Eisenstein, *Printing Press as an Agent of Change*, 152.
39. Wolf, *Proust and the Squid*, 217-18.
40. 어떤 이들은 짧고 비형식적이며, 구어적인 경향이 있는 인터넷에서의 소통은 우리에게 구두 문화를 가져다줄 것이라고 말한다. 그러나 이는 여러 가지 이유로 불가능해 보인다. 가장 큰 이유는 소통이 구두 문화에서처럼 직접적으로 일어나는 것이 아니라 기계적인 중개인을 통해 이루어지기 때문이다. 디지털 메시지는 육체에서 분리된 채 알 수 없는 곳에서부터 나온다. 월터 옹은 "구두의 세계는 글로 적힌 단어들이 그러한 것처럼 단순히 언어적인 맥락으로 존재하지 않는다. 발화된 단어는 언제나 육체가 관여하는 총체적이고 실존적인 상황에 대한 수정이다. 단순한 발성을 넘어서는 신체적인 행동은 우발적이거나 또는 부자연스럽지 않고, 심지어 불가피하다"라고 적었다. Ong, *Orality and Literacy*, 67-68.
41. 위의 책, 80.

리 디포리스트와 그의 놀라운 오디온

1. Public Broadcasting System, "A Science Odyssey: People and Discoveries: Lee de Forest," undated, www.pbs.org/wgbh/aso/databank/entries/btfore.html. 디포리스트의 초창기 경력과 성과에 대한 훌륭한 고찰을 보려면 Hugh G. J. Aitken, *The Continuous Wave: Technology and American Radio, 1900-1932* (Princeton, NJ: Princeton University Press, 1985), 162-249를 참조하라. 디포리스트가 자신의 인생을 스스로 어떻게 바라보았는지를 알려면 *Father of the Radio: The Autobiography of Lee de Forest* (Chicago: Wilcox & Follett, 1950)를 보라.
2. Aitken, *Continuous Wave*, 217.
3. Lee de Forest, "Dawn of the Electronic Age," *Popular Mechanics*, 1952년 1월.

2부
인터넷, 생각을 넘어 뇌 구조까지 바꾸다

5장 가장 보편적인 특징을 지닌 매체

1. Andrew Hodges, "Alan Turing," in *The Stanford Encyclopedia of Philosophy*, Fall 2008 ed., ed. Edward N. Zalta, http://plato. stanford.edu/archives/fall2008/entries/turing.

2. Alan Turing, "On Computable Numbers, with an Application to the Entsheidungsproblem," *Proceedings of the London Mathematical Society*, 42, no. 1 (1937): 230-65.

3. Alan Turing, "Computing Machinery and Intelligence," *Mind*, 59 (October 1950): 433-60.

4. George B. Dyson, *Darwin among the Machines: The Evolution of Global Intelligence* (New York: Addison-Wesley, 1997), 40.

5. Nicholas G. Carr, *Does IT Matter?* (Boston: Harvard Business School Press, 2004), 79.

6. K. G. Coffman and A. M. Odlyzko, "Growth of the Internet," AT&T Labs monograph, 2001년 7월 6일, www.dtc.umn.edu/%7Eodlyzko/ doc/oft.internet.growth.pdf.

7. Forrester Research, "Consumers'Behavior Online: A 2007 Deep Dive," 2008년 4월 18일, www.forrester.com/Research/ Document/0,7211,45266,00.html.

8. Forrester Research, "Consumer Behavior Online: A 2009 Deep Dive," 2009년 7월 27일, www.forrester.com/Research/ Document/0,7211,54327,00.html.

9. Nielsen Company, "Time Spent Online among Kids Increases 63 Percent in the Last Five Years, According to Nielsen," media alert, 2009년 7월 6일, www.nielsen.online.com/pr/pr_090706.pdf.

10. Forrester Research, "A Deep Dive into European Consumers' Online Behavior, 2009," 2009년 8월 13일, www.forrester.com/ Research/Document/0,7211,54524,00.html.

11. TNS Global, "Digital World, Digital Life," 2008년 12월, www.

tnsglobal.com/_assets/files/TNS_Market_Research_Digital_
World_Digital_Life.pdf.

12. Nielsen Company, "Texting Now More Popular than Calling,"
2008년 9월 22일 배포 보도자료, www.nielsenmobile.com/html/
press%20releases/TextsVersusCalls.html; Eric Zeman, "U.S. Teens
Sent 2,272 TextMessages per Month in 4Q08," Over the Air blog
(InformationWeek), 2009년 5월 26일, www.informationweek.com/
blog/main/archives/2009/05/us_teens_sent_2.html.

13. Steven Cherry, "thx 4 the revnu," *IEEE Spectrum*, 2008년 10월.

14. Sara Rimer, "Play with Your Food, Just Don't Text!" *New York
Times*, 2009년 5월 26일.

15. Nielsen Company, "A2/M2 Three Screen Report: 1st Quarter
2009," 2009년 5월 20일, http://blog.nielsen.com/nielsenwire/
wp.content/uploads/2009/05/nielsen_threescreenreport_q109.
pdf.

16. Forrester Research, "How European Teens Consume Media,"
2009년 12월 4일, www.forrester.com/rb/Research/how_european_
teens_consume_media/q/id/53763/t/2.

17. Heidi Dawley, "Time-wise, Internet Is Now TV's Equal," *Media
Life*, 2006년 2월 1일.

18. Council for Research Excellence, "The Video Consumer Mapping
Study," 2009년 3월 26일, www.researchexcellence.com/vcm_
overview.pdf.

19. Bureau of Labor Statistics, "American Time Use Survey," 2004–
2008, www.bls.gov/tus/.

20. Noreen O'Leary, "Welcome to My World," *Adweek*, 2008년 11월 17일.

21. Marshall McLuhan, *Understanding Media: The Extensions of Man*,
critical ed., ed. W. Terrence Gordon (Corte Madera, CA: Gingko,
2003), 237.

22. Anne Mangen, "Hypertext Fiction Reading: Haptics and
Immersion," *Journal of Research in Reading*, 31, no. 4 (2008): 404–
19.

23. Cory Doctorow, "Writing in the Age of Distraction," *Locus*, January
2009.

24. Ben Sisario, "Music Sales Fell in 2008, but Climbed on the Web,"

New York Times, 2008년 12월 31일.

25. Ronald Grover, "Hollywood Is Worried as DVD Sales Slow," *BusinessWeek*, 2009년 2월 19일. Richard Corliss, "Why Netflix Stinks," *Time*, 2009년 8월 10일.

26. Chrystal Szeto, "U.S. Greeting Cards and Postcards," Pitney Bowes Background Paper No. 20, 2005년 11월 21일, www. postinsight.com/fi les/Nov21_GreetingCards_Final.pdf.

27. Brigid Schulte, "So Long, Snail Shells," *Washington Post*, 2009년 7월 25일.

28. Scott Jaschik, "Farewell to the Printed Monograph," *Inside Higher Ed*, 2009년 3월 23일, www.insidehighered.com/news/2009/03/23/Michigan.

29. Arnold Schwarzenegger, "Digital Textbooks Can Save Money, Improve Learning," *Mercury News*, 2009년 6월 7일.

30. Tim Arango, "Fall in Newspaper Sales Accelerates to Pass 7%," *New York Times*, 2009년 4월 27일.

31. David Cook, "Monitor Shifts from Print to Web-Based Strategy," *Christian Science Monitor*, 2008년 10월 28일.

32. Tom Hall, "'We Will Never Launch Another Paper,'" *PrintWeek*, 2009년 2월 20일, www.printweek.com/news/881913/We-will-launch-paper.

33. Tyler Cowen, *Create Your Own Economy* (New York: Dutton, 2009), 43.

34. Michael Scherer, "Does Size Matter?," *Columbia Journalism Review*, November/December 2002.

35. Carl R. Ramey, *Mass Media Unleashed* (Lanham, MD: Rowman& Littlefi eld, 2007), 123.

36. Jack Shafer, "The Times 'New Welcome Mat," *Slate*, 2008년 4월 1일, www.slate.com/id/2187884.

37. Kathleen Deveny, "Reinventing Newsweek," *Newsweek*, 2009년 5월 18일.

38. Carl DiOrio, "Warners Teams with Facebook for 'Watchmen,'" *Hollywood Reporter*, 2009년 5월 11일, www.hollywoodreporter.com/hr/content_display/news/e3i4b5caa365ad73b3a32b7e201b5eae9c0.

39. Sarah McBride, "The Way We'll Watch," *Wall Street Journal*, 2008년

12월 8일.

40. Dave Itzkoff, "A Different Tweet in Beethoven's 'Pastoral,'" *New York Times,* 2009년 7월 24일.

41. Stephanie Clifford, "Texting at a Symphony? Yes, but Only to Select an Encore," *New York Times,* 2009년 5월 15일.

42. 미시간주 잭슨의 웨스트윈즈 커뮤니티 교회의 신자 900명은 소셜네트워킹과 예배를 결합시킨 선구자들이었다. 설교 도중 교인들은 트위터를 통해 메시지를 보내고, 트위터 메시지는 커다란 스크린을 통해 함께 볼 수 있다. 〈타임〉의 보도에 따르면 2009년 어느 날 예배 도중 한 신자가 보낸 메시지는 "나는 모든 사물 가운데서 신을 알아보는 데 어려움을 겪고 있습니다"라는 내용이었다. Bonnie Rochman, "Twittering in Church," *Time,* 2009년 6월 1일.

43. Chrystia Freeland, "View from the Top: Eric Schmidt of Google," *Financial Times,* 2009년 5월 21일.

44. John Carlo Bertot, Charles R. McClure, Carla B. Wright, et al., "Public Libraries and the Internet 2008: Study Results and Findings," Information Institute of the Florida State University College of Information, 2008. American Library Association, "Libraries Connect Communities: Public Library Funding & Technology Access Study 2008-2009," 2009년 9월 25일, www.ala.org/ala/research/initiatives/plftas/2008_2009/librariesconnectcommunities3.pdf.

45. Scott Corwin, Elisabeth Hartley, and Harry Hawkes, "The Library Rebooted," *Strategy & Business,* 2009년 봄.

6장 전자책의 등장, 책의 종말?

1. Ting-i Tsai and Geoffrey A. Fowler, "Race Heats Up to Supply E-Reader Screens," *Wall Street Journal,* 2009년 12월 29일.

2. Motoko Rich, "Steal This Book (for $9.99)," *New York Times,* 2009년 5월 16일. Brad Stone, "Best Buy and Verizon Jump into E-Reader Fray," *New York Times,* 2009년 9월 22일. Brad Stone and Motoko Rich, "Turning Page, E-Books Start to Take Hold," *New York Times,* 2008년 12월 23일.

3. Jacob Weisberg, "Curling Up with a Good Screen," *Newsweek,* 2009년 3월 30일.

4.   Charles McGrath, "By-the-Book Reader Meets the Kindle," *New York Times*, 2009년 5월 29일.

5.   L. Gordon Crovitz, "The Digital Future of Books," *Wall Street Journal*, 2008년 5월 19일.

6.   Debbie Stier, "Are We Having the Wrong Conversation about EBook Pricing?," 2009년 2월 26일 *HarperStudio* 블로그, http://theharperstudio.com/2009/02/are-we-having-the-wrong-conversation-about-ebook-pricing.

7.   Steven Johnson, "How the E-Book Will Change the Way We Read and Write," *Wall Street Journal*, 2009년 4월 20일.

8.   Christine Rosen, "People of the Screen," *New Atlantis*, 2008년 가을.

9.   David A. Bell, "The Bookless Future: What the Internet Is Doing to Scholarship," *New Republic*, 2005년 5월 2일.

10.   John Updike, "The End of Authorship," *New York Times Sunday Book Review*, 2006년 6월 25일.

11.   Norimitsu Onishi, "Thumbs Race as Japan's Best Sellers Go Cellular," *New York Times*, 2008년 1월 20일. Dana Goodyear, "I ♥ Novels," *New Yorker*, 2008년 12월 22일도 참조하라.

12.   Tim O'Reilly, "Reinventing the Book in the Age of the Web," 2009년 4월 29일 *O'Reilly Radar* 블로그, http://radar.oreilly.com/2009/04/reinventing-thebook-age-of-web.html.

13.   Motoko Rich, "Curling Up with Hybrid Books, Videos Included," *New York Times*, 2009년 9월 30일.

14.   Johnson, "How the E-Book Will Change".

15.   Andrew Richard Albanese, "Q&A: The Social Life of Books," *Library Journal*, 2006년 5월 15일.

16.   Kevin Kelly, "Scan this Book!" *New York Times Magazine*, 2006년 5월 14일.

17.   Caleb Crain, "How Is the Internet Changing Literary Style?," 2008년 6월 17일 *Steamboats Are Ruining Everything* 블로그, www.steamthing.com/2008/06/how-is-the-inte.html.

18.   몇몇 킨들 소유자들은 디지털 문서의 덧없음에 대해 놀라운 교훈을 얻었다. 2009년 7월 17일 오전, 그들은 아침에 일어나 아마존 사이트에서 구입한 조지 오웰(George Orwell)의 《1984》와 《동물농장》의 전자책 버전이 사라졌음을 알아차렸다. 후에 이는 아마존측이 이 두 전자책의 버전이 승인받지 못한 것임을

알고 고객들의 킨들에서 이 전자책을 삭제했기 때문인 것으로 드러났다.

19. 지금까지 디지털 미디어가 언어에 미치는 영향에 대한 우려는 대부분 어린이들이 메신저나 문자 메시지를 보낼 때 사용하는 축약형이나 이모티콘과 관련한 것들이었다. 그러나 이러한 것들은 가장 최신식 속어에 불과한, 별 문제 없는 것으로 드러날 것이다. 성인은 자신들의 글쓰기 능력이 어떻게 변하고 있는지에 대해 관심을 기울일 것이다. 자신들이 사용하는 단어 수가 줄어들고 있지는 않은지, 표현이 진부해지고 있지는 않은지, 통사는 덜 유연해지고 더욱 정형화될지 등. 이는 인터넷이 언어의 표현력과 다양성에 장기적으로 어떤 영향을 미치는지를 판단하는 데 있어 관심을 기울여야 할 문제다.

20. Wendy Griswold, Terry McDonnell, and Nathan Wright, "Reading and the Reading Class in the Twenty.First Century," *Annual Review of Sociology*, 31 (2005): 127–41. See also Caleb Crain, "Twilight of the Books," *New Yorker*, 2007년 12월 24일.

21. Steven Levy, "The Future of Reading," *Newsweek*, 2007년 11월 26일.

22. Alphonse de Lamartine, *Ouvres Diverses* (Brussels: Louis Hauman, 1836), 106-7. 저자가 직접 번역해 인용했다.

23. Philip G. Hubert, "The New Talking Machines," *Atlantic Monthly*, 1889년 2월.

24. Edward Bellamy, "With the Eyes Shut," *Harper's*, 1889년 10월.

25. Octave Uzanne, "The End of Books," *Scribner's Magazine*, 1894년 8월.

26. George Steiner, "Ex Libris," *New Yorker*, 1997년 3월 17일.

27. Mark Federman, "Why Johnny and Janey Can't Read, and Why Mr. and Mrs. Smith Can't Teach: The Challenge of Multiple Media Literacies in a Tumultuous Time," undated, http://individual. utoronto.ca/markfederman/WhyJohnnyandJaneyCantRead.pdf.

28. Clay Shirky, "Why Abundance Is Good: A Reply to Nick Carr," 2008년 7월 17일 *Encyclopaedia Britannica* 블로그, www.britannica. com/blogs/2008/07/why-abundance-is-good-a-reply-to-nick-carr.

29. Alberto Manguel, *The Library at Night* (New Haven, CT: Yale University Press, 2008), 218.

30. David M. Levy, *Scrolling Forward: Making Sense of Documents in the Digital Age* (New York: Arcade, 2001), 101-2.

7장 곡예하는 뇌

1. Katie Hafner, "Texting May Be Taking a Toll," *New York Times,* 2009년 5월 25일.

2. Torkel Klingberg, *The Overfl owing Brain: Information Overload and the Limits of Working Memory,* trans. Neil Betteridge (Oxford: Oxford University Press, 2009), 166-67.

3. Ap Dijksterhuis, "Think Different: The Merits of Unconscious Thought in Preference Development and Decision Making," *Journal of Personality and Social Psychology,* 87, no. 5 (2004): 586-98.

4. Marten W. Bos, Ap Dijksterhuis, and Rick B. van Baaren, "On the Goal-Dependency of Unconscious Thought," *Journal of Experimental Social Psychology,* 44 (2008): 1114-20.

5. Stefanie Olsen, "Are We Getting Smarter or Dumber?," *CNET News,* 2005년 9월 21일, http://news.cnet.com/Are-we-getting-smarter-or-dumber/2008-1008_3-5875404.html.

6. Michael Merzenich, "Going Googly," 2008년 8월 11일 *On the Brain* 블로그, http://merzenich.positscience.com/?p=177.

7. Gary Small and Gigi Vorgan, *iBrain: Surviving the Technological Alteration of the Modern Mind* (New York: Collins, 2008), 1.

8. G. W. Small, T. D. Moody, P. Siddarth, and S. Y. Bookheimer, "Your Brain on Google: Patterns of Cerebral Activation during Internet Searching," *American Journal of Geriatric Psychiatry,* 17, no. 2 (2009년 2월): 116-26. Rachel Champeau, "UCLA Study Finds That Searching the Internet Increases Brain Function," *UCLA Newsroom,* 2008년 10월 14일, http://newsroom.ucla.edu/portal/ucla/ucla-study-finds-that-searching-64348.asp도 참조하라.

9. Small and Vorgan, *iBrain,* 16-17.

10. Maryanne Wolf, 저자와의 인터뷰, 2008년 3월 28일.

11. Steven Johnson, *Everything Bad Is Good for You: How Today's Popular Culture Is Actually Making Us Smarter* (New York: Riverhead Books, 2005), 19.

12. John Sweller, *Instructional Design in Technical Areas* (Camberwell, Australia: Australian Council for Educational Research, 1999), 4.

13. 위의 책, 7.

14. 위의 책.

15. 위의 책, 11.

16. 위의 책, 4-5. 작업 기억의 한계에 대한 최근의 견해에 대해 더 폭넓게 이해하고 싶다면 Nelson Cowan, *Working Memory Capacity* (New York: Psychology Press, 2005)를 참조하라.

17. Klingberg, *Overflowing Brain,* 39 and 72-75.

18. Sweller, *Instructional Design,* 22.

19. George Landow and Paul Delany, "Hypertext, Hypermedia and Literary Studies: The State of the Art," in *Multimedia: From Wagner to Virtual Reality,* ed. Randall Packer and Ken Jordan (New York: Norton, 2001), 206-16.

20. Jean-Francois Rouet and Jarmo J. Levonen, "Studying and Learning with Hypertext: Empirical Studies and Their Implications," in *Hypertext and Cognition,* ed. Jean-Francois Rouet, Jarmo J. Levonen, Andrew Dillon, and Rand J. Spiro (Mahwah, NJ: Erlbaum, 1996), 16-20.

21. David S. Miall and Teresa Dobson, "Reading Hypertext and the Experience of Literature," *Journal of Digital Information,* 2, no. 1 (2001년 8월 13일).

22. D. S. Niederhauser, R. E. Reynolds, D. J. Salmen, and P. Skolmoski, "The Influence of Cognitive Load on Learning from Hypertext," *Journal of Educational Computing Research,* 23, no. 3 (2000): 237-55.

23. Erping Zhu, "Hypermedia Interface Design: The Effects of Number of Links and Granularity of Nodes," *Journal of Educational Multimedia and Hypermedia,* 8, no. 3 (1999): 331-58.

24. Diana DeStefano and Jo-Anne LeFevre, "Cognitive Load in Hypertext Reading: A Review," *Computers in Human Behavior,* 23, no. 3 (May 2007): 1616-41. 이 논문은 원래 2005년 9월 30일에 온라인에서 먼저 발표되었다.

25. Steven C. Rockwell and Loy A. Singleton, "The Effect of the Modality of Presentation of Streaming Multimedia on Information Acquisition," *Media Psychology,* 9 (2007): 179-91.

26. Helene Hembrooke and Geri Gay, "The Laptop and the Lecture: The Effects of Multitasking in Learning Environments," *Journal*

of Computing in Higher Education, 15, no. 1 (2003년 9월): 46-64.

27. Lori Bergen, Tom Grimes, and Deborah Potter, "How Attention Partitions Itself during Simultaneous Message Presentations," *Human Communication Research,* 31, no. 3 (2005년 7월): 311-36.

28. Sweller, *Instructional Design,* 137-47.

29. K. Renaud, J. Ramsay, and M. Hair, "'You've Got Email!' Shall I Deal with It Now?," *International Journal of Human-Computer Interaction,* 21, no. 3 (2006): 313-32.

30. 이를테면 J. Gregory Trafton and Christopher A. Monk, "Task Interruptions," *Reviews of Human Factors and Ergonomics,* 3 (2008): 111-26을 참조하라. 연구자들은 빈번한 중단은 인지 과부하와 기억 형성의 손상을 초래한다고 믿는다.

31. Maggie Jackson, *Distracted: The Erosion of Attention and the Coming Dark Age* (Amherst, NY: Prometheus, 2008), 79.

32. Karin Foerde, Barbara J. Knowlton, and Russell A. Poldrack, "Modulation of Competing Memory Systems by Distraction," *Proceedings of the National Academy of Sciences,* 103, no. 31 (August 1, 2006): 11778-83. 그리고 "Multi-Tasking Adversely Affects Brain's Learning," University of California, 2005년 7월 7일 보도자료.

33. Christopher F. Chabris, "You Have Too Much Mail," *Wall Street Journal,* 2008년 12월 15일.

34. Sav Shrestha and Kelsi Lenz, "Eye Gaze Patterns While Searching vs. Browsing a Website," *Usability News,* 9, no. 1 (2007년 1월), www.surl.org/usabilitynews/91/eyegaze.asp.

35. Jakob Nielsen, "F-Shaped Pattern for Reading Web Content," *Alertbox,* 2006년 4월 17일, www.useit.com/alertbox/reading_pattern.html.

36. Jakob Nielsen, "How Little Do Users Read?," *Alertbox,* 2008년 5월 6일, www.useit.com/alertbox/percent-text-read.html.

37. Harald Weinreich, Hartmut Obendorf, Eelco Herder, and Matthias Mayer, "Not Quite the Average: An Empirical Study of Web Use," *ACM Transactions on the Web,* 2, no. 1 (2008).

38. Jakob Nielsen, "How Users Read on the Web," *Alertbox,* 1997년 10월 1일, www.useit.com/alertbox/9710a.html.

39. "Puzzling Web Habits across the Globe," 2008년 7월 31일,

ClickTale 블로그에서 인용, www.clicktale.com/2008/07/31/puzzling-
web-habits-across-the-globe-part-1/.

40. University College London, "Information Behaviour of the
Researcher of the Future," 2008년 1월 11일, www.ucl.ac.uk/slais/
research/ciber/downloads/ggexecutive.pdf.

41. Merzenich, "Going Googly".

42. Ziming Liu, "Reading Behavior in the Digital Environment,"
Journal of Documentation, 61, no. 6 (2005): 700-712.

43. Shawn Green and Daphne Bavelier, "Action Video Game Modifi
es Visual Selective Attention," *Nature,* 423 (May 29, 2003): 534-37.

44. Elizabeth Sillence, Pam Briggs, Peter Richard Harris, and Lesley
Fishwick, "How Do Patients Evaluate and Make Use of Online
Health Information?," *Social Science and Medicine,* 64, no. 9 (May
2007): 1853-62.

45. Klingberg, *Overflowing Brain,* 115-24.

46. Small and Vorgan, *iBrain,* 21.

47. Sam Anderson, "In Defense of Distraction," *New York,* 2009년 5월
25일.

48. Don Tapscott, *Grown Up Digital* (New York: McGraw-Hill, 2009), 108-
9.

49. Jackson, *Distracted,* 79-80.

50. Sharon Begley and Janeen Interlandi, "The Dumbest Generation?
Don't Be Dumb," *Newsweek,* 2008년 6월 2일.

51. Lucius Annaeus Seneca, *Letters from a Stoic* (New York: Penguin
Classics, 1969), 33.

52. Patricia M. Greenfield, "Technology and Informal Education:
What Is Taught, What Is Learned," *Science,* 323, no. 5910 (2009년 1
월 2일): 69-71.

53. Eyal Ophir, Clifford Nass, and Anthony D. Wagner, "Cognitive
Control in Media Multitaskers," *Proceedings of the National
Academy of Sciences,* 2009년 8월 24일, 2009, www.pnas.org/
content/early/2009/08/21/0903620106.full.pdf. Adam Gorlick,
"Media Multitaskers Pay Mental Price, Stanford Study Shows,"
Stanford Report, 2009년 8월 24일, http://news.stanford.edu/
news/2009/august24/multitask-research-study-082409-html도

참조하라.

54. Michael Merzenich, 2009년 9월 11일 저자와의 인터뷰.

55. James Boswell, *The Life of Samuel Johnson*, LL. D. (London: Bell, 1889), 331-32.

평균 IQ 점수가 점차 높아지고 있다고?

1. Don Tapscott, *Grown Up Digital* (New York: McGraw-Hill, 2009), 291.

2. College Board, "PSAT/NMSQT Data & Reports," http://professionals.collegeboard.com/data-reports-research/psat.

3. Naomi S. Baron, *Always On: Language in an Online and Mobile World* (Oxford: Oxford University Press, 2008), 202.

4. David Schneider, "Smart as We Can Get?," *American Scientist*, 2006년 7-8월.

5. James R. Flynn, "Requiem for Nutrition as the Cause of IQ Gains: Raven's Gains in Britain 1938-2008," *Economics and Human Biology*, 7, no. 1 (2009년 3월): 18-27.

6. 오늘날 몇몇 독자들은 플린의 단어 선택이 부적절하다 생각할 수도 있을 것이다. 그는 "우리는 '정신 지체'라는 단어를 좀 덜 부정적인 의미를 지닌 말로 사용하고자 하는 바람으로 '정신 장애'로 바꾸는 과도기에 살고 있다. 나는 더 명확하게 하기 위해 오래된 단어를 고수했고, 또한 역사가 부정적인 의미는 단지 하나의 꼬리표에서 또 다른 것으로 변화할 뿐임을 알려주고 있기 때문이다"라고 설명한다. James R. Flynn, *What Is Intelligence? Beyond the Flynn Effect* (Cambridge: Cambridge University Press, 2007), 9-10.

7. 위의 책, 9.

8. 위의 책, 172-73.

9. "The World Is Getting Smarter," *Intelligent Life*, 2007년 11월. Matt Nipert, "Eureka!" *New Zealand Listener*, 2007년 10월 6-12도 참조하라.

10. Patricia M. Greenfield, "Technology and Informal Education: What Is Taught, What Is Learned," *Science*, 323, no. 5910 (2009년 1월 2일): 69-71.

11. Denise Gellene, "IQs Rise, but Are We Brighter?," *Los Angeles Times*, 2007년 10월 27일.

1.   테일러의 삶에 대한 이해를 위해서는 Robert Kanigel, *One Best Way: Frederick Winslow Taylor and the Enigma of Efficiency* (New York: Viking, 1997)도 참조하라.

2.   Frederick Winslow Taylor, *The Principles of Scientific Management* (New York: Harper, 1911), 25.

3.   위의 책, 7.

4.   Google Inc. Press Day Webcast, 2006년 5월 10일, http://google.client.shareholder.com/Visitors/event/build2/MediaPresentation.cfm?MediaID=20263&Player=1.

5.   Marissa Mayer, "Google I/O '08 기조연설," YouTube, 2008년 6월 5일, www.youtube.com/watch?v=6x0cAzQ7PVs.

6.   Bala Iyer and Thomas H. Davenport, "Reverse Engineering Google's Innovation Machine," *Harvard Business Review*, 2008년 4월.

7.   Anne Aula and Kerry Rodden, "Eye-Tracking Studies: More than Meets the Eye," 2009년 2월 6일 구글 공식 블로그, http://googleblog.blogspot.com/2009/02/eye-tracking-studies-more-than-meets.html.

8.   Helen Walters, "Google's Irene Au: On Design Challenges," *BusinessWeek*, 2009년 3월 18일.

9.   Mayer, "Google I/O '08 Keynote".

10.   Laura M. Holson, "Putting a Bolder Face on Google," *New York Times*, 2009년 2월 28일.

11.   Neil Postman, *Technopoly: The Surrender of Culture to Technology* (New York: Vintage, 1993), 51.

12.   Ken Auletta, *Googled: The End of the World as We Know It* (New York: Penguin, 2009), 22.

13.   Google, "Company Overview," undated, www.google.com/corporate.

14.   Kevin J. Delaney and Brooks Barnes, "For Soaring Google, Next Act Won't Be So Easy," *Wall Street Journal*, 2005년 6월 30일.

15.   Google, "Technology Overview," undated, www.google.com/corporate/tech.html.

16.   Academy of Achievement, "Interview: Larry Page," 2000년 10월 28일,

www.achievement.org/autodoc/page/pag0int-1.

17. John Battelle, *The Search: How Google and Its Rivals Rewrote the Rules of Business and Transformed Our Culture* (New York: Portfolio, 2005), 66-67.

18. 위의 책.

19. Google, "Google Milestones," undated, www.google.com/corporate/history.html.

20. Sergey Brin and Lawrence Page, "The Anatomy of a Large-Scale Hypertextual Web Search Engine," *Computer Networks*, 30 (April 1, 1998): 107-17.

21. Walters, "Google's Irene Au".

22. Mark Zuckerberg, "Improving Your Ability to Share and Connect," 2009년 3월 4일 페이스북 블로그, http://blog.facebook.com/blog.php?post=57822962130.

23. Saul Hansell, "Google Keeps Tweaking Its Search Engine," *New York Times*, 2007년 6월 3일.

24. Brennon Slattery, "Google Caffeinates Its Search Engine," *PC World*, 2009년 8월 11일, www.pcworld.com/article/169989.

25. Nicholas Carlson, "Google Co.Founder Larry Page Has Twitter. Envy," *Silicon Alley Insider*, 2009년 5월 19일, www.businessinsider.com/google-cofounder-larry-page-has-twitter-envy-2009-5.

26. Kit Eaton, "Developers Start to Surf Google Wave, and Love It," Fast Company, 2009년 6월 21일, www.fastcompany.com/blog/kit-eaton/technomix/developers-start-surf-google-wave-and-love-it.

27. Doug Caverly, "New Report Slashes YouTube Loss Estimate by $300M," *WebProNews*, 2009년 6월 17일, www.webpronews.com/topnews/2009/06/17/new-report-slashes-youtube-loss-estimate-by-300m.

28. Richard MacManus, "Store 100%-Google's Golden Copy," *ReadWriteWeb*, 2006년 3월 5일, www.readwriteweb.com/archives/store_100_googl.php.

29. Jeffrey Toobin, "Google's Moon Shot," *New Yorker*, 2007년 2월 5일.

30. Jen Grant, "Judging Book Search by Its Cover," 2005년 11월 17일, 구글 공식 블로그, http://googleblog.blogspot.com/2005/11/judgingbooksearch-by-its-cover.html.

31. U.S. Patent no. 7,508,978.

32. Google, "History of Google Books," undated, http://books. google.com/googlebooks/history.html.

33. Authors Guild, "Authors Guild Sues Google, Citing 'Massive Copyright Infringement,'" 2005년 9월 20일 보도자료.

34. Eric Schmidt, "Books of Revelation," *Wall Street Journal*, 2005년 10월 18일.

35. U.S. District Court, Southern District of New York, "Settlement Agreement: The Authors Guild, Inc., Association of American Publishers, Inc., et al., Plaintiffs, v. Google Inc., Defendant," Case No. 05 CV 8136-JES, 2008년 10월 28일.

36. American Library Association, "Library Association Comments on the Proposed Settlement," filing with the U.S. District Court, Southern District of New York, Case No. 05 CV 8136-DC, 5월 4일.

37. Robert Darnton, "Google and the Future of Books," *New York Review of Books*, 2009년 2월 12일.

38. Richard Koman, "Google, Books and the Nature of Evil," 2009년 4월 30일 *ZDNet Government* 블로그, http://government.zdnet. com/?p=4725.

39. 미래의 전조라고 할 수 있는 사건이다. 매사추세츠주의 명망 높은 사립학교인 쿠싱아카데미는 2009년, 도서관에서 모든 책을 없애고 그 자리를 컴퓨터와 평면 텔레비전 그리고 수많은 킨들과 다른 전자책 리더기로 채우겠다고 발표했다. 이 학교 교장인 제임스 트레이시(James Tracy)는 책이 없는 도서관은 "21세기형 학교의 모델"이라고 선언했다. David Abel, "Welcome to the Library. Say Goodbye to the Books," *Boston Globe*, 2009년 9월 4일.

40. Alexandra Alter, "The Next Age of Discovery," *Wall Street Journal*, 2009년 5월 8일.

41. Adam Mathes, "Collect, Share, and Discover Books," 2007년 9월 6일, 구글 공식 블로그, http://googleblog.blogspot.com/2007/09/ collect-shareand-discover-books.html.

42. Manas Tungare, "Share and Enjoy," 2007년 9월 6일, *Inside Google Books* 블로그, http://booksearch.blogspot.com/2007/08/share- and-enjoy.html.

43. Bill Schilit and Okan Kolak, "Dive into the Meme Pool with

Google Book Search," 2007년 9월 6일, *Inside Google Books* 블로그, http://booksearch.blogspot.com/2007/09/dive-into-meme-pool-with-google-book.html. Diego Puppin, "Explore a Book in 10 Seconds," 2009년 7월 1일, *Inside Google Books* 블로그, http://booksearch.blogspot.com/2009/06/explore-book-in-10-seconds.html.

44. 호손의 공책에 적힌 구절은 *Julian Hawthorne, Nathaniel Hawthorne and His Wife: A Biography*, vol. 1 (Boston: James R.Osgood, 1885), 498-503.

45. Leo Marx, *The Machine in the Garden: Technology and the Pastoral Ideal in America* (New York: Oxford University Press, 2000), 28-29.

46. Will Durant and Ariel Durant, *The Age of Reason Begins* (New York: Simon & Schuster, 1961), 65.

47. Vannevar Bush, "As We May Think," *Atlantic Monthly*, 1945년 7월.

48. David M. Levy, "To Grow in Wisdom: Vannevar Bush, Information Overload, and the Life of Leisure," *Proceedings of the 5th ACM/IEEE-CS Joint Conference on Digital Libraries*, 2005, 281-86.

49. 위의 책.

50. Ralph Waldo Emerson, "Books," *Atlantic Monthly*, 1858년 1월.

51. 2007년 2월 16일, 샌프란시스코에서 열린 AAAS 연례 컨퍼런스에서의 래리 페이지의 기조연설, http://news.cnet.com/1606-2_3-6160334.html.

52. Academy of Achievement, "Interview: Larry Page".

53. Rachael Hanley, "From Googol to Google: Co-founder Returns," *Stanford Daily*, 2003년 2월 12일.

54. Academy of Achievement, "Interview: Larry Page".

55. Steven Levy, "All Eyes on Google," *Newsweek*, 2004년 4월 12일.

56. Spencer Michaels, "The Search Engine That Could," *NewsHour with Jim Lehrer*, 2002년 11월 29일.

57. Richard MacManus, "Full Text of Google Analyst Day Powerpoint Notes," 2006년 3월 7일, *Web 2.0 Explorer* 블로그, 2006, http://blogs.zdnet.com/web2explorer/?p=132.

58. Jean-Pierre Dupuy, *On the Origins of Cognitive Science: The Mechanization of the Mind* (Cambridge, MA: MIT Press, 2009), xiv.

59. George B. Dyson, *Darwin among the Machines: The Evolution of*

Global Intelligence (Reading, MA: Addison-Wesley, 1997), 10.

60. George Dyson, "Turing's Cathedral," 2005년 10월 24일, *Edge*, www.edge.org/3rd_culture/dyson05/dyson_05index.html.

61. Greg Jarboe, "A 'Fireside Chat' with Google's Sergey Brin," *Search Engine Watch*, 2003년 10월 16일, http://searchenginewatch.com/3081081.

62. Pamela McCorduck, *Machines Who Think: A Personal Inquiry into the History and Prospects of Artifi cial Intelligence* (Natick, MA: Peters, 2004), 111.

63. Lewis Mumford, *The Myth of the Machine: Technics and Human Development* (New York: Harcourt Brace Jovanovitch, 1967), 29.

64. David G. Stork, ed., *HAL's Legacy: 2001's Computer as Dream and Reality* (Cambridge, MA: MIT Press, 1996), 165–66.

65. John von Neumann, *The Computer and the Brain*, 2nd ed. (New Haven, CT: Yale University Press, 2000), 82. The italics are von Neumann's.

66. Ari N. Schulman, "Why Minds Are Not like Computers," *New Atlantis*, Winter 2009.

9장 검색과 기억

1. Alberto Manguel, *A History of Reading* (New York: Viking, 1996), 49.

2. Umberto Eco, "From Internet to Gutenberg," 1996년 11월 12일 컬럼비아대학교의 미국 내 고등학문을 위한 이탈리아 아카데미에서 행해진 강의 중 일부이다. www.umbertoeco.com/en/from-internet-to-gutenberg-1996.html.

3. Ann Moss, *Printed Commonplace-Books and the Structuring of Renaissance Thought* (Oxford: Oxford University Press, 1996), 102–4.

4. Erika Rummel, "Erasmus, Desiderius," in *Philosophy of Education*, ed. J. J. Chambliss (New York: Garland, 1996), 198.

5. Moss, *Printed Commonplace-Books*, 12.

6. 앤 모스는 르네상스 시대에는 "비망록은 모든 학생들에게 최초의 지적 경험의 일부였다"라고 적었다. *Printed Commonplace-Books*, viii.

7. Francis Bacon, *The Works of Francis Bacon*, vol. 4, ed. James

Spedding, Robert Leslie Ellis, and Douglas Denon Heath (London: Longman, 1858), 435.

8. Naomi S. Baron, *Always On: Language in an Online and Mobile World* (Oxford: Oxford University Press, 2008), 197.

9. Clive Thompson, "Your Outboard Brain Knows All," *Wired*, 2007년 10월.

10. David Brooks, "The Outsourced Brain," *New York Times*, 2007년 10월 26일.

11. Peter Suderman, "Your Brain Is an Index," *American Scene*, 2009년 5월 10일, www.theamericanscene.com/2009/05/11/your-brain-is-an-index.

12. Alexandra Frean, "Google Generation Has No Need for Rote Learning," *Times*, 2008년 12월 2일자; Don Tapscott, *Grown Up Digital* (New York: McGraw-Hill, 2009), 115.

13. Saint Augustine, *Confessions*, trans. Henry Chadwick (New York: Oxford University Press, 1998), 187.

14. William James, *Talks to Teachers on Psychology: And to Students on Some of Life's Ideals* (New York: Holt, 1906), 143.

15. Eric R. Kandel, *In Search of Memory : The Emergence of a New Science of Mind* (New York: Norton, 2006), 208-10.

16. 위의 책, 210-11.

17. Louis B. Flexner, Josefa B. Flexner, and Richard B. Roberts, "Memory in Mice Analyzed with Antibiotics," *Science*, 155 (1967): 1377-83.

18. Kandel, *In Search of Memory*, 221.

19. 위의 책, 214-15.

20. 위의 책, 221.

21. 위의 책, 276.

22. 위의 책.

23. 위의 책, 132.

24. 2008년 사망과 함께 이름이 알려지기 전까지 몰레이슨은 과학 문헌에서 H.M.으로 불렸다.

25. Larry R. Squire and Pablo Alvarez, "Retrograde Amnesia and Memory Consolidation: A Neurobiological Perspective," *Current Opinion in Neurobiology*, 5 (1995): 169-77.

26. Daniel J. Siegel, *The Developing Mind* (New York: Guilford, 2001), 37-38.

27. 2009년 연구에서, 프랑스와 미국의 연구원들은 잠자는 동안 일어나는 집
중적인 진동은 피질에 기억을 저장하는 데 중요한 역할을 한다는 사실을 알
아냈다. 연구원들이 쥐를 대상으로 이 뇌 속의 진동을 방해했을 때 생쥐들
은 장기적인 공간 기억을 강화하지 못했다. Gabrielle Girardeau, Karim
Benchenane, Sidney I. Wiener, et al., "Selective Suppression
of Hippocampal Ripples Impairs Spatial Memory," *Nature
Neuroscience*, 2009년 9월 13일, www.nature.com/neuro/journal/
vaop/ncurrent/abs/nn.2384.html.

28. University of Haifa, "Researchers Identifi ed a Protein Essential
in Long Term Memory Consolidation," *Physorg.com*, 2008년 9월 9
일, www.physorg.com/news140173258.html.

29. Jonah Lehrer, *Proust Was a Neuroscientist* (New York: Houghton
Mifflin, 2007), 84–85.

30. Joseph LeDoux, *Synaptic Self: How Our Brains Become Who We
Are* (New York: Penguin, 2002), 161.

31. Nelson Cowan, *Working Memory Capacity* (New York: Psychology
Press, 2005), 1.

32. Torkel Klingberg, *The Overfl owing Brain: Information Overload
and the Limits of Working Memory*, trans. Neil Betteridge (Oxford:
Oxford University Press, 2009), 36.

33. Sheila E. Crowell, "The Neurobiology of Declarative Memory," in
John H. Schumann, Shelia E. Crowell, Nancy E. Jones, et al., *The
Neurobiology of Learning: Perspectives from Second Language
Acquisition* (Mahwah, NJ: Erlbaum, 2004), 76.

34. 이를테면 Ray Hembree and Donald J. Dessart, "Effects of
Handheld Calculators in Precollege Mathematics Education: A
Meta.analysis," *Journal for Research in Mathematics Education*, 17,
no. 2 (1986): 83–99을 보라.

35. Kandel, *In Search of Memory*, 210.

36. Maggie Jackson, *Distracted: The Erosion of Attention and the
Coming Dark Age* (Amherst, NY: Prometheus, 2008), 242.

37. Kandel, *In Search of Memory*, 312-15.

38. David Foster Wallace, *This Is Water: Some Thoughts, Delivered
on a Significant Occasion, about Living a Compassionate Life* (New
York: Little, Brown, 2009), 54 and 123.

39. Ari N. Schulman, 저자와의 서신 교환, 2009년 6월 7일.

40. Lea Winerman, "The Culture of Memory," *Monitor on Psychology*, 36, no. 8 (2005년 9월): 56.

41. Pascal Boyer and James V. Wertsch, eds., *Memory in Mind and Culture* (New York: Cambridge University Press, 2009), 7 and 288.

42. Richard Foreman, "The Pancake People, or, 'The Gods Are Pounding My Head,'" *Edge*, March 8, 2005, www.edge.org/3rd_culture/foreman05/foreman05_index.html.

나의 고백

1. Benjamin Kunkel, "Lingering," n+1, 2009년 5월 31일, www.nplusonemag.com/lingering.

10장 컴퓨터, 인터넷 그리고 인간

1. Joseph Weizenbaum, "ELIZA-A Computer Program for the Study of Natural Language Communication between Man and Machine," *Communications of the Association for Computing Machinery*, 9, no. 1 (1966년 1월): 36-45.

2. David Golumbia, *The Cultural Logic of Computation* (Cambridge, MA: Harvard University Press, 2009), 42.

3. Golumbia, *Cultural Logic*.

4. 위의 책, 42.

5. Weizenbaum, "ELIZA".

6. 위의 책.

7. Joseph Weizenbaum, *Computer Power and Human Reason: From Judgment to Calculation* (New York: Freeman, 1976), 5.

8. 위의 책, 189.

9. 위의 책, 7.

10. Weizenbaum, *Computer Power*, 5.

11. Kenneth Mark Colby, James B. Watt, and John P. Gilbert, "A Computer Method of Psychotherapy: Preliminary Communication," *Journal of Nervous and Mental Disease*, 142, no. 2 (1966): 148-52.

12. Weizenbaum, *Computer Power*, 8.

13. 위의 책, 17-38.

14. 위의 책, 227.

15. John McCarthy, "An Unreasonable Book," *SIGART Newsletter*, 58 (June 1976).

16. Michael Balter, "Tool Use Is Just Another Trick of the Mind," *Science NOW*, 2008년 1월 28일, http://sciencenow.sciencemag.org/cgi/content/full/2008/128/2.

17. *The Letters of T. S. Eliot*, vol. 1, 1898-1922, ed. Valerie Eliot (New York: Harcourt Brace Jovanovich, 1988), 144. 니체에게 있어 몰링 한센 타자기와의 관계는 매우 강력하긴 했지만 짧게 끝났다. 그의 열정적인 발걸음의 뒤를 이어 새로운 기기를 받아들인 많은 이처럼 그는 타자기의 결함에 당황하게 되었다. 타자기는 엉성한 기계로 밝혀졌다. 봄이 시작되면서 지중해의 공기가 습해지기 시작하면 자판이 걸리고, 잉크는 종이 위로 흐르기 시작했다. 니체는 한 편지에서 쓰기를, 이 기계는 "작은 강아지처럼 예민하고 많은 문제를 일으킨다"라고 했다. 수개월 만에 그는 타자기 사용을 포기하고 이 골칫덩이 기계 대신 젊은 시인인 루 살로메(Lou Salome)를 비서로 들여 자신이 구술하는 말을 받아 적도록 했다. 5년 뒤 그의 마지막 책 중 하나인 《도덕의 계보(On the Genealogy of Morals)》에 니체는 인간의 사고와 인격의 기계화에 반대하는 주장을 담았다. 그는 우리가 조용히 그리고 자발적으로 우리의 경험을 "소화할 수 있는 사고의 사색적인 단계"를 칭송했다. 그는 "최근 일어나는 의식의 문과 창문을 일시적으로 닫고 시끄러운 자명종으로부터 벗어나는 일은" 뇌가 "다시금 새롭고, 무엇보다도 더욱 고상한 기능을 위한 공간을 만들도록" 한다고 적었다. Friedrich Nietzsche, *The Genealogy of Morals* (Mineola, NY: Dover, 2003), 34.

18. Norman Doidge, *The Brain That Changes Itself: Stories of Personal Triumph from the Frontiers of Brain Science* (New York: Penguin, 2007), 311.

19. John M. Culkin, "A Schoolman's Guide to Marshall McLuhan," *Saturday Review*, 1967년 3월 18일.

20. Marshall McLuhan, *Understanding Media: The Extensions of Man*, critical ed., ed. W. Terrence Gordon (Corte Madera, CA: Gingko Press, 2003), 63-70.

21. Lewis Mumford, *Technics and Civilization* (New York: Harcourt Brace, 1963), 15.

22. Weizenbaum, *Computer Power*, 25.

23. Roger Dobson, "Taxi Drivers'Knowledge Helps Their Brains Grow," *Independent*, 2006년 12월 17일.

24. Doidge, *Brain That Changes Itself*, 310-11.

25. Jason P. Mitchell, "Watching Minds Interact," in *What's Next: Dispatches on the Future of Science*, ed. Max Brockman (New York: Vintage, 2009), 78-88.

26. Bill Thompson, "Between a Rock and an Interface," *BBC News*, 2008년 10월 7일, http://news.bbc.co.uk/2/hi/technology/7656843.stm.

27. Christof van Nimwegen, "The Paradox of the Guided User: Assistance Can Be Counter-effective," SIKS Dissertation Series No. 2008-09, Utrecht University, March 31, 2008. Christof van Nimwegen and Herre van Oostendorp, "The Questionable Impact of an Assisting Interface on Performance in Transfer Situations," *International Journal of Industrial Ergonomics*, 39, no. 3 (May 2009): 501-8도 참조하라.

28. 위의 책.

29. 위의 책.

30. "Features: Query Suggestions," Google Web Search Help, undated, http://labs.google.com/suggestfaq.html.

31. James A. Evans, "Electronic Publication and the Narrowing of Science and Scholarship," *Science*, 321 (2008년 7월 18일): 395-99.

32. 위의 책.

33. Thomas Lord, "Tom Lord on Ritual, Knowledge and the Web," 2008년 11월 9일 *Rough Type* 블로그, www.roughtype.com/archives/2008/11/tom_lord_on_rit.php.

34. Marc G. Berman, John Jonides, and Stephen Kaplan, "The Cognitive Benefits of Interacting with Nature," *Psychological Science*, 19, no. 12 (2008년 12월): 1207-12.

35. Carl Marziali, "Nobler Instincts Take Time," USC Web site, 2009년 4월 14일, http://college.usc.edu/news/stories/547/nobler-instincts-take-time.

36. Mary Helen Immordino-Yang, Andrea McColl, Hanna Damasio, and Antonio Damasio, "Neural Correlates of Admiration and

Compassion," *Proceedings of the National Academy of Sciences,* 106, no. 19 (May 12, 2009): 8021-26.

37. Marziali, "Nobler Instincts".

38. L. Gordon Crovitz, "Information Overload? Relax," *Wall Street Journal,* 2009년 7월 6일.

39. Sam Anderson, "In Defense of Distraction," *New York,* 2009년 5월 25일.

40. Tyler Cowen, *Create Your Own Economy* (New York: Dutton, 2009), 10.

41. Jamais Cascio, "Get Smarter," *Atlantic,* July/August 2009.

42. Martin Heidegger, *Discourse on Thinking* (New York: Harper & Row, 1966), 56.

43. Martin Heidegger, *The Question Concerning Technology and Other Essays* (New York: Harper & Row, 1977), 35.

개정판에 부치는 후기: 세상에서 가장 흥미로운 일

1. Nielsen Company, "The Nielsen Total Audience Report: Q1 2019" and "The Total Audience Report: December 2014".

2. U.S. Department of Labor, "American Time Use Survey — 2018 Results," Bureau of Labor Statistics news release, 2019년 6월 19일.

3. 사람들은 여전히 종이책을 선택한다. 6장에 소개한 바와 같이 2007년 아마존 킨들의 등장 이후 전자책 판매가 급격히 상승했지만, 2013년 이 상승세는 벽에 부딪혔다. 그 이후 전자책 판매는 줄었다. 전자책은 현재 미국 내 전체 서적 판매의 20%를 차지하고 있는데, 이는 최고점이던 30%에서 하락한 수치다. 또 한 번 종이책에 대한 사망 발표는 시기상조임이 증명되었다.

4. Sally Andrews, David A. Ellis, Heather Shaw, and Lukasz Piwek, "Beyond Self-Report: Tools to Compare Estimated and Real-World Smartphone Use," *PLoS ONE* (October 28, 2015), https://doi.org/10.1371/journal.pone.0139004.

5. Ivan Krstić, "How iOS Security Really Works," presentation at Apple Worldwide Developers Conference (2016), https://developer.apple.com/videos/play/wwdc2016/705/.

6. Cary Stothart, Ainsley Mitchum, and Courtney Yehnert, "The Attentional Cost of Receiving a Cell Phone Notification," *Journal* of *Experimental Psychology: Human Perception and Performance*, 41, no. 4 (2015): 893 –897.

7. Russell B. Clayton, Glenn Leshner, and Anthony Almond, "The Extended iSelf: The Impact of iPhone Separation on Cognition, Emotion, and Physiology," *Journal of Computer-Mediated Communication*, 20, no. 2 (March 2015): 119 – 135.

8. Kostadin Kushlev, Jason Proulx, and Elizabeth W. Dunn, "'Silence Your Phones': Smartphone Notifications Increase Inattention and Hyperactivity Symptoms," *Proceedings of the 2016 CHI Conference on Human Factors in Computing Systems* (May 2016): 1011 – 1020.

9. Adrian F. Ward, Kristen Duke, Ayelet Gneezy, and Maarten W. Bos, "Brain Drain: The Mere Presence of One's Own Smartphone Reduces Available Cognitive Capacity," *Journal of the Association for Consumer Research*, 2, no. 2 (April 2017): 140-154.

10. Bill Thornton, Alyson Faires, Maija Robbins, and Eric Rollins, "The Mere Presence of a Cell Phone May Be Distracting: Implications for Attention and Task Performance," *Social Psychology*, 45, no. 6 (2014): 479 – 488. Clarissa T. Tanil and Min Hooi Yong "Mobile Phones: The Effect of Its Presence on Learning and Memory," bioRxiv preprint (2019), https://www.biorxiv.org/content/10.1101/678094v1도 보라.

11. Seungyeon Lee, Myeong W. Kim, Ian M. McDonough, et al., "The Effects of Cell Phone Use and Emotion-Regulation Style on College Students' Learning," *Applied Cognitive Psychology*, 31, no. 3 (May/June 2017): 360 – 366.

12. Louis-Philippe Beland and Richard Murphy, "Ill Communication: Technology, Distraction, and Student Performance," *Labour Economics*, 41 (August 2016): 61 – 76.

13. Andrew K. Przybylski and Netta Weinstein, "Can You Connect with Me Now? How the Presence of Mobile Communication Technology Influences Face-to-Face Conversation Quality," *Journal of Social and Personal Relationships*, 30, no. 3 (2012): 237 – 246.

14. Shalini Misra, Lulu Cheng, Jamie Genevie, and Miao Yuan, "The

iPhone Effect: The Quality of In-Person Social Interactions in the   -※
Presence of Mobile Devices," *Environment and Behavior,* 48, no.
2 (2016): 275-298. 또 다른 연구는 전화기가 근처에 있을 때 낯선 사람들끼
리 미소를 교환하는 경우가 줄어든다는 점을 발견했다: Kostadin Kushlev,
John F. Hunter, Jason Proulx, et al., "Smartphones Reduce Smiles
Between Strangers," *Computers in Human Behavior,* 91 (February
2019): 12-16.

15. Vinod Menon, "Salience Network," in *Brain Mapping: An
Encyclopedic Reference,* vol. 2 (Oxford: Elsevier, 2015), 597-611.

16. 위의 책. Lucina Q. Uddin, *Salience Network of the Human Brain*
(Oxford: Elsevier, 2017)도 보라.

17. 예를 들어 Adam Alter, *Irresistible: The Rise of Addictive Technology
and the Business of Keeping Us Hooked* (New York: Penguin, 2017)
를 보라.

18. Adrian F. Ward, "Supernormal: How the Internet Is Changing Our
Memories and Our Minds," *Psychological Inquiry,* 24, no. 4 (2013):
341-348.

19. 예를 들어 Mattha Busby, "Social Media Copies Gambling Methods
'to Create Psychological Cravings,'" *The Guardian,* May 8, 2018를
보라.

20. Erica Pandey, "Sean Parker: Facebook Was Designed to Exploit
Human 'Vulnerability,'" *Axios,* November 9, 2017.

21. Amy B. Wang, "Former Facebook VP Says Social Media Is
Destroying Society with 'Dopamine-Driven Feedback Loops,'"
Washington Post, December 12, 2017.

22. Adrian F. Ward, 저자와의 인터뷰, 2019년 7월 25일.

23. Jacques Barzun, *From Dawn to Decadence: 500 Years of Western
Cultural Life* (New York: HarperCollins, 2000), xiv-xv.

24. Betsy Sparrow, Jenny Liu, and Daniel M. Wegner, "Google Effects
on Memory: Cognitive Consequences of Having Information at
Our Fingertips," *Science,* 333, no. 6043 (August 5, 2011): 776-778.
인터넷이 어떻게 기억을 사용하지 않도록 하는지에 대한 더 많은 증거는
Benjamin C. Storm, Sean M. Stone, and Aaron S. Benjamin, "Using
the Internet to Access Information Inflates Future Use of the
Internet to Access Other Information," *Memory,* 25, no. 6 (2017):

717 – 723를 보라.

25. 예를 들어 Keith E. Stanovich, "Miserliness in Human Cognition: The Interaction of Detection, Override and Mindware," *Thinking & Reasoning,* 24, no. 4 (2018): 423 – 444를 보라.

26. Linda A. Henkel, "Point-and-Shoot Memories: The Influence of Taking Photos on Memory for a Museum Tour," *Psychological Science,* 25, no. 2 (2014): 396 – 402.

27. Diana I. Tamir, Emma M. Templeton, Adrian F. Ward, and Jamil Zaki, "Media Usage Diminishes Memory for Experiences," *Journal of Experimental Social Psychology,* 76 (2018): 161 – 168.

28. Henry H. Wilmer, Lauren E. Sherman, and Jason M. Chein, "Smartphones and Cognition: A Review of Research Exploring the Links between Mobile Technology Habits and Cognitive Functioning," *Frontiers in Psychology,* 8 (April 2017), https://doi.org/10.3389/fpsyg.2017.00605.

29. Daniel M. Wegner and Adrian F. Ward, "How Google Is Changing Your Brain," *Scientific American,* December 2013.

30. Matthew Fisher, Mariel K. Goddu, and Frank C. Kell, "Searching for Explanations: How the Internet Inflates Estimates of Internal Knowledge," *Journal of Experimental Psychology: General,* 144, no. 3 (2015): 674 – 687. Ward, "Supernormal"도 보라.

31. Soroush Vosoughi, Deb Roy, and Sinan Aral, "The Spread of True and False News Online," *Science,* 359, no. 6380 (March 9, 2018): 1146 – 1151.

32. Cynthia Ozick, "T. S. Eliot at 101," *New Yorker,* 1989년 11월 20일.

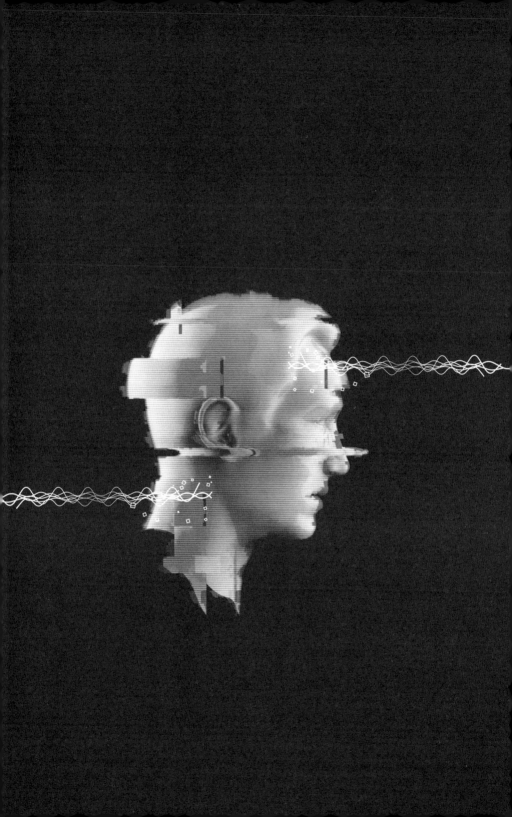

인터넷이 우리의 뇌 구조를 바꾸고 있다

생각하지 않는 사람들

개정증보판 1쇄 발행 2020년 10월 5일
개정증보판 10쇄 발행 2024년 4월 19일

지은이 니콜라스 카
옮긴이 최지향
펴낸이 고병욱

펴낸곳 청림출판(주)
등록 제2023-000081호

본사 04799 서울시 성동구 아차산로17길 49 1009, 1010호 청림출판(주)
제2사옥 10881 경기도 파주시 회동길 173 청림아트스페이스
전화 02-546-4341 **팩스** 02-546-8053

홈페이지 www.chungrim.com **이메일** cr1@chungrim.com
인스타그램 @chungrimbooks **블로그** blog.naver.com/chungrimpub
페이스북 www.facebook.com/chungrimpub

ISBN 978-89-352-1326-9 03320